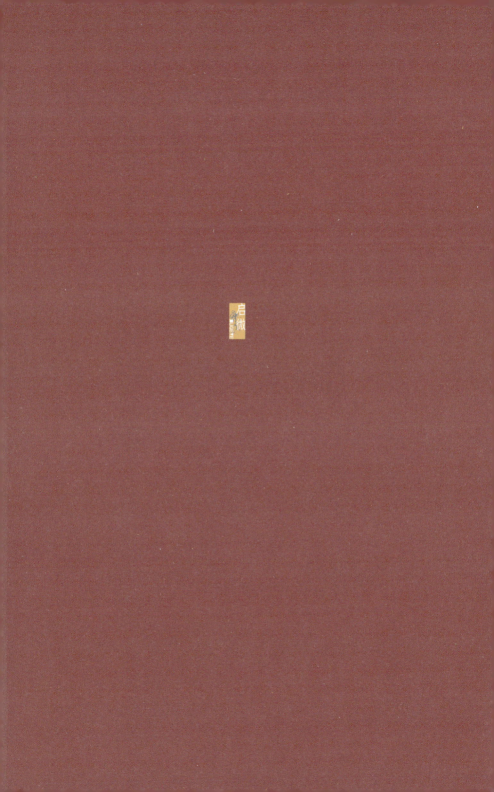

伊丽莎白一世时期的权力政治
（1568~1590）

The Power Politics
in the
Mid-Elizabethan Regime,
1568-1590

THE DEATH OF THE QUEEN

杜宣莹　著

女王之死

社会科学文献出版社
SOCIAL SCIENCES ACADEMIC PRESS (CHINA)

将此书献给我最亲爱的爸爸和妈妈

序

约翰·库珀（John Cooper）

英国约克大学

16 世纪，英格兰实行个人君主制，这绝不意味着个人的垄断性专制统治。相较于近代君王，都铎王朝的国王和女王拥有更强势的权力，涵盖宣战媾和、裁决（有时恩赦）叛徒、接受或拒绝议会决定的律法等方面，自 16 世纪 30 年代宗教改革开始，有权决定他们的臣民信奉基督教时使用典籍的官方版本。君主甚至提供巨额的赞助，由此，他们成为艺术、诗歌、仪式庆典等颂扬文化中的焦点。伊丽莎白一世也被如此精雕细琢，以至于这种颂扬文化被称为"膜拜仪式"。然而，都铎政权也是一种寡头政治：统治权绝非由神圣君主独自垄断，这是一种从王室宫廷以及威斯敏斯特、白厅等宫殿延伸出的，深入英格兰与威尔士城镇和乡村的集合体。资深宫臣及枢密院、重要国家官员如御前大臣（Lord Chancellor）和财政大臣（Lord Treasurer）、王室宠臣（尤其如伊丽莎白一世时期的莱斯特伯爵和埃塞克斯伯爵），乃至于使政府统治在各地得以真正落实的地方郡尉、贵族和士绅，均参与了君主制政府。

主持这种复杂政治和赞助的正是王室大臣，他们在都铎统治的大多数时间里分享了王室权力。例如亨利八世时期的枢机主教托马斯·沃尔西（Thomas Wolsey）和托马斯·克伦威尔（Thomas Cromwell），以及伊丽莎白一世时期的伯利勋爵威廉·塞西尔（William Cecil）和弗朗西斯·沃尔辛厄姆爵士（Francis Walsingham）。塞西尔与沃尔辛厄姆先后担任相同的职务，即女王的国务大臣（Principal Secretary），而沃尔辛厄姆还承担额外的职责，执掌号称是英格兰的首个情报系统。尽管他鲜少与伊丽莎白女王维持良好的关系，但基于对英格兰国家安全的戒慎恐惧，他更加忠诚地服务女王。沃尔辛厄姆对情报搜集的执着，使其在伊丽莎白宫廷的派系政治中拥有一定优势。这种信息优势也使他总领先女王一步，迫使后者试图通过女性内廷确保自身信息渠道的畅通。由此引发的君主与臣僚之间，以及女性与男性之间的权力谈判，是本书的研究主题。

弗朗西斯·沃尔辛厄姆确信自苏格兰流亡进入英格兰的天主教徒玛丽·斯图亚特（Mary Stuart），是意图利用她在英格兰的庇护来策划反抗伊丽莎白一世的叛逆者。或许，他的假设正确无误。尽管如此，他仍不得不利用诡计，引诱玛丽参与安东尼·巴宾顿（Anthony Babington）领导的一群英格兰天主教士绅的谋反行动。沃尔辛厄姆和伊丽莎白女王经常在政策上发生冲突，尤其是涉及英格兰是否应支持新教尼德兰对抗天主教西班牙，或者更应关注于改善英格兰军事及海军防御的迫切性需求。然而，没有任何问题比关于苏格兰女王玛丽的争议更具腐蚀性。沃尔辛厄姆坚持认为他的王室主人应当制裁"毒蛇"般的玛丽，伊丽莎白女王则对苏格兰女王玛丽抱以更多的同情、怜悯，无论是出于对家族血缘的忠诚，还是出于对处决同为君主者的反感抵触。即使如此，她仍让玛丽远离英格兰宫廷的严密监控，终于导致伊丽莎白政治史上最不寻常的事件之一：沃尔辛厄姆与少数枢密大臣召开了一次秘密会议，决定在伊丽莎白女王不知情的情况下，递送玛丽·斯图亚特的死刑执行状。当伊丽莎白女王获悉玛丽被处决的消息时，她的震怒部分基于对一位王室亲族之死的哀痛，但同时似乎也是在承认她已然被她的枢密大臣算计了。

玛丽·斯图亚特之死究竟是彻底解决了一场特殊的政治危机，还是反映了在位君主与她的大臣之间权力平衡的更根本性转变？这本书审视了伊丽莎白一世的统治是不是王朝政治的终结以及随之而来的新国家政治文化的开端这一问题。弗朗西斯·沃尔辛厄姆始终带着神秘的面纱，符合我们对英格兰国内外间谍网络主持者的形象期待。但是，关于沃尔辛厄姆和他的情报网络，一个更特殊的原因影响着我们的所知与未知。或许，在他1590年4月逝世后数小时内，这位首席国务大臣的文件立即被他的盟友或敌人所没收。在知识意味着权力的时代，沃尔辛厄姆的情报员名单与阴谋证据是一项极其宝贵的政治资产。这本书的研究重建了沃尔辛厄姆的秘书处，特别是他办公室的信息流动，以及使其得以运行无碍的行政流程。现今保存在伦敦大英图书馆的沃尔辛厄姆"档案清册"或目录，表明他的书房收藏了大量的手稿和地图，这些文献存放在一些箱子中。这个庞大的文书收藏遂成为他的主要武器。如今，杜宣莹博士重新解读了沃尔辛厄姆的权力档案与他逝世后的事件，追溯幸存的与已散佚的档案，从而丰富了我们对英格兰都铎王朝最有权力也最神秘的政治家之一的了解。

研究 16 世纪的手稿充满挑战。记录散布在诸多迥异的档案中，且经常是破碎的，或者被水、火、老鼠损毁。阅读这些档案需要具备理解都铎时期英语（有时为拉丁文）的知识，同时需拥有古文书学技能，否则无法判读手写体，这是一种不经特殊训练就无法获得的研究能力。目前，多数的英国国家档案已经可以在线查询和浏览，但这并不意味着它们易于解读。其余的记录仍然只能查阅原始手稿。我们可以将这想象为一个巨大的拼图游戏，其中部分已经缺失，且无其他可供替补使用的。然而，欲了解伊丽莎白一世时期的英格兰历史，这种基于原始档案的学术著作无可取代。

这本书奠基于令人惊艳的深入的档案研究，以及对相关背景及其意义的持续思考。它重新分析了英格兰最著名的统治者之一的权力，并建构了围绕她的政府运作机制的详细模型。这本书立足于杜宣莹博士在英国约克大学研读期间，由我指导的博士学位论文。那时她的研究已然成熟，超越了她最初的研究计划。我很荣幸，也很喜悦地向您推荐这部著作。

（杜宣莹 译）

目　　录

序幕　女王之死

　　玛丽·斯图亚特的苦难如今终于要结束了……我是一位为了真正的信仰而牺牲的女人，如同一位真正的苏格兰女人，也如同一位真正的法国女人。

玛丽·斯图亚特（1587 年 2 月 8 日）①

　　1587 年 2 月 8 日，周三，午夜 2 点，死刑执行前 6 个小时，玛丽·斯图亚特（Mary Stuart，Queen of Scots），这位前苏格兰女王与法国王后，自 1568 年流亡入英格兰，历经长达 19 年的囚禁岁月后，在位于北安普敦郡（Northamptonshire）的囚禁所佛林盖城堡（Fotheringhay Castle）提笔写下了她人生的最后一封信，向她首任丈夫、已逝法王弗朗西斯二世（Francis Ⅱ）之弟——现任法王亨利三世（Henry Ⅲ）进行临终道别。② 尽管玛

---

① "The end of Mary Steward's troubles is now come…I die a true woman to my religion and like a true Scottish woman and a true French woman." Robert Wise's account of the execution of the Queen of Scots at Fotheringay; communicated to Lord Burghley, February 8, 1587, Lansdowne MS 51 f. 99r, British Library（BL），London .

② 玛丽·斯图亚特，而非伊丽莎白一世，被天主教认同为英格兰玛丽一世的继承人。这不仅基于天主教信仰与母系法国吉斯家族的势力，同时因为祖母为英格兰都铎王朝首位君主亨利七世之长女与亨利八世之姐玛格丽特·都铎

丽力图保持平静优雅的书写，但诀别信首页上的数滴泪痕隐约透露了她悲伤的情绪。

  陛下，我的小叔，出于上帝的旨意，我认为是我自身的罪过，让我受制于表亲女王［伊丽莎白一世（Elizabeth I）］的权力挟持，在她的手中遭受了将近 20 年的苦难磨炼，如今终于被她与她的国家判处死刑。我已经要求归还先前被没收的私人文件，以便履行我的旨意，然而，我始终无法顺利取回任何有用之物，甚至难以离开去自由行使我的意愿，或能如我所愿，在我死后将遗体转移至您的王国。在那里，我何其有幸加冕为王后，成为您的嫂嫂和老盟友。

  今夜，在晚餐之后，我被通知我的判决：将在今天上午 8 点以罪犯的身份被处决。我没有充裕的时间跟您详细说明所发生的一切，若您愿倾听我的医生与我其他同样遭遇不幸之仆从的回禀，您将能获悉真相。感谢上帝，我将如何无惧死亡，坚定发誓即使我身为他们的臣民，也诚然清白无辜。天主教的信仰及上帝赋予我对英格兰王冠的（继承）权利，这是我被谴责定罪的两个原因，但我不被允许声明我实为天主教殉教而死，因为害怕触犯他们。此事之证据在于他们已经驱离我的神父，尽管他仍驻留在这栋

  （Margaret Tudor，首次婚配苏格兰国王詹姆斯四世，诞下玛丽之父苏格兰国王詹姆斯五世），从而继承都铎血统。血统与信仰使玛丽的英格兰王位继承权成为 16 世纪晚期伊丽莎白一朝天主教叛乱的主要"口号"之一。Answers to interrogatories by the Earl of Northumberland, June 13, 1572, SP 15/21 f. 113v, The National Archives (TNA), London.

房子里，但我始终无法获准让他听取我的刑前告解，进行最后的临终圣礼，而他们顽固地主张我可接受他们特地带来之牧师的慰藉与教诲。这封信的递送者与其同伴，其中大多数是您的臣民，将在我人生的最后一小时见证我的言行举止。我乞求您，长久以来一直爱护我的最虔诚的基督徒国王，我的小叔与老盟友，请（协助我完成）以下几项（遗愿），这将证明您的善良美德：首先，请慈善地向我遭受不幸的仆人支付他们应得的薪酬，这始终是我的挂念，唯有您才能减轻化解。另外，请为一位女王向上帝祈祷，这位女王生来被赋予最虔诚基督徒的头衔，最终却因身为天主教徒而被处以极刑，被剥夺一切。关于我的儿子，我在他可能承受的范围内，郑重地将他托付给您，然而我无法代他答复。我已经获准给您送去两颗宝石，可作为抵御疾病的护身符，祝福您将享有良好的健康及长寿的快乐。请接受您亲爱的嫂嫂的礼物，她在临死之际，何其有幸地表达了她对您的温暖亲情。我再度向您赞扬我的仆人。如果您满意的话，请下达指令，为我的灵魂，也为耶稣基督，偿还您欠我的部分，明天行刑时我将为您向他虔诚祈祷，我的遗产将足够举行一场追思弥撒，并提供惯例性的救济布施。

这周三，午夜 2 点。

您非常亲爱与最真诚的嫂嫂：玛丽·R。[1]

---

[1] Mary Queen of Scots to Henry Ⅲ of France, February 8, 1587, Advocates MS 54. 1. 1, National Library of Scotland（NLS），Edinburgh. 此封法文信件的英文译文，请参见国立苏格兰图书馆网站 The last letter of Mary Queen of Scots, https：//digital. nls. uk/mqs/trans1. html，最后访问时间：2020 年 12 月 4 日。

停笔，玛丽起身躺回床上，看似闭目入睡，但双唇仍祈祷般不断颤抖。①

　　清晨 6 点，彻夜未眠的玛丽起身洗漱，"如同赴庆典一般"地悉心装扮是为了她多舛人生的最后一次登场，试图在历史定位上做最后一搏。她精心修饰昔日以完美无瑕闻名，却因历经长期囚禁而浮肿的心形脸庞，她挑选了一顶赤褐色卷曲的假发，遮盖她宛如 70 岁老妪般"非常灰白且近乎没有"的短发。假发上覆盖白色细麻面纱，边缘镶嵌着精致蕾丝，从头发垂坠到脚边。面纱顶部别上一顶延伸至前额的小白纱圆帽，边缘饰以蕾丝。她刻意选择了一袭象征殉教的深红色天鹅绒衬裙，外面搭配黑色缎面长袍，饰有金色刺绣与黑貂皮，点缀以珍珠装饰的橡实纽扣。腰带上垂挂一串尾端镶嵌着金色十字架的念珠，与其映衬的是脖子上附有基督作为"上帝羔羊"像的纪念章金链。② 玛丽通过衣着向世人象征性地宣示其自许的殉教者身份。

---

① 玛丽被执行死刑前一晚的记录，请参见 Letter of Beale, the Earl of Kent, the Earl of Shrewsbury, and other commissioners, to the Privy Council, with an account of the execution, February, 1587, Additional MS 48027 ff. 646v – 648r, BL; Cuthbert Bede, *Fotheringhay and Mary Queen of Scots, Being an Account, Historical and Descriptive, of Fotheringhay Castle, the Last Prison of Mary, Queen of Scots, and the Scene of Her Trial and Execution* (London: Simpkin, Marshall, & Co., 1886), p. 115。

② 玛丽死刑执行时的服饰记录，请参见 "A Discription of Her Person with Her Attire at Her Execution," in a reporte of the manner of the execution of the Scottishe Q. performed the viiith of februarie Anno 1586 in the greate hall wthin the castell of fotheringhey, with relation of speaches uttered and actions happeninge in the said execution, from the deliverye of the said Scottishe Q. to Mr Thomas Andrewes Esquier, Sherife of the countie of Northampton, unto the end of the saide execution, February 8, 1587, Additional MS 48027 f. 658r – v, BL; Robert Wise's account of the execution of the Queen of Scots at Fotheringay, February 8, 1587, Lansdowne MS 51 f. 100v, BL; Robert Wyngfield (to Burghley), "A Circumstantial Account of the Execution of Mary Queen of Scots, 1587," in Jayne Elizabeth Lewis,

　　装扮妥当后，玛丽宣召侍女和侍从集合于内廷，由她的医生多米尼克·布尔古安（Dominique Bourgoigne）代为宣读遗嘱，待她当众签署后，请布尔古安将其转交给她的舅父吉斯公爵（Henry I, Duke of Guise）。她转向随侍她到人生最后一刻的忠仆，向他们逐一道别，伴随他们的啜泣声，共同进行最后的祈祷。约 8 点时，内廷的外廊响起阵阵脚步声。在北安普敦郡郡守托马斯·安德鲁斯（Thomas Andrews）的陪同下，枢密院任命的两位监刑官施鲁斯伯里伯爵乔治·塔尔博特（George Talbot, Earl of Shrewsbury）和肯特伯爵亨利·格雷（Henry Grey, Earl of Kent）敲响了她的门。

　　这一刻终于来临，听着安德鲁斯的禀告，玛丽一手紧握着她钟爱的象牙十字架，一手拿起她的拉丁文祈祷书，颤颤巍巍地缓慢起身。她的双腿由于长年风湿而肿胀宛如象腿，也可能出于恐惧，她行动缓慢，举步维艰，遂由两名士兵搀扶，步下楼梯，穿过走廊，在安德鲁斯的前导与两位监刑官的护送下前往一楼大厅。首先迎接他们一行的是玛丽的家务总管安德鲁·梅尔维尔（Andrew Melville）。他跪迎悲泣道："夫人，这将是我传递的最悲伤的消息，我将宣告我的女王与亲爱的女主人已经辞世。"这让充盈在玛丽眼眶中的泪水宣泄而下，她抚慰这位忠仆："你应当欣喜，无须悲伤，因为玛丽·斯图亚特的苦难如今终于要结束了……这世界上的一切不过是虚幻，充满了烦恼和悲伤。请传达这个信息，并告知我的朋友们，我是一位为了真正的信仰而牺牲的女人，如同一位真正的苏格兰女人，也像一

The Trial of Mary Queen of Scots: A Brief History with Documents（Boston: Bedford/St. Martin's, 1999）, pp. 114 -115; John Guy, *"My Heart is My Own": The Life of Mary Queen of Scots*（London: Harper Perennial, 2004）, p. 8。

位真正的法国女人。"①

　　待情绪稍微平复后，玛丽转向两位监刑的伯爵，要求由她的侍从陪赴刑场，"见证他们的女王与女主人如何耐心地忍受她的死刑……她身为一位忠贞不渝的真正的天主教徒，为她的宗教而死"。该请求最初遭拒，她不禁埋怨："即使远比她卑贱之人，都不会被拒绝如此微小的请求。"② 肯特伯爵解释说："女士，这个[要求]之所以无法被同意，是担心他们之中一些人的言行举止会干扰[行刑]，勾起您的悲伤情绪，同时引发全体不安……或试图用手绢擦拭沾染您[行刑后流出]的鲜血，这些都是极为不妥的。"玛丽保证他们绝不会如此越轨脱序，更重申她拥有的高贵的都铎王室血统与昔日的君主地位，借以威胁："如你所知，吾为你女王的表亲，继承亨利七世之血统，曾经贵为法国王后，也为受加冕之苏格兰女王。"③ 两位伯爵低声商议后，勉为其难地同意玛丽宠爱的两名内廷侍女伊丽莎白·柯尔（Elizabeth Curle）与简·肯尼迪（Jane Kennedy）及梅尔维尔等四位仆从陪同入刑场。

　　在刑场中间，两日内匆促赶工搭建起了高 2 英尺④、宽 12 英尺的木制高台，坐落在一个开放式的壁炉旁，两侧有近 200 名士兵维持秩序。来自北安普敦和邻近乡镇的士绅正在台下喧哗、讨论，等待观刑。同时，在大厅正门外，拥挤的人群翘首等待处

① Robert Wise's account of the execution of the Queen of Scots at Fotheringay; communicated to Lord Burghley, February 8, 1587, Lansdowne MS 51 f. 99r, BL.

② John Guy, "*My Heart is My Own*", pp. 3 – 4.

③ Robert Wise's account of the execution of the Queen of Scots at Fotheringay; communicated to Lord Burghley, February 8, 1587, Lansdowne MS 51 f. 99r – v, BL; Robert Wyngfield, " A Circumstantial Account of the Execution of Mary Queen of Scots, 1587", pp. 115 – 116.

④ 1 英尺 = 0. 3048 米。

决消息。行刑台上除了摆放两张监刑官的座椅与一张矮凳外，也备妥了盖着黑色棉布的断头台，戴着面具的伦敦塔刽子手布尔（Bull）正沉默地等待这位不寻常的尊贵受刑人的到来。[1]

在监管官埃米亚斯·波利特（Amias Paulet）的搀扶下，玛丽缓缓登上两层台阶，优雅地向这位自 1584 年起就看守她的绅士致以最后的谢意：“我感谢你，先生，这是我带给你的最后一个麻烦，也是你最令我满意的服务。”[2] 先是郡守安德鲁斯高声要求全体肃静，后由担任传令特使的枢密院书记官罗伯特·比尔（Robert Beale）大声宣读死刑状。[3] 矮凳上的玛丽沉默聆听着，淡漠地未流露出丝毫情绪，仿佛“此事与她无关，甚至如同获赦般略带雀跃神情”。在施鲁斯伯里伯爵的暗示下，伊丽莎白女王最喜爱的牧师之一、彼得伯勒的司祭长理查德·弗莱彻（Richard Fletcher, Dean of Peterborough）上前准备进行最后的告解，但被玛丽婉拒。她称：“我扎根于古老的罗马天主教，将以我的鲜血誓死捍卫。”弗莱彻再次劝导：“夫人，请改变您的想法，为您往昔的罪恶悔改，唯有相信耶稣基督，始能得救。”玛丽再三拒绝，称：“我的心在我的信仰中已然坚若磐石，决意在此死去。”屡劝无效下，弗莱彻无奈略过布道仪式，直接进行祈祷。出乎意料的是，与此同时，玛丽径自以拉丁文和英文大声

---

① 罗伯特·比尔对玛丽死刑场景的素描，请参见 Plate xxi, "The Execution of Mary Stuart at Fotheringhay Castle, from a Drawing in Beale's MSS, in the Possession of Lord Calthorpe," in Lionel Cust and George Scharf, eds., *Notes on the Authentic Portraits of Mary Queen of Scots: Based on the Researches of Sir George Scharf* (London: J. Murray, 1903)。

② Cuthbert Bede, *Fotheringhay and Mary Queen of Scots*, p. 122.

③ Robert Beale's copy of warrant for the execution, February 1, 1587, Additional MS 48027 ff. 645r–646r, BL.

祷告与之相抗，并将十字架举至眼前。祈祷结束，玛丽起身亲吻了十字架，在胸前比画天主教十字架手势，说："基督啊，当您的臂膀伸向十字架之时，请将我拥入您慈悲的臂膀之中，宽恕我所有的罪孽。"①

她转向面对刽子手，后者跪下乞求原谅。玛丽道："我全心全意地原谅你，现在，我希望你能终结我所有的苦难。"在两位侍女的帮助下，她脱掉黑色外袍，露出深红色天鹅绒连身衬裙与同色袖子，最后侍女简·肯尼迪用饰有金绣的科珀斯克里斯蒂（Corpus Christi，意指基督的圣体）白布蒙住她的眼睛，玛丽毅然决然地跪在垫子上，然后伏下，反复低声默念："主啊，我将我的灵魂交回您的手中。"②

斧落。苏格兰女王玛丽·斯图亚特享年 44 岁。与此同时，伊丽莎白一世政权茶壶中的政治风暴开始。③

① Robert Wise's account of the execution of the Queen of Scots at Fotheringay, February 8, 1587, Lansdowne MS 51 ff. 99v – 100r, BL; Robert Wyngfield, "A Circumstantial Account of the Execution of Mary Queen of Scots, 1587," p. 118.

② Robert Wise's account of the execution of the Queen of Scots at Fotheringay, February 8, 1587, Lansdowne MS 51 f. 100r – v, BL.

③ 关于玛丽死刑过程的完整记录，原始史料请参见 Letter of Beale, the Earl of Kent, the Earl of Shrewsbury, and other commissioners, to the Privy Council, with an account of the execution, February, 1587, Additional MS 48027 ff. 646v – 649r, BL; The maner of the execution of the Q. of Scottes the 8 of February in the presence of such whose names be underwritten, February 8, 1587, Additional MS 48027 ff. 649v – 650r, BL; A reporte of the manner of the execution of the Scottishe Q. performed the viiith of februarie Anno 1586 in the greate hall wthin the castell of fotheringhey, wth relation of speaches uttered and actions happeninge in the said execution, from the deliverye of the said Scottishe Q. to Mr. Thomas Andrewes Esquier, Sherife of the countie of Northampton, unto the end of the saide execution, February 8, 1587, Additional MS 48027 ff. 654r – 658v, BL; Robert Wise's account of the execution of the Queen of Scots at Fotheringay, February 8, 1587, Lansdowne MS 51 ff. 99 – 102, BL。

绪论 专制或共治： 伊丽莎白一世的
女主统治形象

　　1587 年 2 月 8 日，苏格兰玛丽的头颅终于从死刑台上落下，终结了其悲剧般的人生，却仿佛复仇一样暴露了宿敌伊丽莎白一世的统治危机。领导主和党（Peace Party）之首席财政大臣（Lord High Treasurer）伯利男爵威廉·塞西尔（William Cecil, Baron Burghley）① 在 2 月 2 日获悉伊丽莎白女王有意撤销死刑后，立刻与主战党（War Party）领袖之一的首席国务大臣（Principal Secretary）弗朗西斯·沃尔辛厄姆（Francis Walsingham）联手，基于对女性统治的焦虑与神选之臣（divinely ordained advisers）的自我期许，合作指挥枢密院（Privy Council），蒙蔽女王，径自主导玛丽的死刑。这僭越之举凸显了女王与内廷（Privy Chamber）在官僚主导的政府信息系统中被孤立的窘况，以及枢密院近乎平行于君主的独立决策权。伊丽莎白在震怒之下，逮捕了涉嫌将加盖国玺的死刑状转交给伯利且泄露女王犹豫不决态度的副国务大臣威廉·戴维森（William Davison），将其送入伦敦塔，后以渎职与藐视王权两项罪名将其送至星室法庭定罪。但这场

---

① 按照习惯，下文通称伯利。

审判并未如同女王期待般挽救君威，反而进一步暴露了伊丽莎白最深层的忌惮，荒腔走板至官僚群体针对女王统治下的英格兰，臣属定位为御封之臣还是神选之臣，以及政权形态究竟为君主专制还是君臣共治进行公开、激烈的辩论。①

未曾预料，苏格兰玛丽之死成为潘多拉魔盒，揭露了伊丽莎白统治盛世表象下的权力危机——内廷与党争的双重制衡机制失灵。这归因于鄙视女性（misogyny）的传统与对伊丽莎白女王优柔寡断（irresolution）等女性化决策习性的不满，屡屡加剧男性众臣对女性统治的焦虑感，从而一方面以信息引导女王理性果敢地决断，另一方面重申英格兰的君臣共治传统，授权枢密院在女王无能施政或误判时代为决断。这种依托神意与公意的新臣属定位，重新调整了都铎王朝晚期君臣之间及宫朝之间的权力格局，推动了近代早期英格兰由中世纪后期以降的私属性王朝政治向国属性国家政治转型。

近代早期英格兰政权从专制转型为共治的时间及原因等史学争议始终未有定论。19世纪末，约翰·格林（John Green）提出新君主制，主张封建贵族在英法百年战争与玫瑰战争中凋零式微，无力维持封建制与教会法对君主的征税及司法制约，再加上强调尊君的罗马法复兴，英格兰君权自爱德华四世至亨利七世渐趋专制。② 都铎专制的持续时间与运作形式随即引发了

---

① 枢密院对苏格兰玛丽死刑的操作与戴维森的审判将在本书第一章讨论。

② J. R. Green, "The New Monarchy, 1422 – 1540," *A Short History of the English People*, vol. 2 (London: Macmillan, 1902), pp. 526 – 690; Anthony Goodman, *The New Monarchy: England, 1471 – 1534* (Oxford: Basil Blackwell, 1988); Alfred Frederick Pollard, "The 'New Monarchy Thesis': Towards Absolutism," in Arthur J. Slavin, ed., *The "New Monarchies" and Representative Assemblies: Medieval Constitutionalism or Modern Absolutism?* (Boston: D. C. Heath and Company,

贯穿 20 世纪的史学辩论。在 20 世纪前期，艾伯特·波拉德
（Albert Pollard）与杰弗里·埃尔顿（Geoffrey Elton）从制度史的视
角提出颇具争议的都铎政府变革论，即在亨利八世时期，以枢密院
为首的官僚和议会双体制约束绝对王权。尤其前者在职权和行政空
间的一系列宫朝分离改革中，包括财政权与司法权的离"家"独
立、宫廷要职的公共化，以及枢密院的行政空间脱离王室居所等，
牵引政务体制开始脱离王室私属网络的羁绊，使其从中世纪后期金
雀花王朝的"家政府"（household government）模式，趋向"官僚
化""国家性""近代化"的公共行政系统与官僚国家。①

　　埃尔顿的都铎政府变革论随即遭到史学界的抨击，如彭
里·威廉姆斯（Penry Williams）与杰拉尔德·哈里斯（Gerald
Harriss）先后根据亨利八世时期的制度延续性，以及财政署
（Exchequer）、文秘署（Chancery）与枢密院的职权和行政空间
的重叠程度，论证 16 世纪英格兰政务机制尚未脱离宫廷，以宫
辖朝的家政府统辖模式依旧运行无碍，反驳都铎政权进行了公
私分离的颠覆性变革。② 迥异于传统的制度史视角，戴维·斯塔

　　1964），pp. 1 - 8. 关于中世纪后期至 15 世纪英格兰王权的讨论，请见孟广林《英
　　国封建王权论稿——从诺曼征服到大宪章》，人民出版社，2002；孟广林《英国
　　"宪政王权"论稿：从〈大宪章〉到"玫瑰战争"》，人民出版社，2017。

①　A. F. Pollard, *The Evolution of Parliament* （London：Longmans, Green and Co.,
　　1920），pp. 216 - 234；G. R. Elton, *The Tudor Revolution in Government：
　　Administrative Changes in the Reign of Henry VIII* （Cambridge：Cambridge University
　　Press, 1966）；李若庸：《编造王权——亨利八世政府对君主典故的新历史
　　解释》，《台大文史哲学报》第 68 期，2008 年。

②　Penry Williams, "Dr. Elton's Interpretation of the Age," *Past & Present* 25 （July
　　1963），pp. 3 - 8；Penry Williams, "The Tudor State," *Past & Present* 25 （July
　　1963），pp. 39 - 58；G. L. Harriss and Penry Williams, "A Revolution in Tudor
　　History?" *Past & Present* 30 （July 1965），pp. 87 - 96；G. L. Harriss, "Medieval
　　Government and Statecraft," *Past & Present* 25 （July 1963），pp. 8 - 39.

基（David Starkey）则针对担任君主侍从和侍卫的内廷，提出亲密政治（the politics of intimacy）概念。这个概念迥异于传统史学聚焦于超越性别与生死的君王"政治形体"，内廷侍臣受益于血缘、情谊或恩惠，近身服侍君主的自然形体，建立私人亲密与"宠信"关系，进而被"委"以宣旨、督军、外交等要务，甚至出"仕"政府以监控外朝。内廷亲密政治机制的外扩促使公务与公职被内化入宫廷空间，形成国家公务与王室私务混为一体的私属化王朝政权。这种宠信型亲密政治使都铎专制在亨利八世时期达于鼎盛，内廷和君主形成高度联动的权力依附－信托关系，同时进一步强化了君主对外朝官僚与地方的强势监控。① 此内廷政治机制延续至斯图亚特王朝时期，被更亲密与隐蔽的寝宫（bedchamber）系统所取代，维系近代早期英格兰专制君权直至 1688 年光荣革命。②

然而，1987 年，戴维·洛德斯（David Loades）与帕姆·赖

---

① David Starkey，"Representation through Intimacy: A Study in the Symbolism of Monarchy and Court Office in Early Modern England," and "Court and Government," in John Guy, ed., *The Tudor Monarchy* (London: Arnold, 1997), pp. 42 - 78, 189 - 213; David Starkey, "Intimacy and Innovation: the Rise of the Privy Chamber, 1485 - 1547," in David Starkey, ed., *The English Court: from the Wars of the Roses to the Civil War* (London: Longman, 1987), pp. 71 - 118. 中国史研究中关于"宦皇帝者"的分析，请见阎步克《中国古代官阶制度引论》，北京大学出版社，2010，第 64～74 页；阎步克《从爵本位到官本位：秦汉官僚品位结构研究（增补本）》，三联书店，2017，第 88～123、370～407 页。关于君臣宠信关系的探讨，请见侯旭东《宠：信—任型君臣关系与西汉历史的展开》，北京师范大学出版社，2018。

② Neil Cuddy, "The Revival of the Entourage: the Bedchamber of James I, 1603 - 1625," and Kevin Sharpe, "The Image of Virtue: the Court and Household of Charles I, 1625 - 1642," in David Starkey, ed., *The English Court*, pp. 173 - 225, 226 - 260.

特（Pam Wright）指出都铎后期长达半个世纪的女主统治导致内廷的女性化质变，原本的男性侍臣被女性取代。然而，女性无法出仕政府或承担政务，内廷遂从亨利八世时期的政治竞技场回归家务领域，几乎完全与实际政务脱节，再难钳制男性官僚政府，君权渐衰，都铎专制终止。① 同年，帕特里克·柯林森（Patrick Collinson）以《伊丽莎白一世的君主共和制》一文，重新阐释伊丽莎白统治秩序的另一面："没有伊丽莎白女王的伊丽莎白臣民。"此种矛盾的政治生态显示伊丽莎白时期的英格兰已然非个人专制，而是"部分共和"："一个享有一定程度之自我导向的国家，它［享有］……自由的本质，但宪政体制也将世袭权力赋予个人统治者。"② 这种政治分化起因于臣民对女主统治（gynaecocracy）的普遍焦虑感，故将统治权重新切割并将其赋予枢密院和议会。尤其枢密院被赋予"无头的咨议政府"（headless conciliar government）的卓然地位，被授权"凭借自身的集体智慧，在女王缺席的情况下，秉持独立超脱的公正态度来考量世界与本国的事务"。③ 换言之，伊丽莎白一世统治下的英格兰虽为世袭君主国，但臣民以议会，尤其是枢密院为代表，享有自主决策权力，形成女王与枢密院的双头共治政体，英格兰步入君主共和制时期。这个论点引发史学界关于伊丽莎白一世长达半个世纪的女王统治是否为英格兰君主专制衰微的分水

---

① David Loades, *The Tudor Court* (Totowa, NJ: Barnes & Noble, 1987), p. 59; Pam Wright, "A Change in Direction: the Ramifications of a Female Household, 1558－1603," in David Starkey, ed. , *The English Court*, pp. 147－172.

② Patrick Collinson, "The Monarchical Republic of Queen Elizabeth I," in John Guy, ed. , *The Tudor Monarchy*, pp. 114, 119. 原刊于 *Bulletin of the John Rylands University Library* 69 (1987), pp. 394－424。

③ Patrick Collinson, "The Monarchical Republic of Queen Elizabeth I ," p. 118.

岭的辩论。①

　　伊丽莎白一世的女主统治强弱之辩始于 16 世纪末，受到女性次等论或对当朝政权的效忠倾向等因素影响，至今评价已有多次反复。伊丽莎白晚期史学家威廉·卡姆登（William Camden）著有《年鉴，或最负盛名之已故英格兰胜利女王伊丽莎白的历史》（以下简称《年鉴》）。其著述动机之一是应詹姆斯一世（James Ⅰ of England）的政治要求，驳斥法国史学家雅克－奥古斯特·德·图（Jacque-Auguste de Thou）在 1606 年出版的《自己时代的历史》（Historia sui temporis）。《年鉴》驳斥了詹姆斯一世之母苏格兰玛丽通奸且谋害第二任丈夫达恩利勋爵亨利·斯图亚特（Henry Stuart, Lord Darnley）的指控，同时呼应了詹姆斯一世神圣王权的形象宣传。② 或许受到最初鼓励其著书立说之恩惠主伯利和他提供之私藏文书档案的影响，也可能基于根深蒂固的女性鄙视心理，此书多处暗讽伊丽莎白的"女性无能"致使她"本性地对决策迟疑不决"，且易受宠臣莱斯特伯爵罗伯特·达德利（Robert Dudley, Earl of Leicester）③ 与首席国务大臣沃尔辛厄姆领导之主战党蛊惑，鲜明地刻画了女主统治在党争中的相对

① 史学界针对帕特里克·柯林森的《伊丽莎白一世的君主共和制》一文的诸多讨论，可见 John F. McDiarmid, ed., *The Monarchical Republic of Earl Modern England: Essays in Response to Patrick Collinson* (Aldershot: Ashgate, 2007)。

② Hugh Trevor-Roper, "Queen Elizabeth's First Historian: William Camden," *Renaissance Essays* (London: M. Secker & Warburg, 1985), pp. 126–133; John Watkins, *Representing Elizabeth in Stuart England: Literature, History, Sovereignty* (Cambridge: Cambridge University Press, 2002), p. 60.

③ 按习惯，下文通称莱斯特。

被动及弱势。①

　　17 世纪早期，斯图亚特政权的朝野对峙意外地促成了对伊
丽莎白一世一朝辉煌历史的重写，各种表述将她统治时期的盛
世归功于女王个人的睿智领导，抑或贤明众臣的辅佐。1641 年，
曾任詹姆斯一世国务大臣的罗伯特·农顿（Robert Naunton）为
追求王室恩宠所撰写的《碎裂的王徽：对已故伊丽莎白女王、
她的时代与宠臣的观察》一书出版，赞扬伊丽莎白女王依凭
"天命" 和 "幸运" 继位为王，成功弭平了内忧外患，高呼上
帝与女王同在。② 该书还说她擅长运用身为君王的智慧、谋略及
"超出当时人们对女性普遍认知的学识"，尽管借助党和派进行
统治，却巧妙地操作党争，辅以生杀予夺之权震慑众臣，使他
们多遵循女王号令而行，而非依凭他们的自由意愿。③ 伊丽莎白
女王被形塑为最终决策者。④ 农顿借由赞颂伊丽莎白的神意与专
制王权，宣传斯图亚特王室的君权神授论，强调任何反对王室

---

① 卡姆登在 "作者致读者" 一章的开头即声明："Above eighteen years, since
Willian Cecyll, Baron of Burghley, Lord high Treasurer of ENGLAND, (when full
little I thought of it,) set open unto mee, first his owne, and then the Queenes
Roles, Memorials, and Records, and thereout willed mee to compile in an
Historicall stile, the first beginninge of the Reigne of Queene ELIZABETH ... to
eternize the memory of that renowned Queene. " William Camden, *Annales*: *or the
Histories of The Most Renowned and Victorious Princesse ELIZABETH*, *Late Queen of
England* (London: Thomas Harper for Benjamin Fisher, 1635), *STC* 4501,
sig. C2r, p. 338; John Watkins, *Representing Elizabeth in Stuart England*, pp.
61 – 63.

② Robert Naunton, *Fragmenta Regalia, or Observations on the Late Queen Elizabeth,
Her Times and Favourites* (London: s. n. , 1641), sig. A2v.

③ Robert Naunton, *Fragmenta Regalia*, sig. A3r – v.

④ Robert Naunton, *Fragmenta Regalia*, sig. A4r.

与专制君主政体者皆悖逆了上帝的旨意。①

　　伊丽莎白一世的统治形象至内战时期依旧是保王派与议会派的宣传主轴，后沦为克伦威尔共和政权的隐患，其担忧清教统治下的臣民缅怀旧日的都铎君主制，故发展出颇具性别偏见的伊丽莎白负面形象，质疑女主统治的合理性，更将其盛世归因于"她顺从睿智的男性枢密大臣"。② 1655 年，达德利·迪格斯（Dudley Digges）编撰的《完美大使》收录了沃尔辛厄姆两度出使法国（1570～1573 年、1581 年）的外交文书。③ 此书清

----

① Roy E. Schrebier, *The Political Career of Sir Robert Naunton*, *1589 – 1635* (London: Royal Historical Society, 1981), p. 125.

② John Watkins, *Representing Elizabeth in Stuart England*, p. 102.

③ 部分文书的原始手稿，尤其是 1570 年与 1571 年的文书（例如 Cecil to Walsingham, August 13, 1570; Queen Elizabeth to Walsingham, September 7, 1570; Walsingham to Walter Mildmay, February 8, 1571），已经散佚，可能在 1619 年 1 月白厅（Whitehall）火灾中被焚毁。迪格斯或许誊抄的是 16 世纪晚期古物收藏家罗伯特·科顿（Robert Cotton）之秘书拉尔夫·斯塔基（Ralph Starkey），或 17 世纪早期古物收藏者西蒙德·迪尤斯（Simond D'Ewes）的抄本。斯塔基 1628 年 10 月逝世后，这些手稿在 1628～1632 年陆续转售给迪尤斯。此抄本现存于伦敦大英图书馆，编号为 Harley MS 260。推断迪格斯选用斯塔基抄本而非科顿收藏的原稿，原因在于抄录信件内容的差异。例如，关于 1572 年 8 月 10 日的通信，迪格斯抄录四封，分别为两封沃尔辛厄姆寄给国务大臣托马斯·史密斯（Thomas Smith）、一封寄给威廉·塞西尔、一封寄给莱斯特。此文书顺序和内容与哈利收藏（Harley MS 260 ff. 282, 283, 285, BL）的一致，却未发现任何文书在科顿收藏之中。相同的情况也显现在 1572 年 9 月 11 日的通信中，迪格斯仅抄录一封由莱斯特寄给沃尔辛厄姆的信件，内容同哈利收藏（Harley MS 260 f. 313, BL），原始手稿科顿收藏（Cotton MS Vespasian F/V f. 149, BL），但后者收藏另外两封分别由史密斯与伯利送之信件（Cotton MS Vespasian F/V f. 147; Cotton MS Vespasian F/V f. 148, BL）。1572 年 12 月 5 日，沃尔辛厄姆分别写信给史密斯、莱斯特与伯利（两封），此四封信无一存在科顿收藏中，仅出现在哈利收藏中（Harley MS 260 ff. 370, 371, 372, 373, BL）。值得玩味的是，哈利收藏中还多出一封伯利寄给沃尔辛厄姆的信件（Harley MS 260 f. 154, BL），但迪格斯未收录，原因不明。除了主要抄录斯塔基抄本，迪格斯以国

晰地反映了共和政府对伊丽莎白的矮化，指出"她既为一位女人，又是一位女王"的事实令人费解；身为掌握最终决策权的女王，却是一位极易受情报误导的优柔寡断的女人，唯一的优点与"幸运"就是"睿智地拣选出她的服务者，但吝啬的她鲜少奖励"。① 故这本档案编选集侧重于筛选参与英法联姻谈判的臣僚书信，而非他们与女王之间的通信文书，以呈现决策的比重落差。尤其是，这些通信强调时任国务大臣的伯利与驻法大使沃尔辛厄姆批评女王在与法国安茹公爵（Henry Duke of Anjou，1574 年继位为法王亨利三世）的首次联姻谈判中，轻信错误情报导致误判、冥顽不灵且不识大局，终致谈判破裂，突出了易受派系影响的弱能女王与擅于审时度势的睿智大臣之间的对比。② 后至 1870 年，维多利亚后期史家詹姆斯·弗劳德（James Froude）在专著《英格兰史：自沃尔西失势至西班牙无敌舰队之役》（*History of England from the Fall of Wolsey to the*

家档案（State Papers）作为补充，如 1570 年 12 月 19 日伊丽莎白女王颁予沃尔辛厄姆的命令状（SP 70/115 f. 65，TNA），以及沃尔辛厄姆 1571 年 1 月 28 日寄给塞西尔的信件（SP 70/116 f. 43，TNA）。Dudley Digges, ed. , *The Compleat Ambassador, or, Two Treaties of the Intended Marriage of Qu. Elizabeth of Glorious Memory Comprised in Letters of Negotiation of Sir Francis Walsingham, Her Resident in France* (London: Thomas Newcomb for Gabriel Bedell and Thomas Collins, 1655), pp. 5, 9, 18 – 20, 28, 38, 231 – 234, 251, 291 – 293; Kevin Sharpe, *Sir Robert Cotton 1586 – 1631: History and Politics in Early Modern England* (Oxford: Oxford University Press, 1979), p. 54; Andrew G. Watson, *The Library of Sir Simonds D'Ewes* (London: British Museum, 1966), pp. 24 – 26.

① Dudley Digges, "To the Reader," *The Compleat Ambassador.*

② Draft by Cecil of a paper entitled "Reasonable Demands to be Required from Monsieur for the Preservation of the Religion of England," 1570, SP 70/115 f. 98, TNA; Dudley Digges, ed. , *The Compleat Ambassador*, pp. 29, 42 – 43, 55, 68, 70 – 71, 87 – 88, 90, 96 – 97, 100 – 101, 116.

Defeat of the Spanish Armada）中，同样抨击伊丽莎白暴躁、短视近利和优柔寡断，反复与众臣陷入争执对抗，欠缺如同其父亨利八世般的男性君主才能，唯有官僚的鞠躬尽瘁，尤其是伯利与沃尔辛厄姆的胆量与警觉，才能拯救女王和国家于危难之中。弗劳德或许是想以此暗讽自幼年起以伊丽莎白一世为榜样的维多利亚女王怠忽职守，以孀居为由，拒绝履行宪政君主的职责。① 伊丽莎白的女主统治形象在近代史学中多因史学家的政治倾向而摇摆不定，但多呈现一幅君弱臣强的共治图景。

当代史学界对伊丽莎白君权的强弱辩论，多着眼于女主与党争之间的制衡，迄今仍各执一词。20 世纪初至 1970 年代，史学界多重新解读伊丽莎白的都铎专制。科尼尔斯·里德（Conyers Read）与纳塔莉·米尔斯（Natalie Mears）主张伊丽莎白女王于党争中灵活运用君主的官职任命权与咨议团筹组权，借由先后任命伯利人马亨利·布鲁克（Henry Brooke）和爱德华·斯塔福德（Edward Stafford）1578～1590 年任驻法大使，以及安排科巴姆男爵威廉·布

---

① 维多利亚女王在幼年时期接受其母亲肯特公爵夫人（Princess Victoria of Saxe-Coburg-Saalfeld, Duchess of Kent）与家臣约翰·康罗伊（John Conroy）通过肯辛顿系统（the Kensington system）进行的教育训练与政治形象包装。其目的不仅在于将维多利亚与两位伯父乔治四世（George Ⅳ）和威廉四世（William Ⅳ）联系，并与道德败坏的宫廷进行切割，强化年幼的维多利亚对其母与康罗伊的依赖；而且以巡访方式塑造维多利亚亲民爱民的正面形象，强化王位继承人的身份，而其仿照的对象之一即为伊丽莎白一世。此形象导致日后维多利亚女王被谴责之时，伊丽莎白一世成为讽刺宣传的主要载体。J. A. Froude, *History of England from the Fall of Wolsey to the Defeat of the Spanish Armada*, vol. 12（London: Longmans, Green, and Co., 1875）, p. 508; Patrick Collinson, "The Monarchical Republic of Queen Elizabeth I," p. 118; G. R. Elton, "J. A. Froude and His History of England," *Studies in Tudor and Stuart Politics and Government*, vol. 3（Cambridge: Cambridge University Press, 1983）, p. 401.

鲁克（William Brooke, Baron Cobham）、坎特伯雷大主教约翰·惠特吉夫特（John Whitgift, Archbishop of Canterbury）与巴克赫斯特男爵托马斯·萨克维尔（Thomas Sackville, Baron Buckhurst）加入枢密院，遏制主战党对政务信息的垄断，巩固君主的政策主导权。[1] 约翰·尼尔（John Neale）则将强势女主统治归因于宰制王室恩惠，如爵位、官职、财富或津贴、经济特许及封建监护权等对侍臣、宠臣或权臣的下行分配，抑制特定党系独大，塑造全知全能的女王。[2] 然而，华莱士·麦卡弗里（Wallace MacCaffrey）对伊丽莎白的绝对统治有所怀疑，指出伊丽莎白自统治初期就鲜见强势统治，通常是聆听枢密大臣建言，虽有权力"拒绝或接受诸类建言，却鲜少亲自主导"。但他仍强调恩惠分配权保障了君主对政权的绝对主导权："唯有女王能赋予枢密院生存的空间，［它］通过集体议政的功能为女王提供建议；若无王令，它寸步难行。"[3] 1980

---

[1] Conyers Read, "Walsingham and Burghley in Queen Elizabeth's Privy Council," *English Historical Review* 28: 109 (1913), pp. 34 – 58; Natalie Mears, *Queenship and Political Discourse in the Elizabethan Realms* (Cambridge: Cambridge University Press, 2005), pp. 73 – 103; Natalie Mears, "Politics in the Elizabethan Privy Chamber: Lady Mary Sidney and Kat Ashley," in James Daybell, ed., *Women and Politics in Early Modern England, 1450 – 1700* (Aldershot: Ashgate, 2004), pp. 67 – 82; Natalie Mears, "The Council," in Susan Doran and Norman Jones, eds., *The Elizabethan World* (London: Routledge, 2011), p. 65.

[2] J. E. Neale, "The Elizabethan Political Scene," *Essays in Elizabethan History* (London: Johnathan Cape, 1958), pp. 59 – 84.

[3] Wallace MacCaffrey, "Place and Patronage in Elizabethan Politics," in S. T. Bindoff, J. Hurstfield, J. E. Neale and C. H. Williams, eds., *Elizabethan Government and Society* (London: Athlone Press, 1961), pp. 95 – 126; Wallace T. MacCaffrey, "The Anjou Match and the Making of Elizabethan Foreign Policy," in Peter Clark, Alan G. R. Smith, and Nicholas Tyacke, eds., *The English Commonwealth 1547 – 1640: Essays in Politics and Society Presented to Joel Hurstfield* (Leicester: Leicester University Press, 1979), pp. 62, 70.

年代以来，自帕特里克·柯林森提出君主共和制以后，弱势女主的研究重新回归，西蒙·亚当斯（Simon Adams）主张都铎君权在亨利八世时达于鼎盛，后受限于爱德华六世以孱弱幼主即位，加之优柔寡断且年迈的伊丽莎白女王放任 1590 年代派系之争恶化，王权渐衰。① 苏珊·多兰（Susan Doran）借分析伊丽莎白女王在联姻谈判中与各派系的互动，进一步阐释女主权力的强弱及稳定性受限于政策性质与女王的切身关联。②

以往的研究虽然对于伊丽莎白女主统治强弱观点不一，但相同的是比较关注制度设计、人事更迭和恩惠分配，君臣纽带整体呈现高度的结构性，却忽略了近代早期君主制尚处于“人治”的政权生态下，君主或当权者的个人因素，尤其是动态的人际关系，相较于当时尚未定型的体制更具影响力。③ 传统英国政治史研究存在重结构而轻关系的倾向，或许源于聚焦在宫廷、政府、议会、教会等正式的机构和制度层面。自 18 世纪辉格视角的英国宪政史诠释以降，历经 19 世纪后期至 20 世纪前期国家档案的开放，后至 20 世纪前期埃尔顿提出饱受争议的政府变革论和后续的史学辩论，导致制度史视角的考察成为这一领域研究的主要取向。1957 年，恩内斯特·康托洛维兹茨（Ernst Kantorowicz）出版《国王的两个形体：中世纪政治神学研究》，分析由基督神人双性延伸出的君主双体论：一为常人般的“自然形体”，有性

---

① Simon Adams, "Faction, Clientage, and Party: English Politics, 1550 – 1603," *History Today* 32: 12 (1982), pp. 33 – 39.

② Susan Doran, *Monarchy & Matrimony: The Courtships of Elizabeth Ⅰ* (London and New York: Routledge, 1996).

③ David Starkey, "Introduction: Court History in Perspective," and Kevin Sharpe, "The Image of Virtue: the Court and Household of Charles Ⅰ, 1625 – 1642," in David Starkey, ed. , *The English Court*, pp. 6 – 7, 226.

别区分且经历生老病死；另一则为超越性别与生死的"政治形体"，意指其转化的王位、冠冕、王权，乃至永恒政治集合体的政府与国家等公共体制。① 这让传统史学越发重视君主"政治形体"和同质的公共体制而忽略君主，乃至显贵和官僚的"自然形体"衍生之私属关系的权力运作。

不同于传统史学从机构沿革、恩惠分配或政策性质等制度角度探讨伊丽莎白一世的女主权力能否钳制男性官僚，本书将尝试通过私属关系网络，窥探制度之外的潜在规则，包括政务文书信息体系之外的私人信息网络、外交使节体系之外的私属谍报活动、政府官僚体系之外的亲密政治机制如门客与内廷，以及宫廷本位之王权体系之外的组织弹性且具备相当自主性的外朝官僚群体。这些基于关系、恩惠或意识形态衍生出的诸多对照，呈现显性、静态的制度与隐性、动态的关系，在不同的群体、空间与运行方式中的差异。然而，这绝不意味着两者的二元划分或对立对抗，它们之间存在循环或衍生的关系，时而相辅相成，成为掌权者的统治权术。"掌权者为了达到自己的目的，有两套相互冲突的武器：一方面是理性化和制定规则，另一方面是制造例外和无视规则的权力。他的最好的策略是找到这两种武器的最佳配合。……规则的扩展会限制他的权力，而太多的例外又会削弱他控制别人的权力。"② 制度之外的关系网络将有助于呈现这些隐性的政治生态。

---

① Ernst H. Kantorowicz, *The King's Two Bodies*: *A Study in Medieval Political Theology*（Princeton: Princeton University Press, 1997）.

② Michel Crozier, *The Bureaucratic Phenomenon*（Chicago: University of Chicago Press, 1964）, pp. 163 – 164. 翻译引用自孔飞力《叫魂：1768 年中国妖术大恐慌》，陈兼、刘昶译，三联书店，2012，第 236 页。

本书将从信息控制这一新视角观察权力的运行，通过梳理信息在不同个体、群体和空间之间的流动路径，将君臣秩序置于动态的"关系"网络之中，剖析伊丽莎白盛世表象下的内部权力倾轧：党争制衡的失效，内廷衰微，女主统治的信任危机。[1] 信息被赋予一个全新的定位——权力的筹码。信息网络的运作为一新兴的史学议题。信息种类依据内容、传递形式和受众广度，分为普遍性知识、有限流传的消息，以及需要通过渗透或监控等技术渠道而获取的机密性情报，通过口述、书写、图像或仪式等形成多层次的信息传递网络。管理者或经手人因主导信息的制造与流动而获得权力。然而，英国传统研究停滞于信息的传递层面，如文本的传布与出版审查，或狭隘地将伊丽莎白时期的情报机制定位为统合性的国家安全系统，归首席国务大臣统辖指挥。[2] 约翰·布莱克（John Black）重新定义情报搜集为"争取决策主导地位的必备工具"，其吸引着伊丽莎白的枢密院重臣，包含前期权臣伯利、沃尔辛厄姆与宠臣莱斯特，以及后期的埃塞克斯伯爵罗伯特·德弗罗（Robert Devereux, 2nd Earl of Essex）与伯利次子罗伯特·塞西尔（Robert Cecil），他们均"不遗余力地通过缜密的谍报系统，获取在履行职务时可能会使用的每条信息"。[3]

---

[1] 中国史相关研究，可参见邓小南《走向"活"的制度史——以宋朝信息渠道研究为例》，北京大学人文社会科学研究院编《多面的制度：跨学科视野下的制度研究》，三联书店，2021，第 107~136 页。

[2] Patrick H. Martin, *Elizabethan Espionage: Plotters and Spies in the Struggle Between Catholicism and the Crown* (North Carolina: McFarland & Company, 2016); Christopher Andrew, *The Secret World: A History of Intelligence* (London: Allen Lane, 2018); Alan Marshall, *Intelligence and Espionage in the Reign of Charles II, 1660–1685* (Cambridge: Cambridge University Press, 1994).

[3] J. B. Black, *The Reign of Elizabeth 1558–1603*, 2nd ed. (Oxford: Oxford University Press, 1959), pp. 208–209.

对于政策的分歧常常将伊丽莎白时期的信息与情报系统撕裂为各为其主的独立私属系统。约翰·阿彻（John Archer）指出该时期间谍系统远不是一个国家性、集权性或统合性的监控机构，它是不同的显贵门客群体之间相互猎取，甚至伪造情报以竞逐恩惠宠信的手段。

> 女王从她精干的臣仆那里获取信息，以名望和权力来奖赏他们。对立的官员如伯利与沃尔辛厄姆争夺他们各自的门客——聘用的间谍、侍从和间歇性的告密者——所发现或捏造的各种信息……伊丽莎白在平衡众臣相互竞争的利益时，必须决定她所听到信息的相对价值。①

显然，阿彻采用尼尔和麦卡弗里的恩惠型派系理论，君主借分配权确保信息多元且传播畅通并巧妙地维持均势，巩固王权至高性。这种观点过度将都铎党争归因于浅层的物质趋利，也高估了王室恩惠对官僚体制的控制力度。斯蒂芬·奥尔福德（Stephen Alford）虽同样将情报定位为"可用于获取宠信与名誉，并伤害宫廷对手的一种政治货币"，但官僚群体对外面临天主教的进逼，对内受挫于伊丽莎白的软弱统治，故凭借对情报流动的控制，"不惜一切代价争取生存，甚至推翻他们一直试图服务之女王的旨意"，使政策主导权从女王手中移转至男性群臣处，牵引英格兰政体转向君主共和制。② 然而，奥尔福德将君臣

---

① John Michael Archer, *Sovereignty and Intelligence: Spying and Court Culture in the English Renaissance* (Stafford: Stafford University Press, 1993), pp. 4–5.

② Stephen Alford, *The Watchers: A Secret History of the Reign of Elizabeth I* (London: Allen Lane, 2012), p. 13.

之间的情报与权力博弈局限于 1590 年代的埃塞克斯伯爵与塞西尔父子之争，无法解释为何伊丽莎白时期情报系统的分裂与倾轧早发于 1570 年代后期，在 1580 年代进入密集的国内外情报和反恐竞赛。

信息的流转表现为官僚基于信仰理念与男性政治的传统秩序，筹组私人信息网络，操控信息以参与党争并"矫正"女主统治。迥异于传统研究将信息狭隘定位为纯粹男性领域，本书将呈现伊丽莎白一世如何通过女性内廷的亲密机制，建构回避外朝体制的另类信息网络，从而进行政务监控及臣僚任免的多重部署，以期打破单一派系与外朝官僚对信息和政务的垄断。需注意的是，君主无关乎性别，无论是在生理性方面还是在社会性方面，皆被包围或禁锢于宫廷之内，因此不仅女性君主，男性君主亦须仰仗臣僚主导的信息系统。掌握信息的臣僚或情报组织者，基于个人或所属党派的竞争利益，乃至信仰或政治理念，可能选择性地对国王或女王隐瞒部分关键信息。雅各布·索尔（Jacob Soll）证实，即使法王路易十四亦受制于近臣让 – 巴蒂斯特·科尔贝（Jean-Baptiste Colbert）创建的信息系统，信息的被动性（君主被喂食臣僚筛选过的信息）使其陷入低效率集权。[①] 故伊丽莎白一世的信息孤立绝非受限于性别的特殊案例，而是深居宫廷的君王仰仗臣僚进行统治时无法回避的政治冲击，只是该时期英格兰在中世纪晚期以降宫朝相争的推波助澜下，性别因素加快了双方剥离的速度。男性群臣基于对女性的传统偏见，将女王的优柔寡断和妇人之仁等统治习惯归

---

① Jacob Soll, *The Information Master: Jean-Baptiste Colbert's Secret State Intelligence System* (Ann Arbor: The University of Michigan Press, 2009).

因于天生的性别弱势，从而合理化限制或减少输送给女王的信息，将后者孤立于决策之外。换言之，性别成为臣僚假托神意与公意，合理化地将近代早期英格兰统治从都铎专制的君主个人统治转型为君主共和双头政体的借口。信息控制下的权力流动将重新诠释近代早期英格兰的政权转型。

本书将使用现收藏在英国国家档案馆、大英图书馆、苏格兰国家档案馆、赫特福德宅邸等处的原始档案，涵盖伊丽莎白一世及掌控国家信息之重臣经手的政务文书、私人书信、家族记录及间谍通信等，以此延伸建构他们的人际网络，包含门客幕僚、间谍、党派、内廷女官、亲友，还原政府信息网络的运作模式和政策辩论。本书同时采用宣传媒介如 16～18 世纪出版和绘制的原始文本与肖像等史料，辅以 19～20 世纪编撰的一系列档案出版物，如《英国国家档案年鉴》（Calendars of State Papers）、《英格兰枢密院法案》（Acts of the Privy Council of England）、《贵族世家文献年鉴》（Historical Manuscripts Commission）、《天主教档案系列》（Catholic Record Society Series）等。这些原始档案和已刊档案有助于剖析当时政权内部针对君臣位阶、顺从观乃至政权形态的论战。

本书将通过"事件路径"的研究范式，以 1587 年 2 月苏格兰玛丽女王的死刑决策过程与政治余波为微观视角，透视这一事件折射的伊丽莎白一朝政权内部的政治生态与权力运作。① 本书第一章将立足于副国务大臣威廉·戴维森的供词、审判记录、相关官员的书信等原始手稿，还原苏格兰玛丽女王的死刑决策

---

① 李里峰：《从"事件史"到"事件路径"的历史——兼论〈历史研究〉两组义和团研究论文》，《历史研究》2003 年第 4 期。采用"事件路径"研究视角的论著，请见孔飞力《叫魂：1768 年中国妖术大恐慌》；娜塔莉·泽蒙·戴维斯《马丁·盖尔归来》，刘永华译，北京大学出版社，2015。

过程，以及后续针对戴维森渎职和藐视王权两项罪名的审判。不同于传统史学将此单纯视为玛丽悲剧人生的落幕，该章将从信息控制—权力转移的新视角，揭露枢密院如何蒙蔽伊丽莎白女王，径自主导死刑。这行动背后的男性官僚群体对女性统治之焦虑感与由此激发的神选之臣意识，使后续的戴维森审判意外变调为政权内部针对枢密院的死刑决策究竟为越权的"叛乱"（conspire），还是神意与公意授权之"正义之举"（justice），乃至英格兰统治为专制还是共治的公开辩论。[①] 玛丽的死刑暴露了伊丽莎白女王在官僚主导之政务和信息系统中的闭塞，尤其是都铎晚期女主政权下的多重权力失衡危机：党争制衡的失灵、内廷政治机制的衰微，以及官僚意识与政治忠诚位阶从王到国的同步转移。

伊丽莎白女王对苏格兰玛丽死刑的"无知"首先暴露了女王在官僚掌控之政务与信息系统中的被动弱势。[②] 本书第二章将依据伊丽莎白统治中期的首席国务大臣弗朗西斯·沃尔辛厄姆的多种公务记录册、情报书信、文件副本册等公文档案，分析编写格式、诸多字迹与内容，重现都铎晚期中央政务文书的编辑流程，略分为口述、书信登记、解密、批阅与传抄、归档。此信息网络的编辑节点与运行呈现了当朝男性官僚对政务信息的绝对主导权，政务中枢的行政空间与群体逐渐脱离中世纪后期以来王室私属网络与家政府的势力范围，趋向外朝的专业官僚机制及其私属的门客群体，反衬伊丽莎白女王的信息孤立。

---

① Proceedings against Mr. William Davison, March 28, 1587, Harley MS 290 ff. 234v, 236r – 237r, BL; Discourse by Mr. William Davison, February 20, 1587, Harley MS 290 f. 219r, BL.

② William Camden, *Annales*, p. 345.

　　为避免特定官僚垄断政务与信息，伊丽莎白女王以恩惠和官职任免权操控党派，勉力维持政权内部的均势，由此本书第三章将回应关于都铎党争的史学争议。不同于传统史学认为伊丽莎白时期党争仅发生于1590年代，本章通过都铎历史语境，依托政教理念和恩惠的群体属性，以及国家本位与信仰本位的政策分歧，证实伊丽莎白一世时期党争早发于1570年代后期，于1580年代达于首波高峰。枢密院因新教主义政策的分歧，分裂为以莱斯特和沃尔辛厄姆为首的主战党和伯利领导的主和党。此时期对立并非出于个人敌意或恩惠竞逐，乃是根源于英格兰是否应积极介入欧陆新教战争的政策分歧，涉及英格兰的国家价值当以国家利益与统治正当性为重还是优先荣耀上帝。沃尔辛厄姆以信息操作推动英格兰投身欧陆新教战争，实践"荣耀上帝"之国际新教主义。为防止主战党独大，女王与伯利联手，将内廷的裙带网络延伸至枢密院与外交系统。更值得思考的是，孤立主义与干涉主义之间的外交摇摆，反映了英格兰自中世纪后期至近代早期的帝国转向。从中世纪晚期的封建型复合国家转为近代早期地域 – 主权 – 信仰的大不列颠帝国，后受益于新教改革而转型为担负神选之国（"the" elect nation）使命的扩张性帝国思维。

　　本书第四章进一步呈现主和党爱德华·斯塔福德的使馆系统与主战党沃尔辛厄姆的私人间谍系统，在法国针对天主教流亡者展开的情报竞赛。不仅从党争视角重新检视斯塔福德的任命与叛国等争议，也将呈现双方如何竞逐天主教情报，彼此监控、诋毁与羁绊。由此证实都铎晚期的情报系统分裂为具有强烈党派倾向与目的性的私有化群体。该章的第二个重点是延伸分析被监控之天主教流亡者的情报效忠行为，探讨英格兰政府与非国教徒在宗教改革信仰撕裂的时期，如何双向建构近代早期政教分离的政治顺从理论。16 世纪晚期流亡欧陆的英格兰天主教徒面对英政府的拘禁、死刑、返国许可及家族存续等恩威并施之术，逐渐萌生生存焦虑；流亡群体内部亦基于国家情感、神意期待、世俗统治权等理念分歧而日渐分裂。此双重情势促使众多反战派投效伊丽莎白新教政权的情报系统以换取生存与信仰并存。流亡者的情报服务实乃英格兰本土偶奉国教行为的海外延伸，呈现宗教改革时期英格兰天主教内部介于积极抵抗之殉教主张与改宗国教之间的忠诚摇摆，两者共同以"良心"（conscience）概念建构拒绝国教的政治顺从理论。这种政教忠诚的切割显示了在近代早期欧洲国家建构趋势下，拒绝国教者基于自身、国家乃至信仰的存续，必然形成的政治妥协。此政治顺从论也将呼应都铎后期党争中的统治正当性争议，以及女主统治之下国属性忠诚等讨论。

监控天主教流亡者的谍报竞赛不仅是伊丽莎白一世时期党争的体现，更透露君主变体之内廷的介入痕迹。本书第五章将探究伊丽莎白一世延续都铎亲密政治的传统，运用内廷近身侍奉君王的宠信关系与裙带网络监管外朝的信息、政务和官僚体系，同时以恩惠将朝臣私属化。这类由信而任的宫臣公共化和因任入宠的朝臣私属化之双管齐下的操作，巩固了"人近王者则贵"的宫廷本位之政治秩序，辅以宫朝党争，维持内外均势格局。[①] 然而，女性内廷由于先天性性别因素所导致的出仕限制与男性官僚的制约，再加上后天的信息服务效率不彰等诸多原因，无力延续都铎一朝以内辖外的内廷政治传统，迫使伊丽莎

---

① 阎步克：《中国古代官阶制度引论》，第 68 页。

白女王转向仰仗外朝官僚理政与搜集信息。值得注意的是，伊丽莎白时期内廷政治机制的衰微不应纯粹归因于偶然和短期的性别因素，其更是中世纪后期以降宫朝分野争议的延续；都铎晚期的性别议题只是恰巧赋予了政府官僚群体与君主、宫廷争夺权力更强的正当性，反映了近代早期君臣秩序及政权结构的多元重塑。

尽管伊丽莎白女王操作党争，暂且维持信息多元及君权的相对优势，但本身的信息被动性依然存在。一旦一党独大，或党派间因共同利益或理念——尤其基于鄙视女性的传统而对女性涉政怀有警觉性——而暂时和解，以男性为主的政府体制极可能阻碍信息流入内廷，集体架空王权，如同伊丽莎白女王在玛丽死刑运作中的权力边缘化。内廷的式微与党争制衡的失效暴露了伊丽莎白政权的内部隐患：男性官僚对女主统治俨然从焦虑心理转为实际制约。因此，本书第六章将检视基于古典希腊哲学与医学、罗马法与基督教神学而产生的鄙视女性传统，都铎后期新教徒对畸形女性统治的抵抗理论，以及男性官僚对伊丽莎白的妇人之仁和优柔寡断等女性化决策习性的不信任感等诸多因素，它们促使原本应相互掣肘的男性廷臣、外朝官僚与党派，转而合流强化以男性为主导的共治传统。他们一方面操控信息，企图消除女王基于性别的恐惧与犹豫不决，"指导女王果断决策"。[1] 另一方面强化神选之臣的新定位，声称他们由上帝拣选而生，被授权纠正女王的滥权或误判。这个新臣属定

----

[1] Discourse by Mr. William Davison, February 20, 1587, Harley MS 290 f. 219r, BL; Whether it may stand with good policy for her Majesty to join with Spain in the enterprise of Burgundy（后简称 The enterprise of Burgundy）, July 1572, Harley MS 168 ff. 54v – 55r, BL。

位开始重塑都铎晚期的政权秩序。

玛丽之死无疑暴露了长久隐藏在所谓伊丽莎白盛世下，看似团结尊君之政权内部的各种权力博弈，呈现了近代早期英格兰臣属概念与政权形态从王本位到国本位的共同趋向。15世纪后期以降，内廷近身侍君的亲密性建构了信任型的君臣关系，内廷摆脱了中世纪家务性质，转化为君主自然形体的延伸变体，介入外朝政府，形成以宫廷为权力核心的政治秩序。随后亨利八世在宗教改革时期依托家庭人伦观建构"君父"制的政治顺从论，进一步巩固此种政治格局。但至伊丽莎白时期，对女主统治的焦虑感使男性宫臣与朝臣合作牵引内廷回归家务性质，他们重新审视神选之臣与御封之臣的二重君臣关系，依托神意和公意，臣属定位从封建体制的家臣，经由新君主制的宠信之臣，蜕变为具有相对独立性且条件式抵抗权的"神选之臣"。由王向国的忠诚转移重申了君臣共治的宪政传统，积极扶持一个可以纠正女性无能统治的男性决策中枢，将枢密院或议会从臣属抬升至共主地位，最终目的在于将女性统治调回传统基督教精神中坚强、正直且"正统"的男性政治秩序，保障英格兰国家与国教的安稳。宫朝分野渐趋明朗，引导权力板块从内廷到外朝的位移，潜移默化地引导近代早期英格兰政权从私属性的王朝政治转型成国属性的官僚国家。

第一章　"叛变" 或 "正义"：
苏格兰玛丽的死刑执行*

　　他无法理解，是什么原因致使这群身为国政顾问的枢密大臣不应该知晓、熟悉与国政密切相关的事务。

　　副国务大臣威廉·戴维森，星室法庭审判，1587 年 3 月 28 日①

一　"无知" 的伊丽莎白女王

　　时间回溯到苏格兰玛丽死刑前的 7 天。首席国务大臣弗朗西斯·沃尔辛厄姆在 1586 年夏，以请君入瓮的反恐策略侦破巴宾顿阴谋（Babington Plot），成功截获苏格兰玛丽在 7 月 17 日回复给谋逆者安东尼·巴宾顿（Anthony Babington）的谋逆铁证。

---

　*　本章部分内容已发表，参见杜宣莹《从王权政治到君主共和——苏格兰玛丽女王之死与近代早期英格兰的政权转型》，《文史哲》2017 年第 3 期。

　①　Proceedings against Mr. William Davison, March 28, 1587, Harley MS 290 f. 227v, BL.

这封"血腥之信"终于迫使犹豫不决的伊丽莎白一世，在 1587 年 2 月 1 日上午签署了这位在英格兰被囚禁 19 年之表亲玛丽·斯图亚特的死刑状。[①]

伊丽莎白女王的妥协或许只是依循重大叛国罪的正常执行程序，抑或借此暂时减轻政府和议会诉请处决玛丽的长期而巨大的压力。完成签署后，女王命令当职的副国务大臣威廉·戴维森将死刑状送交御前大臣兼掌玺大臣（Keeper of the Great Seal）托马斯·布罗姆利（Thomas Bromley）加盖国玺。[②] 在暂时减压的轻松氛围中，伊丽莎白女王玩笑般地指示戴维森，在正式用印前应该先将其送给当时痼疾缠身的上司沃尔辛厄姆过目，戏谑地称："这个不幸几乎可以让他悲痛欲绝。"[③] 自 1568 年踏入政坛以来，沃尔辛厄姆始终主张英格兰与女王的安全绝不可仅仅精神性地仰仗臣民的爱国忠诚，也不可被动巩固边防，而是应积极布局信息网络渗透各国宫廷、政府与权力团体，借助情报搜集防微杜渐，扼杀阴谋于萌芽之际。"患多比患少更不危险，没有比安全感更危险的"；生于忧患，死于安乐，遂成为沃尔辛厄姆的座

---

① 1586 年 7 月 6 日，巴宾顿写信给苏格兰玛丽说明谋逆计划，将由他的 6 名信仰天主教且效忠玛丽的友人谋杀伊丽莎白女王。Anthony Babington to Mary Queen of Scots, July 6/16, 1586, SP 53/19/12, TNA. 玛丽在同月 17 日回信，而此信落入沃尔辛厄姆手中。他的首席情报助理托马斯·菲利普斯（Thomas Phelippes）伪造玛丽笔迹，在这封信中询问巴宾顿关于"这 6 位即将执行计划之绅士的姓名和身份"，重新伪造蜡封后送出。The Postscript of the Scottish Queen's letter to Babington, July 17/27, 1586, SP 53/18/55, TNA；Walsingham to Thomas Phelippes, July 22, 1586, SP 53/18/68, TNA；John Hungerford Pollen, ed., *Mary Queen of Scots and the Babington Plot* (Edinburgh: T. and A. Constable for the Scottish History Society, 1922), pp. 45 – 46；Walsingham to Phelippes, August 2, 1586, Cotton MS Appendix L f. 140, BL.

② Relation by Mr. William Davison, February 20, 1587, Harley MS 290 f. 222r, BL.

③ Discourse by Mr. William Davison, February 20, 1587, Harley MS 290 f. 218v, BL.

右铭。① 这位曾在玛丽一世统治时期果断流亡欧陆的激进新教徒，几乎将全部公职生涯和私人财产投入经营泛欧的情报系统，积极猎取情报以帮助上帝"打开女王陛下的眼睛，正视对她最安全的方法"，即处死"邪恶女人［玛丽］"。② 毋庸置疑，斩首这条长期伏卧在英格兰国家和伊丽莎白女王"胸脯"上取暖却忘恩负义的"毒蛇"的死刑执行令，对于正卧病榻的沃尔辛厄姆而言，无疑是灵丹妙药。③

　　向女王告退后，戴维森径自向伯利与莱斯特展示女王已经签署的死刑状。两人浏览后，急忙催促戴维森赶快加盖国玺，不得耽搁。这两位服侍女王多年的重臣共同表现出的焦虑，仿佛预见了女王的优柔寡断即将故态萌发。随后，戴维森离开宫廷，遵旨前往沃尔辛厄姆位于伦敦斯林巷（Seething Lane）的宅邸。除了展示死刑状，他还传达了女王的另一项密令：命沃尔辛厄姆和戴维森联名写信给玛丽的监管官埃米亚斯·波利特和德鲁·德鲁利（Dru Drury），指示二人在死刑之前私下毒杀玛丽。尽管已签署死刑状，伊丽莎白女王仍对自己将手染亲族，尤其是神圣君王之鲜血而踌躇不安，所以欲借用1584年《联盟公约》（The Bond of Association）而非同年通过的《女王安全法》，要求联合署名公约的臣僚必须履约，自觉自发地处死任何意图危害女王安全的邪恶之徒。④ 伊丽莎白女王寄望

① Walsingham to Cecil, September 7, 1568, SP 12/47/57, TNA；Walsingham to Cecil, December 20, 1568, SP 12/48/61, TNA.

② Walsingham to Burghley, January 31, 1571/2, SP 70/122 f. 148, TNA.

③ William Herle to Burghley, March 11, 1575/6, SP 70/137/［67］f. 209v, TNA；Dudley Digges, ed., *The Compleat Ambassador*, p. 427.

④ 《女王安全法》英文全称为 An Act for Provision to be made for the Suertie of the Queenes Majesties most Royall Person, and the continuaunce of the Realme in Peace. *The Statutes of the Realm*, vol. 4 (London: Dawsons, 1963), pp. 704 – 705.

波利特与德鲁利主动履约，私自"凶暴地谋害"玛丽，而非循
正式的法律程序来使玛丽死亡。在当日由沃尔辛厄姆与戴维森
联名寄给波利特的一封信中，女王痛斥两位监管官"缺乏对她
[女王]的关心与热忱"，命令"在这段时间内（不允许有任何
的推诿）找到缩短这位女王生命的方法"。① 与沃尔辛厄姆在下
午4、5点起草此信同时，戴维森携死刑状至掌玺大臣处用印，后
折返沃尔辛厄姆家中，在密函上署名，封口，快马送出。② 事与
愿违，两位监管官严词拒绝这项"不光荣且危险"的密令，坚
持"依法行刑"。③ 故回复道：

> 我如此愤慨竟有这么不悦的一天，这天，我最仁慈的
> 君主竟然命令我采取上帝与法律皆禁止的恶劣行径。我的
> 美好生命由女王陛下支配，若能取悦她，我随时准备好在
> 明日牺牲生命，我承认我只是出于她最仁慈的恩典而持有
> 它们，并非渴望或享受它们……但上帝禁止我在无法律或
> 命令的情况下进行屠杀，这将使我的良心如同沉船残骸般
> 腐烂，或使我可怜的子孙后代蒙羞。④

获知此讯时，伊丽莎白女王怒责波利特"吹毛求疵"和"背

---

① Walsingham and Davison to Paulet, February 1, 1587, in John Morris, ed. , *The Letter-Books of Sir Amias Poulet*: *Keeper of Mary Queen of Scots* (London: Burns and Oates, 1874), pp. 359 – 360.

② Mark Taviner, Robert Beale and the Elizabethan Polity (Ph. D. thesis, St. Andrew University, 2000), pp. 217 – 218.

③ Touching the Commission of the Scotish Queene, 1587, Additional MS 48027 f. 639v, BL.

④ Paulet and Drury to Walsingham, February 2, 1587, in John Morris, ed. , *The Letter-Books of Sir Amias Poulet*, pp. 361 – 362.

信弃义",愤而粗鲁地打断戴维森为后者的辩解,斥其退下。①

果不其然,伯利与莱斯特的不祥预感成真了。隔日,2月2日上午10时,女王紧急通知戴维森暂缓对死刑状用印。当被告知已完成程序时,她抱怨"为何如此匆促",随后"严令禁止我(戴维森)以此事进一步烦扰她,或让她听闻相关消息,直到(此事)完成"。② 女王不寻常的态度变化使戴维森顿时警觉到:女王开始准备洗净双手,急切地想从玛丽的死刑案中脱身,以便在事后佯装清白无辜。戴维森随即向女王的宠臣兼副宫务大臣(Vice-Chamberlain)克里斯托弗·哈顿(Christopher Hatton)展示死刑状,陈述"她(女王)的一些可疑言论暴露了她意图寻找方法推卸责任"。他提醒哈顿,女王曾将1572年表亲诺福克公爵托马斯·霍华德(Thomas Howard,Duke of Norfolk)的死刑在事后长期归咎于伯利,而这一次"我被要求不作为的指令或许给予她便利,将如此沉重的责任推诿到我单独且虚弱的肩膀上"。③ 殷鉴不远,戴维森拒绝成为替罪羔羊。针对戴维森这番拒绝担责的言论,史学家马克·塔维纳(Mark Taviner)推测这仅是他被关押入伦敦塔后对于这次行动的"后见之明"。④

面对女王的有意"逃脱"卸责,戴维森选择上报以转移自身的责任。由于直属上司沃尔辛厄姆正值病休,他转而求助于权臣伯利。当他将死刑状呈交到伯利手上时,正式宣告后者"接管"全局。⑤ 遗憾的是,这位新掌舵人并不如戴维森预期般

---

① Discourse by Mr. William Davison, February 20, 1587, Harley MS 290 f. 220r, BL.

② Proceedings against Mr. William Davison, March 28, 1587, Harley MS 290 f. 225v, BL; Relation by Mr. William Davison, February 20, 1587, Harley MS 290 f. 222r, BL.

③ Discourse by Mr. William Davison, February 20, 1587, Harley MS 290 f. 219r, BL.

④ Mark Taviner, "Robert Beale and the Elizabethan Polity," pp. 218 – 219.

⑤ Discourse by Mr. William Davison, February 20, 1587, Harley MS 290 f. 219r, BL.

值得信任。在东窗事发后的审讯中，伯利与枢密大臣合力使戴维森沦为替罪羔羊，单独承担罪责入狱。[①] 伯利接手后，一方面认定枢密院"如同我们一样，对这件事很感兴趣，且任重道远"，决定在隔日紧急召集枢密院会议。[②] 另一方面知会沃尔辛厄姆关于女王可能撤销死刑的犹豫态度，后者立刻着手拟订送递死刑状与行刑的时间表，内容涵盖刑场地点、保密安排、监刑官在刑场针对玛丽弑君罪和行刑正当性的发言稿，以及玛丽墓址的选定，后交付伯利补充。[③] 2 月 2 日深夜 11 时，戴维森紧急联系枢密院书记官，同时是沃尔辛厄姆连襟兼幕僚的罗伯特·比尔，于隔日早晨在沃尔辛厄姆的宅邸会面。

2 月 3 日上午 9 时，比尔如期而至。被沃尔辛厄姆告知，他将被枢密院指派递送死刑状至玛丽的囚禁所佛林盖城堡。10 时至 11 时，戴维森与比尔赶赴格林尼治宫（Greenwich）参加枢密院密会。[④] 在枢密院总管（Keeper of the Council Chamber）伦道夫·贝林（Randolph Bellin）秘密奔走通告下，11 位枢密大臣（非枢密院全员参加，沃尔辛厄姆因病缺席）——贝林、伯利、莱斯特、德比伯爵亨利·斯坦利（Henry Stanley, Earl of Derby）、海军大臣查尔斯·霍华德（Charles Howard）、科巴姆男爵威廉·布鲁克（William Brooke, Baron Cobham）、汉斯顿男爵亨

---

① Concerning Commission for Mary's Death, March 27, 1587, SP 53/21/27, TNA; Stephen Alford, *Burghley: William Cecil at the Court of Elizabeth I* (New Haven and London: Yale University Press, 2008), p. 292.

② Discourse by Mr. William Davison, February 20, 1587, Harley MS 290 f. 219r, BL.

③ Memorial from Secretary Walsingham touching the Execution of the Queen of Scots, February 2, 1587, CP 164/9, Hatfield House Library.

④ Touching the Commission for the execution of the Scotish Queene, 1587, Additional MS 48027 f. 636r – v, BL.

利·凯里（Henry Carey, Baron Hunsdon）、弗朗西斯·诺利斯（Francis Knollys）、哈顿、约翰·沃力（John Wolley）、戴维森——集聚在伯利的宫廷办公室。首先，伯利向与会的众臣展示并宣读了这份死刑状，后枢密院正式委派比尔递送死刑状与枢密院公文至佛林盖城堡，两位监刑官施鲁斯伯里伯爵与肯特伯爵同行。[①] 为了隐瞒真实的监刑任务，三人必须佯装成前往赫特福德郡（Hertfordshire）与贝德福德郡（Bedfordshire）听取民怨。最不寻常的是，或许也是最令伊丽莎白女王惊骇的是，与会的众臣皆同意遵从伯利号令，"不再以（死刑状）这一事打扰女王陛下"，共同起誓对此行动严格保密，尤其不得对女王透露只言片语。[②]

与此同时，卧病在家的沃尔辛厄姆通过门客安东尼·霍尔（Anthony Hall），以 10 英镑的酬劳秘密雇剑子手布尔，在另一位资深幕僚乔治·迪格比（George Digby）陪同下，取道鲍尔多克（Baldock）北上与两位监刑官会合行刑。[③] 二人持沃尔辛厄姆的密函，原本欲借宿距离佛林盖城堡 3.2 千米的枢密大臣沃尔特·迈尔德梅（Walter Mildmay, 未参加枢密院密会）的阿索

---

① Commission for the execution of the Scotish Queene, 1587, Additional MS 48027 f. 637r, BL; Letters of the Privy Council issued in connection with Beale's mission to take the death warrant to Fotheringhay, February 3, 1587, Additional MS 48027 f. 642r (Robert Beale), f. 643r (the Earl of Kent), f. 643v (Amias Paulet), f. 644r (the Earl of Shrewsbury), BL; Mark Taviner, "Robert Beale and the Elizabethan Polity," pp. 214 – 243.

② Relation by Mr. William Davison, February 20, 1587, Harley MS 290 f. 223r, BL; Proceedings against Mr. William Davison, March 28, 1587, Harley MS 290 f. 227v, BL.

③ Walsingham to Amias Paulet, February 3, 1587, Additional MS 48027 f. 644v, BL.

普（Apthorpe）宅邸，但意外被拒。尽管无从得知沃尔辛厄姆在信中如何向迈尔德梅解释此机密行动，但后者的婉拒似乎意味着他已然警觉到这是枢密院部分成员在"越权"行事，更深知此僭越之举（如同他在之后戴维森审判中的结论），以及若他"牵涉其中"，恐将引发女王震怒。① 无奈之下，迪格比与布尔只好借宿在佛林盖镇上的琼·埃鲁斯特（Jean Erust）家中。

1587 年 2 月 8 日上午 10 时，苏格兰玛丽终于倒卧于斧头之下。9 日上午，施鲁斯伯里伯爵返抵格林尼治宫亲自向伯利面禀此讯，但伯利及哈顿决定暂缓告知女王。或许，伊丽莎白女王是伦敦最后一位得知玛丽死讯的人，因为玛丽处决的消息在当日下午 3 时迅速传布开来，"全城钟声开始响起，庆祝烟火在街道到处燃放，伴随着欢乐的庆典与宴席"，但女王已在早晨偕同葡萄牙大使出城至郊外狩猎。直至傍晚回宫，她才获知此讯。伊丽莎白女王开始时佯装镇定，面无异色，直到隔日上午才突然传召哈顿，晚间召集枢密院，疾言厉色地痛斥他们，尤其是伯利和戴维森，无视她撤回命令的行为，合谋僭越行事。尽管众臣跪地求情，但她执意将戴维森羁押入伦敦塔。② 或许最令她震惊不安的，并不是这位未曾谋面的表亲之死，而是君臣权力的实质消长和君威的公然受辱。

---

① Touching the Commission for the execution of the Scotish Queene, 1587, Additional MS 48027 f. 636r, BL.

② Letter to Chateauneuf to Henri Ⅲ, February 27, 1587, in Alexandre Teulet, ed., *Papiers d'État*, *pièces et documents inédits ou peu connus relatifs à l'histoire de l'Écosse au seizième siècle*, vol. 2 (Paris: Typogr. Plon Frères, 1851), pp. 890 – 899, cited in Mark Taviner, "Robert Beale and the Elizabethan Polity," pp. 221 – 222; John Wolley to Leicester, February 11, 1587, in Thomas Wright, ed., *Queen Elizabeth and Her Times*, vol. 2 (London: Henry Colburn, 1838), p. 332.

伊丽莎白女王随即着手挽回颜面。一方面，面对天主教诸国的责难，她极力将责任推卸给枢密院以示清白。① 她即刻致函玛丽的独子苏格兰王詹姆斯六世（James Ⅵ of Scotland）澄清，说道：

> 我最亲爱的兄弟……对于这一悲恸的事件，我感到无比的哀伤，此事与我的本意完全背道而驰，当提及这件事时，我的笔尖不断颤抖，身为我亲人的你应该能完全理解此事，我请求你，因为上帝与许多其他人都可以证明我在此事上的清白无辜。②

伊丽莎白女王将玛丽之死归因为意外，辩称她迫于枢密院与议会的压力签下死刑状，无意执行，死刑状却被胆大妄为的枢密大臣在未知会她的情况下送出。讽刺的是，伊丽莎白女王自述"无知"，尴尬地暴露了她在男性官僚主导之信息系统中的孤立无能。而官僚群体对国家信息的垄断有利于掌控信息的特定大臣撷取政策主导权，例如伯利和沃尔辛厄姆作为获悉玛丽死刑状可能撤回的首批重臣，取得主动先机，得以召集枢密院主导死刑。被官僚行政机制屏蔽信息的伊丽莎白在此决策圈中显然被彻底边缘化。

另一方面，为挽救受创的君威，女王原本欲直接处死戴维森，但枢密大臣巴克赫斯特男爵托马斯·萨克维尔警告她，此做法将使君主的威望全面下降，饱受当代与后代质疑。③ 无奈之

---

① William Camden, *Annales*, p. 349; John Guy, "*My Heart is My Own*," pp. 494 – 496.

② William Camden, *Annales*, p. 345.

③ L. Buckhurst to her Majesty, February 1586, Additional MS 48116 f. 151r, BL, cited from Mark Taviner, "Robert Beale and the Elizabethan Polity," p. 227.

下，女王于 2 月 14 日以泄密渎职与藐视王权（未获王命就擅自
送出死刑状）两项罪名，将戴维森羁押入伦敦塔。直到前一天，
戴维森的同僚仍奔走相救，沃尔辛厄姆恳请伯利协助缓解女王
对戴维森的怒火。① 最初，伯利竭力为戴维森辩护，称此关押将
会"使您所有忠诚的臣仆悲伤，却让您的敌人们欢欣雀跃，亲
痛仇快"。他提醒女王："我记得在您父亲、弟弟、姐姐与您自
己的统治时期，尽管有许多枢密大臣被监禁于他人或自己宅邸
的先例，但我不记得有任何枢密大臣被关押入［伦敦］塔中，
之后被耻辱地控以重大叛国罪并服刑。"② 但在 2 月 17 日的信
中，伯利对戴维森的困境避而不谈，因为他自身难保。③ 身为全
案主导者的伯利与沃尔辛厄姆几乎锒铛入狱，但女王担忧年迈
的伯利死于狱中，也忌惮"顽固"的沃尔辛厄姆在审讯中"泄
露一切"，尤其是吐露女王曾密令监管官毒杀玛丽。最关键的
是，这两位实质掌控行政机器的权臣入狱恐将导致政务全面瘫
痪。尽管对伯利与沃尔辛厄姆的收押最终作罢，然而伊丽莎白
女王对涉案之伯利与枢密院的震怒仍使政府停滞长达数月，甚
至推延"关于如何防止威胁这个王国之重大危机的必要
咨询"。④

---

① Walsingham to Burghley, February 13, 1587, SP 12/198 f. 78r, TNA.

② Lord Burghley's own minutes of two letters to the Queen; for mitigation of her displeasure (according to an indorsement) on account of the Queen of Scots, February 13, 1587, Lansdowne MS 102, f. 7r, BL.

③ Lord Burghley's copy of a letter to the Queen, February 17, 1587, Lansdowne MS 102 ff. 4r, 5v, BL. 这封信标注为 "未被接收"。Lord Burghley's own minutes of two letters to the Queen, 1586, Lansdowne MS 102 f. 6r, BL.

④ Mark Taviner, "Robert Beale and the Elizabethan Polity," pp. 224 – 226. Conyers Read, *Lord Burghley and Queen Elizabeth* (London: Jonathan Cape, 1960), pp. 366 – 378.

　　这无疑是伯利从政以来最严峻的个人危机之一。尽管谒见与信件屡屡遭拒，忐忑焦虑的他仍持续以个人和枢密院的名义请求女王听他的辩护，但绝非道歉。他为他与枢密院的集体决策触怒女王而诚心致歉，然而始终坚持行动的正当性。因为苏格兰玛丽不死，势必加剧女王和国家的双重安全隐患，故这不仅是枢密院众臣最应勇于承担的政治职责，更是他们对上帝的允诺，尤其是上帝显然通过议会宣判和女王签署等合法世俗程序，昭示他对玛丽死刑的批准，且通过戴维森示警。因此，依据神意，也基于小我的荣誉与正义，以及大我的对国家与女王之安全维护，死刑执行"必须绝对保密，不容拖延"。伯利同时隐晦地谴责女王在面对诸多危及她的人民与国家的危机时迟疑不决，当断不断，反受其害。① 这清晰反映了伯利对神选之臣的臣属定位及忠诚位阶，以及女主统治的明确态度。

　　事态发展至此，或许会产生一个疑问，这是否可能是女王自导自演，甚至串谋枢密院共同演出的一出好戏，以渎职臣僚的小我牺牲成全女王清白的大我形象？这种可能性似乎不大。若是如此，随后的戴维森审判就应该仅仅是行礼如仪的过场，而不是荒腔走板地成为一场公开辩论，甚至揭开伊丽莎白政权最讳莫如深的政治议题——女主统治下的英格兰政权形态。

二　变调的威廉·戴维森审判

　　枢密院对玛丽死刑的自主行事，证实了伊丽莎白女王在政

---

① The Lords to her Sacred Majesty, October 2, 1587; The Privy Council to the Queen, February 12, 1587; The state of the cause, as it ought to be conceived and reported, concerning the execution done upon the Queen of Scots, February 17, 1587, *HMC Salisbury*, vol. 3, pp. 218 – 219, 220 – 221, 223 – 224.

权内部信息网络中的弱势，更值得注意的是两项争议：枢密院日渐平行于至高君主的"不当"独立地位，以及部分重臣将对枢密院体制（或共治传统）的效忠置于对女王的忠诚之上，呈现了政治忠诚由单一的王趋向共同体的国。这两项争议使戴维森 3 月 28 日于星室法庭的审判，未能依照女王希冀的脚本进行——通过对戴维森定罪，对外证实女王的清白，同时震慑逾越权力底线的枢密院，其反而意外地变调成伊丽莎白政权内部针对英格兰统治形态究竟是君主专制还是君臣共治的公开辩论。

伊丽莎白女王为这场审判亲自挑选了 17 名审判大臣，由 13 名重臣——英格兰首席法官克里斯托弗·雷（Christopher Wray）、坎特伯雷大主教约翰·惠特吉夫特、约克大主教埃德温·桑兹（Edwin Sandys）、伍斯特伯爵威廉·萨默塞特（William Somerset, Earl of Worcester）、坎伯兰伯爵乔治·克利福德（George Clifford, Earl of Cumberland）、林肯伯爵亨利·克林顿（Henry Clinton, Earl of Lincoln）、格雷男爵亚瑟·格雷（Arthur Grey, Baron Grey de Wilton）、拉姆利男爵约翰·拉姆利（John Lumley, Baron Lumley）、宫内司主计长詹姆斯·克罗夫特（James Croft, Comptroller of the Household）、司库大臣（Chancellor of the Exchequer）沃尔特·迈尔德梅、掌卷法官吉尔伯特·杰勒德（Gilbert Gerrard, Master of the Rolls）、民诉法庭首席法官爱德华·安德森（Edward Anderson, Lord Chief Justice of the Common Pleas）与财税法庭首席法官罗杰·曼伍德（Roger Manwood, Lord Chief Baron），以及 4 名御用法律顾问——弗朗西斯·加迪（Francis Gawdy）、约翰·帕克林（John Puckering）、总检察长约翰·波帕姆（John Popham）与副总检察长托马斯·埃杰顿（Thomas Egerton）共同组成。这份名单彻底排除了涉案

的 11 位枢密大臣。在审判中，戴维森被控将女王签署与国玺用印的死刑状私自泄露给枢密院，以及未经女王许可而径自递送死刑状两项罪名。最终，他被处以 10000 马克的罚款与监禁。此裁决由审判团全体通过，但审讯过程中的辩论将英格兰政权内部对于女主统治的焦虑，以及对枢密院角色与政权形态的分歧，意外地公然摊开在台面上。①

3 月 28 日上午 10 时，审判正式开始，持续至下午 2 时。面对被控以藐视王权与渎职两项罪名，戴维森首先企图以爱国主义打动审判团，声明他的行为出于"对女王与国家安全的热爱，绝非基于仇恨或嗜血"。他也否认藐视王权的罪名，将行为归因于他初任国务大臣，尚未熟悉女王的措辞习惯，所以误解了女王无意处死玛丽的意图。② 事实上，戴维森绝非初出茅庐的新手官僚。他以完美的外交履历与干练的行政能力被委以重任，1584～1586 年负责与诡谲多变的低地国家进行的外交。而且，当女王在 2 月 2 日质疑死刑状用印"为何如此匆促"时，他立即警觉到她意向的动摇，机敏地寻求与伯利合作，转移烫手山芋。③ 戴维森绝非如他所言政治能力青涩，这仅是脱罪之词。戴

① 戴维森最终被囚禁 18 个月。1588 年 10 月 23 日，伯利和沃尔辛厄姆联名致函伦敦塔中尉欧文·霍普顿（Owen Hopton），秘密将戴维森从伦敦塔转移至罗伯特·康斯特布尔（Robert Constable）爵士家中拘禁，他的罚款也在 1589 年 6、7 月被豁免。Letter of Burghley and Walsingham to Sir Owen Hopton, Lieutenant of the Tower, October 23, 1588, Additional MS 48027 f. 402r, BL; Three Accounts of the proceedings and sentence in Star Chamber against William Davison, Secretary of State, March 28, 1587, Additional MS 48027 f. 687r, BL.

② Proceedings against Mr. William Davison, March 28, 1587, Harley MS 290 f. 226v, BL.

③ Simon Adams, "Davison, William（d. 1608）," *Oxford Dictionary of National Biography*（*ODNB*）, September 23, 2004, http://www.oxforddnb.com.ezproxy.york.ac.uk/view/article/7306, 最后访问时间：2016 年 6 月 4 日。

维森的辩词更着重在他被指控"泄密"给枢密院。他坦承女王的确指示他对死刑状秘密用印,"她担忧若在行刑前泄露此事,可能将增加她的危险"。① 但他也澄清了一个事实:女王早已自行知会 4 位枢密大臣,包含戴维森、海军大臣霍华德(传旨戴维森携死刑状给女王签署)、沃尔辛厄姆与掌玺大臣,甚至她还自行告知宠臣哈顿。②

最关键的是,戴维森的审讯供词解释了为何他(与枢密院)明知此举无疑将触怒女王仍执意行事:对女性统治的忧虑,以及承认枢密院为英格兰的另一位共主。他明确指出,"女王基于性别与天性的胆怯、个人特质及朋友的怂恿,欲否定或推翻正义之举,这个决策令人担忧";基于忧虑女王因性别、怯懦而错误决策,他与枢密院先发制人,代行正义之举。③ 由此,戴维森企图合理化枢密院的独立决策权,因为"他无法理解,是什么原因致使这群身为国政顾问的枢密大臣不应当知晓、熟悉与国政密切相关的事务"。④ 他(与涉案的枢密院众臣)显然将枢密院的地位从臣属抬升为英格兰的共主,使其享有等同君权的自主决策权。换言之,将英格兰政体定位为君臣共治,而非君主专制。我们并不清楚戴维森为何在审讯中刻意凸显枢密院的优越地位,或许是想引出更为不当、越权渎职的枢密院,用来转

---

① Discourse by Mr. William Davison, February 20, 1587, Harley MS 290 f. 218v, BL; Relation by Mr. William Davison, February 20, 1587, Harley MS 290 f. 222v, BL.

② Proceedings against Mr. William Davison, March 28, 1587, Harley MS 290 f. 227v, BL; Discourse by Mr. William Davison, February 20, 1587, Harley MS 290 f. 221r, BL.

③ Discourse by Mr. William Davison, February 20, 1587, Harley MS 290 f. 219r, BL.

④ Proceedings against Mr. William Davison, March 28, 1587, Harley MS 290 f. 227v, BL.

移审判团对他个人罪行的聚焦。塔维纳指出，保密誓词并非戴维森的单独责任，而是"枢密院的共同行为和共识"。戴维森拒绝成为弃子，不愿单独承担女王和枢密院双方推卸之责。[①]

伊丽莎白女王召集审判的主要目的在于借对戴维森正式定罪，证明自身的清白无辜，更重要的是杀鸡儆猴，震慑枢密院，重振君威。然而，针对戴维森的供词，钦定的 17 名审判大臣对死刑的程序正当性，以及枢密院在其中的角色定义产生了两极化分歧。多数审判大臣认同玛丽的死刑为"光荣"、"正义"、"合法"且"必要"的决策，亦肯定戴维森护主爱国的"良好的动机"（good intente）与"真挚的热忱"（earnest zeale），只是执行过程不符合正当性，未经女王授权而向枢密院泄密，且径自执行死刑。[②] 罗杰·曼伍德指出，"法官更改起诉书，官员窜改记录，或者郡守将自治市市民归还给议会或从未宣誓过的陪审员［治理］，这些才算是官员的失职"，戴维森转交死刑状的行为并不能被视为渎职。[③] 而且，"在委员会颁布的执行状抵达后才执行苏格兰女王的死刑，实为正义的实践，但戴维森先生的传递则非正当之举"。[④] 首席审判官迈尔德梅则谴责戴维森被女王完全信赖，委以机密重任，却辜负所托，将理应保密的死刑文件"向全体枢密院公开"，[⑤] 故戴维森理当被判处"藐视王权

① Mark Taviner, "Robert Beale and the Elizabethan Polity," p. 234.
② Proceedings against Mr. William Davison, March 28, 1587, Harley MS 290 ff. 228r, 230r, 233v, 236v, 237v, 238v, BL.
③ Proceedings against Mr. William Davison, March 28, 1587, Harley MS 290 ff. 232v, 233r, BL.
④ Proceedings against Mr. William Davison, March 28, 1587, Harley MS 290 f. 233r, BL.
⑤ Three Accounts of the proceedings and sentence in Star Chamber against William Davison, Secretary of State, March 28, 1587, Additional MS 48027 f. 669r, BL.

与渎职"。① 对于迈尔德梅所建议的惩处,拉姆利男爵质疑过于
宽容轻纵,更严厉抨击戴维森身为副国务大臣的失职,竟未在
执行前再次确认女王的最终意愿。② 这个意见获得安德森的认
同,即使良善的动机也不可成为逾越行事的借口,尤其是在如
此重大的任务上势必要先获得充分授权。③

出乎意料的是,格雷男爵被戴维森自述中所流露的热情打
动,挺身而出,竭力为其辩护。他先提醒其他审判大臣戴维森
值得褒奖的救国贡献:苏格兰玛丽蓄意"谋害我们的君主,联
合外国势力入侵灭亡我们的国家",而戴维森将英格兰从这位邪
恶且信仰天主教的王位觊觎者所策划的谋反危机中成功救出。
而戴维森在两个"迫切"(exigents)下勇于担当。一个迫切为
女王的安危;格雷反问:"一旦女王陛下有所闪失,但死刑状被
发现还在他的手中,他将被视为比弑君者罪行更严重的叛徒。"
另一个迫切为戴维森的自身安危,敢于以自身家产、生活与生
命为赌注,甘愿冒逆鳞的风险,将"君主与国家安全置于个人
利益之上",他的无私奉献和勇气值得嘉许。④

不仅坎伯兰伯爵认同格雷的意见,约克大主教埃德温·桑兹
也起身呼应,他们同声称赞戴维森为了捍卫英格兰的安全与新教
信仰而"合法"地铲除了首恶玛丽,尽管冒犯王权,但实为荣耀

---

① Proceedings against Mr. William Davison, March 28, 1587, Harley MS 290
f. 229r, BL.

② Proceedings against Mr. William Davison, March 28, 1587, Harley MS 290
f. 234v, BL.

③ Proceedings against Mr. William Davison, March 28, 1587, Harley MS 290
f. 233v, BL.

④ Account of proceedings against Davison in the Star Chamber, March 28, 1586,
Additional MS 48027 f. 400v, BL; Proceedings against Mr. William Davison,
March 28, 1587, Harley MS 290 f. 235, BL.

上帝的正义之举。埃德温·桑兹接受戴维森声称的行政经验不足的技术性理由，相信后者并非存心冒犯女王，仅仅是粗心大意。戴维森被赞扬，"他的热情促使他割下我们共同敌人的头颅，她〔玛丽〕的存在使正义始终无法长久存在"。然而，基于"服从是最大的美德……违抗是最大的恶行"，戴维森对于捍卫国家的满腔热情确实违逆君主制，因此桑兹勉强同意迈尔德梅的处罚裁定。①

约克大主教的发言也呼应了戴维森对女王"基于性别与天性的胆怯"的指控，暗批伊丽莎白女王妇人之仁，长久以来将国家、人民与教会置于玛丽挑起的天主教威胁中，辜负上帝委任她守护英格兰与新教教会的重大责任。这种对于女王女性化"仁慈"（mercy）的焦虑感明显弥漫在审判大臣的发言中，即使是坚定地贯彻执行女王意志的迈尔德梅，虽然赞扬女王的仁政，也难掩对女王屡次在玛丽相关决策中表现出的仁慈宽厚忧心忡忡。② 曼伍德也含沙射影地抨击女王拖延处决罪孽深重的苏格兰玛丽绝非"正义"，而是"仁慈"，暗讽其妇人之仁。③ 坎特伯雷大主教惠特吉夫特更是直接批判："有一种怜悯是残忍，有一种残忍是怜悯。"他意指伊丽莎白女王对玛丽的怜悯，实为对英格兰国家、人民，乃至新教信仰之安全的残忍，将子民长期暴露在天主教的威胁之中；反言之，处死玛丽看似残忍，但实为拯救英格兰的莫大仁政。④

---

① Proceedings against Mr. William Davison, March 28, 1587, Harley MS 290 ff. 236r–237r, BL.

② Proceedings against Mr. William Davison, March 28, 1587, Harley MS 290 ff. 228r, 229r, BL.

③ Proceedings against Mr. William Davison, March 28, 1587, Harley MS 290 f. 232v, BL.

④ Proceedings against Mr. William Davison, March 28, 1587, Harley MS 290 f. 237r–v, BL.

　　最引人注目的是，或许是戴维森的转移焦点策略奏效了，审判意外地偏移至关于枢密院在伊丽莎白政体中角色的辩论。枢密大臣究竟是御封的臣属，还是立足于神意与公意授权的神选之臣，乃至跃居成共治的共主。格雷男爵支持戴维森关于枢密大臣应当具有知晓国政机密的权力之主张，称："众所周知，[枢密大臣] 自女王陛下即位以来，一直熟悉女王及国家的最高机密。"① 枢密院的权力并非完全源于君主，而是始于1558年女王即位之时英格兰政治传统的传承与公共认可的授权，使其得以共治国家。约克大主教进一步补充说，枢密院权力源自上帝，固然以服从君主为美德与义务，反抗为恶行，但"[服从] 首先对上帝奉行，其次才是君主"，肯定戴维森与枢密院的这次行动实为履行对上帝的最高服从义务，捍卫英格兰国家与教会的安全乃是上帝选臣的首要职责。②

　　部分审判大臣强烈批判此观点，极力拥护专制王权。迈尔德梅重申枢密大臣作为御封之臣的臣属角色，强调枢密大臣由君主挑选而非上帝指派，"尽管他们名为枢密大臣，但唯有女王有权召集他们，并指定其中少数，甚至一位，知晓国家最高机密……若枢密院的所有成员皆可参与君主的机密事务，将使君主与国家经常陷入危险"。③ 迈尔德梅将枢密院拣择（召集）权与政策主导权重新归于君主一人，肯定英格兰为君主

---

① Three Accounts of the proceedings and sentence in Star Chamber against William Davison, March 28, 1587, Additional MS 48027 f. 672r, BL.

② Proceedings against Mr. William Davison, March 28, 1587, Harley MS 290 ff. 236r – 237r, BL.

③ Three Accounts of the proceedings and sentence in Star Chamber against William Davison, March 28, 1587, Additional MS 48027 f. 669r, BL.

专制政体，绝非共治。① 詹姆斯·克罗夫特认同迈尔德梅的看法，认为枢密院无权，也无必要熟悉女王的所有政务，且戴维森应将唯一忠诚优先奉献给女王，而非枢密院。② 拉姆利男爵同意女王相较于枢密院，拥有对国家机密信息的最优先知情权。他进一步痛斥戴维森与枢密院为共犯，胆敢"在女王不知情的情况下"合作递送死刑状；最为匪夷所思的是，"枢密大臣之间的共同誓言"竟可误导女王的大臣"合谋在她宫廷中的内廷进行叛乱（conspire）"。"这是他这些年来经历过的最骇人听闻的反君主事件。"③ 拉姆利谴责这群枢密大臣的犯上行径无异于谋反。

除了对戴维森的处罚裁决，审判团对于他个人，乃至枢密院的行动正当性——即他们除了忤逆君主，展现的爱国热忱与对上帝的忠诚义务——并未达成任何共识。而这场辩论使伊丽莎白政权内部支持专制君权和强调君臣共治传统的两派分歧，首度公开摆上台面。此分歧在近因上根植于男性众臣先天对女性的鄙视传统，辅以后天对伊丽莎白女王基于"性别与天性"之统治习性的焦虑。这种集体的焦虑心理甚至足以使党争暂时和解，主和党的伯利与主战党的沃尔辛厄姆联手钳制女王。一方面企图以信息控制女主的决策参与度，

① Walsingham to the Earl of Shrewsbury, July 30, 1582, in Edmund Lodge, ed., *Illustrations of British History Illustration of British History, Biography, and Manners, in the Reigns of Henry VIII, Edward VI, Mary, Elizabeth, & James I*, vol. 2 (London: John Chidley, 1838), pp. 276 - 277; Proceedings against Mr. William Davison, March 28, 1587, Harley MS 290 f. 229v, BL.
② Proceedings against Mr. William Davison, March 28, 1587, Harley MS 290 f. 234r, BL.
③ Proceedings against Mr. William Davison, March 28, 1587, Harley MS 290 f. 234v, BL.

另一方面重申英格兰君臣共治的传统，通过神意与公意赋予枢密院几近平行于君主的独立决策权限，使其得以在女主无能施政或错误决策时代为决断，甚至在女王意外崩殂之际暂代君主之责，主持过渡政府与遴选新王。① 需注意的是，伊丽莎白时期女主权力与其自然形体延伸之内廷亲密政治机制的双重衰微，不应纯粹归因于性别因素，中世纪后期以降英格兰政权宫朝分野争议的延续也是重要原因。女王统治所引发的性别争议仅仅是赋予外朝官僚更多的与君主以及君主以自然形体建构的宫廷本位之政治秩序进行权力争夺的合理性或借口。这反映了近代早期君臣秩序、政权结构，乃至国家概念的重塑。

此外，需思考的是此双头政体中近乎与君王比肩的辅政团体，以及其组建权或任免权的归属。玛丽的死刑运作过程显示并非整个枢密院都涉入其中，而是由首先知情的权臣伯利与沃尔辛厄姆主导，挑选出一群有限的官僚或门客群——基于值得信任的私人关系、行政的专业考虑，或涉及政策关联性，且恰巧在宫廷，而非单纯依据职位，加入他们的行动。因此，尽管罗伯特·比尔并非枢密大臣，但长期服务沃尔辛厄姆的幕僚兼连襟双重身份，再加上枢密院书记官的职责，使他具备"需要知悉"的条件，而被挑选为"他们可以咨询的最适当人选，且值得委托任务之人"，甚至沃尔辛厄姆的门客安东尼·霍尔和乔治·迪格比尽管没有正式官职，但凭借私人信任关系或相关工

---

① Dale Hoak, "Sir William Cecil, Sir Thomas Smith, and the Monarchical Republic of Tudor England," in John F. McDiarmid, ed., *The Monarchical Republic of Earl Modern England*, pp. 37 – 54.

作经验而被拣选加入该秘密行动。[①] 这种混合特定枢密大臣与个别特殊人士的筛选性组合呈现一个事实——伊丽莎白政权的决策核心并非一个稳定且固定的组织或机构，而是兼具弹性与机动特征，因时、因事，尤其因与掌权召集人的私人关系而调整，但以枢密院为核心主体。召集人通常为掌握情报系统与一手信息的人，他们对信息与情报的绝对控制赋予其组阁权，使其得以挑选志同道合者如党派盟友、亲友与门客等。他们共享权力，共同决策。简言之，信息跃居为通往权力核心的门票。信息掌握者与相关被容许知情者建构了伊丽莎白政权的决策中枢。在这种机制下，如同在苏格兰玛丽死亡的插曲中，伯利与沃尔辛厄姆主导之男性信息体系明显地限制了女王对某些敏感或关键政策的介入。职是之故，都铎晚期的政权已非彭里·威廉姆斯主张的"宫廷政权"，而是更贴近华莱士·麦卡弗里（Wallace MacCaffrey）主张之"联合"、"类有机"且"稳定"的枢密院政权。[②]

1587 年 2 月苏格兰玛丽的死刑运作，意外暴露了伊丽莎白一世在政权中的信息孤立和决策边缘化危机。为何伊丽莎白一世获取信息的渠道如此被动地受制于官僚？难道她竟无其他准备，预防或与之抗衡？如本书将要讨论的，她的确通过党争和内廷的亲密政治机制进行制衡，维持信息多元与流动畅通。尤其是，参加 2 月 3 日枢密院密会的多位枢密大臣如莱斯特、海军大臣霍华德、科巴姆男爵及汉斯顿男爵等，均有近亲女眷任

①　Mark Taviner, "Robert Beale and the Elizabethan Polity," p. 241.
②　Penry Williams, *The Tudor Regime* (Oxford: Clarendon Press, 1979); Wallace MacCaffrey, *The Shaping of the Elizabethan Regime: Elizabethan Politics, 1558 - 1572* (London: Jonathan Cape, 1969), pp. 16, 28.

职于女王内廷，深受宠信。难道她们同样被信息封锁，或者参与合谋？换言之，为何党争与内廷这两种制衡机制在这关键时刻全然失灵，无法发挥护主功能，任凭女王被众臣放逐于信息边陲，"无知"到沦为政治笑柄？这些问题将是本书所要逐一探讨的。

第二章　信息与权力：都铎晚期中央政务文书的运作[*]

> 我们所称之"文书国家"的崛起是近代早期欧洲的普遍现象。路易十四在回忆录中自夸他"知晓一切"。
>
> 彼得·伯克（Peter Burke）《知识社会史：从古腾堡到狄德罗》①

在 1587 年 2 月苏格兰玛丽死刑的执行过程中，首先启人疑窦的是，伊丽莎白一世身为一国之君，竟无法知晓在她的宫廷内召开的枢密院会议与关键决策，被彻底屏蔽在中央政务信息圈之外。伊丽莎白女王的信息孤立窘况绝非单一特例，它体现了近代早期专制君权与文书国家之间隐晦的权力矛盾，即君主在官僚系统统辖之政务信息网络中难以回避的信息受制。通过

---

* 本章部分内容已发表，参见杜宣莹《近代早期英格兰国家档案的编辑与散佚——弗朗西斯·沃尔辛厄姆档案之分析》，《世界历史》2017 年第 1 期；杜宣莹《走入公众——近现代英国国家档案的管理沿革》，《档案学通讯》2019 年第 3 期。

① Peter Burke, *A Social History of Knowledge：From Gutenberg to Diderot*（Cambridge：Polity Press, 2000）, p. 119.

探究都铎晚期中央政务文书运转网络中各个节点的信息经手者和其职权、党派或恩惠等属性，以及信息运行的行政空间分布，可清楚了解外朝官僚对政务信息的垄断优势以及深居内廷之君王的信息边缘化，如同本章开头引文中的法王路易十四，虽然"知晓一切"，实则"被"告知一切。

都铎中央政务信息，包含内政与外交文书、机密情报业务及君主通信等，已从文秘署转归首席国务大臣统筹。本章将依据伊丽莎白一世统治中期首席国务大臣弗朗西斯·沃尔辛厄姆的多种公务记录册、情报书信、文件副本册等公文档案，辅以其两位资深幕僚罗伯特·比尔与尼古拉斯·方特（Nicholas Faunt）在 1592 年撰写的两份关于国务大臣业务的工作备忘录——《枢密大臣与国务大臣工作条例》（Treatise of the Office of a Councellor and Principall Secretarie to Her Ma［jes］tie, 1592）与《尼古拉斯·方特关于国务大臣办公室之讨论》（Nicholas Faunt's Discourse Touching the Office of Principal Secretary of Estate, c. 1592），还原都铎晚期中央政务文书的编辑流程。① 沃尔辛厄姆在 1573 年底从法国调回英格兰任副国务大臣，1576 年因上司托马斯·史密斯病退而升迁为首席国务大臣，后自 1581 年 5 月托马斯·威尔逊（Thomas Wilson）病逝至 1586 年 9 月威廉·戴维森接任副手之职，他垄断了国务大臣一职。换言之，沃尔辛厄姆自 1576 年至 1590

---

① Robert Beale, "Treatise of the Office of a Councellor and Principall Secretarie to Her Ma［jes］tie, 1592," in Conyers Read, *Mr. Secretary Walsingham and the Policy of Queen Elizabeth*, vol. 1 (Oxford: Clarendon Press, 1925), pp. 423 – 443; Charles Hughes, "Nicholas Faunt's Discourse Touching the Office of Principal Secretary of Estate, C. 1592," *English Historical Review* 20: 79 (1905), pp. 499 – 508. 这两份工作备忘录的某些内容为建议性质或夹杂私人恩怨，并非完全如实呈现沃尔辛厄姆秘书处的情况。

年逝世为止，几乎独揽国家信息业务，再加上近代早期英格兰官僚的公文私有化习惯，沃尔辛厄姆档案基本上涵盖了伊丽莎白一世统治中期所有中央政务文书，即国家档案（State Papers）。这批档案也是首批规划并确切封存入 1578 年设立之"女王文件与国家及枢密院记录办公室"［Office of Her Majesty's Papers and Records for Business of State and Council，简称国家档案室（State Papers Office）］的文件。它不仅展现了国家档案室的原始规划蓝图，而且相较于都铎王朝前期几无幸存的国家档案而言，其保存相对完整。其中的编写格式、边栏注记及幕僚字迹有助于还原秘书处的组织沿革和近代早期英格兰中央政府的公文编辑流程，略分为口述、书信登记、解密、批阅与传抄、归档等五个程序。并非全部政务文书的制作皆历经这五个程序，尤其是口述、传抄与归档需视所涉及公务的时地性、机密性或重要性选择进行。在此文书编辑流程中，通过信息流经群体的属性和行政空间的分布，足以一窥君臣和宫朝在信息网络中主动和被动之间微妙的权力制衡。

一 流转的政务信息渠道

口述

首席国务大臣沃尔辛厄姆的一天始于晨起，他坐在床榻上或起身至书桌前撰写当日的工作备忘录（A generall memorial Book）。根据现今仅存的《1583～1585 年沃尔辛厄姆工作备忘录》（Walsingham's Ledger Book，1583–1585，图 2-1），内容涉及规划他每日的信件撰写、枢密院的会议安排、向女王简报等业务，并安排助理的当日任务，主要涉及对公文或情报信件进行答复、解密、节要、眷录、编目、归档。① 而这本备忘录的书写笔迹与内容透露了口述的信息传递方式及秘书处的组织分工。

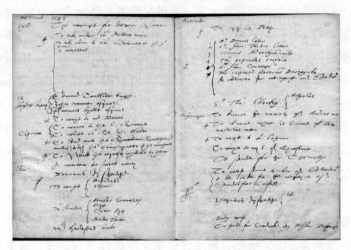

图 2 - 1　1583 ~ 1585 年沃尔辛厄姆工作备忘录

资料来源：Walsingham's Ledger Book，1583 - 1585，Harley MS 6035 ff. 32v - 33r，BL。

The British Library Board 与 State Papers Online 惠允使用。

第一，全本以沃尔辛厄姆第一人称书写，但众多迥异的字迹显示他鲜少亲笔，多为口述，由私宅秘书处总管弗朗西斯·迈尔斯（Francis Mylles）代笔，偶尔由罗伯特·比尔、托马斯·莱克（Thomas Lake）与其他尚不知名的助理记录。② 口述

---

① Walsingham's Ledger Book，1583 - 1585，Harley MS 6035，BL；Charles Hughes，"Nicholas Faunt's Discourse," pp. 501 - 503.

② Walsingham's Ledger Book，1583 - 1585，Harley MS 6035，BL. 笔迹参见 Walsingham：e. g. ff. 52v，53v，54r - 55r；Mylles：e. g. ff. 35r，37v - 39v，49r，50r，51v，61v - 62r，64r - v，66r - v；Beale：e. g. f. 10r；Lake：e. g. f. 78v。无法确认笔迹者参见 ff. 66v - 67r，70r，97r。

始终为信息交流的主要方式，虽极度频繁，却鲜少保存，即使现代的录音和影像记录中也只保留极少量且具主观价值的口述行为。因此，如何根据少量且间接的文书或影音档案还原口述行为和隐蔽的口传内容，迄今仍是研究难题。沃尔辛厄姆的文书档案显示，部分口述行为为上下级之间的指令（如工作备忘录的听写）、讨论（反映在秘书处幕僚和主仆之间鲜见书信往来，这也部分归因于门客信件无法归档进入国家档案而几无保存），以及工作汇报。最后者表现为沃尔辛厄姆每日对女王多达三四次的面禀简报。他通常在每日上午 10 时女王晨起梳洗完毕后，进入休憩厅转呈各类书信、命令状或讼诉状等需要女王签名的重要文件，并听女王口述指令，起草文件。① 他同时向女王汇报政务，有时逐字诵读公文，有时则提前草拟纲要，部分幸存的汇报纲要有利于研究者了解口述简报的内容。② 沃尔辛厄姆在 1585 年 6 月亲拟了一份关于英格兰防御部署的汇报备忘录（图 2 - 2），条列女王的军事储备与臣民的防御准备，并特地在每个标题下标注自己的观察和建议。③ 另一份在 1586 年 8 月 5 日草拟的纲要，则用于向女王报告针对巴宾顿阴谋的准备。④ 口

---

① Burghley to Walsingham, December 1, 1586, SP 12/195/41, TNA; Relation by Mr. William Davison, February 20, 1587, Harley MS 290 f. 222v, BL; Walsingham to Burghley, September 13, 1577, Harley MS 6992 f. 79r, BL; Thomas Smith to Burghley, March 6, 1575, Harley MS 6991 f. 124r, BL; Walsingham's Ledger Book, 1583 – 1585, Harley MS 6035, BL, ff. 9r, 18v: "To acquaint her majesty with…"; f. 34r: "Memorial: To recommend to her Majestie the Earl of Rutlandes suite"; f. 35v: "To sorte out the thinges that are to be signed".

② Secretary John Wolley to Burghley, April 11, 1581, Harley MS 6994 f. 168r, BL; Walsingham to Burghley, November 16, 1576, Harley MS 6992 f. 63r, BL.

③ Heads or proposition by Walsingham, June 1585, SP 12/179/59, TNA.

④ Walsingham to Queen Elizabeth, August 5, 1586, SP 53/19/17r, TNA.

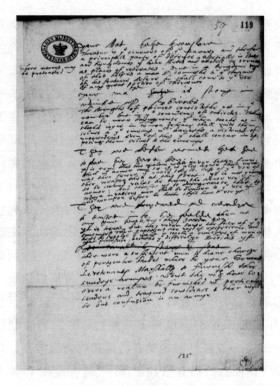

图 2 - 2 1585 年 6 月沃尔辛厄姆的汇报备忘录

资料来源：SP 12/179/59，TNA。

The National Archives 与 State Papers Online 惠允使用。

述时而用于保密防谍，如 1586 年 7 月 9 日，沃尔辛厄姆派遣密
使以口信形式向驻军于低地国家的莱斯特汇报关于巴宾顿阴谋
的反恐布局。① 现代之前的口述行为受限于科技而难以保存，欲
探知口传内容，反而需仰赖占信息传递行为极小部分的书写记
录——书信。因沟通双方或多方分处异地而须以书信联系，或重

———————

① Walsingham to Leicester, July 9, 1586, Cotton MS Galba C/IX f. 290, BL.

要事宜必须被记载以利于传阅、追踪或归档，从而形成记录性的书写文本，其构成文书（与近代档案）的主体。这种传递方式的改变，使信息的保存形式从短期记忆转变为具有高稳定性与相对可信的文书，即使仍存在伪造、窜改或筛选等虚构档案的风险。

第二，《1583～1585 年沃尔辛厄姆工作备忘录》中的工作指派内容重现了当时服务于秘书处的助理名单及分工。迈尔斯、方特、莱克、劳伦斯·汤姆森（Laurence Tomson）与西普瑞安（Ciprian）负责抄录、节要或归档等文书工作。[1] 升任枢密院书记官的比尔及托马斯·威尔克斯（Thomas Wilkes）、方特为枢密院事务的联络人。[2] 工作备忘录也零散记载了 1580 年代其余的助理姓名：爱德华·伯纳姆（Edward Burnham）、沃尔特·威廉姆斯（Walter Williams）、约翰·沃利（John Wolley）。姓名不全者如查尔斯（Charles）、威克斯（Weekes）、霍克（Horcle）、扬（Younge）、尼卡西奥斯（Nicasius）、海恩斯（Haynes）、威尔福德（Wilford）、马希斯（Mushers）、菲尔（Fither）、斯克姆（Skyrnore）等。[3] 中央财政出纳账册（Exchequer Teller Books of Issues）补充了 1573 年至 1588 年代沃尔辛厄姆签领年俸的其他幕僚的信息：威廉·多丁顿（William Dodington）、拉尔夫·彭德尔伯里（Ralph Pendlebury）、约翰·科特斯福德（John

---

① Walsingham's Ledger Book, 1583 –1585, Harley MS 6035, BL, "book": e. g. ff. 17r, 25r, 34r, 35v; "box": e. g. ff. 34r, 35v; "collection": e. g. ff. 34r, 59r, 68r.

② Walsingham's Ledger Book, 1583 –1585, Harley MS 6035, ff. 23v, 68r, 105r, BL.

③ Walsingham's Ledger Book, 1583 – 1585, Harley MS 6035, BL, Burnham: ff. 15v, 34r; Ciprian: ff. 27r, 32v, 35v, 36r, 51v, 54v, 68v, 70v, 101v, 104v; Charles: f. 27r; Williams: f. 33v; Weeks: ff. 33v, 34r, 70v, 76v; Wilkes: ff. 23v, 70v, 105r; Horcle: ff. 64r, 89r, 101r; Younge: f. 53r; Nicasius: f. 64r; Haynes: f. 64r; Wilford: f. 68v; Mushers: f. 69v; Fither: f. 75v; Skyrnore: ff. 36r, 103r; Wolley: f. 103r.

Cottesforde）、克里斯托弗·巴克（Christopher Barker）、罗杰·卓斯费尔德（Roger Draunsfelde）、威廉·斯塔布斯（William Stubbs）、托马斯·奥尔兹沃思（Thomas Oldesworth）、彼得·普罗比（Peter Proby）。① 莱斯特宅邸的访客册上也记载查尔斯·法兰克斯（Charles Francx）在 1586 年以沃尔辛厄姆的"仆从"身份到访。② 其余重要幕僚还包括负责外交业务的托马斯·埃德蒙兹（Thomas Edmondes）、专责情报解密的托马斯·菲利普斯，以及统辖财务的威廉·布兰德（William Bland）、托马斯·米德尔顿（Thomas Middleton）等。综上，沃尔辛厄姆的助理至 1580 年代将近 40 位，总数是伯利的 10 倍多。③

沃尔辛厄姆秘书处扩张的主因在于职务晋升与业务私有化。其一，随着他在 1576 年升任首席国务大臣，后 1581～1586 年独掌此职，且其私人情报网至 1580 年代布局成熟，政府与情报业务剧增。其二，迥异于伯利习惯在"他位于白厅宫的小办公室"

---

① Exchequer Teller Books of Issues, E 403/2262 – 2273, TNA: Dodington (1573, 1574), Pendlebury (1575), Cottesforde (1575), Williams (1576), Barker (1577), Draunsfelde (1578), Stubbs (1579, 1580, 1581, 1582, 1586), Oldesworth (1580, 1581, 1582), Mylles (1583, 1584, 1585, 1587), Proby (1587, 1588).

② Simon Adams, ed., *Household Accounts and Disbursement Books of Robert Dudley, Earl of Leicester, 1558 – 1561, 1584 – 1586*, Camden Miscellany Fifth Series, vol. 6 (Cambridge: Cambridge University Press, 1995), pp. 356, n. 702, 369.

③ 伯利的秘书在 1580～1590 年代不超过 4 位：迈克尔·希克斯（Michael Hicks）、文森特·斯金纳（Vincent Skinner）、巴纳德·杜赫斯特（Barnard Dewhurst）、亨利·梅纳德（Henry Maynard）。Alan Smith, "The Secretariats of the Cecil," *English Historical Review* 83: 328 (1968), pp. 481 – 504; George R. Morrison, The Land, Family, and Domestic Following of William Cecil, c. 1550 – 1598 (Ph. D. thesis, Oxford University, 1990), pp. 219 – 266; Robert Beale, "Treatise of the Office of a Councellor and Principall Secretarie to Her Ma [jes] tie, 1592," p. 427.

处理公务，沃尔辛厄姆基于保密需求及宫廷的行政空间狭小不足等考虑，将秘书处的文书和情报部门从宫廷搬迁至伦敦斯林巷的私宅，信息中枢由公向私的空间移转尤其明显地表现在情报团队的信件寄件处。① 1584 年 9 月 14 日，方特从"阁下您〔沃尔辛厄姆〕在伦敦的宅邸"写信向后者汇报对苏格兰耶稣会教士威廉·克雷顿（William Creighton）的审讯情况。② 在 1586 年 7 月筹划反巴宾顿阴谋期间，迈尔斯频繁地从沃尔辛厄姆私宅所在区陶尔希尔（Tower Hill）写信给其主。③ 往后三个月的信件（图2-3）进一步明确标注寄件处，也就是他的工作位置——"沃尔辛厄姆的斯林巷宅邸"。④ 沃尔辛厄姆的信息和情报中枢由公领域向私领域转移，回避政府同僚的参与，仅起用私人门客，自然导致私人秘书处规模扩张，但也引发泄密的隐忧。比尔与方特均告诫国务大臣的接任者，"切勿如同弗朗西斯·沃尔辛厄姆爵士一样聘用如此众多的文职幕僚或仆从"，"规模如此庞大的仆从将造成损害，尤其近年来该处〔秘书处〕因为缺乏保密与派遣需求而产生混乱"。他们转而极力赞许"伯利更为谨慎小心"，仅限 2~3 人知晓机密业务。⑤

① William Herle to Burghley, August 19, 1580, Lansdowne MS 31 ff. 22r–23v, BL.
② Nicholas Faunt to Walsingham, September 14, 1584, SP 12/173/14, TNA.
③ Francis Mylles to Walsingham, July 22, 23, 24, 29, 30, 1586, SP 53/18/65, 66, 67, 69, 70, 71, 72, 90, TNA.
④ Francis Mylles to Walsingham, August 13, 24; September 19, 1586, SP 53/19 ff. 44, 54, 105, TNA; Francis Mylles to William Davison, October 14, 1586, SP 12/194/42, TNA.
⑤ 比尔与方特对伯利秘书处的赞扬或许出于两人在 1592 年企图寻求伯利的恩惠。Robert Beale, "Treatise of the Office of a Councellor and Principall Secretarie to Her Ma〔jes〕tie, 1592," pp. 427, 432; Charles Hughes, "Nicholas Faunt's Discourse," pp. 500–501.

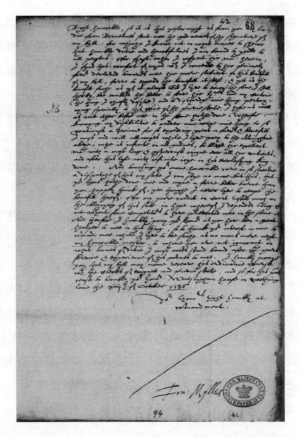

图 2 - 3　1586 年 10 月 14 日弗朗西斯・迈尔斯写给威廉・戴维森的信件

说明：寄件处标示为"沃尔辛厄姆的斯林巷宅邸"。

资料来源：SP 12/194/42, TNA。

The National Archives 与 State Papers Online 惠允使用。

　　根据沃尔辛厄姆幕僚被指派的业务类别与经手文书，可将 1580 年代国务大臣秘书处划分为三个部门。外交部门，驻法时期由罗伯特・比尔和拉尔夫・沃卡普（Ralph Warcop）执掌，1573 年后改为劳伦斯・汤姆森执掌、兼管女王的拉丁文书信，办公地点为宫廷或伴随女王巡幸而移动。① 信息部门，由弗朗西斯·迈尔斯掌舵，常驻斯林巷宅邸，下辖文书业务与谍报系统。前者负责沃尔辛厄姆的日程安排与各类文书的收发、编辑与归档，时而支援情报业务；② 后者由托马斯·菲利普斯主持，他精于解密与伪造笔迹，同僚包含擅长拆伪蜡封的亚瑟·格雷戈里（Arthur Gregory）与负责联系欧陆情报网的方特。③ 财务部门，工作地点不详。

书信登记

在沃尔辛厄姆与幕僚于晨起后拟定工作备忘录的同时，早晨 7 时至 8 时，当日首批女王信件与枢密院文书由王室邮驿，而私人信件或情报则由沃尔辛厄姆的私属快递马队陆续送抵秘书处。④ 英格兰王室邮驿制度始于 1509 年，仅限于传递王室书信与枢密院公文，效率极低，迫使众臣自行筹设私人邮

---

① Charles Hughes, "Nicholas Faunt's Discourse," pp. 501 – 502; Laurence Tomson to William Davison, December 27, 1586, SP 12/195/69, TNA.

② Charles Hughes, "Nicholas Faunt's Discourse," pp. 501 – 502; Walsingham's Ledger Book, 1583 – 1585, Harley MS 6035, BL, e. g. "To appoint a day to heare the matter betweene Lucy and Arbold": f. 35r. "To sorte out the thinges that are to be singed" and "To make a Collection touchinge the shriffes": f. 34r. "To extract out the severall services of the Irishe suitors": f. 38v. "To sett downe the names of the cause in the slvacall comntyes": f. 39r. "To wryte into Ireland to knowne what is become of the examination of A. B": f. 40v. "To make a collection of punishement dowme vppon sundrie offendes": f. 59r. "To make note of those thinges of are to be comnnicotes to my Threa [surer]": f. 87v.

③ Charles Hughes, "Nicholas Faunt's Discourse," p. 502; "A Collection of all Accidents betwixt the Queen of England and Queen of Scots," October 12, 1586, *HMC Salisbury*, vol. 3, p. 182.

④ William Davison to Walsingham, October 15, 1586, SP 12/194/44, TNA; Francis Mylles to Walsingham, August 3, 1586, SP 53/19 f. 4, TNA; Walsingham to Thomas Randolph, January 14, 1581, SP 52/29 f. 10, TNA.

递驿队。① 沃尔辛厄姆不仅在斯林巷宅邸设置私属信差，也在位处萨里（Surrey）的巴恩埃尔姆斯（Barn Elms）庄园豢养多达68 匹快马作为快递专用。② 16 世纪的邮递速度丝毫不逊色于现代，从伦敦寄往英格兰任何地方的信件，即使远至爱丁堡，也能在四日内抵达。派遣至苏格兰的英格兰特使罗伯特·鲍斯（Robert Bowes）于 1583 年 9 月 23 日寄给沃尔辛厄姆的信件，在9 月 25 日上午送达。③ 快递若费时长达一周就视同效率低下。1586 年 3 月 2 日，埃米亚斯·波利特向沃尔辛厄姆抱怨："您的信件在 2 月 25 日上午 8 时从格林尼治寄出，竟然直到今天下午 2点，第一封信才到我的手上，这种缓慢的速度无法令人满意。"④

当公文和私人信件送达时，需先由专人登记，载于日志（journal，图 2 - 4）。日志的功能在于"持续性地记录每一封信件在何月、何日与何时被寄出或接收……此册也应当记录所有派驻国外或此处之大使或信使的抵达和派遣……［也记录］在宫廷之外举行的枢密院特殊会议，以及国务大臣与委员会成员之重要会议和私人会见的时间"。⑤ 目前仅存的《1570 ~ 1583 年沃尔辛厄姆信件收发日志》，以沃尔辛厄姆为第一人称记录，但

---

① E. John B. Allen, *Post and Courier Service in the Diplomacy of Early Modern Europe* (The Hague: Martinus Nijhoff, 1972), pp. 13, 17, 19 – 21; James Daybell, *The Material Letter in Early Modern England: Manuscript Letters and the Culture and Practices of Letter-Writing, 1512 – 1635* (London: Palgrave Macmillan, 2012), p. 109.

② Edmund Tremayne to Walsingham, July 29, 1578, SP 83/7 f. 91v, TNA; John Cooper, *The Queen's Agent: Francis Walsingham at the Court of Elizabeth I* (London: Faber and Faber, 2011), p. 47.

③ [Walsingham] to Robert Bowes, September 25, 1583, SP 52/33 f. 53, TNA.

④ Amias Paulet to Walsingham, March 2, 1585/6, SP 15/17 f. 27, TNA.

⑤ Charles Hughes, "Nicholas Faunt's Discourse," pp. 503 – 504.

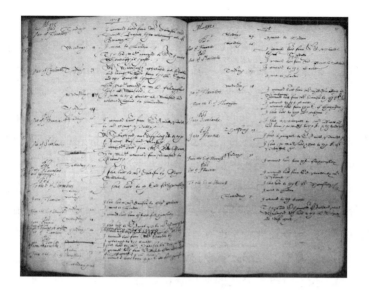

图 2 - 4 1570～1583 年沃尔辛厄姆信件收发日志

资料来源：PRO 30/5/5，ff. 87v - 88r，TNA。
The National Archives 惠允使用。

多人字迹显示公文收发与行程规划在不同时期由不同助理负责。① 沃尔辛厄姆驻法初期（1570 年 12 月 1 日至 1571 年 5 月 31 日）由拉尔夫·沃卡普记录，他自 1570 年任职，被赞誉为"非常虔诚、诚信且值得信任的人"。② 自 1571 年 6 月 1 日至 1572 年 1 月 17 日改由莱尔·凯夫（Lisle Cave）负责；沃尔辛厄姆升任国

① Walsingham's Journal Book, 1570 - 1583, PRO 30/5/5, TNA; Charles T. Martin, ed., *Journal of Sir Francis Walsingham from December 1570 to April 1583*, *Camden Miscellany* 6：104（London：Printed for the Camden Society, 1870 - 1871), p. i.

② Walsingham's Journal Book, 1570 - 1583, PRO 30/5/5 ff. 1 - 7r, TNA; Walsingham to Cecil, July 11, 1571, SP 70/119 f. 16, TNA; Walsingham to Thomas Heneage, July 11, 1571, SP 70/119 f. 18, TNA; Mark Taviner, "Robert Beale and the Elizabethan Polity," pp. 79 - 81, 112.

务大臣后十年，则由莱克与其他无法确认笔迹的助理集体负责。[①]
日志内容透露了沃尔辛厄姆驻法期间的助理姓名及其职务，包括
沃尔特·威廉姆斯、雅科莫·马努奇（Jacomo Manucci）、哈考特
（Harcort 或 Harcourt）、迪格比（Digbye，可能是乔治·迪格比）
与约翰·德·罗斯（John de Rosse），前四人专责传递与英格兰
的往来书信。[②] 书写栏目的分布与字迹显示了日志的编写流程：
先由安排行程的助理在页面顶部中间写下年份，左端为月份，然
后在中线位置纵向填写日期与星期，将一页分为左右两栏。接着，
同位助理（与日期的字迹相同）在日期栏右侧填写沃尔辛厄姆的
当日行程，涵盖随侍女王巡幸至何处、公务会议或私人会见的信
息。左侧空间相对狭窄，且字迹迥异于日期和右侧行程部分，推
测由另一位专责收发公文的助理登记同日所收发的信件。但根据
沃尔辛厄姆现存的档案，每日的信件实际总量远多于记录的数量。

解密

信件完成登记后，随即按照业务性质被分派至秘书处的外
交、文书或情报部门，由各专责助理对文件进行答复、解密、
节要、传抄、编目与归档。[③] 情报部门针对情报信件进行拆解
（或伪造）蜡封及解密（或加密）等工作。伊丽莎白一世时期
新旧教冲突不断，弑君阴谋迭起，保密技术如化名、隐形墨水、
密码表等在外交与谍报活动中普遍运用。化名通常作为首层加

---

① Walsingham's Journal Book, 1570 – 1583, PRO 30/5/5 ff. 7v – 12r, TNA.

② Charles T. Martin, ed. , *Journal of Sir Francis Walsingham from December 1570 to April 1583*, Williams, pp. 8, 13; Jacomo, p. 9; Harcort, pp. 9, 11; Digbye, pp. 11, 13; Rosse, p. 13.

③ Robert Beale, "Treatise of the Office of a Councellor and Principall Secretarie to her Ma [jes] tie, 1592," pp. 426 – 427.

密，掩盖不欲人知之线民、间谍与情报主的真实身份。① 沃尔辛厄姆与情报幕僚菲利普斯针对不同间谍使用特定化名。例如，英格兰天主教流亡者乔治·诺顿（George Norton）为求特赦归国而甘愿转为"鼹鼠"（mole，意指变节投效或服务双边的敌方人马，仍潜伏于原属阵营内搜集情报），监控巴黎的苏格兰流亡群体。他在 1584 年化名威廉·鲁宾逊（William Robinson），寄送家书给"他的兄弟"约翰·鲁宾逊（John Robinson），实为沃尔辛厄姆，汇报苏格兰政局与英格兰天主教流亡者动向。② 菲利普斯在 1587 年交替使用亨利·威尔斯登（Henry Willsdon）与詹姆斯·达利森（James Dalison）两个化名联系驻法间谍吉尔伯特·吉福德（Gilbert Gifford）；在 1592 年又化名约翰·莫里斯（John Morice）协助埃塞克斯伯爵罗伯特·德弗罗联系间谍威廉·斯特雷尔（William Sterrell），后者正潜伏在佛兰德斯的英格兰天主教流亡群体中。③ 从 1597 年至 1600 年，菲利普斯投效新主国务大臣罗伯特·塞西尔，伪装成名为彼得·哈林斯（Peter Halins）的伦敦商人，联络派遣至佛兰德斯的两位间谍约翰·柏蒂（John Petit，化名为 J. B.）与 G. 桑菲（G. Sanf，化名为 Van Molen）。④

① Stafford to Walsingham, [March 24], 1587, SP 78/17 f. 99r, TNA.
② William Robinson to John Robinson, May 20, 1584, SP 78/11 f. 103, TNA; William Robinson to John Robinson, May 27/ Jnue 6, 1584, SP 78/11 f. 110, TNA; Robert Bowes to Walsingham, January 24, 1584, SP 52/34/12, TNA.
③ Gifford: *CSP Domestic, 1581 – 1590* [London: Her Majesty's Stationery Office (HMSO), 1865], pp. 391, 457, 462; Sterrell: *CSP Domestic, 1591 – 1594* (London: HMSO, 1867), pp. 225, 234.
④ Petit: *CSP Domestic, 1595 – 1597* (London: HMSO, 1869), pp. 364, 390, 494, 503, 509, 520; *CSP Domestic, 1598 – 1601* (London: HMSO, 1869), pp. 10, 39, 59, 189, 201, 203, 214, 242, 297, 314, 327, 329, 342, 356, 358, 413, 438, 441, 455, 459; Sanf: *CSP Domestic, 1598 – 1601*, p. 128.

当接到化名信时，菲利普斯需先从沃尔辛厄姆的密匣中调阅一本《秘密情报册》（booke of secret intelligences，记载沃尔辛厄姆的间谍名单、化名、密码表、酬劳），厘清间谍的真实身份，以便确定该名间谍惯用的加密方式，如隐形墨水、密码。① 隐形墨水技术在近代早期通过印刷的秘密小册子和配方书而日趋普及，多以果汁（柳橙汁、柠檬汁、洋葱汁）、醋、尿液或明矾粉为原料，书写后可用火加热、蘸水、涂炭粉等方法显形。② 苏格兰玛丽为这种加密艺术的狂热者，她曾指示驻巴黎特使格拉斯哥大主教詹姆斯·比顿（James Beaton）："你可（以寄给我一些书为借口）在行与行之间的空白处写字（依我所见，明矾最佳，或使用五倍子）。"这封信后落入沃尔辛厄姆手中。③ 她在 1584 年 1 月初写给法国驻英大使莫维西耶尔勋爵米歇尔·德·卡斯泰尔诺（Michel de Castelnau, seigneur de Mauvissière）的信中，指示如何将明矾制作成隐形墨水：将

---

① 《秘密情报册》最后一次出现在档案中是 1590 年 3 月，现已不知所踪。Memorandum of State Papers delivered to the Lord Treasurer, to Mr. Wolley, to Mr. Freke, and of those sent home, March 1590, SP 12/231/56, TNA; Paul E. J. Hammer, *The Polarisation of Elizabethan Politics: The Political Career of Robert Devereux, 2nd Earl of Essex, 1585 – 1597* (Cambridge: Cambridge University Press, 1999), pp. 153 – 154, 157.

② The confession of a servant of Thomas Copley, August 27, 1582, SP 12/155/31v, TNA; W. Williams to Walsingham, December 15, 1582, SP 12/156/17, TNA; Arthur Gregorye to Walsingham, February 1586, Harley MS 286 f. 78, BL; Thomas Phelippes to Gilbert Gifford, September 7, 1587, SP 12/203/36, TNA; James Daybell, *The Material Letter in Early Modern England*, pp. 166 – 169.

③ Mary Stuart to the Archbishop of Glasgow, November 6, 1577, in William Turnbull, ed., *Letters of Mary Stuart, Queen of Scotland, selected from the "Recueil Des Lettres de Marie Stuart,"* together with the chronological summary of Events during the Reign of the Queen of Scotland, by Prince Alexander Labanoff (London: C. Dolman, 1845), pp. 263 – 269.

明矾浸泡在清水中长达 24 小时，书写在白色塔夫绸布或亚麻细布上，并裁减一点边角作为此处有书写的记号；这些秘密的书写信息只需涂抹清水，便可呈现白色字迹。① 沃尔辛厄姆在 1580 年代派驻巴黎时最得力的间谍之一尼古拉斯·贝登（Nicholas Berden）以常使用的化名托马斯·罗杰斯（Thomas Rogers）为首层加密，以隐形墨水为第二层加密，用以联系沃尔辛厄姆和其线民商人霍拉肖·帕拉维西诺（Horatio Palavicino）。② 以 1585 年 10 月 18 日贝登的情报信为例，他先在首页正文以普通墨水写下简短的贸易汇报作为伪装（图 2-5），后三页（图 2-6）再以隐形墨水详述西班牙欲取道苏格兰攻英格兰的密谋。③ 在同一封信的结尾，贝登允诺下回将寄送一些他拦截到的天主教加密信件，由于自身能力有限，将转交沃尔辛厄姆的情报团队解密。

最普及的加密方式莫过于密码。随着解译技术的精进，密码设计从单一式代码演化成数字、字母与符号等混合之复合式代码。基于安全考虑，密码必须有多组且频繁替换或混同使用，

---

① *CSP Scotland, 1584 - 1585*（Edinburgh: HMSO, 1913）, pp. 5 - 6.
② Thomas Rogers to Palavicino, August 11, 1585, SP 15/29 f. 50, TNA; Thomas Rogers to Walsingham, August 11, 25; September 30; October 18; December 16, 28, 1585, SP 15/29 ff. 52, 59, 65, 70, 84, 98, TNA.
③ 主文伪装："I have sent ij severall patorns of suche stuff as yor honor requyred, one was sent the 18th of September, the other of the laste of the same, which was all I sent sithence I sent by my Frend. The Marchante who conveyed soche parcells as I sent heretofore hathe sent me worde, that in respect of the warres he will nott send any more stuffe of soche valewe, least yt shoulde myscarrie by soldiars … yt please yor honor to take some new order …" Thomas Rogers to Walsingham, October 18, 1585, SP 15/29 f. 70r, TNA.

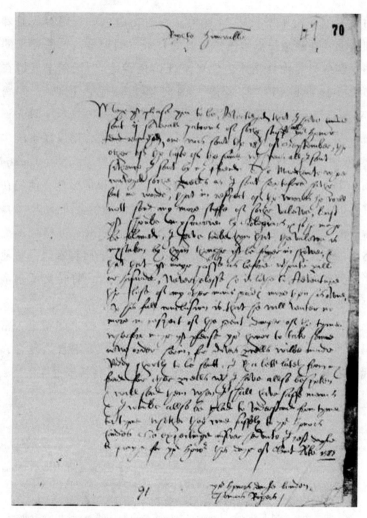

图 2 – 5　1585 年 10 月 18 日间谍尼古拉斯·贝登的隐形墨水信件首页

说明：主文伪装，以化名书写。

资料来源：SP 15/29 f. 70r, TNA。

The National Archives 与 State Papers Online 惠允使用。

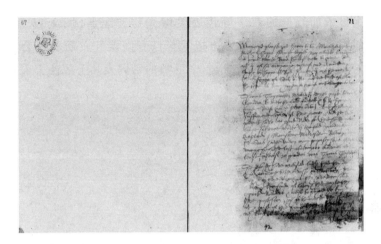

图 2 - 6　1585 年 10 月 18 日尼古拉斯·贝登的隐形墨水信件第二页

说明：用隐形墨水书写。

资料来源：SP 15/29 f. 71r, TNA。

The National Archives 与 State Papers Online 惠允使用。

通常用于加密地名或人名，偶有全文皆以密码编写。[①] 典型的复合式代码出现在沃尔辛厄姆驻法期间，他在 1571 年 8 月 12 日和 1572 年 10 月 25 日写给上司首席国务大臣伯利的两封信中使用了这类代码。[②] 他选用多种表意符号代替部分字母，辅以符号、大

---

① Frank Higenbottam, *Codes and Ciphers* (London: English University Press, 1973), pp. 9 - 10, 128 - 129. 不同密码交换使用，参见 Burghley to Walsingham, March 24, 1570, Harley MS 260 f. 55, BL; Walsingham to Burghley, June 25, 1571, Harley MS 260 f. 113, BL; Burghley to Walsingham, February 2, 1571/2, Harley MS 260 f. 170, BL; Burghley to Walsingham, November 3, 1572, Cotton MS Vespasian F/V f. 205, BL; Walsingham to Burghley, November 26, 1572, Cotton MS Vespasian F/V f. 194, BL; Walsingham to Burghley, January 20, 1572, Harley MS 260 f. 399, BL。

② Walsingham to Burghley, August 12, 1571, SP 70/119 f. 90, TNA; Walsingham to Burghley, October 25, 1572, SP 70/125 f. 71, TNA.

写字母或加外框的数字等代表关键人物和地点（图 2 - 7）。[①]
升任国务大臣后，他频繁地指示幕僚和间谍开发新的复合式
代码。[②] 但除了图 2 - 7，沃尔辛厄姆的密码表几乎散佚，未收

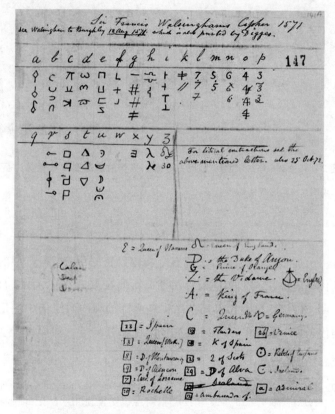

图 2 - 7　1571 年沃尔辛厄姆的密码表

资料来源：SP 106/2 f. 141A, TNA。
The National Archives 与 State Papers Online 惠允使用。

---

① Sir Francis Walsingham's Cipher, 1571, SP 106/2 f. 141A, TNA.
② Walsingham's Ledger Book, 1583 - 1585, Harley MS 6035 ff. 7r, 25r, 45r, BL.

入现存的伊丽莎白一世时期密码档案册（SP 106/1～3）。这三
卷密码档案册保存了此时期英格兰驻外使节、间谍，以及所拦
获之敌方如苏格兰玛丽、吉斯公爵与天主教流亡者托马斯·摩
根（Thomas Morgan）等人的代码表。①

　　沃尔辛厄姆秘书处的解码工作最初由迈尔斯与凯夫负责，1580
年代改由菲利普斯与莱克接手。② 以下以英格兰天主教流亡者威
廉·吉福德（William Gifford）与 J. 思罗克莫顿（J. Throckmorton）
的情报信为例，说明译码步骤。③ 菲利普斯通常先誊抄信件原稿的
全文，在副本最后一页背面的空白处写下先前拦截的天主教徒密
码表，包含两个数字表、两个字母表和一个符号表（图 2－8）。④
随后在副本正文处解译密码（多为地名或人名），并在边栏注释
或勘误。例如，在图 2－9 左页的左下角，注解吉福德在某段误
填密码 73 为 83，83 在同文他处意指耶稣会教士罗伯特·帕森斯
（Robert Parsons），此处文句明显矛盾，故 73 应为正解。⑤ 待解
密完成后，在信封页的空白处写上节略，便于上级阅读。以贝登

---

① Ciphers used at the time of Elizabeth I, SP 106/1 -3, TNA.

② 迈尔斯字迹见 Walsingham to Henry Killigrew, July 30, 1574, SP 52/26/1 f. 84,
　 TNA。凯夫字迹见 Walsingham to Thomas Randolph, January 14, 1581, SP 52/
　 29/10, TNA; Thomas Phelippes to the Earl of Essex, December 9, 1596, *HMC*
　 Salisbury, vol. 6, p. 511。

③ Notes for a long dispatch from Dr Gifford to J. Throckmorton at Rome, Cotton MS
　 Caligula B/Ⅷ ff. 327r -332v, BL; James Daybell, *The Material Letter in Early*
　 Modern England, pp. 148 -174.

④ Notes for a long dispatch from Dr Gifford to J. Throckmorton at Rome, Cotton MS
　 Caligula B/Ⅷ f. 332v, BL.

⑤ "Quere whether 83 were not mistaken by the writer himself for 73 for yt is an abrupt
　 transition to 83 w[hi]ch in other places is [Robert] Persons." Notes for a long
　 dispatch from Dr Gifford to J. Throckmorton at Rome, Cotton MS Caligula B/Ⅷ
　 f. 329v, BL.

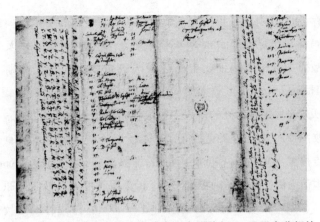

图 2 - 8　菲利普斯在流亡者威廉·吉福德与 J. 思罗克莫顿的情报末页写下密码表

资料来源：Cotton MS Caligula B/Ⅷ f. 332v，BL。
The British Library Board 与 State Papers Online 惠允使用。

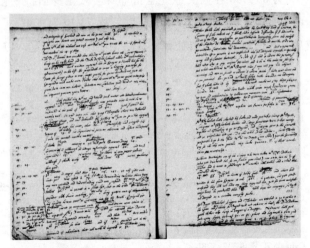

图 2 - 9　菲利普斯誊抄、解码和注释流亡者威廉·吉福德与 J. 思罗克莫顿的情报信

资料来源：Cotton MS Caligula B/Ⅷ f. 329v，BL。
The British Library Board 与 State Papers Online 惠允使用。

1585 年 12 月 28 日信件为例，内书"驱逐英格兰出教会之新令已签发，短期内将传入英格兰……五周前已送出，由吉尔伯特·吉福德及其他教士负责传递"，以及关于吉福德在海岸被捕的传言，总结为"驱逐英格兰出教会之新令将进入英格兰。吉尔伯特·吉福德在英格兰被捕消息已被知晓"。① 最后，在节略与日期的上方标注一个大写字母"X"，作为该份文件归档的项目编码（图 2 – 10）。②

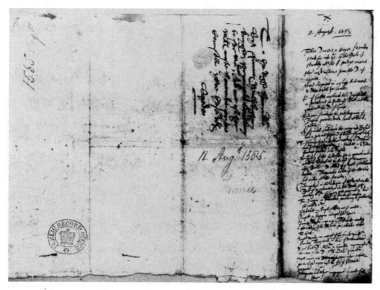

图 2 – 10　菲利普斯在尼古拉斯·贝登 1585 年 8 月 11 日的
情报信上撰写节略与文件编码

资料来源：SP 15/29 f. 52，TNA。
The National Archives 与 State Papers Online 惠允使用。

---

① Nicholas Berden to Walsingham, December 28, 1585, SP 15/29 ff. 98r, 102v, TNA.

② Thomas Rogers to Walsingham, August 11, 1585; September 30, 1585; December 16, 28, 1585, SP 15/29 ff. 52, 65, 84, 98, TNA.

批阅与传抄

待政务文书完成登记、解密、节要和编码后，先呈交沃尔辛厄姆批阅，他或删涂机密字句，或标线、注记，抑或在边栏批示，部分再转呈女王或枢密院商议。一旦达成决议，依照文书性质交付君主私玺处（Signet）、御玺处（Privy Seal）或文秘署正式拟诏和加盖玺印，最终向外递送或公布。首席国务大臣通常兼掌私玺处与御玺处，前者负责签送相对非正式的君主私人文件与指令；而君主或枢密院以法律语言拟订之相对正式的行政命令，须通过御玺处用印。最正式或具有公权力效力的政务文书，如官职任命状、外交国书与国际条约等，必须递送至文秘署依法循例拟诏，同时加盖国玺。倘若是涉及预算或财政的文书，则须先从御玺处或文秘署获得许可状，才可呈交至财政署（Exchequer）进行审计与拨款。①

对于上述部分重大、具有政策连贯性，或需追踪后续进展的正式文件，如派遣状或外交报告，或不须呈报女王或枢密院的文件如会议记录等，在正式寄发、颁布或归档之前，沃尔辛厄姆有时指示幕僚进行誊录，载于相关议题的文件副本册（letter books），以便查阅与追踪进度。根据《沃尔辛厄姆1588年档案清册》（Walsingham's Table Book），文件副本册分为三大类：国家事务、国内事务（Books of Home Matters）、杂项（Books of Diverse Matters）。此三类下再依业务和政治事件细分。② 如"法国 & 佛兰德斯"类又细分成"合约总集"（The great book of Treaties）、"活动记录"（The Register of Intercourses）、"拘捕事务条例"（The Treaties upon matters of

---

① Penry William, *The Tudor Regime*, pp. 39 – 41.

② [Thomas Lake], Walsingham's Table Book (1588), Stowe MS 162, ff. 1r – 4v, BL.

Arrest）、"命令册节要"（An abstract of the book of Instructions）、
"1578 年科巴姆男爵与吾（沃尔辛厄姆）在低地国家谈判记录"
（The Lowe Countrie negotiation by the L. Cobham and mee 1578）等。①
副本册不仅作为该类文件原稿的索引、目录，记录封装在此项议题
卷轴或文件袋中的各篇文件编号，也抄录具有政策连续性的文件，
以便在边栏处更新，并追踪该政策的最新进展。例如，首席外交幕
僚劳伦斯·汤姆森的《1577～1579 年外交副本册》（Foreign Entry
Book，1577 -1579）抄录了一份派遣罗伯特·比尔 1577 年出使日耳
曼的任命状（图 2 - 11），汤姆森先在副本左上栏记录比尔于 8 月 25
日周日深夜从伦敦启程（He departed from London on Sunday 25 Aug
about midnight），后在右上栏记录此任命状于 1577 年 8 月 29 日才从
奥特兰送出（Mr Beales dispatche deliuered vnto him by a messager
from Otlandes yᵉ 29 Aug 1577）。② 简言之，副本册传抄的文书常充
作附录性质的补充说明。但副本册为沃尔辛厄姆编辑公文的个人
习惯，迥异于都铎政府将公文归整成卷轴或装封入袋之标准程序，
这或许可以解释为何 16 世纪国家档案中除仅存的沃尔辛厄姆四本
副本册外，鲜见其他国务大臣类似的副本册。③ 部分传抄文书的

---

① Walsingham's Table Book（1588），Stowe MS 162，f. 1r - v，BL.

② Charles Hughes，"Nicholas Faunt's Discourse，" p. 504；Flanders，France，German states，Holland，Scotland，Spain，Poland，Morocco and Sweden：Walsingham's Letter Book（by Laurence Tomson），1577 - 1579，August 21 - 24，1577，SP 104/163 f. 0038r，TNA.

③ France，Flanders，German states and Holland：Lisle Cave's Letter Book，1571 - 1589，SP 104/162，TNA；Walsingham's Letter Book，1577 - 1579，SP 104/163，TNA；Walsingham's Entry Book December 1579 of Ireland，PRO 30/5/4，TNA；Simon Adams，"The Armada Correspondence in Cotton MSS Otho E Ⅶ and E Ⅸ，" in Michael Duffy，ed.，*The Naval Miscellany*，vol. 6（Aldershot：Ashgate for the Navy Records Society，2003），p. 40.

制作时间、收信者或现藏处等信息，也意外反映了信息传递过程
中存在泄密行为与其背后的特殊政治文化。例如，爱德华·斯塔
福德在派驻法国期间（1583~1590）频繁地将他与上司沃尔辛厄
姆、伊丽莎白女王之间的机密外交报告，亲笔抄送给主和党领袖
伯利。这些副本目前收藏于塞西尔家族的哈菲尔德宅邸（Hatfield
House），意外证实了斯塔福德因党争而泄密渎职。①

图 2 - 11　1577~1579 年外交副本册

资料来源：SP 104/163 f. 0038r, TNA。
The National Archives 与 State Papers Online 惠允使用。

---

① Thomas Rogers to Walsingham, August 25, 1585, SP 15/29 f. 61, TNA；Edward
Stafford to Burghley, March 31, 1588, SP 78/18 f. 108, TNA.

归档

政务文书完成登记、解密、节要、批复或传抄后，随即归档存入相关主题的档案箱或卷轴。[①] 信息传递基于时空差异或备忘目的，从口述转为书写，形成文书。文书经编纂后归档封存，形成档案。并非所有记录皆可转为档案，由于储存空间有限，多数文件仅短期存放，以备行政查验或调阅，仅 5%～10% 具有历史纪念意义或研究价值者，被长期保存于职属机构、档案馆、博物馆或由私人收藏。

《沃尔辛厄姆 1588 年档案清册》（图 2－12）为现今仅存之伊丽莎白一世时期大臣的个人公文目录，完整展示了国务大臣统辖之政务文书的原始归类状况。1578 年国家档案室筹设之初，时任首席国务大臣的沃尔辛厄姆极可能参与设计档案分类规则。他从公职生涯开始就饱受泌尿系统病痛的折磨，1574 年至 1578 年暂离宫廷养病，更曾在 1576 年 9 月申请离职。故在筹设国家档案室之际，他应已依此归类公文，作为可能因病辞职后的归档准备，留任后仍沿用。[②] 1588 年沃尔辛厄姆的文书幕僚，号称行政"效率保证"（swiftsure）的托马斯·莱克编撰这本档案清册，可能是因为沃尔辛厄姆自该年 1 月再度生病，病情在 8

---

① Walsingham's Ledger Book, 1583 – 1585, Harley MS 6035, BL, "To make a book": ff. 17r, 25r, 34r, 35v; "To provyd a box to put in the letters": ff. 34r, 35v.

② Charles T. Martin, ed. , *Journal of Sir Francis Walsingham: from December 1570 to April 1583*, pp. 17 – 18；［Walsingham］to Elizabeth, April 2/7, 1575, Cotton MS Caligula C/Ⅸ f. 3, BL；［Walsingham］to Elizabeth, April 14, 1575, Cotton MS Caligula C/Ⅸ f. 4, BL；Walsingham to Burghley, September 12, 1576, SP 12/109 f. 11r, TNA.

月西班牙无敌舰队之役后急剧恶化，故受命编目档案，以备在其逝世后移交国家档案室。①

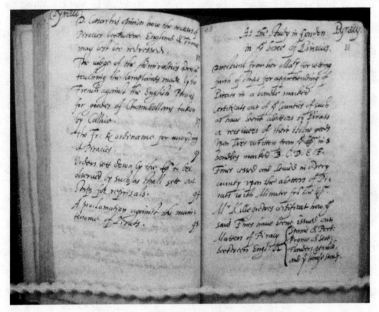

图 2 - 12　沃尔辛厄姆 1588 年档案清册

资料来源：Stowe MS 162 ff. 30v - 31r, BL。

The British Library Board 与 State Papers Online 惠允使用。

该清册编录了沃尔辛厄姆自 1576 年就任国务大臣后的政务文书，还包括其 1571～1573 年任驻法大使、1578 年出使低地国家、1581 年再度出使法国，以及 1583 年出使苏格兰的外交文书，相关文件副本也一并收录。公文依据议题，而非文件形式，

---

① Thomas Phelippes to the Earl of Essex, 9 Dec. 1596, *HMC Salisbury*, vol. 6, p. 511；［Thomas Lake］, Walsingham's Table Book (1588), Stowe MS 162 f. 3v, BL.

分为三大类，即国内事务、外交、杂项。每大类中再按照国别、年份或政策细分，如表 2 – 1。

表 2 – 1 沃尔辛厄姆档案分类

国内事务类	1. "召兵"（Musters）: ff. 5r – 12v
	2. "海军与海防"（The navie & sea causes）: ff. 13r – 22r
	3. "要塞与堡垒"（Fortes & castles）: ff. 23r – 26v
	4. "法令室"（The office of ordinance）: ff. 27r – v
	5. "军械库"（The office of Armorie）: ff. 28r – v
	6. "海盗"（Piracies）: ff. 29r – 31v
	7. "忤逆国教者"（Recusants）: ff. 32r – 37r
	8. "对苏格兰北方与边境的防御"（The North and borders against Scotland）: ff. 38r – 44r
	9. "根西岛与泽西岛"（The Isles of Garnsey and Jarsey）: f. 45r
	10. "爱尔兰叛乱与国家改革会谈"（Plotts and discourses touching the State and reformation of Ireland）: ff. 47r – 50v
	11. "致芒斯特与康诺特总督及议会之指令信件"（Instructions and lettres for the L. Presidents and counsell of Mounster & Connaught）: ff. 51r – 54r
	12. "爱尔兰总督行程"（The L. Deputies Provincial Journeies）: f. 55r – v
	13. "爱尔兰支出与其他项目"（Defraiments & other Accouts Ireland）: ff. 56r – 57v
	14. "田赋及粮食装载"（Cesse and vitualling）: ff. 58r – 62r
外交类	1. "爱尔兰"（Ireland）: ff. 63r – 65v
	2. "苏格兰"（Scotland）: ff. 66r – 73v
	3. "法兰西"（France）: ff. 74r – 77v
	4. "西班牙与葡萄牙"（Spaine and Portingall）: ff. 78r – 79v
	5. "佛兰德斯"（Flanders）: ff. 80r – 86r
	6. "低地国家"（Low Countries）: ff. 87r – 91v
	7. "日耳曼"（Germany）: ff. 92r – 98v

续表

外交类	8. "恩布登"(Embden):ff. 99r – 100v
	9. "波兰"(Polonia):ff. 101r – 103v
	10. "汉萨同盟"(The Hanses):ff. 104r – 106r
	11. "丹麦"(Denmark):ff. 107r – 108v
	12. "瑞典"(Swethen):f. 109r – v
	13. "莫斯科"(Moscovia):ff. 110r – 111v
杂项类	1. "外国与内政杂项政务册"(A book of sundry matters both forrein & domesticall):f. 4v
	2. "三本杂项册"(Three books of Diverse matters):f. 4v

依据诸类议题细项,文件被整理成卷轴或分类装入文件袋,便于抽阅或宫廷巡游时携带,① 外侧皆以大写字母编码标注,储入各主题档案箱。② 卷名的大写字母编码,及每卷轴或公文袋中收录之各单篇公文的篇名与数字编号,均编目于相关主题副本册中,多数目录再汇总誊抄在这本档案清册上。③ 由此可知,现存的维多利亚时期史家编辑国家档案时采用的编年分类方法与书册式的装订方式,固然利于调阅与保存,但全然迥异于原始

---

① Walsingham's Table Book (1588), Stowe MS 162, BL, "bondles": ff. 12r – v, 26v, 37r, 45r, 63r – 65v, 66r – 67r, 77r, 87r, 108r; "parcel": ff. 68r, 74r, 78r, 80r, 99r, 107r; John Mellis, *A Briefe Instruction and maner how to keepe bookes of Accompts after the order of Debitor and Creditor* (London: John Windet, 1588), *STC* 18794, sigs. F6r – F8r; Mark Taviner, "Robert Beale and the Elizabethan Polity," pp. 21 – 22; James Daybell, *The Material Letter in Early Modern England*, pp. 217 – 222.

② Walsingham's Table Book (1588), Stowe MS 162, BL, "boxe": ff. 12r, 21r, 31r, 37r, 63r, 73r, 87r, 88r, 95r, 98r, 108r.

③ Walsingham's Table Book (1588), Stowe MS 162, BL, "the great inventory": ff. 12r, 21r, 79v, 96r, 105r, 110v; "table": ff. 5r – 10v, 13r – 20r, 23r – 25r, 27r – v, 28r – v, 29r – 30v, 32r – 36r, 38r – 44r, 46r – v, 47r – 50v, 51r – 54r, 55r – v, 56r – 62r.

国家档案按照政策议题分类的方法与散装封纳方式。

值得注意的是,《沃尔辛厄姆1588年档案清册》彻底排除其家庭档案及私人业务性质的情报文件。这可能是基于保密考虑,或遵循国家档案室的存公去私归档政策,即鉴于储藏空间有限,且近代早期的公文私有化习惯使官僚的公文与私人文件混杂,国家档案的接收或许采取"唯公"的筛选政策,只接收君主、宫廷和政府档案以及国务大臣的公文,排除私人性质的文件。但近代早期英政府判断公文与私人文件的标准,不是根据文件内容,而是根据制作方式,即是否为官制的公文。如前所述,由于近代早期行政空间转移至私宅与门客文化盛行,官僚的公务多由门客管理,这一判断标准导致门客编撰之大量政务文书、工具册,尤其是情报文件,被归类为私人文件而被排除。虽然尚未能证实存公去私归档政策的存在,但这是唯一可能的沃尔辛厄姆的家庭档案、工具册、情报文书与密码表几近消失的原因。后两项文件均属国务性质,却因由门客编写,或属私人业务,从而被归类为私人文件,遭国家档案室淘汰。①

完成分类编号的王室文件和中央政务文书在中世纪晚期原本收藏于伦敦塔。14世纪,其中部分转移至威斯敏斯特大教堂内礼拜堂的财政记录库房(The Treasury of the Receipt of

---

① R. B. Wernham, "The Public Records in the Sixteenth and Seventeenth Centuries," in Levi Fox, ed. , *English Historical Scholarship in the Sixteenth and Seventeenth Century* (London: Oxford University Press, 1956), p. 11; G. R. Elton, *The Sources of History, Studies in the Use of Historical Evidence: England, 1200 – 1640* (London: Hodder & Stoughton, 1969), pp. 66 – 75; Mark Taviner, "Robert Beale and the Elizabethan Polity," p. 24; Alan Marshall, "The Secretaries Office and the Public Records," *State Papers Online, 1603 – 1714* (Cengage Learning EMEA Ltd. , 2000).

Exchequer in the Chapter House of Westminster Abbey）。至亨利八世统治末期，再改而存放至新扩建的威斯敏斯特宫（Palace of Westminster）的国王办公室。[1] 但始于 15 世纪的公文私有化习惯使官方档案室形同虚设。日渐增强的官僚意识将公文重新定位为职务财产，公文多被留置于各职属部门，不再缴入中央档案室。后又因自爱德华三世以来积累的大量公文严重压缩办公空间，再加上业务保密或党争等因素，官僚将政务并同公文转移至私宅，导致公文私有化的趋势日益严重。[2] 官僚渐视公文为私产，多在离职或辞世时基于保密而自行销毁，或转入家族档案，或被私人幕僚挪作另谋出路的筹码，鲜少移交给业务继任者或政府档案室。[3] 公文私有化的陋习导致都铎中期之前的国家档案几近散佚。国务大臣托马斯·克伦威尔（Thomas Cromwell）的公文因亨利八世扣押才得以保存，直至 19 世纪初才在威斯敏斯特大教堂内礼拜堂被发现；接任者托马斯·赖奥思利（Thomas Wriothesley）、拉尔夫·萨德勒（Ralph Sadler）、威廉·帕特（William Patre）与玛丽一世时期的约翰·伯尔尼（John Bourne）

---

[1] *The Annual Report of the Deputy Keeper of the Public Records*, vol. 30（London：HMSO, 1869）, p. 224; Hubert Hall, *Studies in English Official Historical Documents*（Cambridge：Cambridge University Press, 1908）, pp. 30 – 32; Amanda Bevan, "State Papers of Henry Ⅷ: the Archives and Documents," *State Papers Online, 1509 – 1714*（Thomson Learning EMEA Ltd. , 2007）.

[2] *The Annual Report of the Deputy Keeper of the Public Records*, vol. 30, p. 235; R. B. Wernham, "The Public Records in the Sixteenth and Seventeenth Centuries," p. 20.

[3] *A Catalogue of the Lansdowne Manuscripts in the British Museum*（London：British Museum, 1819）, p. Ⅸ; Simon Adams, "The Papers of Robert Dudley, Earl of Leicester, Ⅰ: The Browne-Evelyn Collection," *Archives* 20：87（1992）, pp. 63 – 85; Simon Adams, "The Papers of Robert Dudley, Earl of Leicester, Ⅱ: The Atye – Cotton Collection," *Archives* 20：90（1993）, pp. 131 – 144.

未曾缴回公文。沃尔辛厄姆档案清册仅残存极少数前任国务大臣伯利在国务大臣任期的最后阶段（1568～1571）与史密斯的公文，主要为伯利 1568～1571 年在国务大臣任期最后阶段，关于如英格兰海军军力统计、对爱尔兰叛乱的军事征服并设总督于芒斯特与康诺特两省等的官方报告。① 此类零散的公文证实了两人手中的政务文书几无转移给继任者沃尔辛厄姆，导致后者甫接任国务大臣时陷入对政务一无所知，甚至无法参与政策讨论的无助窘境。② 公文私有化所引发的工作交接乱象，终于催生了 1578 年国家档案室的设立。

伊丽莎白一世时期，党争的白热化和国务大臣的频繁更迭，导致政务文书因私有化而日渐散失，严重阻碍接任者进行职务交接。且随着政府部门的分工细化与驻外使节制度的成形，调阅政务档案用于行政与外交谈判的需求高涨。政府为避免公文被侵占毁损而阻碍政务办理，故 1578 年于国玺处下成立"女王文件与国家及枢密院记录办公室"（简称国家档案室），设置于白厅，指派 1577 年甫任副国务大臣的托马斯·威尔逊（Thomas Wilson）兼任档案官（Clerk of the Papers），负责登记、整理，并遵循"保密"与"安全"原则来管理档案，仅国务大臣、枢密大臣、外交使节等重臣在持有宫廷总管同意书或君主许可状的前提下，才可调阅档案。③

---

① Walsingham's Table Book (1588), Stowe MS 162 ff. 2v, 5r, 16r - v, 39r, 47r - 54r, 55v, 63r, 74r, BL.

② Walsingham to Burghley, August 7, 1575, Harley MS 6992 f. 15, BL.

③ *The Annual Report of the Deputy Keeper of the Public Records*, vol. 30, p. 212; Hubert Hall, *Studies in English Official Historical Documents*, p. 32; Susan Doran, "Thomas Wilson, 1523/4 - 1581," *ODNB*, http://www.oxforddnb.com. ezproxy. york. ac. uk/view/article/29688，最后访问时间：2015 年 6 月 28 日。

　　尽管设立了国家档案室，但公文私有化的陋习仍未改善。威尔逊 1581 年辞世后，公文竟未入档案室，迄今流向成谜。《沃尔辛厄姆 1588 年档案清册》证实沃尔辛厄姆的公文与各类档案册仍存放在斯林巷私宅书房，部分转移至巴恩埃尔姆斯庄园，仅少数留置白厅的国务大臣办公室。这不利于日后国家档案的清点归档，且文件存放于私宅也为私人幕僚挪用提供了便利。① 沃尔辛厄姆 1590 年 4 月 6 日辞世，其后一个月，蜂拥而至的间谍薪酬账单才迫使政府紧急查封沃尔辛厄姆私宅书房的档案，但早已残缺的情报档案仅能还原小部分的间谍名单，使暂代国务大臣的伯利面对间谍们漫天开价的酬劳，因缺乏依据而无所适从，随之而来的是沃尔辛厄姆远至君士坦丁堡的泛欧情报网崩溃。② 伯利于爱德华六世时期与伊丽莎白一世统治初期任国务大臣，后自 1572 年至 1598 年逝世为止任首席财政大臣，经手公文也尽入家族档案，迄今仍藏于哈特菲尔德宅邸的图书馆内。公文私有化终结于 1612 年，斯图亚特政府下令扣押刚逝世的国务大臣罗伯特·塞西尔放置在索尔兹伯里宅邸（Salisbury House）的公文，即刻将其封存入国家档案室。此举

---

① Walsingham's Table Book (1588), Stowe MS 162, ff. 12r, 21r, 26v, 31r, 37r, 63r, 66r, 73r - v, 76r, 79r, 87r, 95r, 96v, 99v, 100r, 102r, 103r, 105r - v, 108r - v, 109r, 110v, 111r, BL; Walsingham's Ledger Book, 1583 - 1585, Harley MS 6035 f. 36v, BL; A note of Booke among the papers in Sir Thomas Lakes custodie at Whitehall, 1605, SP 45/20 ff. 23r - 24v, TNA.

② Robert Beale, "Treatise of the Office of a Councellor and Principall Secretarie to Her Ma [jes] tie, 1592," p. 431; Thomas Heneage to Burghley, May 7 May, SP 12/232/11, TNA; The names of foreign places from whence Mr. Secretary Walsyngham was accustomed to receive his advertisements of the state of public affairs, May 7 (?), 1590, SP 12/232/12, TNA; Allowances for Messengers and others, May 26, 1590, CP 167/47, Hatfield House Library; Paul E. J. Hammer, *The Polarisation of Elizabethan Politics*, pp. 154 - 155.

宣告政府档案强制归缴与集中管理的开端。自此以后，官员离职或辞世时，归缴公文至国家档案室成定制。①

　　然而，近代国家档案室的管理始终效率不高，管理不善如销毁保密、调阅未还、存公去私的档案筛选政策、失窃与1619年白厅火灾等，加速了档案散佚，其或被私人收藏，或进入古物拍卖市场，甚至被当作旧纸回收。诸类流散的国家档案自17世纪至19世纪中期存入大英博物馆前，得以安然保存反而归功于古物收藏者的窃取。故正如杰弗里·埃尔顿所称，近代早期英格兰国家档案的"内容与保存均不系统化"。②

二　读写轨迹中的政治图景

　　以上呈现的都铎晚期中央政务文书运转流程，清晰地展现了近代早期欧洲渐兴之文书国家中的三重政权政治结构：信息、人际与权力。首先，中央政府的政务信息与机密情报经过口述、书写、传递、编录、解密、节要、批阅、汇报、用玺、传抄，终至归档储存等多阶段的编辑流程，建构起了多向的信息沟通渠道。其次，公文、情报书信、公务记录册和文件副本册中的诸多字迹、批阅符号、一式多份的副本，乃至文书收发处及储藏处显示，在此信息渠道内，在传递、经手和接收的过程中，凡信息流经的节点，涉及信息的供应者如驻外使节或间谍、中

---

① *The Annual Report of the Deputy Keeper of the Public Records*, vol. 30, pp. 212 – 213.

② G. R. Elton, *The Sources of History*, pp. 68, 70, 71; Alan Macfarlane, *A Guide to English Historical Records* (Cambridge: Cambridge University Press, 1983), p. 36.

介处理者如次级官僚与私宅门客，尤其是信息掌控方或赞助方如显贵和君王。这些若隐若现的信息节点形成第二重显性与隐性的人际网络与恩惠体系。最后，在这种人际网络中，信息成为权力流动的载体，即流通的权力货币，接触信息的节点人，无论性别、职位或权势，抑或身处的行政空间为私宅、地方、政府、宫廷还是内廷等，只要受益于工作性质或恩惠属性而"亲近"信息，就能进入或被接纳入权力圈，由此建构起动态的权力关系网络。

在此信息渠道建构起的人际 - 权力关系网络中，政务中枢的行政空间与群体俨然开始脱离中世纪后期以来王室亲密机制下私属网络与家政府的羁绊，趋向外朝的专业官僚机制，进而牵引政权核心渐趋从宫廷外移至政府。政务信息处理机制趋向官僚性和政府性的近代转型过程，意外地呈现了强烈的私有化特性。重臣将公务并同公文转移至私宅处理，直接导致重臣的私人门客取代次级官僚参与政务运作，管控政府信息与机密情报网络。此行政空间的二度转移与行政团队的门客化，促成近代早期英格兰政府的政务私有化与次级权力结构的重组，同时亦复制都铎内廷亲密政治的运作传统，重新塑造政府成为门客制与官僚制的家庭 - 政府混合体制。① 但是，为何沃尔辛厄姆选择使信息业务远离宫廷，更脱离官僚团队，彻底私有化呢？其最终目的在于垄断信息，希冀操控信息以影响外交政策，摆脱传统的岛国式孤立，迈向荣耀上帝的国际新教主义。信息成为伊丽莎白一世中期党争的关键筹码。

都铎晚期中央政务信息网络的去宫廷化趋势，凸显了近代

---

① Charles Hughes, "Nicholas Faunt's Discourse," p. 500.

早期文书国家中的尴尬王权。如同本章开头，路易十四自夸知晓一切，实为"被"官僚告知一切，而且是经过"筛选"的一切。在近代早期绝对君权的兴起中，君王往往陷入信息被动的困境，被动地由掌握信息渠道的官僚"喂食"他们想让君主知晓的信息，借以左右君王意向。在本章关于都铎晚期中央政务文书的运作流程中，伊丽莎白一世的角色显然极小化，充其量仅是被动接收者，而非统筹性的信息组织者或主导者。换言之，王权与君主性别无关，在政府信息网络中经常被流放至边陲。伊丽莎白一世受限于对国家信息掌握的衰弱，有时甚至被屏蔽于决策圈之外，如同关于苏格兰玛丽死刑信息的孤立。另外，国务大臣沃尔辛厄姆把持信息以竞逐党争，反而成为女王借操控党争以期突破信息孤立的绝佳契机。这将是本书下一章所要讨论的议题——伊丽莎白一世中期的党争。

第三章 "荣耀上帝"：伊丽莎白一世中期党争之辩

> 女王陷入极度焦虑，尤其因为她目前拥有一个分裂的枢密院，主要归因于与［安茹公爵弗朗西斯（François）］殿下的结婚议题，一党拥护强烈反对联姻的罗伯特伯爵，另一党拥护财政大臣［伯利］，他支持此联姻……两党用最具攻击性的语言唇枪舌战着。

> 威尼斯驻法大使洛伦佐·普留利（Lorenzo Priuli），
> 1580 年 9 月 8 日[1]

1578 年，随着第二次安茹联姻计划正式进入英格兰枢密院辩论，伊丽莎白一世政权似乎坠入内部分裂危机，相关情报充斥于各国使节的外交汇报。法国驻英大使卡斯泰尔诺抱怨英格兰宫廷的部分"派系"（factions）暗中阻挠联姻。[2] 同年 3 月底，西班牙驻英大使伯纳迪诺·德·门多萨（Bernardino de

---

① Lorenzo Priuli, the Venetian ambassador in France, to the Signory, September 8, 1580, *CSP Venice, 1558 – 1580* (London: HMSO, 1890), p. 646.

② Susan Doran, *Monarchy & Matrimony*, p. 152.

Mendoza）向马德里汇报，称英政权内部因英法联姻与援助低地国家的新教战争等外交政策而分裂，以宠臣莱斯特与首席国务大臣弗朗西斯·沃尔辛厄姆为首的"改革党"，对峙支持联姻且反战的伯利。

> 这项政策大部分取决于女王、莱斯特、沃尔辛厄姆和塞西尔，后者凭借职位得以参与决议却多次缺席，主因在于他反对女王帮助［低地国家的］反叛军，这将降低她的地位。但他不愿在此事上和莱斯特与沃尔辛厄姆决裂，这两人与［低地］国家结盟且极度追逐私利，我十分确定他们必定从女王对低地国家的借贷中敛财……他们假借维护宗教信仰而竭力促成此事，导致塞西尔无法合理反对，且因为他们广受支持，塞西尔难以与他们为敌……莱斯特视沃尔辛厄姆为精神支柱，［前者］受女王厚宠却品行卑劣，汲汲于他与朋友的私利。①

门多萨指控莱斯特与沃尔辛厄姆煽动政策对立，蓄意误导女王公然与西班牙决裂，两人主张唯有使西班牙的国力耗尽于无尽的战争，如弗朗西斯·德雷克（Francis Drake）的远征、支持葡萄牙的王位觊觎者唐·安东尼奥（Don Antonio），尤其是武力援助低地国家的新教叛乱，才能保障女王与英格兰的安全。②尤其是两人以战谋私，假信仰之名行敛财之实，意图从荷兰新

---

① *CSP Spanish*, *1568 - 1579*（London：HMSO, 1894），p. 573.

② *CSP Spanish*, *1568 - 1579*, pp. 587 - 588, 648 - 651, 656；*CSP Spanish*, *1580 - 1586*（London：HMSO, 1896），pp. 140 - 142, 151 - 152, 312 - 313；*CSP Spanish*, *1587 - 1603*（London：HMSO, 1899），pp. 6 - 9.

教徒每年支付的 8% 的军费中敛财。① 奥兰治的威廉（William of Orange）更允诺当女王驾崩之时，将"以海上船舶"扶持莱斯特的妹婿亨廷登伯爵亨利·黑斯廷斯（Henry Hastings, Earl of Huntingdon）继承英格兰王位。② 1580 年代，英格兰的政治分裂从隐晦的对立恶化至公开仇视。安茹的财务秘书雅各布·迪·弗雷（Jacques du Vray）证实了对峙氛围早在 1582 年前就已弥漫整个英格兰宫廷。

> 苏塞克斯伯爵（Thomas Radclyffe, 3rd Earl of Sussex）与王国的重要贵族结盟，对抗莱斯特，毁坏他与其家族，并拉拢其阵营的天主教徒，不包含那些数量上超过三分之二且道德良善的英格兰天主教徒，准备投效苏塞克斯伯爵……唯有国务大臣沃尔辛厄姆大人，或许基于地位和信仰，成为他［莱斯特］的重要支持者。③

尽管伯利的间谍威廉·赫尔勒（William Herle）谴责这类外国对英格兰党争的负面臆测出于"妒忌"，企图"在我们之间制造裂痕，此为派系之母"，④ 但伊丽莎白政权在 1570 年代晚期至 1580 年代的党争俨然呼之欲出。

然而，传统史学对于都铎党争是否发生在此时段及主因始终争论不休。威廉·卡姆登的《年鉴》首度为伊丽莎白宫廷贴上党争的

---

① *CSP Spanish*, *1580 - 1586*, p. 459.

② *CSP Spanish*, *1580 - 1586*, pp. 264 - 265, 451 - 452; Hunsdon to Burghley, September 11, 1584, SP 52/36/72, TNA.

③ William Herle to Walsingham, May 16, 1582, SP 101/1 f. 96, TNA.

④ William Herle to Walsingham, May 16, 1582, SP 101/1 f. 96, TNA.

标签。他曾宣示基于"对事实的热爱"而著书立说。面对外界质疑他受迫于斯图亚特王室而在该书中美化苏格兰玛丽，他重申"只有忠于事实"的学术中立。[①] 史学家华莱士·麦卡弗里检视现存于大英图书馆的《年鉴》草稿（编号 Cotton MS Faustina F/I－X），未发现初稿与定稿之间有任何美化的变动痕迹。[②] 事实上，此书

---

① William Camden, *Annales*, sigs. C2v, C3r; Kevin Sharpe, *Sir Robert Cotton, 1586－1631*, p. 94; Hugh Trevor-Roper, "Queen Elizabeth's first historian: William Camden," p. 133. 卡姆登自我期许的学术中立主要立足于原始文书档案。他冀望改革英格兰史学，移除传统中世纪史学中充斥的神秘或非自然的不可信元素，这些均为"愚昧无知""可疑""错误"的。他主要使用伯利档案，在1597 年获准使用伯利的私人档案与女王的部分卷宗和记录。他也通过伯利的影响力获准进入国家档案室，查阅中央政务文书，其中包含大量的君主及显贵文书、枢密院与宫廷档案、外交文书、议会日志与法案等。另外，根据古物收藏家罗伯特·科顿的馆藏借阅记录，卡姆登曾调阅其文书收藏，但大量卷宗借阅未归还。最后，卡姆登通过访谈方式，记载大量"他先祖与现今可信之人"的经历，后者包括伯利、詹姆斯一世的祖母伦诺克斯伯爵夫人玛格丽特·道格拉斯（Margaret Douglas, Countess of Lennox）与圣保罗司祭长亚历山大·诺埃尔（Alexander Nowell, the dean of St Paul's，他向卡姆登描述了诺福克公爵在 1572 年 7 月 2 日的行刑场景）。《年鉴》成为"第一本立足于所谓'原始资料'的英国叙述史"。William Camden, *Annales*, sigs. C2r－v, C3r; pp. 153, 200, 219, 495; history-by-heard: pp. 73, 144, 148, 179; William Camden, ed. by Wallace MacCaffrey, *The History of the Most Renowned and Victorious Princess Elizabeth, Late Queen of England* (Chicago: University of Chicago Press, 1970), pp. xxiv, xxvi－xxvii; Wyman H. Herendeen, *William Camden: A Life in Context* (Woodbridge: The Boydell Press, 2007), p. 399; Daniel R. Woolf, *The Idea of History in Early Stuart England: Erudition, Ideology, and the "Light of Truth" from the Accession of James I to the Civil War* (Toronto: University of Toronto Press, 1990), p. 120; Kevin Sharpe, *Sir Robert Cotton, 1586－1631*, pp. 54, 70n, 78; Colin G. C. Tite, *The Early Records of Sir Robert Cotton's Library: Formation, Cataloguing, Use* (London: British Library, 2003), pp. 37－39, 43, 53－54, 56－57, 61, 64, 66, 68, 73, 79, 89, 100.

② William Camden, *The History of the Most Renowned and Victorious Princess Elizabeth*, pp. xiv, xxxvi－xxxvii; Kevin Sharpe, *Politics and Ideas in Early Stuart England* (London and New York: Pinter, 1989), p. 215.

充斥着关于伊丽莎白一世时期党争的政治偏颇，部分归因于他写作时大量参考了伯利的档案，部分则基于他对塞西尔家族及其反战保守政策的忠诚，从而对主战党竭力污名化。[1] 尤其是，他影射（可能为杜撰）伯利的头号政敌莱斯特私德不检，毒害首任埃塞克斯伯爵沃尔特·德弗罗（Walter Devereux, 1st Earl of Essex）以迎娶其妻莱蒂丝·比诺利斯（Lettice Knollys）。[2] 莱斯特亦被贬抑为危险的政治好斗者，认为他 1565 年对抗苏塞克斯伯爵，1569 年与诺福克公爵联手牵制伯利，以及 1576 年向埃塞克斯伯爵施压。卡姆登进一步构陷莱斯特与沃尔辛厄姆合作谋害苏格兰玛丽且主导设计 1587 年的死刑，借此协助塞西尔家族从谋害詹姆斯一世之母的罪行中彻底洗白。[3] 通过对党争的刻画，卡姆登隐晦地批评伊丽莎白一世决策优柔寡断且易受主战党蛊惑，表现了女主统治在党争中的被动弱势。而后罗伯特·农顿的《破裂的王徽：对已故伊丽莎白女王、她的时代与宠臣的观察》也记述了伊丽莎白中期政权的内部敌对。苏塞克斯伯爵始终为莱斯特的反对者，他们彼此仇视与监控；伯利的机敏与称职"挑战着女王的恩宠空间，使竞争者相形见绌，也吸引他人愿受其领导，站立于执舵的他的身边"。[4] 迥异于卡姆登，农顿赞颂女王善于"通过派与党来统治，掌控生杀予夺的权力"，依凭"君主的决断"成功地震慑群臣。[5]

　　吊诡的是，现代史学几乎只承认伊丽莎白时期的派系之争

---

① William Camden, *Annales*, sig. C3r.

② William Camden, *Annales*, pp. 290 – 291.

③ William Camden, *Annales*, pp. 261, 269; John Watkins, *Representing Elizabeth in Stuart England*, pp. 61 – 63.

④ Robert Naunton, *Fragmenta Regalia*, sigs. C1 – C2.

⑤ Robert Naunton, *Fragmenta Regalia*, sig. A4.

是 1590 年代塞西尔家族与第二任埃塞克斯伯爵罗伯特·德弗罗之间几近叛国谋反的血腥对抗。① 20 世纪初期，科尼尔斯·里德提出都铎党争基于政策分歧而早发于 1570～1580 年代，随即被约翰·尼尔通过对"党"（party）或"派"（faction）的定义，以及派系的恩惠属性而全盘否定。后者主张的恩惠型派系主导了史学论述直至 20 世纪后期，之后由西蒙·亚当斯以个人敌对的新关系视角重新诠释。综上，伊丽莎白一世中期党争的研究迄今仍纠结于四项争议：用词分歧、发生时间、党争性质、君权角色。

　　本章将根据历史语境、私属性群聚和忠诚属性，以及介于国家本位或信仰优先的政策分歧，回应伊丽莎白一世中期党争的史学争议。先从 1585 年帕里谋逆（Parry Plot）的诡异举报切入，探究伯利的间谍威廉·帕里（William Parry）的真正死因，他究竟是叛国谋逆，还是党争的牺牲品，继而由这位间谍的死亡深入对伊丽莎白一世中期党争的讨论。第一，将"党""派"两字置入 16 世纪历史语境，相较于具有叛国概念的"派"，"党"一字的相对中立且低威胁性使其更适合诠释伊丽莎白一世中期的政治对峙。第二，通过伊丽莎白一世中期官僚群体分化与干涉外交的分歧，证实党争早发于 1570 年代后期，在 1580 年代中期达于首次高峰。此对立非出于个人敌意或恩惠自利，而是源于英格兰是否介入欧陆新教战争的政策歧见：应优先荣耀

---

① Paul E. J. Hammer, *The Polarisation of Elizabethan Politics*; Janet Dickinson, "Redefining Faction at the Tudor Court," in Rubén González Cuerva and Alexander Koller, eds. , *A Europe of Courts, A Europe of Factions: Political Groups at Early Modern Centres of Power, 1550 - 1700* (Leiden and Boston: Brill, 2017), pp. 20 - 40.

上帝，还是以国家利益与统治正当性为重。里德和沃纳姆
（R. B. Wernham）等史家已充分论述了政策的分歧细节与实践过
程，而此部分的分析将转向通过沃尔辛厄姆在 1570 年代后期至
1580 年代的政治势力群聚与军事援助低地国家新教联盟的外交
政策，探究传统研究忽略的面向：伊丽莎白一世中期的党争涉
及孤立与干涉之间的外交分歧。[①] 这反映了新教改革间接影响了
近代早期大不列颠帝国的转向：立足于历史与封建的岛屿型孤
立帝国，转型成承担"神选之国"信仰使命的扩张帝国思维。
需注意的是，16 世纪英格兰的不列颠帝国思维奠基于历史、主
权、信仰等层面，迥异于现代所认知的帝国和帝国主义。正如
同戴维·阿米蒂奇（David Armitage）提醒，勿将近现代的文化
和帝国主义的关系模式套用于近代早期英格兰文学及政治中的
帝国思维，这无疑会引发"时代错置"。[②]

一 间谍威廉·帕里之死

1585 年 2 月 7 日，沃尔辛厄姆的间谍埃德蒙·内维尔
（Edmund Neville）经前一日被伯利的密探威廉·帕里二度游说
弑君后，径自向伊丽莎白女王举报后者谋逆。[③] 女王早已知悉帕

---

① Conyers Read, *Mr. Secretary Walsingham and the Policy of Queen Elizabeth*, 3 vols; Conyers Read, *Lord Burghley and Queen Elizabeth*; R. B. Wernham, *Before the Armada*: *The Growth of English Foreign Policy*, *1485 – 1588* (London: Jonathan Cape, 1966).

② David Armitage, "Literature and Empire," in Nicholas Canny, ed., *The History of the British Empire*, vol. 2, *The Origins of Empire*: *British Overseas Enterprise to the Close of the Seventeenth Century* (Oxford: Oxford University Press, 1998), p. 102.

③ *CSP Domestic*, *1581 – 1590*, p. 226.

里的间谍身份与惯用的反间手段，所以特命同样熟知内情的沃尔辛厄姆在其私宅闭门审讯。这是女王特赐帕里一次自证清白的机会。2月18日，监禁中的帕里写信给莱斯特与伯利，以不寻常的自豪口吻说："我的案件如此罕见且独特，因为我事无巨细地牢记所有细节：一位臣民郑重地预告他的女王的死亡……以期解救饱受苦难的天主教徒，并恢复［天主教］信仰。"① 在因疑似叛国重罪而被羁押期间，帕里竟被容许与两大重臣保持通信联系，甚至自豪于他的案件的特殊价值在于证据之详细，足以使所有的天主教涉案者定罪。根据1584年《联盟公约》，任何意图谋害伊丽莎白女王者直接判处叛国死罪。最关键的是，这类弑君行动的最直接获利者，即拥有英格兰王位继承权的苏格兰玛丽，无论涉案与否，都以同罪论处。故在2月25日的审判中，帕里坦然认罪："对于所有［指控］，我坦承有罪，另外，我拒绝苟延残喘，只求一死"。② 如其所愿，也出乎其预料，他被判处死刑。3月2日，帕里在威斯敏斯特宫的死刑台上惊慌翻供，大声疾呼他的清白及对伊丽莎白女王的绝对忠诚。

　　在此，我向你们所有人声明，尽管被宣判死刑，但我确实清白无辜：我从未企图对最神圣的女王陛下行凶，而

---

① A True and Plaine Declaration of the Horrible Treasons, Practised by William Parry the Traitor (London: Christopher Barker, 1585), STC 19342, pp. 21 - 22.

② Sollom Emlyn and Thomas Salmon, eds., A Complete Collection of State-Trials, and Proceedings for High-treason, and Other Crimes and Misdemeanours; From the Reign of King Richard J. Walthoe sen. and jun., T. Wotton, to the Reign of King George Ⅱ, vol. 1 (London: printed for the undertakers, J. Walthoe sen. and jun., T. Wotton, 1742), p. 122.

是一直虔诚地祈求上帝护佑她免于遭受所有敌人的侵害,
在此我将以我的死亡和鲜血保证。①

　　一切已经太迟了。帕里之死固然部分归因于他自身的贪婪,
以及在女王和天主教之间的徘徊,但他的被举发和迅速定罪发
生在伊丽莎白一世中期党争最激烈的敏感时刻。他的死亡究竟
属叛国谋逆的结果,还是他成了党争的牺牲品,始终为一历史
谜团。

　　帕里在 1577 年 5 月游历罗马与锡耶纳(Siena)之际,开始
投效伯利的情报网络。② 1580 年初,他一度因躲债而避走巴黎,
同时协助伯利监控自 16 世纪晚期流亡法国的大量英格兰天主教
徒,游说流亡者如威斯特摩兰伯爵查尔斯·内维尔(Charles
Neville, Earl of Westmorland)与士绅托马斯·科普利(Thomas
Copley)转任伯利的情报眼线以换取恩赦。③ 当年 5 月 1 日,帕
里正式向伯利宣示效忠,称他珍视作为女王“真正臣民”的身
份,必竭尽所能协助女王击溃海外的天主教敌人。④ 9 月返抵伦
敦后,他可能被政府刻意安排,或因本身的财务问题卷入与
放贷者海伊·黑尔(High Hare)的借贷纠纷,被控以入室盗

① Report of Parry's Execution, March 2, 1585, Additional MS 48027 ff. 244, 245,
　　BL.
② Parry to Burghley, May 23, 1577, Lansdowne MS 25 ff. 125r - 126r, BL.
③ Parry to Burghley, January 15, 1579/1580, Lansdowne MS 29 f. 126r, BL; Parry
　　to Burghley, April 7, 1580, Lansdowne MS 31 f. 2r - v, BL; Parry to Burghley,
　　July 20, 1580, SP 15/27/25, TNA; Parry to Burghley, July 30, 1580,
　　Lansdowne MS 31 f. 18r - v, BL; Francis Edwards, *Plots and Plotters in the Reign
　　of Elizabeth I* (Dublin: Four Courts Press, 2002), p. 102; Stephen Alford, *The
　　Watchers*, pp. 139 - 140.
④ Parry to Burghley, May 1, 1580, Lansdowne MS 31 f. 6r, BL.

窃与蓄意杀人两项罪名而锒铛入狱。1582 年 8 月获释后，帕里随即赶赴巴黎，以服刑履历成功赢取英格兰天主教流亡领袖威廉·艾伦（William Allen）、罗伯特·帕森斯、查尔斯·佩吉特（Charles Paget）与托马斯·摩根等人的信任。在次年1 月前，受益于耶稣会教士贝内代托·帕尔米奥（Benedetto Palmio）的引荐，帕里向驻威尼斯的教廷大使切尔维亚主教洛伦佐·坎佩吉（Lorenzo Campeggi）表示欲改宗罗马教会的意愿，道："为［伊丽莎白］女王服务长达 12 年之后……我得出一个结论，即这［项工作］对我而言，既危险，又截然无益于我的荣誉。我决定改变主意，放弃［女王］指派的任务，改以坚定的意志，投注我的全部心力和勤勉，服务［罗马］教会与天主教信仰"。① 坎佩吉将这封宣誓效忠的信件转呈时任教廷国务大臣枢机主教托洛梅奥·加利奥（Tolomeo Gallio）。事实上，帕里借此次渗透活动向伯利邀功，宣称他已成功动摇兰斯神学院的根基，彻底打击了受罗马教廷资助的英格兰人的信用，以此向伯利索求更多的资金援助。"若我能获得充分资助与授权，或许将得以发现和阻止所有侵害我国的罗马和西班牙阴谋，或［在必要之时］不惜牺牲我的生命向女王陛下证实我的忠诚，以及对那些长久以来保护我之尊贵友人的责任。"②

　　颇令人玩味的是，他试图同时投效与伯利进行情报竞争和

---

① Parry to Burghley, January 18/28, 1583, Lansdowne MS 40 f. 55r - v, BL; Parry to Burghley, February 18/ March 10, 1583, Lansdowne MS 37 f. 70r - v, BL; Leo Hicks, "The Strange Case of Dr. William Parry," *An Irish Quarterly Review* 37：147（September, 1948）, pp. 347 - 348.

② Parry to Burghley, May 10, 1583, Lansdowne MS 39 ff. 128r - 129r, BL.

处于伯利政策对立面的"主战党"领袖沃尔辛厄姆,希望借助新的恩惠依附关系得以从一起抢劫案中脱罪,并缓解他自身的财务窘况。① 这种投机式的双面情报服务不为伯利阵营所乐见。1583 年 10 月,伯利命帕里赴巴黎监控牵涉思罗克莫顿叛乱(Throckmorton Plot)的侵英计划,密会参与该叛乱的英格兰天主教流亡者如查尔斯·佩吉特与查尔斯·阿伦德尔(Charles Arundel),但帕里私自允诺提供相关情报给沃尔辛厄姆。② 帕里"依附他者"的可疑行径被伯利的亲信英格兰驻法大使爱德华·斯塔福德迅速回报。③ 斯塔福德或许察觉到帕里变节投靠沃尔辛厄姆,抑或警觉到他对天主教流亡者的异常亲近。与天主教流亡者终日相处(监控)所产生的情谊似乎加深了帕里对他们的同情,他不惜向沃尔辛厄姆辩称:"我发现他们未曾埋怨女王陛下的政府,但迫于对立者(罗马教廷)的压力,他们远离自己的家国,或忍受更多他们已经遭受或超出所能承受的耻辱。"④ 10 月到 12 月,苏格兰玛丽的密码助理摩根说服帕里"为上帝和他的教会服务",后者允诺谋害英格兰最显要的重臣伯利,但摩根建议改为谋刺伊丽莎白女王。⑤

　　1584 年 1 月,帕里返回伦敦,因斯塔福德大使的赞赏与伯

---

① Parry to Walsingham, May 10, 1583, SP 78/9 f. 103, TNA; Stafford to Burghley, October 21, 1583, SP 78/10 f. 58, TNA; Parry to Walsingham, December 6, 1583, SP 15/28/45, TNA.

② Parry to Walsingham, October 14/24, 1583, SP 78/10 f. 52, TNA; Parry to Burghley, October 14/24, 1583, Lansdowne MS 39 f. 176r – v, BL.

③ Stafford to Burghley, October 21, 1583, SP 78/10 f. 58, TNA.

④ Parry to Walsingham, December 18, 1583, SP 15/28/47, TNA.

⑤ *A True and Plaine Declaration of the Horrible Treasons, Practised by William Parry the Traitor*, pp. 13 – 14; Sollom Emlyn and Thomas Salmon, eds., *A Complete Collection of State-Trials*, vol. 1, p. 123.

利的引荐而获得伊丽莎白女王召见。他绘声绘色地向女王描述他如何煽动摩根与切尔维亚主教合谋弑君，拥护苏格兰玛丽即位，但女王对他的话始终"持怀疑态度"。① 为获取相应酬劳，帕里向伯利索求东伦敦区圣凯瑟琳医院的所有权，却无功而返。② 晋升失败和获利无望的双重打击使帕里在 7 月黯然离开宫廷，抱怨他"完全被拒绝，且极度不满，我热情激昂的信件或许能让女王陛下察觉到她对我的冷漠忽视"。③ 9 月，他再度争取某职位却失败，这成为激怒他的最后一击。"我为何应该照顾她［伊丽莎白女王］？她究竟为我做了什么？自从我服务她以来，我花费超过一万马克，却从未从她那里获得分毫［补助］。"④ 或许为重新争取恩惠，帕里故伎重施，唆使天主教徒谋逆。帕里早在 8 月便开始游说沃尔辛厄姆派驻鲁昂（Rouen）的间谍埃德蒙·内维尔，以信仰、正义与苏格兰玛丽正统继位权合谋暗杀伊丽莎白女王。我们并不清楚这两人是否互知彼此真实的间谍身份。他在次年 2 月 6 日再度游说，如本节开头所述，隔日内维尔便径自向女王举报帕里的叛国行为。帕里在 2 月 25 日被定罪，3 月 2 日处死。

　　1585 年的帕里叛乱，特别是帕里是否变节，始终为一个历史谜团。彭里·威廉姆斯认为，该叛乱在新议会召开不久后被揭发，主要目的在于枢密院急切地想营造出一种紧张的政治氛围，以期顺利地将 1584 年《联盟公约》转变成正式法律《女王

---

① *A True and Plaine Declaration of the Horrible Treasons*, *Practised by William Parry the Traitor*, p. 15.

② Parry to Burghley, May 1584, Lansdowne MS 43 f. 13, BL.

③ *A True and Plaine Declaration of the Horrible Treasons*, *Practised by William Parry the Traitor*, p. 16.

④ Parry to Burghley, September 3, 1584, Lansdowne MS 43 f. 34r, BL.

安全法》，"用以保障最尊荣之女王的人身安全"。① 但在实际政治运作上，枢密院与上议院通过如伯利、莱斯特与贝德福德伯爵弗朗西斯·罗素（Francis Russell, Earl of Bedford）等重臣显贵的议会恩惠席次，早已宰制下议院，枢密院决议的任何法令可毫无悬念地通过，帕里的牺牲毫无必要。约翰·博西（John Bossy）则将帕里的死刑归咎于伊丽莎白女王的"司法谋杀"和"严重的抹黑"。当女王面对枢密院和议会抨击她对《联盟公约》态度犹豫时，选择将忠诚的帕里扔向"枢密院和议会的众多猎犬们，使她得以脱困并保护王权的完整性"。② 近年来，斯蒂芬·奥尔福德转而谴责帕里的叛国罪行，尤其是他的负面人格，"他是一位有点势利虚荣的趋炎附势者"，"危险地自欺欺人"和"为自我毁灭而生"。恩惠的诱惑和妄自尊大的性格使他胆大妄为地游走在天主教和母国英格兰政府之间，玩双面游戏，"他在伦敦遭受的冷漠对待，再加上对财务危机的焦虑，在他的脑海中逐渐酝酿成一个铤而走险、暗杀女王的极端危险念头"。③ 相反，约翰·库珀（John Cooper）认同朱利安·洛克（Julian Lock）对帕里的评价，认为他的多重人格使"他的忠诚陷入无法弥补的混乱和妥协"，这种在忠诚上的摇摆牵引他赌博式地游说另一位间谍内维尔弑君。④

① Penry Williams, *The Later Tudors England, 1547 – 1603* (Oxford: Oxford University Press, 2002), p. 303.

② John Bossy, *Under the Molehill: An Elizabethan Spy Story* (New Haven and London: Yale University Press, 2002), pp. 133 – 134.

③ Stephen Alford, *The Watchers*, pp. 83, 88, 180.

④ Julian Lock, "Parry, William (d. 1585)," *ODNB*, September 23, 2004, http://www.oxforddnb.com.ezproxy.york.ac.uk/view/article/21437，最后访问时间：2021 年 6 月 20 日；John Cooper, *The Queen's Agent*, pp. 198 – 199.

帕里之死的主因在于恩惠贪婪，再加上对天主教与日俱增之同情，他可能产生了政治忠诚的偏离。当他以肯特的昆伯勒（Queenborough）下议院议员身份出席 1584 年议会时，12 月 7 日，为反对制定《女王安全法》，他发表了一段亲天主教的演说，痛批这一法案"使英格兰臣民陷入鲜血、危险、绝望、恐怖或畏惧"。次日，在女王的警告下，他"以非常谦逊的方式下跪"，为他作为一位不熟悉议会规则之新议员的鲁莽行为而致歉。① 后在羁押期间，1585 年 2 月 14 日，他写信给伊丽莎白女王，开头先认罪，阐述其谋反动机。

> 陛下您可能会从我的自愿认罪中，了解我心怀不满的危险结果，以及我如何在威尼斯不断地趋近第一个设想目标，以期解救饱受苦难的天主教徒，并在里昂持续执行，最终在巴黎下定决心，冒险恢复英格兰对罗马教廷的古老顺从。②

此信的第二部分则严厉谴责女王对天主教徒的一贯迫害、援助低地国家叛乱抵抗母国西班牙，以及对表亲苏格兰玛丽的恶劣行径。

> 请您减轻对天主教臣民的束缚……陛下您对天主教［西班牙］国王的侮辱言行已经太多。您扰乱他的国家，支

---

① Simonds D'Ewes, *The Journals of All the Parliaments during the Reign of Queen Elizabeth* (London: John Starkey, 1682), pp. 340, 342.

② Dr. Parry's extraordinary letter of confession to the Queen, February 14, 1584, Lansdowne MS 43 ff. 117r – 118r, BL.

持他国家内部的叛乱……苏格兰女王已沦为您的阶下囚，
请待之以尊荣，但保持警觉。若错误不在英格兰这一方，
那么她对您可能有益无害。请让她的监管人合理地满足她
的要求……珍惜她，爱护她，她毫无疑问是您的亲人，也
是您的继承人。①

这段自白不在官方出版的帕里叛乱小册子中，意味着枢密
院严格管控这场叛乱的舆论宣传，主导者之一正是帕里的旧主
伯利。②伯利在帕里的审讯期间始终保持沉默，或为避嫌，或许
是由于无力营救，因为对于沃尔辛厄姆的情报工作，他难以插
手。直到 1585 年 3 月 1 日，帕里被执行死刑前一天，伯利才写
信给沃尔辛厄姆，不是求情，仅仅是建议有必要发布政府对于
帕里叛国的官方说法，各种谣言已通过私人印刷品四散。③ 三天
后，他再次知会沃尔辛厄姆："今日下午，莱斯特阁下与副宫务
大臣大人偕同其他人集聚在我的私宅，商议我们两人在今天上
午委托总检察长与副总检察长发布帕里事件的真相一事。"④ 官
方文件中大部分关于帕里对天主教的友善言论被决议删除。伯
利写给沃尔辛厄姆的两封信并不能作为两人，乃至与莱斯特之
间妥协合作的直接证据，他们两人联合将帕里埋葬于历史污名
之中。而只能视为枢密院的共同决议，企图压制关于帕里谋反
的各种流言。

---

① Dr. Parry's extraordinary letter of confession to the Queen, February 14, 1584, Lansdowne MS 43 ff. 117r – 118r, BL.

② *A True and Plaine Declaration of the Horrible Treasons*, *Practised by William Parry the Traitor*, pp. 19 – 20.

③ Burghley to Walsingham, March 1, 1585, SP 12/177/1, TNA.

④ Burghley to Walsingham, March 3, 1585, SP 12/177/4, TNA.

　　帕里之死也可从私人恩怨与 1580 年代激化的党争视角来探讨。内维尔主动告发帕里的叛国行为，可能出于他对塞西尔家族因夺产而产生的敌意。他曾企图取得在 1577 年逝世的大伯拉蒂默男爵约翰·内维尔（John Neville, Baron Latimer）的家产，但这份产业最终通过拉蒂默次女兼继承人多萝西·内维尔（Dorothy Neville）与伯利长子托马斯的婚姻，落入塞西尔家族之手。① 后自 1582 年内维尔效力沃尔辛厄姆，负责其在鲁昂的情报工作，就是希望通过沃尔辛厄姆，恳请伊丽莎白女王恢复家族名誉和被剥夺的封建监护权。② 值得玩味的是，内维尔选择在一个极其敏感的政治时刻揭发此阴谋。在他举报的一周前，1 月 30 日，沃尔辛厄姆因在申请关税特许与低地国家军事援助政策方面受挫，以前所未有的愤怒语气宣告，将视伯利为敌人，两人不再是朋友。③ 帕里或许沦为沃尔辛厄姆怒火下的替罪羊。在沃尔辛厄姆逝世多年后，其侍从托马斯·哈里森（Thomas Harrison）说："帕里的叛乱实为他们（沃尔辛厄姆、托马斯·菲利普斯与哈里森）的报复。"④ 换言之，1585 年帕里谋反不纯粹出于他自身的贪婪与忠诚混淆，这次反恐操作无法如先前一样平安落幕的关键原因，或许在于它发生在不适当的时机，即伊丽莎白中期党争最白热化的敏感时刻，最终以流血收场。

---

① Leo Hicks, "The Strange Case of Dr. William Parry," p. 354.

② Sir Edm. Latimer to Walsingham, December 5, 1582, SP 15/27/62, TNA.

③ Walsingham to Burghley, January 30, 1585, SP 12/176/19, TNA.

④ "The plot by Parrye was wrocht by thame." Confession of Thomas Harisone concerning the conspiracy against Mary, [1587], Cotton MS Caligula C/Ⅷ f. 625, BL.

二 "党"或"派"?

伊丽莎白中期党争的研究首先聚焦于"党"或"派"的分歧。科尼尔斯·里德倾向使用"党"来诠释此时期枢密院政策性的壁垒分明——主张对西班牙开战的主战党,与坚持谈判外交的主和党。[①] 此词选择随即引发史学界的抨击。约翰·尼尔首先否定此时期存在"党",改以"派"诠释都铎晚期政治文化。

> 伊丽莎白时期的英格兰并无我们所认知的政党(political parties)。的确,众臣之间时有分歧,但枢密大臣在政策事务中仅扮演咨询角色,对女王承担个人而非集体的义务……既无机制,也无意培养政党政治……派取代党的角色。[②]

杰弗里·埃尔顿更谴责里德身为"一位撰写多达五册的关于伯利与沃尔辛厄姆传记的作者,竟未意识到宫廷派系迥异于政党,尽管两者间(可能)相辅相成"。[③] 这两位学者显然忽视了里德已阐明"党"一词的争议:"或许这将误导这些群体被称

[①] Conyers Read, "Walsingham and Burghley in Queen Elizabeth's Privy Council," *English Historical Review* 28: 109 (January 1913), pp. 34 – 58; Conyers Read, "Factions in the English Privy Council under Elizabeth," *Annual Report of the American Historical Association* (Washington, DC: U. S. Government Printing Office, 1911), pp. 111 – 119.

[②] J. E. Neale, "The Elizabethan Political Scene," p. 70.

[③] G. R. Elton, "Tudor Government: The Points of Contact. Ⅲ. The Court," *Transactions of the Royal Historical Society* 26 (1976), p. 225.

为政党……但并非类似于近代概念的政党组织。各群体拥有自己的领袖与纲领，且持续提供稳定的支持。"① 尼尔与埃尔顿错置历史语境，不适当地将近现代公共化和组织化的政党模型，套用于16世纪尚松散且贴近私属性的"党"与"派"。

传统史学认为英格兰的政党在1670年代的排除危机中初现雏形，对宪政本质的异议催生了支持血统继承和政治顺从的托利党，以及强调新教优先与有限王权的辉格党。政党机制至18世纪转趋国家属性的正式政治团体，依据宗教、体制、经济等综合性考虑而拟定党纲，依凭公共选举或王室恩宠参与政府运作和国政决策，更被赋予宪政运作的维护者角色。② 埃德蒙·柏克（Edmund Burke）在1770年付印的《对当今民怨起因的省思》（*Thoughts on the Causes of the Present Discontents*）中，赞许政党立足于理性、道德与公益的光荣形象。

> 政党为一个团结一致的团体，通过共同的努力，依据达成共识的某种特定原则，促进国家利益……思辨型哲学家的职责在于规划政府的正当目标。实践型哲学家为政治家负责寻找实践这些目标的适当方法并有效运用。因此，每一个光荣的政党致力于以适当的手段要求党员追求党所追求的目标……依据光明磊落的原则与宽宏的气度竞逐权力，截然不同于争夺功名利禄的卑鄙斗争。③

---

① Conyers Read, "Walsingham and Burghley in Queen Elizabeth's Privy Council," p. 39.

② H. T. Dickinson, *Liberty and Property*: *Political Ideology in Eighteenth-Century Britain* (London: Methuen, 1977), p. 208.

③ Edmund Burke, *Thoughts on the Causes of the Present Discontents* (London: printed for J. Dodsley, 1770), pp. 110 – 111.

英国律师卡佩尔·洛弗特（Capel Lofft）在 1780 年付印的
《关于政党与派系性质的辩论》中，也赞颂政党"组成之目的在
于争取大众利益"，促进"真理、自由和美德"之进步，与派系
之"狭隘的观点、自私的利益与卑鄙的手段"形成强烈对比。[1]
后者更被标签化为粗野好斗的"暴民"组织，多与政治腐败、
社会暴乱或叛国谋逆等扰乱宪政平衡的劣行联结。[2] 都铎时期的
"派"与"党"未呈现如此强烈的公领域、国属性与纪律性的
近代化特征，而是更贴近私属的松散门客文化，共享某种程度
的裙带私谊、恩惠资源、信仰和政治理念，可能拥护特定的精
神领袖或恩惠与权力的掌控者。然而，18 世纪"党"与"派"
的褒贬两极化同样出现在 16 世纪晚期的语境中，"党"多关联
中立或亲英议题，"派"则牵涉社会混乱、国家分裂、谋逆或反
英等负面议题。

　　"派"作为群体概念首次出现在罗切斯特主教约翰·费希尔
（John Fisher）1509 年付印的《早晨追忆里士满伯爵夫人》中。
费希尔为亨利七世之母博福尔夫人玛格丽特（Margaret Lady
Beaufort）布道，记载了她严谨的家宅规范，对于任何产生于家
宅管事之间的"派"（faccyons），"她必定封锁于门外"。[3] 伊丽
莎白一世时期，此词多用于谴责基于自私和恶意损害之目的，
滥用无耻手段或违抗母国政府的谋反团体，其制造社会混乱、
国家分裂，乃至谋逆叛国等。一场针对 1582 年林恩（Lynn）暴

---

① Capel Lofft, *An Argument on the Nature of Party and Faction* (London: printed for C. Dilly, 1780), pp. 8 - 9.

② H. T. Dickinson, *Liberty and Property*, pp. 152, 157.

③ John Fisher, *Here after Foloweth a Mornynge Remembrau [n] ce Had at the Moneth Mynde of the Noble Prynces Margarete Countesse of Rychemonde* (London: Wynkyn de Worde, 1509), *STC* 10891, sig. A5v.

动的审判明确定义"派"为破坏和平的邪恶种子，禁止任何人在城镇"组织或维持任何派系"。总理此案的沃尔辛厄姆宣示全部派系将被"谴责、训斥与告诫"。① 违逆英格兰国教与英王的敌对势力也被标签化为"派"。② 1580 年代初，英格兰政府控诉苏格兰亲法派宠臣伦诺克斯公爵埃斯米·斯图尔特（Esmé Stewart, Duke of Lennox），以天主教信仰之名，行奸猾派系之实。③ 此负面标签尤其强加给苏格兰玛丽。沃尔辛厄姆在首次驻法期间将玛丽的追随者视为"派"："近期我指派一位［间谍］伪装成天主教徒，去接触一位现在巴黎的德比郡（Derbyshire）耶稣会教士，探查他与洛瓦依内（Lovayne）教徒，以及与苏格兰玛丽女王派系之间的情报。"④ 1584 年，女王特使威廉·瓦德（William Waad）与疑似涉入思罗克莫顿叛乱的玛丽谈判，谴责后者驻巴黎的亲信格拉斯哥大主教詹姆斯·比顿以她的孀居津贴在英格兰豢养派系对抗英格兰女王。⑤

相较之下，"党"一词的使用相对弹性中立。它同样用于反英敌方，如在 1583 年 11 月赫尔勒向伯利密报法国大使卡斯泰尔诺、吉斯公爵，以及苏格兰玛丽的代表亨利·霍华德（Henry

① May 11, 1582, in John Roche Dasent, ed. , *Acts of the Privy Council of England 1581 – 1582* (London: HMSO, 1896), p. 411.

② Samuel Haynes, ed. , *A Collection of State Papers, Relating to Affairs in the Reigns of King Henry VIII, King Edward VI, Queen Mary, and Queen Elizabeth: from the Year 1542 to 1570. Transcribed from Original letters and Other Authentick Memorials, Left by William Cecill Lord Burghley and now Remaining at Hatfield House*, vol. 1 (London: William Bowyer, 1740), p. 579.

③ Instructions to Captain Errington, [February 22] 1580, SP 52/28 f. 4, TNA; Walsingham to William Davison, June 3, 1584, SP 52/35/3, TNA.

④ Walsingham to Burghley, March 4, 1571/2, Cotton MS Caligula C/III f. 230, BL; Walsingham to Burghley, October 8, 1571, SP 70/120 f. 66r, TNA.

⑤ Mr. Waad's conference with Mary, April 1584, SP 53/13/20, TNA.

Howard）和弗朗西斯·思罗克莫顿（Francis Throckmorton）结盟为"非常忙碌的党，也是当前国家的敌人"，意图颠覆英格兰新教政权。① 更多时候，"党"用于指称亲英盟友等相对正面的对象或议题。伯利曾在备忘录中记录第二次安茹联姻有利于英格兰，"女王陛下将通过其夫婿，获得法国的〔相同〕宗教与其他强党（胡格诺派）的支持，此党也得以从法国与天主教徒的暴政下幸免于难"，故女王必须"在那里维持一个党"，保障胡格诺派免受迫害，并向法王担保他们的忠诚。② 另外，为抵制伦诺克斯伯爵，托马斯·伦道夫（Thomas Randolph）出使苏格兰，以期为女王在当地经营"一个具有充分能力的党"。③ 这个"女王之党"可获得苏格兰显贵与自治市镇的支持，"如果他们被允诺一些正面的希望，并获得女王实际行动的支持"。④

综上，都铎晚期"派"与"党"的定义已然分明。"派"的负面观感使英格兰重臣们矢口否认涉足派系。⑤ 伯利早在1565年就申明他"从未归属任何派系"。⑥ 在1577年备受争议的牛津大学林肯学院院长选举中，莱斯特澄清自己在此选举及政治中的一贯中立："我〔在这选举中〕未偏爱某一派系，也未在我的整个生

---

① John Bossy, *Giordano Bruno and Embassy Affair* (New Haven and London: Yale University Press, 1991), pp. 199 – 200; William Herle to Burghley, November 15, 1583, Lansdowne MS 39 ff. 189r – 192v, BL; Herle to Burghley, November 23, 1583, Cotton MS Caligula C/ Ⅷ ff. 204r – 206v, BL.

② The Anjou Marriage, March 1578/9, CP 148/14r, Hatfield House Library.

③ Walsingham to Thomas Randolph, January 28, 31, 1581, SP 52/29/16, SP 52/29/20, TNA.

④ 〔Walsingham〕to Huntingdon, February 6, 1581, Harley MS 6999 f. 34, BL.

⑤ 〔Walsingham〕to Peregrine Bertie, May 21, 1588, SP 84/23 f. 324, TNA.

⑥ Thomas Wright, ed., *Queen Elizabeth and Her Times*, vol. 1 (London: Henry Colburn, 1838), p. 209.

涯中有类似偏袒行为。"① 次年，在枢密院讨论第二次安茹联姻之际，他坚持反对，但声明："我从未意图在宫廷挑起争端，也未酝酿任何纷争，〔故〕我目前的荣耀与贫瘠的信誉得以保全。我未曾也不会破坏和平，只愿成就和平。"② 沃尔辛厄姆对于被污蔑为操弄宫廷的"派系"深恶痛绝，抱怨"某派系持续造谣关于我的偏颇的传言令我倦怠"。③ 他进一步呼吁枢密院团结。

> 时间要求他们达成一个统一且完美的协议，而不是为在他处被责难的信仰而发声，如此只会使敌人发动残酷的战争对抗我们的国外盟友。我们的团结将成为自己的力量与邻邦的助力，一旦我们坐视内部的分裂肆意降临，只能坐以待毙，且自己的错误只会加速，甚至召唤自我的毁灭与崩溃。④

诸类自我澄清只能呈现"派"一词在当时历史语境中的负面评价与人们对其的抵触心理，无法证明伊丽莎白中期政权未陷入党争。苏珊·多兰主张任何党争或派系之争对于政治都极具破坏性："起于枢密院的分裂，外溢到乡间，扩及全国，甚至使政策制定瘫痪且彻底改变了政治生活。"⑤ 此时枢密院已因外

① Simon Adams, "Faction, Clientage, and Party: English Politics, 1550 – 1603," p. 33.
② Leicester to Burghley, October 17, 1578, SP 12/126/10, TNA.
③ Walsingham to Burghley, January 30, 1584/5, SP 12/176/19, TNA; John Bruce, ed., *Correspondence of Robert Dudley, Earl of Leycester, during His Government of the Low Countries, in the Years 1585 and 1586* (London: John B. Nicholas for the Camden Society, 1844), p. 192.
④ Walsingham to Thomas Randolph and Robert Bowes, March 16, 1578, Harley MS 6992 f. 50, BL.
⑤ Susan Doran, *Monarchy and Matrimony*, p. 153.

交方面应该采取开战的新教国际主义还是保守的谈判策略陷入
壁垒分明的对峙，但未恶化为如同晚期埃塞克斯伯爵与塞西尔
父子一样的叛乱性派系恶斗，将国家卷入全面动荡与撕裂。① 里
德赞美 1570 ~ 1580 年代的党争反而强化了英格兰应变危局的
政策弹性："伯利的深谋远虑使英格兰坚强地应对危机，沃尔
辛厄姆的纯洁信仰使女王安然度过危机。"② 因此，相较于贬抑
形象的"派"，低风险与中立的"党"一词更适合诠释伊丽莎
白一世中期的政策分歧局面。

三　党争性质之辩

伊丽莎白一世时期党争研究的主要争议在于时间与性质。
科尼尔斯·里德主张党争因外交政策的分歧而早发于 1570 ~
1580 年代，依据西班牙门多萨大使的外交报告，将伊丽莎白一
世中期的枢密院分为主和党与主战党，对照双边领袖的特征，
标记它们各自的"政党精神"。伯利与苏塞克斯伯爵居首的主和
党"优先考虑国家因素而非宗教因素"，主张通过非军事方式如
谈判、外交结盟或王室联姻等维护外国新教徒的权利。主战党
抨击此绥靖政策实为对天主教暴政的姑息养奸，解救受迫害之
新教徒的最有效方式莫过于以暴制暴。沃尔辛厄姆"为了他认
定的伟大［福音］事业，准备牺牲英格兰的利益"，武力援助打

---

① Simon Adams, "Faction, Clientage and Party," p. 37. 1598 年 7 月，格雷男爵
抱怨："埃塞克斯大人……迫使我宣示只效忠他，或与国务大臣阁下等敌方
交好：他声明无任何中立模糊的空间。" Lord Grey to Lord Cobham, July 21,
1598, CP 62/71, Hatfield House Library.

② Conyers Read, "Walsingham and Burghley in Queen Elizabeth's Privy Council,"
p. 58.

击天主教势力之首西班牙的活动，包括低地国家的新教革命、德雷克的海上劫掠及葡萄牙安东尼奥的夺位叛乱。[1]

约翰·尼尔否定都铎派系的政治性，将其归因于欲望与需求，竞争"对每个人最重要的事物：对女王的影响力，借此获取对恩惠和相关利益的控制"。君王垄断爵位、官职、财富、经济特许及封建监护权等王室恩惠的下行分配，将其赐予与君主建立宠信关系的侍臣、宠臣或权臣。王宠的贵重感与附加的恩赏资源让这群要臣吸引趋利者奉献私人忠诚或投身私属门客体系，形成"兼具自利性与互利性质的团体"。依据自利性与集体性两项特征，尼尔指出除了1584年出版的具有明显派系倾向的《莱斯特共同体》（Leycester's Commonwealth）一书，1590年代前鲜见派系之争的迹象，君臣"在观念上仍维持根本的和谐"。[2]华莱士·麦卡弗里也认为伯利与莱斯特在1560年代因王位继承与莱斯特婚姻两议题而一度不睦，但私人关系未彻底决裂。尽管1570年代晚期对低地国家的新教战争与安茹联姻等政策的歧见再度撕裂枢密院，但"无关乎个人……而是聚焦意见分歧而非个人性格"；随着这些危机在1580年代早期消退，枢密院"似乎紧密团结，普遍支持女王的倡议"。[3]

杰弗里·埃尔顿与埃里克·艾夫斯（Eric Ives）尽管认同宫廷派系的存在首要在于"为了促进个人的未来发展……满足对财富与权力的私人野心"，从而争取自身与追随者的恩惠，或打

[1] Conyers Read, "Walsingham and Burghley in Queen Elizabeth's Privy Council," pp. 34 - 58.

[2] J. E. Neale, "The Elizabethan Politics Scene," pp. 70 - 71, 79.

[3] Eric W. Ives, *Faction in Tudor England* (London: Historical Association, 1979), p. 21; W. MacCaffrey, *Queen Elizabeth and the Making of Policy, 1572 - 1588* (Princeton: Princeton University Press, 1981), p. 458.

压敌方权益，但也强调理念因素的重要性："凡派系必拥有可辨认的珍视和促进政治之目的，无关乎纯粹的个人发展与恩惠利用。"艾夫斯甚至承认都铎派系或许已浮现"可辨识的意识形态"。然而，两人均指出 1580 年代的政治理念分歧远不如 1530 年代般强烈，尚不足以演化成实质性的政策斗争，因为这类意识形态的博弈同样源于私利相争，通过私人关系即可调停。① 部分史学家指出伊丽莎白一世时期的政策"和谐"甚至不需私谊纽带调停，而是依托新教主义的共同背景。约翰·盖伊（John Guy）解释说，1580 年代的军事干涉议题将枢密院分割为主张宣战的介入派（the Interventionists）与强调巩固海防的中立派（the Neutralists），但双方同属广义的新教主义，伯利仅仅较莱斯特与沃尔辛厄姆更谨慎，"无所谓派系之争，只是判断分歧"。② 彭里·威廉姆斯也认同关于女王婚姻、继承、外交政策、军事、宗教议题等的政策辩论持续至 1590 年代，甚至数度分化宫臣群体，但新教主义的共同背景促使政策方面的"共识仍多于分歧"。③ 简言之，20 世纪前期的都铎政治史研究否定了 1570 ~1580 年代有政策分歧或私人敌对等迹象，认为无群体之间的恩惠竞争，故未曾发生派系相争。

约翰·尼尔的恩惠理论主导都铎派系研究至 20 世纪晚期。④ 1980 年代，随着都铎政治史研究从制度设计与恩惠分配

---

① G. R. Elton, "Tudor Government: The Points of Contact. Ⅲ. The Court," pp. 226 - 227; Eric W. Ives, *Faction in Tudor England*, pp. 5 - 9, 10, 12, 20 - 21.

② John Guy, *Tudor England* (Oxford: Oxford University Press, 1988), p. 286.

③ Penry Williams, "Court and Polity under Elizabeth I," in John Guy, ed., *The Tudor Monarchy*, p. 360.

④ Christopher Haigh, "Introduction," *The Reign of Elizabeth I* (Basingstoke: Macmillan, 1988), pp. 9 - 13.

等结构性视角转向动态的人际关系，西蒙·亚当斯、米切尔·莱穆（Mitchell Leimon）、克里斯多弗·黑格（Christopher Haigh）、罗伯特·谢泼德（Robert Shephard）等开始质疑尼尔的恩惠理论"过于偏执物质主义"，极小化其他因素如个人关系、政治和意识形态。① 亚当斯重新定义派系的性质为：

> 派系迥异于门客体系，也非恩惠运作，抑非政治议题上的壁垒分明。派系是个人组织追随者，用以反对他者的追随者群体。派系斗争涉入恩惠竞逐或国政辩论，但基础在于超越其他所有考虑因素的个人性对抗行为。②

根据个人敌对的新标准，他认为都铎派系斗争只存在于爱德华六世中期（1548～1552）与1590年代，未曾发生在伊丽莎白一世早中期伯利与莱斯特之间，原因有三。第一，无迹象显示这两位重臣在1590年代前有恩惠竞争，莱斯特甚至可能协助威廉·塞西尔在1571年晋封伯利男爵。③ 第二，无证据表明二人拥有特定且专属的追随者群体。第三，"相同的政治背

---

① Mitchell M. Leimon, Sir Francis Walingham and the Anjou Marriage Plan, 1574 - 1581(Ph. D. thesis, University of Cambridge, 1989), p. 62; Robert Shepard, "Court Factions in Early Modern England," *The Journal of Modern History* 64：4 (December 1992), pp. 721 - 745.

② Simon Adams, "Favourites and Factions at the Elizabethan Court," *Leicester and the Court：Essays on Elizabethan Politics* (Manchester：Manchester University Press, 2002), p. 34.

③ Simon Adams, "Faction, Clientage and Party," pp. 34, 37; David Loades, *The Cecils：Privilege and Power behind the Throne* (Kew：National Archives, 2007), p. 123.

景",使两人有"太多共同性,以致无法形成永久性的敌意分裂"。① 因此,尽管这两人,乃至所代表之新兴官僚与封建显贵阶级,或外朝与内廷等权力空间的多方势力之间存在潜在的紧绷关系或政策分歧,但仍可"通过意外或计划,也可通过女王对重要家臣和权臣的信赖托付",即宠信机制和恩惠分配调解。②

传统史学从恩惠竞逐、私人关系的敌对、私属性群聚及广义新教主义四个角度检视伯利与莱斯特之间的互动,否定伊丽莎白一世时期的党争早发于 1570~1580 年代,至少认为该时期的政治分歧不足以被称为派系斗争。然而,这四项特征清晰地浮现在伯利与沃尔辛厄姆之间,足以重新回应此史学争议。首先,埃里克·艾夫斯与西蒙·亚当斯认为尽管莱斯特、苏塞克斯伯爵与伯利曾因女王的婚姻政策而关系紧绷,但未恶化至"派系之争,其间区别唯有当检视真正的派系斗争时才会显现"。③ 但对英格兰外交原则及国家定位的分歧,使伯利与沃尔辛厄姆的政治关系于 1580 年代剑拔弩张。1570 年代初,伯利的恩惠–门客体系使沃尔辛厄姆以新人之姿被破格拔擢为驻法大使,他们合力推动首次安茹联姻。④ 1573 年伯利与沃尔辛厄姆分别晋升为首席财政大臣与副国务大臣,职务变迁激化了二人根本性的理念分歧,这一分歧通过对欧陆新教战争的介入政策浮出水面:英格兰的国家价值是否应优先于荣耀上帝,发动圣

---

① Simon Adams, "Favourites and Factions at the Elizabethan Court," pp. 59 – 60.

② Simon Adams, "Favourites and Factions at the Elizabethan Court," p. 33.

③ Simon Adams, "Favourites and Factions at the Elizabethan Court," p. 37.

④ 此联姻因莱斯特的错误情报误导女王而告终。Dudley Digges, ed., *The Compleat Ambassador*, pp. 55, 70 – 71, 87 – 88, 96 – 97, 100 – 101.

战以捍卫福音，或以国家利益和统治正当性为重。谨慎的伯利
掌管捉襟见肘的国库，力主以外交谈判取代劳民伤财且与统治
正当性相抵触的战争。具有新教流亡背景的沃尔辛厄姆终日身
处紧绷的外交前线，容易激发国际新教主义的神圣使命感。米
切尔·莱穆将后者在 1576 年升任首席国务大臣标记为其正式脱
离伯利的"指导"。[1] 1580 年代恶化的欧陆新教战争使二人关系
进一步恶化。1585 年 1 月，沃尔辛厄姆以前所未见的怒火痛斥
伯利"为敌人更甚于朋友"。[2] 伯利也公然谴责"我的敌人"莱
斯特与沃尔辛厄姆为"一对无耻之徒"，甚至在 1587 年 3 月向
宠臣克里斯托弗·哈顿抱怨"我的敌人［莱斯特与沃尔辛厄姆］
蓄意使她［女王］耳闻对我的毁谤"，构陷伯利与苏格兰玛丽有
不当的友谊，离间君臣。[3] 两人关系显然从恩惠依附变质为公然
对峙。

约翰·尼尔和西蒙·亚当斯认为无足够证据显示在 1590 年
代以前重臣之间存在恩惠竞争，却忽略了主战党自 1578 年赢得
压倒性数量的中央与地方官职以后，"利用女王赋予的权力，安
排亲友遍布王国的各港口与主要地区"。[4] 1578 年初，门多萨向
菲利普二世报告，这群"邪恶的异教清教徒与沃尔辛厄姆的走
狗"被授予空前的权力，得以径自羁押天主教徒，无须上报；

① Mitchell M. Leimon, "Sir Francis Walsingham and the Anjou Marriage Plan,
 1574 – 1581," pp. 9 – 13.
② Walsingham to Burghley, January 30, 1584/5, SP 12/176/19, TNA. 这将于下
 节详细论述。
③ *CSP Spanish*, *1587 – 1603*, pp. 25 – 28, 47 – 48; Conyers Read, *Burghley*,
 p. 374; *CSP Spanish*, *1587 – 1603*, pp. 6 – 9.
④ *CSP Spanish*, *1580 – 1586*, p. 267.

沃尔辛厄姆为"他们派系的重要支柱"。① 主战党更在中央占据部分原属伯利阵营的要职。1576 年 3 月亲伯利的首席国务大臣托马斯·史密斯病退，沃尔辛厄姆接任；次年 11 月，亲莱斯特的托马斯·威尔逊递补副国务大臣。后自 1581 年 5 月威尔逊逝世，沃尔辛厄姆垄断国务大臣一职直至 1586 年 9 月亲信威廉·戴维森调任副国务大臣。中央政务信息与外交情报尽由主战党把持。另外，1577 年，"莱斯特三人小组"威尔逊、副宫务大臣哈顿与爱德华·霍西（Edward Horsey）被规划加入枢密院；除了霍西的任命最后功亏一篑，威尔逊与哈顿分别顺利地在 10 月与 11 月加入。1579 年，伯利的连襟尼古拉斯·培根（Nicholas Bacon）的逝世使御前大臣与掌玺大臣两要职出缺，托马斯·布罗姆利借向莱斯特与哈顿行贿而成功接任。② 1584 年，监管苏格兰玛丽的施鲁斯伯里伯爵乔治·塔尔博特被解职，由沃尔辛厄姆的亲信，一位"极有野心的清教徒"埃米亚斯·波利特取代，沃尔辛厄姆终于将玛丽置于其独家监控下，垄断玛丽的谋逆情报。③ 更引人瞩目的是，伊丽莎白一世中期的外交使节大部分出自主战党。沃尔辛厄姆在 1576 年升任首席国务大臣后，其姻亲托马斯·伦道夫频繁出使苏格兰，波利特于同年 9 月任驻法大使。④ 尤其是高达 87% 的遣往低地国家的特使为沃尔辛厄姆或莱斯特的亲信门客，以威廉·戴维森、丹尼尔·罗杰斯

① *CSP Spanish*, *1568－1579*, p. 577.
② *CSP Spanish*, *1568－1579*, pp. 658－660, 662－663.
③ John Morris, ed., *The Letter-Books of Sir Amias Poulet*, pp. x, xxii, 20; Conyers Read, *Walsingham*, vol. 2, pp. 354－355; *CSP Scotland*, *1584－1585*, p. 606; *CSP Spanish*, *1580－1586*, p. 432.
④ 伦道夫出使苏格兰的时间是 1578 年 1～4 月、1581 年 1～3 月、1586 年 1～8 月。

（Daniel Rogers）、托马斯·威尔克斯（Thomas Wilkes）的任命最为频繁。[①] 其他使节如爱德华·霍西（1576 年 12 月至 1577 年 2 月出使）在《莱斯特共同体》中被标记为莱斯特的"好友与信任仆从"。1577 年 12 月至 1578 年 2 月出使的托马斯·莱顿（Thomas Leighton）被视为莱斯特"最忠诚的依附者"之一；其家庭纽带及联姻伊丽莎白·诺利斯（Elizabeth Knollys）使其位处达德利门客网络的核心。[②] 富尔克·格雷维尔（Fulke Greville，1582 年 3~4 月出使）与爱德华·戴尔（Edward Dyer，1584 年 1~3 月出使）则通过与菲利普·悉尼（Philip Sidney）的友谊而投靠其舅莱斯特。[③] 这些特使担任主战党与国际新教盟友联系的渠道，也筛选性提供偏向其党立场的外交情报，以利于其在枢密院辩论中占据主导权。

最关键的是，1581 年 5 月威尔逊逝世后，沃尔辛厄姆垄断国务大臣一职至 1586 年 9 月戴维森升任副国务大臣。伊丽莎白一朝例行双国务大臣制，仅有伯利从女王即位至 1572

---

① 三人在沃尔辛厄姆升任首席国务大臣后出使低地国家的时间分别是戴维森，1577 年 1~2 月、1577 年 8 月~1579 年 5 月、1584 年 10 月~1585 年 6 月、1585 年 8 月~1586 年 2 月；罗杰斯，1576 年 6 月~1578 年 2 月、1578 年 3~5 月、1578 年 12 月~1579 年 1 月、1587 年末~1588 年 1 月；威尔克斯，1578 年 4 月、1582 年 6 月、1586 年 7~9 月、1586 年 10 月~1587 年 7 月。Gary M. Bell, *A Handlist of British Diplomatic Representatives*, *1509 - 1688* (London: The Royal Historical Society, 1990).

② D. C. Peck, ed., *Leicester's Commonwealth: the Copy of a Letter Written by a Master of Art of Cambridge (1584) and Related Documents* (London: Ohio University Press, 1985), p. 105.

③ Steven W. May, "Dyer, Sir Edward (1543 - 1607)," *ODNB*, http://gfhaa7b50047f6d884d4csbun565u0oufq6bop. fbgi. libproxy. ruc. edu. cn/view/10. 1093/ref: odnb/9780198614128. 001. 0001/odnb - 9780198614128 - e - 8346, 最后访问时间：2020 年 11 月 15 日。

年，以及史密斯于 1572 ~ 1573 年为唯一国务大臣。虽非特
例，但沃尔辛厄姆在 1581 ~ 1586 年独占此职极不寻常，不仅
因为他自公职生涯开始频繁病休，备位副手有其必要性；更
因主战党在政务系统的过度扩张已经危及伊丽莎白女王谨慎
维持的均势。尽管如此，女王还是延迟任命副国务大臣，任
凭沃尔辛厄姆垄断职权。或许因他无意分享国务大臣的职权，
副手威尔逊与戴维森仅为"次级大臣，执行基础业务"。① 戴
维·洛德斯则归因于伯利的自私，他欲保留此职缺给次子罗伯
特。② 考虑到伯利此时对情报业务的控制力骤减，他不太可能
放弃这次安插眼线的良机。女王推延任命的动机或许有二。第
一，两位国务大臣难以合作达成工作共识；③ 第二，女王的财
务谨慎。国务大臣的年薪仅 100 英镑，但享有极丰厚的津贴赏
赐。威尔逊在 1579 年被授予达勒姆学院（Durham College）学
监一职，年薪 666 英镑，并享两份额外赏赐：诺丁汉郡
（Nottinghamshire）曼斯菲尔德教区（Mansfield）的牧师公馆与
林肯郡（Lincolnshire）的索尔特弗利特比（Saltfleetby）庄园。
沃尔辛厄姆在 1578 年被授予嘉德骑士事务大臣
（Chancellorship of the Order of the Garter），获赐 100 英镑年俸与
在温莎堡的专属居所；1587 年任兰开斯特公国领事务大臣
（Chancellor of the Duchy of Lancaster），得薪 142 英镑 16 分。④
他获赐的王室土地包含 1578 年汉普郡（Hampshire）的奥迪厄

---

① Thomas Birch, *Memoirs of the Reign of Queen Elizabeth, from the Tear 1581 till Her Death*, vol. 1 (London: A. Millar, 1754), p. 7.

② David Loades, *The Cecils*, pp. 184, 187, 189.

③ Thomas Wright, ed., *Queen Elizabeth and Her Times*, vol. 2, p. 322.

④ 沃尔辛厄姆所获地方官职包括 Chief Steward of Salisbury、High Steward of Ipswich, Winchester and Kingston upon Thames、Recorder of Ipswich。

姆（Odiham）、1579 年巴恩埃尔姆斯、1587 年肯特的小奥特福德（Little Otford）与 1588 年达勒姆与约克的庄园。最优渥的恩惠莫过于王室专利权：始于 1585 年 8 月、长达 6 年的英格兰西部与北部港口的关税权，他获准提取 11263 英镑年收入中 58% 的利润。① 国务大臣的恩惠所费不菲，女王无意供养第二位。

主战党在官职和政务上的优势至 1580 年代前期已趋明显。《莱斯特共同体》控诉莱斯特势力挟持英政权。

> 内廷之中仅次于女王的最大势力是他的走狗们……他在宫廷的支配极尽专制，没有事情可以被通过，唯有取得他的许可；若他未被特别咨询，没有事情可被讨论、执行或签署；无人（除非枢密院成员）可直接将账目、补给、申诉、请求传递给女王或与女王谈话，只能通过他的喜爱……他如同控制着君主之耳的锁……无人能在宫廷被提拔……除非他是莱斯特派系的成员或跟随者；无人可被晋升，除非他被莱斯特喜爱和选择。②

伊丽莎白女王亦痛斥莱斯特与沃尔辛厄姆如同"一对流氓"

---

① 港口包括 Plymouth, Fowey, Exeter, Poole, Bridgwater, Bristol, Gloucester, Milford, Cardiff, Chester, Berwick, Newcastle, Hull, Boston, King's Lynn、Great Yarmouth。Robert Hutchinson, *Elizabeth's Spy Master: Francis Walsingham and the Secret War That Saved England* (London: Weidenfeld & Nicolson, 2006), pp. 243 – 245.

② Frank J. Burgoyne, ed. , *History of Queen Elizabeth, Amy Robsart and the Earl of Leicester Being a Reprint of "Leycesters Commonwealth" 1641* (London: Longmans, Green and Co. , 1904), pp. 61 – 63.

排除异己，"毫无作为，只会挑起事端以达成其目的"。① 他们二人尤其阻挠安茹联姻，且使她陷入"因参战而丧失王位和生命的危险"，故女王与同样保守反战的伯利联手，以君主的授职特权制衡党争。②

另一方面，伯利也并非全无结党私心。1585 年 8 月，苏格兰詹姆斯六世与其近臣斥责伯利对援荷政策的敷衍，"以公允伪装，伴随着许诺无止境的破灭，毫无真诚"，导致盟友弹尽粮绝，安特卫普沦陷。他们进一步抨击伯利的权势熏天，"枢密大臣若想做成事，必须声明任由您［伯利］摆布"，"英格兰俨然变成塞西尔王国（Regnum Cecilianum）"。③ 伯利驳斥了这个在他看来"不合理且荒谬的谎言"。

> 若考虑这些因素，近年各种好与坏、神职与世俗的职务如何被授予，授予何人，这些人从何人处获益及依附何人，这极容易判断，我鲜少效仿或介入其中……我知道我的信誉在诸类案例中如此贫瘠，但我发现其他人极为热心与汲汲经营，所以竭力避免参与游说。我众多的挚友公正地怀疑［此避嫌］实为不智之举，因为我从未企图安排任何男性或女性进入宫务司（Chamber）或服侍女

---

① *CSP Spanish*, *1580 – 1586*, p. 301.

② *CSP Spanish*, *1580 – 1586*, p. 353.

③ Herle to Burghley, August 11, 1585, SP 12/181/32, TNA. 苏珊·多兰与戴维·洛德斯认为伯利转任财政大臣后，似乎退至决策的后排位置。但斯蒂芬·奥尔福德主张伯利从未远离伊丽莎白女王与国务大臣组成的最高机密咨议团。Susan Doran, *Monarchy and Matrimony*, pp. 159 – 160；David Loades, *The Cecils*, pp. 147 – 149；Stephen Alford, *Burghley*, p. 244.

王陛下。①

伯利以行事公正自许，暗讽沃尔辛厄姆与莱斯特私相授受，但事实上他亦竞逐官职以扶持主和党。亲近伯利的科巴姆男爵威廉·布鲁克在 1578 年被派随同沃尔辛厄姆出使低地国家，其弟亨利·布鲁克（Henry Brooke）于来年取代波利特任驻法大使，执掌英格兰在欧陆的信息和外交中枢，后由深受伯利信任的爱德华·斯塔福德 1583~1590 年负责。② 这三位使节的家族中均有女眷任职内廷，科巴姆男爵的长姐诺桑普顿侯爵夫人伊丽莎白·帕尔（Elizabeth Parr, *née* Brooke, Marchioness of Northampton）与其妻弗朗西丝·布鲁克（Frances Brooke, *née* Newton, Baroness Cobham），以及斯塔福德之母多萝西·斯塔福德（Dorothy Stafford）均为深受女王宠信的高级女官。弗朗西丝甚至向伯利宣誓效忠，"真心渴望受您差遣"；多萝西则以家书协助其子与伯利秘密传递情报。③ 女王与伯利凭借驻法使馆的外交特殊性与内廷的亲密机制，建构了一个具有很强隐蔽性的另类外交和情报体系，制约主战党对外交的垄断。另外，1583 年苏塞克斯伯爵逝世后，女王的表兄汉斯顿男爵亨利·凯里 1585 年接任宫务大臣（Lord Chamberlain），并在 1584 年被授权与詹姆斯六世的宠臣阿伦伯爵詹姆斯·斯图亚特（James Stuart, Earl of Arran）就英苏联盟进行谈判。沃尔辛厄

---

① Burghley to Herle, August 14, 1585, SP 12/181/43, TNA.

② *CSP Spanish, 1587–1603*, p. 7.

③ E.（或许为 F 的误写）Cobham to Burghley, April 10, 1587, SP 12/200/20, TNA；Stafford to Burghley, October 21, 1583, SP 78/10 f. 58, TNA；William Murdin, ed., *Collection of State Papers Relating to Affairs in the Reign of Queen Elizabeth from Year 1571 to 1596*（London：William Bowyer, 1759），p. 380。

姆鄙视伯利利用汉斯顿男爵的博林血缘出任特使，质疑他们与阿伦伯爵联手"使我失宠，阻碍我服务女王陛下"。① 汉斯顿男爵反击莱斯特与沃尔辛厄姆"身为主要的枢密大臣却漠视女王陛下的利益，他们的自私使她输掉一位国王"。② 1586 年初，女王趁莱斯特赴荷参战之际，任命伯利的人马科巴姆男爵、坎特伯雷大主教约翰·惠特吉夫特、巴克赫斯特男爵托马斯·萨克维尔加入枢密院以"抵制莱斯特与其计划"。③ 莱斯特恳请沃尔辛厄姆"坚定地支持你缺席的朋友抵抗［枢密院］的诽谤者"。④

　　两党的官场布局表现了它们各自有专属的附从者群体，这在事实上反驳了约翰·尼尔与西蒙·亚当斯否定伊丽莎白一世中期政权存在恩惠竞争及私属性群聚的论点。然而，亚当斯进一步否认这些群体具有特定忠诚属性，指出"关于沃尔辛厄姆、亨利·基利格鲁（Henry Killigrew）、罗伯特·比尔、威廉·赫尔勒，难以清楚地界定他们的忠诚界限"；换言之，即使存在个别专属群体，也未凝聚成特定的私属忠诚倾向。⑤ 忠诚重叠在权力政治中为常态，纠结在血缘、联姻、私谊、职务、恩惠、信仰、政治理念等交织的多重关系网络，模糊化私谊与公职之间的忠诚界限。例如，基利格鲁为伯利的连襟，却

---

① Walsingham to Davison, July 12, 1584, SP 52/35/55, TNA; Conyers Read, *Walsingham*, vol. 2, p. 243.

② Lord Hunsdon to Burghley, September 11, 1584, SP 52/36/72, TNA.

③ Thomas Morgan to Mary Queen of Scots, March 21, 1586/7, SP 53/17/33, TNA; Conyers Read, "Walsingham and Burghley in Queen Elizabeth's Privy Council," p. 56.

④ Leicester to Walsingham, August 12, 1587, SP 84/17 f. 59, TNA.

⑤ Simon Adams, "Favourites and Factions at the Elizabethan Court," p. 59.

偏向沃尔辛厄姆的激进新教理念，并在外交上效忠他终身的恩惠主莱斯特。这种重叠关系透露了清晰的私属忠诚。苏塞克斯伯爵虽与姻亲莱斯特共事于枢密院，但始终拥护伯利，宣示"如同你背上的衬衫一般贴近你"。① 驻法大使布鲁克与斯塔福德直属国务大臣沃尔辛厄姆，但他们私信中的忠诚宣示与哈特菲尔德宅邸现存的大量外交公文复本，证实了他们将对伯利或主和党的私人效忠置于公务之上。② 主战党中的莱斯特、沃尔辛厄姆、比诺利斯、悉尼与贝德福德伯爵的罗素家族基于血缘、联姻、新教流亡背景，尤其是国际新教主义的信仰理念，凝结成更团结的私人情感纽带，进而共享恩惠，如封建领地或职权的下议院席位。③ 特别是，沃尔辛厄姆在 1587 年获得兰开斯特公国领事务大臣一职前，自身掌控的下议院席位远不足以安置众多门客，故前期多由莱斯特和贝德福德伯爵（为英格兰控制最多下议院席位的显贵之一，且为沃尔辛厄姆在玛丽一世时期流亡至意大利的老友），尤其是后者代为拨给恩惠席位。沃尔辛厄姆的秘书处总管弗朗西斯·迈尔斯在 1584 年与 1586 年担任莱斯特所辖之普尔（Poole）选区的议员。通过贝德福德伯爵的恩惠席位，罗伯特·比尔在 1572 年与 1584 年分别成为托特尼斯（Totnes）和多切斯特（Dorchester）选区的议员；首席外交幕僚劳伦斯·汤姆森则在 1572 年、1584 年与 1586 年任韦茅斯与梅尔科姆·里吉斯（Weymouth and Melcombe

---

① Edmund Lodge, ed. , *Illustrations of British History*, vol. 2, pp. 133 – 134.

② Stafford to Burghley, June 12, 1583, Harley MS 6993 f. 44, BL; *CSP Foreign*, *1585 – 1586* (London: HMSO, 1921), p. 672.

③ Simon Adams, "The Dudley Clientele, 1553 – 1563," in G. W. Bemard, ed. , *The Tudor Nobility* (Manchester: Manchester University Press, 1992), p. 242.

Regis）的议员。①

党派的集聚与定向忠诚更清晰地显现在割据次级官僚体系的重臣门客群上。沃尔辛厄姆与伯利各自的幕僚团，乃至庞大的间谍名单，几无重叠。私人门客受限于阶层，或受官职举荐与经济恩惠等诱因驱使，抑或基于政治理念与信仰情感，趋附特定显贵与所属党派，建构起强烈的私属性忠诚。尤其是，宗教改革改变了传统封建监护或恩惠依附的贵族门客性质，"神选新教徒"的信仰情怀重塑了新型的次级政治忠诚模式，间或伴随个人欲望，希冀依托权贵的门客体系升入宫廷、政府或议会，参与相关政策以荣耀上帝。门客体系"成为规划上帝政策的新形式"。② 莱斯特的门客体系从封建的继承性附庸向君主宠信关系衍生的恩惠依附转变，在 1580 年代增添了对捍卫宗教的理念

---

① 沃尔辛厄姆之幕僚在下议院的席次安排：

Robert Beale：Totnes（1572），Dorchester（1584，1586，1589），Lostwithiel（1593）.

Nicholas Faunt：Boroughbridge（1584）.

Laurence Tomson：Weymouth and Melcombe Regis（1572，1584，1586），Downton（1589）.

Francis Mylles：Poole（1584 - 1586），Winchester（1589）.

Thomas Phelippes：Hastings（1584，1586）.

Thomas Lake：Hastings（1572，1584，1586）.

William Stubbs：Yarmouth I. o. W.（1584）.

P. W. Hasler, ed. , *The House of Commons，1558 - 1603* , vol. 1（London：HMSO, 1981），pp. 60，87，411 - 414；vol. 2，pp. 109 - 110，428；vol. 3，pp. 114 - 116，219 - 220，462，511 - 512；Simon Adams, "The Dudley Clientele and the House of Commons, 1559 - 1586," in *Leicester and the Court*, pp. 196 - 224；J. E. Neale, *The Elizabethan House of Commons*（London：Jonathan Cape, 1949），p. 196.

② Simon Adams, "Faction, Clientage, and Party," p. 35.

认同感。① 1581 年，清教徒理查德·奈特利（Richard Knightley）赞扬莱斯特说：

> 您照亮众多神之选民的心灵，我确信您将获得这些朋友，即便没有您的高声呼唤，他们已准备好为您以身涉险，成就您的伟业，因为他们发现阁下您对于救济可怜教会的热诚与关怀。②

信仰为他赢取部分激进新教徒的依附，如其牧师团涵盖剑桥大学的温和清教徒威廉·富尔克（William Fulke）、罗伯特·索梅（Robert Some）与汉弗莱·廷德尔（Humphrey Tyndall），以及牛津大学的加尔文教徒托拜厄斯·马修（Tobias Matthew）、托马斯·霍兰（Thomas Holland）与威廉·詹姆斯（William James）。③

沃尔辛厄姆则依凭士绅出身与新教徒流亡经历，自我形塑为"清贫且具责任感的新教徒"，刻意区别于伯利与莱斯特的权贵出身，吸引中层的新教理想主义者如拉尔夫·沃卡普、托马斯·菲利普斯与劳伦斯·汤姆森等投效，其家宅遂成为"清教主义的完美温床"。④ 沃卡普曾在玛丽一世时期举家流亡欧陆，后在 1556 年定居法兰克福。菲利普斯投效沃尔辛厄姆之动机部

① Simon Adams, "The Dudley Clientele and the House of Commons, 1559–86," "A Godly Peer? Leicester and the Puritans," in *Leicester and the Court*, pp. 196, 225–232.
② Simon Adams, "Faction, Clientage and Party," p. 36.
③ Simon Adams, "A Godly Peer? Leicester and the Puritans," p. 230.
④ Conyers Read, *Walsingham*, vol. 2, p. 261; Mitchell M. Leimon, "Sir Francis Walingham and the Anjou Marriage Plan, 1574–1581," pp. 73–75.

分出于对"荣耀与利益的贪婪",但不掩其对于激进新教主义和国家的热情。[1] 他们依托恩惠而升入中央政府或议会,直接参与制定国内外宗教和外交政策,或间接影响恩惠主干涉相关事务。汤姆森曾在 1575 年请求沃尔辛厄姆介入牛津大学莫德林学院(Magdalen College)院长选举纷争,引发该学院抨击"以改革为名,企图毁坏我们的教会和既存的宗教";后在1577~1578 年同英格兰驻低地国家特使戴维森及一位名为罗塞尔(Rossell)的法国新教徒间谍一起,推动执行联荷抗西计划。[2] 两党各自通过显贵的职权、私谊及王宠建构内圈的核心群体,辅以门客网络衍生的次级官僚、私人幕僚和间谍等形成外圈的行政团队。双方形成专属于精神领袖或恩惠主以及所属党派的忠诚,交叉倾轧牵制,为恩主与党派竞夺恩惠以培养势力,最终企望主导政策以实践各自认定的英格兰国家价值。如此,形成恩惠竞逐、专属团体及党派三重依附关系。

综上,伊丽莎白一世中期政权的内裂俨然分明,各党竞逐恩惠以期累积权力资本的迹象似乎证实了约翰·尼尔的恩惠型派系理论,实则不然。这非党争本质,重臣竞争恩惠的最终目的为何?伯利并非全然为修筑豪宅和巩固家族权势,他通过在驻法使馆与枢密院布局掌控外交谈判,拉拢法国以制衡、安抚西班牙,避免英格兰陷入耗竭国力且违背统治正当性的不义战争。沃尔辛厄姆竞逐官职以便安插亲信渗入中

---

[1] Thomas Morgan to Mary Stuart, October 5, 1585, SP 53/16 f. 50, TNA.

[2] T. Longston to Laurence Tomson, June 2, 1582, SP 83/16 f. 26, TNA; Richard Stanclyff to Tomson, July 24, 1578, SP 12/125/38, TNA; Irena Backus, "Laurence Tomson (1539 - 1608) and Elizabethan Puritanism," *Journal of Ecclesiastical History* 28 : 1 (January 1977), pp. 17 - 27.

央与地方政府，同时积极索求经济恩惠，包含多处王室土地、关税特权与反叛者安东尼·巴宾顿被没入的德比郡家产，却未实质挹注他的私人财富，甚至在临终前夕几近破产，其在1590年4月7日傍晚的葬礼受迫于"债务和贫穷状态"只能仓促举行，未举行任何特别仪式。[①] 事实上，这些津贴几近全部，甚至额外举债投入泛欧情报系统，以期操纵信息，影响优柔寡断的女王倾向国际新教主义。

伊丽莎白一世中期党争的本质绝非浅层的自利和逐利，仅是为实践各自对英格兰国家定位之迥异理想的工具和过程。彭里·威廉姆斯、约翰·盖伊与西蒙·亚当斯认为诸类歧见是广义新教主义下的判断差异，不足以恶化成派系倾轧。事实上，新教主义并非党派的广义集合，恰恰是加剧原则分歧的根源，迫使伊丽莎白政权重新审视国家定位：坚持传统孤立的岛屿型不列颠帝国，或以神选之国英格兰居首围堵西班牙的扩张型新教帝国。这个争议在涉入低地国家新教战争为干预他国内政具有"正当性"的策略，还是荣耀上帝的福音圣战中表现得尤为明显。新教主义成为近代英格兰政权内裂的本质，主导了16世纪晚期党争的国家定位、17世纪革命的宪政性质，乃至18世纪朝野党争的宪政运作等国家方针之辩论。以往研究已充分阐述都铎外交政策的分歧细节，下一节将聚焦由新教主义推动之关于孤立或干涉的外交辩论，以反映英格兰政权内部自宗教改革后对不列颠帝国定位的争议。

---

① Francis Walsingham's will, PROB 11/75, sig. 33, TNA; Note of the sums issued by warrant to Sir Francis Walsingham, December, 1589, SP 12/229/49, TNA; Penry Williams, *The Tudor Regime*, p. 71; John Cooper, *The Queen's Agent*, pp. 309 – 310, 323.

四　分裂的英格兰干涉外交

1585 年 1 月 30 日，沃尔辛厄姆以前所未见的严厉语气写信给昔日的恩主伯利，首先澄清后者收到的某些毁谤性报告"可能误解或扭曲我对您的善意"，并否认他被污蔑为操纵宫廷之"派系"的不实谣言。最后，他痛斥伯利"反对"女王授予他部分港口的关税津贴，称此情报经"多方确认"，使他笃信"先前收到关于阁下您厌恶我之报告的真实性"，愤而宣布"为安全起见，将视阁下您为敌人更甚于朋友"。① 此敌意宣言使伊丽莎白一世中期党争正式浮出水面。这两位重臣的决裂无关私谊；伯利未在"将视阁下您为敌人更甚于朋友"这一充满敌意的宣言下方画线，透露他对这位性格暴躁之后进的包容，但在消息来源处画线，意味着他更欲探知何人在女王身旁担任沃尔辛厄姆的眼线。② 沃尔辛厄姆的怒气看似起因于对经济恩惠的竞逐，实为基于伯利在对荷政策上的长期掣肘。

当时低地国家局势俨然不利于新教联盟。帕玛公爵早在 1583 年就侵入佛兰德斯之利斯河（Lys）以南，次年占领布拉班特省（Brabant）的大部分。同年 6 月，安茹公爵骤逝，他

---

① Walsingham to Burghley, January 30, 1584/5, SP 12/176/19, TNA. 下画线为伯利所加。

② 这对"至交好友"依然彼此协powerful助解决家庭难题。沃尔辛厄姆曾同哈顿恳请女王释放伯利的女婿牛津伯爵爱德华·德·维尔（Edward de Vere, Earl of Oxford），后者因被控与女王的侍女安妮·瓦瓦苏（Anne Vavasour）诞下私生子而入狱；1586 年底，伯利协助沃尔辛厄姆解决在低地国家战争中殉职之女婿菲利普·悉尼的债务。Stephen Alford, *Burghley*, pp. 208, 229 – 230, 238 – 241, 243, 246 – 247.

被伊丽莎白女王当作英格兰在低地国家制衡荷、法、西三方势力的棋子。安茹作为王夫人选暂时缓解了荷兰新教徒向英格兰求援的压力；他的法国王位继承人的身份与个人野心也稍微压制了其兄长亨利三世对低地国家的觊觎。另外，安茹象征的英法王室联盟足以吓阻西班牙。但安茹的猝死顿时瓦解了这种均势格局。更致命的是，7月奥兰治公爵遇刺身亡，群龙无首的荷兰新教联盟冀望一位能提供军事与财政援助的外国君主。考虑到荷法联盟的存续、法国的强盛国力及英格兰女王对荷兰叛乱合法性的质疑，法王亨利三世成为荷兰新教联盟的首选盟友。早在1584年6月，联盟议会就遣使赴巴黎向亨利三世献上安茹的旧头衔"尼德兰自由的保护者"（Protector of the Liberty of the Netherlands）及佛兰德斯与布拉班特两地区主要城镇的驻兵权。① 但安茹之死使胡格诺派领袖纳瓦尔国王亨利·波旁（Henri de Bourbon, King of Navarre）递补为法国王位继承人，故吉斯公爵与天主教联盟联手逼迫法王取消亨利的继承权，改由其叔叔、枢机主教查尔斯·德·波旁（Charles de Bourbon）取代。鉴于国内局势不稳与对吉斯公爵的忌惮，法王在7月正式拒绝了这项提议。

联盟议会随即转向求助伊丽莎白女王。8月，特使抵达伦敦，请求支援6000名步兵、3000匹马、30万磅火药。② 11月中旬，枢密院遣戴维森调查低地国家的求援意图，但他送回的情报刻意偏向主战党的主张："我发现这些国家仍如此强大，通过良好的政府成功维持战争，并使民众在情感上普遍疏远法国，

---

① W. MacCaffrey, *Queen Elizabeth and the Making of Policy*, p. 305.

② W. MacCaffrey, *Queen Elizabeth and the Making of Policy*, p. 306.

若女王陛下承诺支援他们解围，他们与法国的协议……将被冷处理。"① 最终，伊丽莎白女王只同意资助 6000 英镑，但这笔资金在沃尔辛厄姆为治疗痼疾而暂离宫廷之际，无缘由地被挪用给了科隆选帝侯特鲁克泽斯（Truchsess，Elector of Cologne）。沃尔辛厄姆将其归咎于"最熟悉这次［资金］调度"的伯利的介入。② 后在沃尔辛厄姆再次病休期间，1585 年 1 月 14 日，伯利指示戴维森，称女王"迄今为止，数度向法王提议共同帮助低地国家"，以拖延或回避独自援荷。③ 沃尔辛厄姆早在 1 月 11 日就已阅览此信，批评女王对该议题的"深思熟虑"是在错误时机的迟疑不决，应多考虑"那些国家的险峻现况"。他恳请女王"下定决心由她自己来保护他们，这将是最有利可图且最有保障的途径，而唯一办法就是煽动［荷人］愤起反叛西班牙，这对［英格兰］事业的推动将远胜百万英镑"。④ 不满于伯利频繁阻挠援荷，且阻碍女王授予其关税津贴，沃尔辛厄姆在 1 月 30 日发表上述充满敌意的宣言。⑤ 尽管他在同日写给伯利的第二封信中试图缓和双方紧绷的关系："感谢您友善地接受我鲁莽的写作方式……您会发现我所有的真诚皆实践在我对于您的善意允诺。"⑥ 但一周后，沃尔辛厄姆的间谍内维尔向女王举报伯利的密探帕里的弑君谋划；后者迅速在 3 月 2 日被定罪处死。帕里的死亡固然归因于自身的贪得无厌，以及在女王和天主教之间的忠诚游移，但在党争白热化的敏感时期，这种举报极可能牵

---

① Davison to Walsingham, December 5, 1584, SP 83/23 f. 161v, TNA.
② Walsingham to Davison, December 30, 1584, SP 83/23 ff. 211v – 212r, TNA.
③ ［Burghley］to Davison, January 14, 1584/5, SP 84/1 f. 8, TNA.
④ Walsingham to Burghley, January 11, 1585, SP 12/176/5, TNA.
⑤ Walsingham to Burghley, January 30, 1584/5, SP 12/176/19, TNA.
⑥ Walsingham to Burghley, January 30, 1584/5, SP 12/176/20, TNA.

涉沃尔辛厄姆因经济恩惠的竞逐，尤其是在英格兰干涉外交政策方面受到掣肘而对伯利产生愤恨，冀望动摇女王对伯利的信任。后在 7 月 25 日，沃尔辛厄姆通过赫尔勒利诱伯利支持援荷，宣称女王每月可暗中获取 10000 英镑的红利，伯利可获 1000 英镑，"此事将机密安静地进行"。[①] 科尼尔斯·里德将赫尔勒视为"聪明伶俐的流氓"，他虚伪地服务沃尔辛厄姆，以向恩主伯利展现沃尔辛厄姆的骗术；赫尔勒的示警使伯利谨慎回绝。[②] 伯利坚拒武装援荷的一贯立场，显示其对低地国家叛乱"正当性"（juste）的质疑。

1570 ~ 1580 年代，都铎党争针对涉入欧陆新教战争的"正当性"，即孤立或干涉的外交展开辩论，微妙地呈现了宗教改革后新教主义促使都铎政权重新检视不列颠帝国的定位。伯利反对武装援荷的主因在于质疑英格兰干涉低地国家叛乱的"正当性"，对内耗损英格兰的国家利益，对外引发干涉他国统治合法性之嫌疑。[③] 首先，开战势必恶化捉襟见肘的财政，且无益于国际贸易，应优先保存实力，回防巩固家园。

> 如果女王不再介入尼德兰事务，她就可以最大强度建筑堡垒，保卫她的王国……累积财富，健全海军，强化对苏格兰边界的驻军，并维持英格兰古老的军事纪

---

① Herle to Walsingham, July 25, 1585, Harley MS 286 ff. 68r - 69v, BL.

② Burghley to Herle, July 24, 1585, SP 12/180/46, TNA; Conyers Read, *Burghley*, pp. 315 - 316.

③ In a Consultacon touching an aide to be sent into hollande against the King of Spaine, March 18, 1585, Harley MS 168 f. 102r, BL; Rory Rapple, *Martial Power and Elizabethan Political Culture: Military Men in England and Ireland, 1558 - 1594* (Cambridge: Cambridge University Press, 2009), p. 19.

律……如此英格兰将变得坚不可摧，而她也将在各方面最为安全，使敌人畏惧。这是对昔日强大的邻居们最宽容的方法，可避免战争……但这个观点引发好战人士的强烈不满，认为这是倾向西班牙、堕落且胆怯的懦夫行为。[1]

伯利进一步谴责荷联盟议会逃避承担军费，甚至得寸进尺地挑剔外国盟友，此联盟对英格兰实非帮助，反成累赘。然而，军事援助计划非正当之举的关键原因，在于其背离了强调统治正当性与政治顺从的基本国策。支持低地国家、叛乱犹如挑战西班牙作为母国镇压领地反叛的统治正当性，有干涉他国内政之嫌。伯利将低地国家对抗西班牙定位为抗君谋反，菲利普二世仅是被迫出兵"维护罗马天主教与他的权力"，此举是"任何君主皆会执行的决策，如同女王陛下面对英格兰与爱尔兰的［叛乱］情势，也会如此决断"。且菲利普二世尽管在其领地压迫新教徒，但未曾以武力支持所信仰的天主教在其他国家公然发动信仰战争。[2] 另外，支持异教徒违逆君王的行径与都铎政权自宗教改革以降的政治顺从宣传背道而驰，强调臣民，无论信仰倾向，都需绝对谦卑地服从受命于天且如同亲生父母一样的世俗君主。伯利在1583年出版的《正义的执行》开篇痛斥："这在各时代与各国俨然成为违法者的普遍做法……以伪事实与美化来为他们卑鄙且不合法的事实诡辩，掩盖犯罪行为。"他抨

[1] W. Camden, *Annales*, pp. 282, 410.
[2] In a Consultacon touching an aide to be sent into hollande against the King of Spaine, March 18, 1585, Harley MS 168 ff. 102v, 103, BL; R. B. Wernham, *Before the Armada*, pp. 332, 369.

击英格兰天主教徒，也影射荷兰新教徒，假信仰自由之美名，行抗君谋逆之实。[1] 故军事援助低地国家的新教战争与都铎政府的政治服从理念相抵触。

伯利的统治正当性论述明确反映了伊丽莎白一世政权一贯避免涉入欧陆的孤立外交政策，这早已显现在 1568 年 8 月法国第三次宗教内战。胡格诺派孔戴亲王路易·德·波旁·旺多姆（Louis de Bourbon-Vendôme, Prince de Condé）与海军大臣加斯帕尔·德·科利尼（Gaspard de Coligny, Admiral of France），委托担任苏格兰摄政的莫里伯爵詹姆斯·斯图亚特（James Stuart, Earl of Moray）之侍从罗伯特·斯图亚特（Robert Stuart），辗转通过英驻法大使尼古拉斯·思罗克莫顿（Nicholas Throckmorton）与时为伯利门客的沃尔辛厄姆，恳求伊丽莎白政府循 1559 年援助苏格兰新教徒驱逐法国势力之先例，提供资金援助。然而，伊丽莎白一世出于厌恶代表反叛势力介入他国内政，拒绝接见。[2] 伯利主持下的伊丽莎白政府选择性支持苏格兰新教徒反抗，却拒绝欧陆新教盟友的求援。这看似陷入干涉正当性的政策矛盾，其实皆立足于统治"优越性"（superiority）原则。1559 年 8 月，当讨论英格兰是否军事援助苏格兰新教贵族时，同样面对干涉正当性的两难："若隐蔽协助，意谓非正当之举；

---

[1] William Cecil, *The Execution of Iustice in England for Maintenaunce of Publique and Christian Peace* (London: [Christopher Barker], 1583), *STC* 4902, sig. A2r.

[2] Walsingham to Cecil, August 18, 1568, SP 12/47/84, TNA; Stephen Alford, "Reassessing William Cecil in the 1560s," in John Guy, ed., *The Tudor Monarchy*, pp. 233–253; Conyers Read, *Mr. Secretary Cecil and Queen Elizabeth* (London: Jonathan Cape, 1955), p. 394.

若公开帮助，视同破坏和平而开战。"① 但伯利主张这种介入他国内政的非正当性说法不适用于英格兰对苏格兰的干预，因为此行动的合理性并非出于信仰因素，而是立足于"英格兰王室拥有一个正当的真实头衔，即苏格兰的上级，这个渊源远超苏格兰与法国的友谊"，故得以正当地行使统治优越性。② 他重申自4世纪初君士坦丁大帝控制不列颠以后，英苏均属单一独立之不列颠的一部分，选择君士坦丁"共享此帝国王冠，[在不列颠]以我[英]王室为王"。后英王室基于罗马帝国与英格兰之间统治权的共享和传承、先王征服，以及"良好充分的古代权力"，经议会认可，被授予"这个王国的帝国王冠"（the Imperiall Crown of this realme）。③ 因此，"英格兰王室拥有对苏格兰统治优越性的良好头衔，理当捍卫苏格兰的自由，犹如[神圣罗马]皇帝必然捍卫米兰或波希米亚等帝国的属国"，且依据神意法与自然法，任何君主和国家皆有权捍卫自身领土与主权的完整。④ 干预、审理与调解封臣属国之纠纷的封建宗主权与帝

---

① A declaration of the protestant lords in Scotland against the proceedings, August, 1559, Cotton MS Caligula B/Ⅹ f. 33r, BL; A brief consideration of the weighty matter of Scotland, August, 1559, Cotton MS Caligula B/Ⅹ f. 86r, BL.

② A discussion concerning the affairs of Scotland, August, 1559, Cotton MS Caligula B/Ⅹ f. 33v (34r), BL.

③ A brief consideration of the weighty matter of Scotland, August, 1559, Cotton MS Caligula B/Ⅹ f. 86r, BL; Declaration by Queen Elizabeth to all her loving subjects on the suppression of the rebellion in the North, February, 1570, SP 12/66 f. 150r, TNA; Stephen Alford, *The Early Elizabethan Polity: William Cecil and the British Succession Crisis, 1558 – 1569* (Cambridge: Cambridge University Press, 1998), pp. 47, 59 – 60, 208.

④ A brief consideration of the weighty matter of Scotland, August, 1559, Cotton MS Caligula B/Ⅹ f. 86v, BL; A discussion concerning the affairs of Scotland, August, 1559, Cotton MS Caligula B/Ⅹ f. 33v (34r), BL.

国统治权成为英格兰干涉苏格兰内政的关键依据。① 需注意的是，伯利并非将英苏定位为绝对阶级分明的主从关系，而是两个王国基于历史渊源、封建体制与新教信仰，建构起"完美结合的同盟"。② 伊丽莎白一世早期政权与伯利对待苏格兰与欧陆新教盟友时所采取之内外有别的干涉外交政策，反映了其偏重不列颠内部的结盟式政治统合，避免涉入欧陆纷争的孤立态度。这承袭了英法百年战争之后（除亨利八世时期之外），放弃金雀花与兰开斯特两王朝的陆权性大陆政策，转向防御自保的岛国型不列颠帝国定位。

中世纪晚期至文艺复兴时期，欧洲诸国基于存亡危机或富强野心，依托语言、习俗与制度的"相似"或"一致"，统合为"民族国家"，抑或通过继承、联姻或征服，建立超越民族性的"领土国家"。后者为统合两个以上拥有各自疆土，且语言、习惯和制度迥异的独立国家，形成复合国家（Composite state），其归属同一最高领导国的君主，但维持各自的法律、管辖权和特权。③ 而不列颠帝国的雏形属于后者。为建构以英格兰为尊，威尔士、苏格兰和爱尔兰为属的主权领土国家，英格兰自中世纪后期起，一方面通过征服或继承进行领土统合；另一方面依凭史前神话、罗马帝国的权力体系和统治渊源，辅以封建体制，正当化英格兰作为最高领袖国的统治优越性。如 12 世纪《不列

---

① Stephen Alford, *The Early Elizabethan Polity*, pp. 163 – 164, 166 – 167.

② A discussion concerning the affairs of Scotland, August, 1559, Cotton MS Caligula B/Ⅹ f. 33v (34r), BL.

③ J. H. Elliott, "A Europe of Composite Monarchies," *Past & Present* 137, *The Cultural and Political Construction of Europe* (November 1992), pp. 48 – 71; C. H. Firth, "The British Empire," *Scottish Historical Review* 15:59 (April 1918), p. 185.

颠诸王史》(*Historia Regum Britanniae*)中的布鲁图斯(Brutus of Troy)传说与 1155 年教皇《褒扬令》(Laudabiliter)分别赋予英格兰宰制苏格兰和爱尔兰的优越性。[①] 至宗教改革期间,1533 年《禁止上诉法》(The Act in Restrain of Appeals)根据 1530 年献给亨利八世的《丰文汇编》(*Collectanea Satis Copiosa*)收录的编年史、盎格鲁 - 撒克逊律法、罗马法等信史文书,宣告"英格兰王国为一个帝国",帝国境内的宗教与世俗双权统归英格兰"帝国王冠"。[②] 该帝国辖区不仅限于英格兰王国。诺福克公爵托马斯·霍华德(Thomas Howard, Duke of Norfolk)在 1531 年援引一个亚瑟王图章上的文字"Patricius Arcturus, Britanniae, Galliae, Germaniae, Daciae Imperator",宣称身为亚瑟王"帝位"之继承者的亨利八世可以统辖其中的不列颠领地。《丰文汇编》也通过 1301 年敬呈给爱德华一世的历史调查与 1307 年议会记录,肯定英格兰国王对苏格兰和威尔士的领主权。[③] 换言之,亨利八世将封建领主之权统合转化为帝国统治权,使英王室的统辖权以帝国之名合法外溢

---

① David Armitage, *The Ideological Origins of the British Empire* (Cambridge: Cambridge University Press, 2000), pp. 30 - 33, 37; Rory Rapple, *Martial Power and Elizabethan Political Culture*, p. 127.

② "An Acte that the Appeles in suche Cases as Have ben Used to be Pursued to the See of Rome Shall not be from Hensforth had ne Used but Wythin This Realme," *The Statutes of the Realm*, vol. 3, pp. 427 - 429; John Guy, "Thomas Cromwell and the Intellectual Origins of the Henrician Revolution," in John Guy, ed., *The Tudor Monarchy*, p. 219.

③ Eustace Chapuys to Holy Roman Emperor Charles V, January 13, 1531, in *Letters and Papers, Foreign and Domestic, Henry VIII, 1531 - 1532* (London: HMSO, 1880), pp. 19 - 21; Graham Nicholson, "The Act of Appeals and the English Reformaion," in Claire Cross, David Loades, and J. J. Scarisbrick, eds., *Law and Government under the Tudors* (Cambridge: Cambridge University Press, 1988), pp. 23 - 25.

至属国。据此，亨利八世要求属国苏格兰"自然且谦卑地服从"，脱离天主教以巩固新教联盟，但他被拒，故重申英苏的封建纽带以使开战合法化：苏格兰王应"认同英格兰王是苏格兰王国的上级领主，宣示效忠"。① 此外，1541 年，亨利八世将自身统辖爱尔兰的身份定位从封建领主（lord）升格为君王（king），迫使爱尔兰从半独立的罗马教廷附庸转变为政教均臣服于英格兰国王，自此爱尔兰王国被纳入以英格兰为尊的帝国王冠之下。②

爱德华六世政权遵循亨利八世的帝国语境，奠定以英格兰为尊的大不列颠帝国（thēpire of greate Briteigne）基调。第一，通过罗马帝国的统治溯源强调不列颠的一体性，"所有的不列颠在今昔（罗马帝国）皆隶属同一位皇帝，故苏格兰与英格兰同属一个帝国"。第二，根据亨利八世在宗教改革时期依托家庭人伦建立的君父论，申明苏格兰自古为英格兰不可分割的"附属"，上级封君如同亲生父母，故英格兰王国与王室犹如苏格兰的"母亲"，更为"大不列颠帝国的唯一至尊"，封臣属国需绝对服从效忠。③ 新教概念也开始渗入帝国的建构，强调英苏两国不仅为政治性联盟，"也应达成宗教共识，［共同］信仰纯粹、虔诚与廉洁的基督

① *A Declaration Conteyning the Iust Causes and Consyderations of This Present Warre with the Scottis Wherin Alsoo Appereth the Trewe & Right Title the Kinges Most Royall Maiesty Hath to the Souerayntie of Scotlande* (London: Thomas Berthelet, 1542), *STC* 9179, sig. B4r.

② John Guy, *Tudor England*, pp. 358 – 359.

③ James Harrison, *An Exhortacion to the Scottes to Conforme Them Selfes to the Honorable, Expedie ［n］t, and Godly Vnion, betwene the Twoo Realmes of Englande and Scotlande* (London: Richard and Grafton, 1547), *STC* 12857, sig. D2v; Nicholas Bodrugan, *An Epitome of the Title That the Kynges Maiestie of Englande, hath to the Soueregntie of Scotlande Continued vpon the Auncient Writers of both Nacions, from the Beginning* (London: Richard and Grafton, 1548), *STC* 3196, sigs. A3r – v, A5v, G5v; C. H. Firth, "The British Empire," p. 185.

教",统合为单一的新教岛国。①宗教改革确认"大不列颠帝国"之名,更赋予其统一独立之主权与具有信仰元素的近代早期帝国概念。曾任职爱德华六世政府的伯利自然承袭都铎王朝以历史渊源与封建体制为主,信仰为辅的岛内政治统合,主张由"一位至高君王宰制不同王国与国家",同时基于百年战争后的孤立传统与现实的疲软国力,倾向偏重内部主权与领土统合的不列颠帝国传统,回避涉入欧陆战争。②

宗教改革时期国际新教主义渐兴,开始打破偏安一隅的封闭不列颠帝国概念。③帕特里克·柯林森指出,英格兰自我标记为神选之国的定位证明"新教意识为英格兰帝国主义的根,或许甚至为主根"。④如前所论,宗教改革后的都铎政权开始将新教信仰嵌入帝国建构,呼吁英苏组成新教联盟以抵御天主教,后在1560年代进一步将爱尔兰纳入"群岛式新教三国联盟"。尽管这三个王国在实质上各自独立,但新教主义潜移默化地引

---

① James Harrison, *An Exhortacion to the Scottes*, sig. B4v; Roger A. Mason, "Scotland, Elizabethan England and the Idea of Britain," *Transactions of the Royal Historical Society* 14 (2004), pp. 279 – 293; "The Scottish Reformation and the origins of Anglo-British imperialism," in Roger A. Mason, ed. , *Scots and Britons: Scottish Political Thought and the Union of 1603* (Cambridge: Cambridge University Press, 1994), pp. 161 – 186.

② William Cecil, *The Execution of Iustice*, sig. D1r; Jane E. A. Dawson, "William Cecil and the British Dimension of early Elizabethan Foreign Policy," *History* 74: 241 (January 1989), pp. 198 – 200; David Armitage, "Making the Empire British: Scotland in the Atlantic World 1542 – 1707," *Past & Present* 155 (May 1997), pp. 37 – 41.

③ David Armitage, "The Elizabethan Idea of Empire," *Transactions of the Royal Historical Society* 14 (2004), p. 274.

④ Patrick Collinson, *The Birthpangs of Protestant England: Religious and Cultural Change in the Sixteenth and Seventeenth Centuries* (London: Palgrave Macmillan, 1988), p. 5.

导其合体为一个信仰同质的新教大不列颠帝国。[1] 随着 1570 ~ 1580 年代欧陆新旧教冲突的白热化，新教大不列颠帝国进一步从岛国本位的防御性联盟转向海外扩张。戴维·阿米蒂奇指出，都铎后期不列颠帝国的海外扩张并非基于纯粹的传播福音或贸易，而是相对负面的反天主教报复情绪，攻击天主教之首西班牙的暴政与霸权，首要目标为西班牙经济命脉低地国家和美洲殖民地。[2] 面对伯利基于保存国力和维护统治正当性而坚决反战，主战党抨击"这是倾向西班牙、堕落且胆怯的懦夫行为"。[3] 沃尔辛厄姆根据国家安全与捍卫福音的必要性，重新赋予参战条件式正当性。若为追求王朝野心而开战，绝不可行，但若"基于必要性，非为君主 [野心]，而是为了安全；非为扩张，而是为了阻挡与防卫，则最是正当"。尽管参战对君主极度凶险，但当自身安全面临威胁时，怯懦拒战同样危险。尤其所有的天主教君主"以暴力方式对所有福音信仰者斩草除根"，残暴镇压低地国家争取"良心的自由与维护其自由"的单纯请求，更意图侵犯英格兰；假如上帝没有使低地国家羁绊西班牙军队，战火恐早已蔓延至英格兰。换言之，低地国家代替英格兰承受天主教的怒火。因此，基于道义和信仰，没有比抵制天主教联盟，为真正信仰而战更正当的参战理由了；军事援助低地国家战争被定调为"捍卫福音的十字军圣战"。[4] 早在 1571

---

[1] David Armitage, *The Ideological Origins of the British Empire*, pp. 61 – 62.

[2] David Armitage, *The Ideological Origins of the British Empire*, p. 66.

[3] William Camden, *Annales*, p. 410.

[4] A Discourse on Flanders, 1575, SP 70/136 ff. 214 – 215, TNA; Dudley Digges, ed., *The Compleat Ambassador*, p. 226; Patrick Collinson, "Letters of Thomas Wood, Puritan, 1566 – 1577," *Godly People: Essays on English Protestantism and Puritanism* (London: The Hambledon Press, 1983), p. 81.

年，沃尔辛厄姆就宣誓"在所有的事情上，我首选荣耀上帝，次为女王安全"，明确将捍卫福音置于国家利益与女王安全之上。[1] 主战党赋予英格兰超越世俗与国家利益的宗教使命，主张应主动履行身为神选之国与新以色列守护上帝教会的神圣使命，不应苟且偷安于孤岛，而需秉持新教共同体唇亡齿寒的忧患意识，无须期待或等待他国的合作，独自发动圣战解救饱受迫害的普世选民，不惜牺牲国家的小我利益，优先成就大我的福音安全。

然而，沃尔辛厄姆在 1572 年 7 月的"勃艮第计划"中坦言，说服女王增加对低地国家新教徒的军事援助极为困难，因为首先面临"女王基于性别的恐惧及优柔寡断，优柔寡断伴随恐惧而生"。[2] 他坚信若有证据说服女王对低地国家新教联盟的武装支持必胜且无风险，将可"淡化恐惧，理性将指导女王果断决策"。[3] 换言之，唯有情报，才能为"上帝打开女王陛下的眼睛"，正视迫近的天主教威胁，选择对她和英格兰，乃至普世新教徒最安全的方法，即脱离传统英西联盟，通过军事援助荷兰新教战争打击西班牙霸权。[4] 故自 1570 年代中期至 1580 年代，沃尔辛厄姆竞逐经济恩惠以为情报系统注资，以信息控制和侦破如思罗克莫顿叛乱等，成功激怒女王公然与西班牙决裂；同时竞争政府要职，企图改变英格兰的孤立传统，转向荣耀上帝的国际新教主义。换言之，国际新教主义迫使伊

---

① John Cooper, *The Queen's Agent*, p. 64.

② The enterprise of Burgundy, July 1572, Harley MS 168 f. 54r, BL.

③ The enterprise of Burgundy, July 1572, Harley MS 168 ff. 54v–55r, BL.

④ Walsingham to Cecil, January 31, 1572, SP 70/122 f. 148, TNA; Leicester to Walsingham, 5 September, 1582, SP 12/155/42, TNA.

丽莎白政权重新审视摇摆在孤立与扩张之间的基本国策，触发伊丽莎白一世中期的政策性党争，进而引发近代早期大不列颠帝国的定位调整。①

最终，军事援助低地国家新教联盟的正当性争议随着1585年8月10日《诺萨条约》（Treaty of Nonsuch）的签订迎刃而解。奥兰治公爵参照胡格诺派反抗暴君论（Monarchomachs）中的人民主权观与契约论，于1581年主张低地国家的绝对天赋自由权与西班牙之间的关系仅仅是建立在传统之上的封建忠诚契约。若宗主国西班牙对属地有"野蛮、残忍和暴虐"等不义之举，尤其是侵犯臣民的自由权、人身安全、财产、尊严等，尼德兰可援引当地"古老法律"和被授予的传统"特殊特权"，径自解除契约，进行"正当性防卫"。最关键的是，其可以取消并转移旧有宗主国的领主权与统治权，"自由选择其他任何君主来担任其王"。基于英格兰与低地国家是最古老的朋友与亲密的邻邦，且"长期共享同一种语言，形同夫妻"，荷兰新教联盟选择将统治权移转给英格兰，愿为其封臣。② 尽管伊丽莎白女王在《诺萨条约》中婉拒被授予该地的君主（sovereign）头衔，但接

---

① John Bossy, *Giordano Bruno and the Embassy Affair*; John Bossy, *Under the Molehill*, pp. 95, 100 - 105.

② William I, Prince of Orange, *The Apologie or Defence of the Most Noble Prince William, by the Grace of God, Prince of Orange* (Delft: s. n., 1581), STC 15207. 5, sigs. A2r - v, B2r, F4r, H3v, H4r; *A Declaration of the Causes Moouing the Queene of England to Giue Aide to the Defence of the People Afflicted and Oppressed in the Lowe Countries* (London: Christopher Barker, 1585), STC 9189. 5, sigs. B2v - B3r; Simon Adams, "Elizabeth I and the Sovereignty of the Netherlands 1576 - 1585," *Transactions of the Royal Historical Society* 14 (2004), p. 316; Quentin Skinner, *The Foundations of Modern Political Thought*, vol. 2, *The Age of Reformation* (Cambridge: Cambridge University Press, 1978), pp. 337 - 338, 342.

受"保护者"（Protector）称号。[1] 英格兰自此取代西班牙，暂代低地国家的宗主国。最高统治权的转移与新的封君身份使英格兰向尼德兰北方七省提供军事援助合理化，5000 名步兵与 1000 匹战马在 8 月中旬抵荷，莱斯特在 9 月被封为统帅，12 月渡海参战。西蒙·亚当斯证实跟随莱斯特出征的贵族、士绅和门客多数具有激进新教背景，甚至有清教主义倾向，形成所谓的"清教十字军"。这不仅显示了莱斯特门客文化的信仰本质，也证实了普世新教福音的圣战情怀正推动英格兰外交政策与帝国定位转向。[2] 对荷出兵宣示近代早期坚守内部统合和孤立防御的大不列颠帝国跨出英伦孤岛，开始向东进入欧陆西北角，扩张成涵盖低地国家的跨欧陆新教联盟或帝国，对西班牙形成围堵之势。

这种以反天主教与反西班牙为主轴的不列颠新教帝国之扩张也显现于西进的跨大西洋殖民。受沃尔辛厄姆赞助的英格兰教士理查德·哈克卢特（Richard Hakluyt）分别于 1582 年与 1584 年撰写了《关于美洲发现的百变航程》（*Divers Voyages touching the discouerie of America*）及《西向拓殖论》（*Discourse of Western Planting*），鼓吹跨大西洋贸易、占领与殖民的必要性，不仅可获取诸多有价值的商品，且新占领地能有效减轻国内人口压力，以及低地国家战争导致的国际市场

---

[1] The reasons why her majestie should rather accept the title of a protector then of a sovereign, 1585, Cotton MS Galba C/Ⅷ f. 216（or f. 194），BL; Alexandra Dajda, "Debating War and Peace in Late Elizabethan England," *Historical Journal* 52：4（December 2009），p. 866.

[2] Simon Adams, "A Puritan Crusade? The Composition of the Earl of Leicester's Expedition to the Netherlands, 1585 – 86," in *Leicester and the Court*, pp. 176 – 195.

萎缩等经济困境。更重要的是，跨大西洋扩张直接挑战天主教之首西班牙在美洲的霸权，以推翻其在新大陆的暴政为正义旗帜，将那些受西班牙或天主教误导之新大陆人民，引导回"正确且完美的救赎之路"，最终"扩大基督的福音"。[①] 而英格兰与其子民对神之王国的积极追求，将使其获得上帝赐予的恩泽，"永恒的财富正等待那些积极发展基督之国与传播光荣的福音之人"。[②]

帝国作为权力的语言，在近代早期英格兰建构大不列颠帝国基调之初，被专制君主用于进行岛内主权、领土与政治忠诚的实质性权力统合，后至都铎晚期，转向以精神性信仰为名的对外扩张。伊丽莎白一世中期党争中的新教主义促使近代早期不列颠帝国建构逐步脱离传统的立足于历史渊源与封建体系的地域性帝国，以荣耀上帝的福音之名，趋向跨地域与精神性的新教帝国，初期无关实质的领土扩张，最多涉及信仰生存与贸易利益。后在伊丽莎白一世晚期至詹姆斯一世时期，通过跨大西洋航海贸易、征服或殖民，大不列颠帝国终于跨出欧洲疆域。西进的不列颠－大西洋帝国或许为英国本土"内在殖民主义"的延续，扩展了英格兰的政治霸权，乃至福音使命。[③]

---

① Richard Hakluyt, Leonard Woods and Charles Deane, eds., *A Discourse on Western Planting 1584* (Cambridge, MA: Press of John Wilson and Son, 1877), p. 8.

② Richard Hakluyt, *Divers Voyages Touching the Discouerie of America* [London: (Thomas Dawson) for Thomas Woodcock, 1582], STC 12624, p. 2v.

③ David Armitage, *The Ideological Origins of the British Empire*, pp. 6 – 8, 66, 76.

* * *

1612 年，英格兰史学家塞缪尔·丹尼尔（Samuel Daniel）指出，都铎时期，"宗教在最伟大的野心与派系设计中扮演演员的角色"，显示新教主义在都铎晚期党争与帝国扩张中的主轴地位。[1] 伊丽莎白一世中期的历史语境、依托于意识形态和恩惠的群体化，以及国家本位与信仰本位的政策分歧，证实了伊丽莎白一世中期党争早发于 1570 年代后期，在 1580 年代中期达于高峰。此对立非浅层的个人对抗或恩惠竞逐，归根结底涉及英格兰是否应介入欧陆新教战争的政策歧见。这源于英格兰的国家价值是优先履行神选之国的使命，发动圣战解放普世新教徒，荣耀上帝，还是以国家利益与统治正当性为重，以外交谈判协助新教盟友。

都铎后期党争中渐兴的新教主义也牵动英格兰自中世纪后期至近代早期的帝国转向，从封闭自保的岛屿型不列颠帝国转型成海外扩张的新教帝国。[2] 但新教信仰比重的加大并非意味着彻底颠覆英格兰的孤立传统。孤立与干预之间的外交摇摆反复显现在威廉三世、安妮女王时期和之后汉诺威王室介入欧陆战

---

① Samuel Daniel, *The First Part of the Historie of England* (London: Nicholas Okes, 1612), *STC* 6246, sig. A3v.

② J. H. Elliott, "Empire and State in British and Spanish America," in Serge Gruzinski and Nathan Wachtel, eds. , *Le Nouveau Monde, mondes nouveaux: l'expérience américaine* (Paris: Editions Recherche sur les civilisations, 1996), p. 373; Richard Drayton, "Knowledge and Empire," in P. J. Marshall, ed. , *The Oxford History of the British Empire*, vol. 2, *The Eighteenth Century* (Oxford: Oxford University Press, 1998), p. 233.

争的政策分歧上，甚至恶化成党争。

最后，值得思考的是，主战党与主和党如何争取政策主导权。除了竞逐政权要职，各自积极布局情报网络，竞争独家情报作为政策辩论的主要筹码，以此说服或指引优柔寡断但易被信息（无论真伪）左右的伊丽莎白女王果敢决策。尤其是沃尔辛厄姆自1570年代中期积极发展情报系统，于1580年代达于高峰，以反恐与情报筛选强迫女王正视日趋逼近的天主教危机，成就主战党荣耀上帝的国际新教主义。[①] 主战党对政府信息的垄断已然引起伊丽莎白女王的高度警觉。早在第二次安茹联姻谈判之际，约翰·斯塔布斯（John Stubbs）1579年8月就出版了《发现一个如同英格兰被另一个法国婚姻吞噬的裂开深渊》(*Discoverie of a Gaping Gulf Whereinto England is Like to Be Swallowed by Another French Marriage*)。其中反对联姻的论点与枢密院反对党如出一辙，它们均抨击安茹的信仰、国籍，女王的高龄生育风险及与"无子的法国兄弟"联姻的风险。伊丽莎白女王质疑沃尔辛厄姆泄露这些内部机密给斯塔布斯，意图形成公众舆论以向她施压。[②] 在1585年12月莱斯特渡海参战后，沃尔辛厄姆与哈顿竭力支持此次军事活动，尤其前者"比任何人

---

① Leicester to Walsingham, September 5, 1582, SP 12/155/42, TNA. 关于主战党以信息影响决策，请见本书第六章。

② Susan Doran, *Monarchy and Matrimony*, pp. 164 – 167; Mitchell M. Leimon, "Sir Francis Walingham and the Anjou Marriage Plan, 1574 – 1581," p. 125; John Cooper, *The Queen's Agent*, p. 122; Patrick Collinson, "Puritans, Men of Business and Elizabethan Parliaments," *Elizabethan Essays* (London: The Hambledon Press, 1994), pp. 59 – 86. 纳塔莉·米尔斯持不同看法，认为此案件突显了女王和公众对政治舆论定位的歧见，请见 Natalie Mears, "Counsel, Public Debate, and Queenship: John Stubbs's (The Discoverie of a Gaping Gulf)," *The Historical Journal* 44: 3 (September 2001), pp. 629 – 650。

都更诚实和光荣地为您［莱斯特］的作为辩护，但他对您的偏袒在一定程度上损害了女王陛下对他的信任"。① 此意指沃尔辛厄姆借职务之便控制女王的信息接收，导致君臣关系恶化。如1586 年 3 月，伊丽莎白女王发现沃尔辛厄姆蓄意弱化对集结在里斯本之西班牙海军的风险评估，避免莱斯特的驻荷军费被挪至国防，故愤而在公开的外交场合朝沃尔辛厄姆的脸丢掷便鞋。② 莱斯特与沃尔辛厄姆的党争已然激怒女王。③ 她痛斥他们如同"一对流氓"，一味挑起事端迫使她参战，将她暴露在被罢黜废位，甚至丧命的危险中。她宣称："如果她履行身为女王的职责，将绞死他们两人。"④

伊丽莎白一世的女主权力在中期党争中的地位，取决于她能否成功控制党争或是否为党争所挟持，这始终为都铎史学的一大争议。让·博丹（Jean Bodin）指出党争无损王权，君王不论凭借中立地位进行仲裁，还是协助或消灭某一方，均可维持君主权威。⑤ 面对主战党的声势日涨，伊丽莎白女王借由巧妙引导恩惠竞争，扶持主和党参与信息和官职竞赛以作抗衡，维持政权内部的均势，并掌控最终恩惠分配权以巩固至上王权。1579 年，当枢密院因安茹联姻而分裂时，女王被力劝"让您王国内全部的有用之人仰仗于您"，谨慎地避免王宠集中于单一宠臣或权臣身上，保持"多条通往其慷慨馈

---

① John Bruce, ed. , *Correspondence of Robert Dudley*, pp. 143, 175 – 176.

② John Cooper, *The Queen's Agent*, p. 104.

③ *CSP Spanish*, *1568 – 1579*, p. 659; *CSP Spanish*, *1580 – 1586*, pp. 131 – 132.

④ *CSP Spanish*, *1587 – 1603*, pp. 6 – 9.

⑤ Rubén González Cuerva and Alexander Koller, eds. , *A Europe of Courts, a Europe of Factions*, p. 7.

赠的渠道"。① 华莱士·麦卡弗里认为："唯有女王能赋予枢密院生存的空间。"② 但是，恩惠的最终分配权能否有效确保君主的信息多元和对政策的主导权？伊丽莎白一世中期党争的主要情报竞技场就在 1580 年代的巴黎，在监控当地英格兰天主教流亡者的两党谍报倾轧中，伊丽莎白女王通过官职任免权，特别是女性内廷的特殊亲密性与隐秘性，间接介入情报竞赛，成功打破主战党对外交系统与情报网络的双重垄断。

---

① J. E. Neale, "The Elizabethan Politics Scene," p. 69; Wallace T. MacCaffrey, "Place and Patronage in Elizabethan Politics," in S. T. Bindoff, J. Hurstfield, J. E. Neale, and C. H. Williams, eds., *Elizabethan Government and Society*, p. 108; Derek Hirst, "Court, Country, and Politics before 1629," in Kevin Sharpe, ed., *Faction and Parliament: Essays on Early Stuart History* (Oxford: Clarendon Press, 1978), pp. 110 – 111.

② W. MacCaffrey, "The Anjou Match and the Making of Elizabethan Foreign Policy," p. 70.

第四章 "生命与灵魂共存"： 16 世纪晚期英格兰天主教的忠诚转移 [*]

要确保他［威斯特摩兰伯爵查尔斯·内维尔］的生命，同时让生命与灵魂共存。

英格兰驻法大使爱德华·斯塔福德致首席国务大臣弗朗西斯·沃尔辛厄姆 (1588 年 4 月 25 日)[①]

1585 年初，时任苏格兰玛丽女王密码助理的英格兰天主教流亡者托马斯·摩根与查尔斯·佩吉特因卷入帕里谋反案而激怒伊丽莎白一世，后者要求法王亨利三世引渡这两位"王国安宁的扰乱者"回英格兰。为安抚英格兰与以西班牙和法国吉斯家族为首的天主教势力，法王采取折中做法，在 3 月将摩根押入巴士底狱，由他与吉斯共同监护。[②] 伊丽莎白女

---

[*] 本章部分内容已发表，参见杜宣莹《生命与灵魂共存——16 世纪晚期英格兰天主教流亡者的政治顺从》，《世界历史》2019 年第 6 期。

[①] Stafford to Walsingham, April 25, 1588, Harley MS 288 f. 187v, BL.

[②] Walsingham to Stafford, May 3, 1584, SP 78/11 f. 89, TNA; Secret advertisements sent to Sir F. Walsyngham, May 26, 1585, SP 12/178/72, TNA; *CSP Foreign, 1584–1585* (London: HMSO, 1916), pp. 326–329.

王曾允诺"若这位叛国者揭发所知之内情",她将"如其所愿",赐予特赦。① 漫长的监禁使摩根产生对自由的强烈渴求,他亦寒心于天主教盟友的冷漠,再加上法国新教贵族马尼昂伯爵勒内·德·蒙布歇(René de Montbourcher, Comte de la Magnane)居中持续游说,摩根终于在 1586 年 10 月底至 11 月初通过意大利人文学者焦尔达诺·布鲁诺(Giordano Bruno)向英格兰驻法大使斯塔福德乞求赦免。"若获得女王的宽宥,他[摩根]愿坦承诸多机密。我相信他将信守承诺。他首先希望从巴士底狱获释。因为他认为昔日聘请他谋划叛乱的人[格拉斯哥大主教詹姆斯·比顿与吉斯家族]早已抛弃了他,从未帮忙争取特赦,且长期监禁早已浇灭了他对天主教的热情。"②

这种变节投效英格兰的潜在可能引发了西班牙人的疑虑,最终导致 1590 年 1 月摩根被西班牙驻尼德兰总督帕马公爵亚历山大·法尔内塞(Alexander Farnese, Duke of Parma)逮捕。随后在佛兰德斯的审判中,亲西班牙的英格兰天主教流亡者威廉·斯坦利(William Stanley)、查尔斯·布朗(Charles Browne)与休·欧文(Hugh Owen)联合指控摩根为"卑鄙的间谍",效力于英女王与权臣伯利,试图调查天主教机密并煽动内部分裂。摩根严厉驳斥了这一指控,但坦言他"不乐于见到祖国被外国征服,尤其是西班牙"。③ 这场

---

① Walsingham to Stafford, February 12, 1585, SP 78/13 f. 28, TNA.

② Stafford to Burghley, November 6, 1586, SP 78/16 f. 148, TNA; Articles of secret intelligence; among the rest of a conspiracy against Q. Elizabeth, no date, Cotton MS Nero B/Ⅵ f. 389v, BL, cited in John Bossy, *Giordano Bruno and the Embassy Affair*, p. 246.

③ Document endorsed Papers respecting Thomas Morgan. Charges against him which show him to have been a vile spy, who, after gaining the goodwill of the poor queen of Scotland, betrayed her to the English Queen, February 12, 1590, *CSP Spanish*, *1587 - 1603*, pp. 565 - 569.

审判导致至今史学界对摩根的评价两极化。耶稣会史学家约翰·波伦（John Pollen）和利奥·希克斯（Leo Hicks）谴责摩根与佩吉特蓄意分化天主教，勾结英格兰首席国务大臣沃尔辛厄姆的间谍吉尔伯特·吉福德和罗伯特·波莱（Robert Poley），以及莱斯特的间谍克里斯托弗·布伦特（Christopher Blunt）和威廉·格林（William Greene）等人，甚至在 1586 年 5 月煽动苏格兰玛丽亲笔写信给谋反者安东尼·巴宾顿以示信任，从而留下谋逆铁证，导致玛丽被定谳且处以死刑。① 近年来，弗朗西斯·爱德华兹（Francis Edwards）与约翰·博西检视伊丽莎白一世时期法国驻伦敦使馆的外交档案，重新肯定摩根这位"完美严谨的政治人物"对苏格兰玛丽在海外信息服务上之效忠。②

斯塔福德大使对摩根的游说与后者的疑似变节，反映了伊丽莎白一世政权内部的党争布局，以及 16 世纪晚期英格兰天主教徒的忠诚转移。第一，兼具主和党与内廷裙带背景之斯塔福德的驻法大使任命，显示了伊丽莎白女王忌惮于主战党在 1580年代对政府要职与国家情报呈几近垄断之势，故借官职任免权等恩惠扶持伯利领导的主和党，以抗衡主战党的独大。同时，女王延续都铎亲密政治的传统，通过内廷近身侍君的宠信关系、

---

① John H. Pollen, ed. , *Mary Queen of Scots and the Babington Plot*, pp. xxxiii – xxxv; Leo Hicks, *An Elizabethan Problem: Some Aspects of the Careers of Two Exile-Adventurers* (London: Burns & Oates, 1964); *CSP Scotland*, *1585 – 1586*, pp. 10 – 11, 120 – 121, 262 – 278; Thomas Morgan to Mary, May 9, 1586, CP 164/56, Hatfield House Library; Queen of Scots to Anthony Babington, July 17, 1586, SP 53/18/51, TNA.

② Francis Edwards, *Plots and Plotters*, p. 137; John Bossy, *Under the Molehill*, pp. 141 – 142.

特殊隐蔽性与裙带网络，渗透政务信息渠道与官僚体系。党争制衡与内廷机制有助于维持相对优势的君权。第二，尽管摩根的忠诚与否至今成谜，但他在 1586 年的恩赦恳求与 1590 年的审判辩词显示他基于生存困境、国家情怀与 1580 年代英格兰天主教流亡群体中所存在的耶稣会派和反战派之争，陷入忠诚转向的挣扎。这种信仰或生存的抉择困境或许可解释，为何在 1580 年代与 1590 年代被指控或实际投效伊丽莎白一世政权情报网络的天主教反战派人数陡增。流亡兰斯（Rheims）和罗马的萨福克士绅乔治·吉尔伯特（George Gilbert）的侍从罗杰·亚德利（Roger Yardley，化名 Bruerton），被疑为间谍而被押入罗马的圣天使堡（Castel Sant Angelo）。① 查尔斯·阿伦德尔由斯塔福德引荐进入伯利的情报系统，后与佩吉特互控为双面间谍。② 教士理查德·贝恩斯（Richpard Baynes）被指控密谋在兰斯神学院投毒以"取悦英格兰当权者"，在 1582 年被幽禁于该院。③ 更多流亡者如威斯特摩兰伯爵查尔斯·内维尔、拉尔夫·利贡斯

① 最终，亚德利通过在英格兰的长期监禁证明了他的忠诚。"The Information of Nicholas Berden, Spy, 1585, 1586," in John H. Pollen and William MacMahon, eds. , *The Venerable Philip Howard Earl of Arundel 1557 - 1595*, *Catholic Record Society Record Series* (*CRS*), vol. 21 (London: Catholic Record Society, 1919), p. 67.

② *CRS*, vol. 21, p. 80; Thomas Rogers to Walsingham, August 11, 1585, SP 15/29/39 f. 54r - v, TNA; Thomas Rogers to Walsingham, September 30, 1585, SP 15/29/45, TNA; The extracts of letters from Paris, October 8, 1585, SP 53/16/51, TNA; Peter Holmes, " Charles Paget, 1546 - 1612," *ODNB*, http://www. oxforddnb. com. libproxy. york. ac. uk/view/10. 1093/ref: odnb/978019861 4128. 001. 0001/odnb - 9780198614128 - e - 21103，最后访问时间：2018 年 7 月 26 日。

③ Michael Questier, " English Clerical Converts to Protestantism, 1580 - 1596," *Recusant History* 20: 4 (October 1991), p. 459.

（Ralph Liggons）与安东尼·蒂勒尔（Anthony Tyrrell）均为自身生存，向伊丽莎白政权捐输情报。

流亡者的情报服务为英格兰本土偶奉国教行为（occasional conformity）的海外延伸，它们共同呈现了宗教改革时期，英格兰天主教内部在积极抵抗之殉教主义与改宗国教之间的忠诚摇摆。偶奉国教行为意指近代早期宗教改革时期，英格兰国内天主教徒为避免被新教政府以缺席国教会礼拜为由施加惩处，定期或不定期进入国教教堂，但拒绝履行国教仪式或不与国教徒进行互动，其也被称为"教会天主教"（church papistry）。① 英格兰天主教徒基于生存恐惧或臣民义务而进入国教教堂的行为仅是一种外在顺从，象征对世俗君主与政权的适当效忠，用以规避政府严惩并谋求自身生存，但不等同于内在的信仰认同。英格兰天主教徒将此种政治与信仰忠诚的切割，用于应付英格兰政府以进入国教教堂为标准的忠诚鉴别，亦力求避免被罗马教廷视为异端。此种双向妥协性忠诚也呈现在伊丽莎白一世时期的天主教流亡者群体身上。迥异于两极的政教一致性，偶奉国教者与天主教流亡者的忠诚模糊地带，即履行政治顺从的拒绝国教模式，反映了近代早期欧洲宗教改革及国家概念兴起之际，拒绝国教者基于自身、国家，乃至信仰的存续，凭借良心切割信仰忠诚与政治顺从，形成对现实与精神的双重妥协。

传统史学对都铎宗教改革时期天主教的研究长期受到学者自身信仰倾向的影响。尤其在法国大革命及爱尔兰并入联合王国后，两国避难或移居英国的天主教徒联合英国信徒鼓吹天主

---

① Alexandra Walsham, *Church Papists: Catholicism, Conformity and Confessional Polemic in Early Modern England* (Woodbridge: Boydell Press, 1999).

教解放，呼吁恢复英国天主教徒自 16 世纪晚期至 17 世纪因弑
君或颠覆国教等谋逆而被褫夺的公民权利及信仰自由。19 世纪
天主教史学家如约翰·波伦通过历史书写试图为这类叛国污名
平反，指控伊丽莎白一世后期的天主教谋逆或为谣言，或为英
格兰新教政权的构陷。他们甚至辩称，即使叛国属实，也是由
于英格兰政府的严刑峻法迫使天主教徒铤而走险进行具有正当
性的自我防卫，但这些计划"未曾在英格兰国土上付诸实践，
也未危及女王的生命"。① 这类信仰主导的史观直到菲利普·休
斯（Philip Hughes）在 1954 年出版《英格兰的宗教改革》
（*Reformation in England*）始告停歇。此后，天主教学者如约翰·
斯卡尔斯布里克（John Scarisbrick）与埃蒙·达菲（Eamon
Duffy），或非天主教史学家如亚瑟·狄更斯（Arthur Dickens）和
杰弗里·埃尔顿均受其启发，在历史研究中尽量避免个人信仰
的干扰。② 但耶稣会史学家利奥·希克斯仍延续天主教内部耶稣
会与诉愿派（Appellants）长达数世纪的纷争，抨击"无耻、好
斗与鲁莽"的伊丽莎白一世时期天主教反战派基于利己主义而
投效世俗政权，但这一看法忽略了世俗教徒面对生存、国家与
信仰的抉择与挣扎。③ 彼得·霍姆斯（Peter Holmes）和亚历山
德拉·沃尔沙姆（Alexandra Walsham）首先聚焦伊丽莎白一世

---

① John H. Pollen, *The English Catholics in the Reign of Queen Elizabeth: A Study of
Their Politics, Civil Life and Government, 1558 - 1580* (London: Longmans,
Greens, 1920), p. 296.

② John Vidmar, *English Catholic Historians and the English Reformation, 1585 -
1954* (Brighton: Sussex Academic Press, 2005), pp. 2 - 3; Francis Edwards,
Plots and Plotters, p. 16.

③ John H. Pollen, ed., *Mary Queen of Scots and the Babington Plot*, p. xxxv;
J. H. Pollen, "Mary Queen of Scots and the Babington Plot: Dr. Parry," *The
Month* 109 (April 1907), p. 358.

时期英格兰境内天主教徒面对信仰与生存时的进退维谷导致偶奉国教行为的出现，但鲜少涉及海外流亡者相似的半顺从行为。① 约翰·博西和凯瑟琳·吉本斯（Catherine Gibbons）虽深入分析同时期流亡者的背景、分布区域与流亡动向，却未解释为何 16 世纪末突然出现大量天主教流亡者变节效忠英格兰新教政权，以及后者在此忠诚转向中扮演了何种介入角色。②

本章将以此时期流亡法国的英格兰天主教徒为研究对象。1580 年，三位耶稣会教士埃德蒙·坎皮恩（Edmund Campion）、拉尔夫·埃默森（Ralph Emerson）与罗伯特·帕森斯登陆英格兰联系天主教徒。次年，教皇特使尼古拉斯·桑德尔（Nicholas Sander）涉入爱尔兰叛乱。他曾在 1571 年撰写《论教会中可见的圣统》（De Visibili Monarchia Ecclesiae），力主将伊丽莎白女王视为异端而废黜。罗马教廷的连续挑衅促使伊丽莎白一世政府制定严格的天主教法案。1581 年《忠诚维护法》（Acte to retaynethe Quenes Majesty's Subjects in theire due Obedyence）将叛国罪延伸至改信天主教者或动摇他人对英格兰教会或女王效忠者。③ 缺席教会礼拜的罚金亦剧增至首次罚款 20 英镑，第 4 次

---

① Peter Holmes, *Resistance and Compromise: The Political Thought of the Elizabethan Catholics* (Cambridge: Cambridge University Press, 1982).

② John Bossy, "Rome and the Elizabethan Catholics: A Question of Geography," *The Historical Journal* 7: 1 (March 1964), pp. 135 – 142; John Bossy, *The English Catholic Community, 1570 – 1850* (New York: Oxford University Press, 1976); Catherine M. Gibbons, The Experience of Exile and English Catholics: Paris in the 1580s (Ph. D. thesis, University of York, 2006); Katy Gibbons, *English Catholic Exiles in Late Sixteenth-Century Paris* (Woodbridge: Royal Historical Society/The Boydell Press, 2011).

③ *The Statutes of the Realm*, vol. 4, pp. 657 – 658.

缺席将被累计刑罚，控以蔑视王权罪（praemunire）。① 1585 年
《反耶稣会教士、神学院教士与其他不服从者的法案》（An Act
againste Jesuites Semynarie Priestes and such other like disobedient
Persons）宣示，任何由教皇派遣至英格兰的传教士将被控为
"叛徒、叛国者与叛乱的煽动者"。②

　　信仰枷锁迫使众多天主教徒流亡至罗马或西班牙，初期
基于地理便利性而取道低地国家，后因 1568 年杜埃（Douai）
神学院的建立与 1578 年低地国家新教战争改道法国或暂居该
国。1582 年，超过 300 名英格兰流亡者滞留巴黎；在 1589 年
法国最后一次宗教内战爆发之前，逾 1000 名英流亡者聚集于
法国主要城市，如奥尔良、鲁昂、波尔多、兰斯。③ 1584 年，
因涉入思罗克莫顿叛乱而被驱逐出英格兰的前西班牙大使伯纳
迪诺·德·门多萨改派驻法国。早在驻英期间，门多萨就主张
英格兰天主教的复兴须服从法国统一指挥，故抵达巴黎后他立
即与吉斯家族结盟。④ 西班牙与吉斯家族的联盟，以及该地的
英格兰天主教流亡者，使法国成为欧陆反英格兰势力的核心。
英格兰驻巴黎使馆自然承担起监控重任，尤其自 1568 年伊丽

① J. E. Neale, *Elizabeth I and Her Parliaments, 1559 – 1581* (New York: St. Martin's Press, 1958), pp. 369 – 392.
② *The Statutes of the Realm*, vol. 4, pp. 706 – 708.
③ John Bossy, "Rome and the Elizabethan Catholics," pp. 135 – 142; Catherine M. Gibbons, "The Experience of Exile and English Catholics," p. 149.
④ *CSP Spanish, 1580 – 1586*, pp. 197, 329 – 334, 448, 471; Catherine M. Gibbons, "The Experience of Exile and English Catholics," pp. 103 – 120, 149; De Lamar Jensen, *Diplomacy and Dogmatism: Bernardino de Mendoza and the French Catholic League* (Cambridge, MA: Harvard University Press, 1964), pp. 103 – 105; Stuart Carroll, *Martyrs and Murderers: The Guise Family and The Making of Europe* (Oxford: Oxford University Press, 2009), pp. 242 – 255.

莎白政府的末任驻马德里大使约翰·曼（John Man）被召回直至詹姆斯一世即位为止，英格兰在欧陆地区除了法国已无其他常驻大使。后在 1584 年，西班牙驻英格兰使馆因涉入思罗克莫顿叛乱而长期关闭至 1603 年。在此空窗期，英格兰驻法国使馆成为伊丽莎白一世政府与欧陆诸国维系官方外交与获取官方信息的唯一正式窗口。这个使馆从而跃居为"聚集胡格诺派、吉斯家族、西班牙、英格兰与天主教流亡者利益之所在的外交枢纽"，也成为伊丽莎白政权内部竞逐外交主导权与情报的主战场。[1]

本章将先聚焦伯利的人马斯塔福德的使馆系统与沃尔辛厄姆的私人间谍系统在法国的情报倾轧，两方各为其主，竞逐天主教情报与流亡者的忠诚服务，彼此监控、诋毁，乃至羁绊。驻法谍报系统的不寻常分裂，证实了都铎晚期英格兰的情报系统在白热化的政策性党争的推动下，分裂为具有强烈党派倾向的私属化群体。不同情报体系之间的博弈，也突显了伊丽莎白女王面对主战党崛起所采取的制衡权术，借由恩惠资源积极扶持主和党，延续都铎王朝的亲密政治机制，通过女性内廷介入信息流动与秘密外交，维持自身的信息多元和政权内部均势。

本章的另一个重点为延伸分析 16 世纪末流亡法国的英格兰天主教徒的生存焦虑与信仰分歧，探讨近代早期英格兰天主教政治顺从的理论建构和实践。首先，检视伊丽莎白一世政权如何运用拘禁或死刑、返国许可及家族存续等手段，威

---

[1] Mitchell Leimon and Geoffrey Parker, "Treason and Plot in Elizabethan Diplomacy: 'The Fame of Sir Edward Stafford' Reconsidered," *English Historical Review* 111：444（November 1996），p. 1139.

逼利诱流亡者改宗国教或输送情报以换取恩赦。其次，探讨流亡者因国家情感、神意期待与世俗统治权等理念分歧而分裂，再加上生存焦虑，转而投效英格兰政府以求生存。最后，将呈现流亡者的情报服务延续为英格兰本土的偶奉国教行为，二者以良心概念重新界定政治顺从与宗教抵抗。此种忠诚切割显示了近代国家建构趋势下政治妥协的必然性。

一 爱德华·斯塔福德的叛国争议

1585 年夏，沃尔辛厄姆的秘书处总管弗朗西斯·迈尔斯派遣得力间谍尼古拉斯·贝登（化名托马斯·罗杰斯）赴法，侦查斯塔福德大使"既可耻又极端危险"的行径，这些可疑行为"值得密切关注，且应明智地预见"。次年，贝登以严厉的口吻，罗列了斯塔福德的三大罪状：向流亡姻亲查尔斯·阿伦德尔泄露情报；为天主教流亡者与其国内同伴提供联系渠道；最严重的指控，莫过于收受吉斯公爵 6000 克朗贿赂，贩卖机密外交文书。① 斯塔福德早已察觉到这些"不怀好意者"对他无所不在的监控。他在写给伯利的信中蔑视贝登为"虚伪至极的流氓"，也嘲弄沃尔辛厄姆在 1586 年派往巴黎的亲信沃尔特·威廉姆斯是一个"烂醉的流氓"。② 1587 年底，托马斯·菲利普斯派遣监控驻法使馆的另一名间谍吉尔伯特·吉福德在巴黎被捕，他的部分信件辗转落入斯塔福德之手；后者抨击这些"极

---

① ［Thomas Rogers］to Francis Mylles, ［June］, 1586, SP 78/16 f. 50, TNA.

② Stafford to Walsingham, 24 April, 1586, SP 78/15 f. 107, TNA; Stafford to Burghley, November 6, 1586, SP 78/16 f. 157, TNA; Stafford to Burghley, January 8, 1588, SP 78/18 f. 14, TNA.

其恶毒"信件中的指控，无疑将使"我和我的［使馆或家人］陷入一个比在对岸［母国］招供认罪之叛国者更恶劣的尴尬处境"。①

这俨然成为 1580 年代英格兰反恐运作的诡异常态：同属英格兰政府阵营的官方使馆系统与权贵的私人间谍团队彼此鲜少合作，反而是相互监视及诋毁。这种泾渭分明的敌对关系验证了伊丽莎白一朝的情报系统远非由政府统辖的单一体系，也不是纯粹基于国家安全防卫的目的，而是内裂成多方的私有化情报系统，动机不仅出于自利的个人敌意或恩惠竞逐，亦涉及政教意识分歧引发的集体性党派效忠。换言之，驻法情报系统的分裂倾轧显示了国内党争的竞技场已然蔓延至海峡对岸。另外，沃尔辛厄姆的间谍集体指控斯塔福德兜售国家情报给西班牙与吉斯家族，导致史学界对这位驻法大使的忠诚倾向始终未形成定论。马丁·休姆（Martin Hume）、艾伯特·波拉德、科尼尔斯·里德与约翰·尼尔对斯塔福德是否因经济困窘而贩卖国家机密争论不休。② 近年来，米切尔·莱穆和杰弗里·帕克（Geoffrey Parker）重新评价他为投机自私的双边代理人，游走在英西两方之间从事情报工作，确保在伊丽莎白一世王朝结束

---

① *CSP Foreign*, *1586 – 1588*, p. 485.

② *CSP Spanish*, *1587 – 1603*, pp. VII – LXVIII; A. F. Pollard, "Reviews of Books," *English Historical Review* 16: 62 (April 1901), pp. 572 – 577; Conyers Read, "The Fame of Sir Edward Stafford," *American Historical Review* 20: 2 (January 1915), pp. 292 – 313; Conyers Read, "The Fame of Sir Edward Stafford," *American Historical Review* 35: 3 (April 1930), pp. 560 – 566; J. E. Neale, "The Fame of Sir Edward Stafford," *English Historical Review* 44: 174 (April 1929), pp. 203 – 219.

政治生涯无虞。① 本节无意延续对斯塔福德忠诚倾向的史学辩论，而是聚焦在伊丽莎白一世中期党争的氛围下，分属主和党的斯塔福德使馆系统与主战党的沃尔辛厄姆私人间谍团体如何在巴黎竞逐情报，相互羁绊，推进各自的秘密外交。

随着沃尔辛厄姆自 1576 年晋升首席国务大臣后对外交业务和国家信息的控制渐强，再加上 1578 年第二次安茹联姻遭受主战党的抵制，伊丽莎白女王通过官职任免权，扶持主和党 - 内廷 - 法使馆的合作纽带，阻止主战党对欧陆情报与外交派任的布局。1579 年 10 月，沃尔辛厄姆的亲信埃米亚斯·波利特被调离法国，驻法大使由亨利·布鲁克接任。此任命或许宣告伊丽莎白女王为最后一丝的结婚机会做最后一搏。1583 年由爱德华·斯塔福德接任驻法大使。两人均出自赞成联姻的主和党，且与宫廷高级女官有家族渊源。但沃尔辛厄姆始终质疑斯塔福德 1583 ~ 1590 年的驻法任命资格，无非因为其外祖波尔（Pole）家族与续弦谢菲尔德女士道格拉斯·霍华德（Douglas Howard，Lady Sheffield）之霍华德家族的天主教背景，以及斯塔福德乏善可陈的行政履历和主和党属性。最后一点无疑是斯塔福德中选的主因之一。② 他曾在 1574 ~ 1576 年为伯利在埃姆登（Emden）与法国执行任务。1583 年 6 月，沃尔辛厄姆洽询斯塔福德的驻法意愿，殷勤示好，不料被后者婉拒。斯塔福德随即向伯利宣誓效忠："我对他［沃尔辛厄姆］毫无所求，所以离开。因为我已全心全意仰赖您的忠告与协助，执行您认为最好的事，尽可

① Mitchell Leimon and Geoffrey Parker, "Treason and Plot in Elizabethan Diplomacy," pp. 1134 – 1158.

② *CSP Spanish*, *1587 – 1603*, p. 7.

能做您认为好的事。"① 1586 年，法国派驻伦敦的间谍保罗·肖阿博·德·比藏瓦尔（Paul Choart de Buzenval）确认斯塔福德"只效忠于他［伯利］……或许他认为这将带来最大的帮助；我非常讶异他竟没有意识到沃尔辛厄姆是更佳的选择，从未且将来也不会投靠他"。② 西班牙驻法大使门多萨也将斯塔福德定位为深受伯利"信任的人"。③ 斯塔福德在赴任之初就与 1583 ~ 1584 年在欧陆游学的伯利次子罗伯特联手，贿赂安茹的亲信马肖蒙（Marchaumont）与希米尔（Simier），探知安茹逝世后动荡的法国政局情报，以家书渠道通报伯利。④

斯塔福德被任命的主因不只是他的主和党倾向，关键在于内廷的亲密政治机制。伊丽莎白女王自即位之初，就习惯以女性内廷的裙带关系间接掌控驻巴黎使馆系统，内外合作建构非正式但极其隐蔽的政务与信息网络。伊丽莎白一世时期的驻法使节家族中多有女眷任职内廷。首任驻法大使尼古拉斯·思罗克莫顿之妻安妮·卡鲁（Anne Carew）在 1559 年任职内廷。⑤ 1564 年5 ~ 7 月担任特命全权大使的汉斯顿男爵亨利·凯里不仅为女王表兄，其妻安妮·摩根（Anne Carey, *née* Morgan,

---

① Stafford to Burghley, June 12, 1583, Harley MS 6993 f. 44, BL.

② *CSP Foreign*, *1585 - 1586*, p. 672.

③ *CSP Spanish*, *1587 - 1603*, p. 7.

④ David Potter, ed., *Foreign Intelligence and Information in Elizabethan England*: *Two English Treatises on the State of France*, *1580 - 1584*, Camden Fifth Series, vol. 25 (Cambridge: Cambridge University Press, 2004), pp. 1 - 8.

⑤ 她极力恳求女王召回她的丈夫，远离开支庞大的驻法使馆。Jones to Sir Nicholas Throckmorton, February 28, 1561, SP 70/23 f. 167, TNA; Francis Russell, Earl of Bedford to Sir Throckmorton, March 16, 1561, SP 70/24 f. 42, TNA; W. Honnyng to Sir Thomas Challoner, April 14, 1562, SP 70/36 f. 36, TNA.

Baroness Hunsdon)、长姐凯瑟琳·诺利斯（Catherine Knollys, *née Carey*）及幼女凯瑟琳（*Catherine Howard*, *née* Carey, Countess of Nottingham）均任内廷要职。1566～1571 年派驻法国的亨利·诺里斯（Henry Norris），庇荫于岳父约翰·威廉姆斯（John Williams），曾在玛丽一世时期厚待被监管的伊丽莎白公主，其妻马热莉·诺里斯（Margery Norris, *née* Williams）也因此成为女王密友，因黝黑肤色被赐予昵称"乌鸦"（Crow）。①1570 年代晚期党争进一步强化了伯利、使馆、内廷的结盟，使女王得以接触非主战党的其他声音，如天主教的西班牙与吉斯。亨利·布鲁克之长姐为诺桑普顿侯爵夫人伊丽莎白·帕尔，长嫂为科巴姆男爵夫人弗朗西丝·布鲁克，她们均是资深女官。斯塔福德之母多萝西自 1564 年起任司袍女官（Mistress of Robes），为伊丽莎白女王最宠信的两位侍寝女官之一；其女伊丽莎白·德鲁里·斯科特（Elizabeth Drury Scot）自 1568 年至 1599 年逝世任职内廷。内廷女官与外朝亲友合作为女王提供另类的情报，使其免于受特定权贵或派系的信息宰制，表现了女性内廷对政务的间接介入。

斯塔福德在赴任之初，大量誊抄他与前任大使亨利·布鲁克的外交公文，其中涉及除了女王或沃尔辛厄姆，严禁"其他人知道"（no lyvinge creature knew of）的高度机密文件，他将这些公文藏附于"寄给我母亲的信件袋"中，通过其母转呈女王

---

① Susan Doran, "Norris [Norreys], Henry, first Baron Norris (c. 1525 – 1601)," *ODNB*, September 23, 2004, http: // gfhaa7b50047f6d884d4csww0fb5q5fn5k6 ox5. fbgi. libproxy. ruc. edu. cn/view/10. 1093/ref: odnb/9780198614128. 001. 0001/odnb – 9780198614128 – e – 20272, 最后访问时间：2021 年 6 月 1 日。

或伯利。① 他也提醒伯利将回函"封存于另一份文件中，再交予我母亲，[并加以]密封，此后我寄给您的全部文件的副本也照此办理"。② 1583 年 12 月 16 日，斯塔福德至巴黎履新刚满三个月，直属上司沃尔辛厄姆已察觉这不寻常的频繁家书往来，警告他减少寄送家书给母亲，因为女王已经"多次被这些频繁通信中的指控所激怒，怪罪我竟敢不让她知晓你寄给我的全部公文内容"。③ 次年 3 月，沃尔辛厄姆甚至派遣搜查员直接在莱伊港（Rye）拦截，径自启封阅览斯塔福德的家书。后者的强烈抗议只换得敷衍的致歉，甚至进一步制约，大使私人书信的传递甚至只限于使用外交公文邮递系统："将你的私人信件全部打包，放入快递给我[沃尔辛厄姆]的公文邮袋。"④ 愤怒之下，斯塔福德转而向伯利抱怨，讥讽道："我很满意国务大臣阁下轻视我如同蒙童稚子，但他迄今未找到对我有效的束缚。"⑤ 内廷近身服侍君主自然身体所产生的特殊亲密性与宠信关系，有助于君王建构强隐秘性的非正式信息渠道，规避外朝行政系统的监管，且足以成为君威的符节，直接或间接参与

---

① Stafford to Burghley, March 31, 1588, SP 78/18 f. 108, TNA.

② Stafford to Burghley, October 21, 1583, SP 78/10 f. 58, TNA; Stafford to Walsingham, October 21, 1583, SP 78/10 f. 61, TNA; Stafford to Walsingham, October 31, 1583, SP 78/10 f. 68, TNA; Stafford to Burghley, May 1, 1584, SP 78/11 f. 85, TNA; Julian Lock, "Brooke [Cobham], Sir Henry (1537 – 1592)," *ODNB*, September 23, 2004, http: //fhaa5c95a972630e4e7c8d038892b5a5344cswk9ucoook6ou6u5f. fbgi. libproxy. ruc. edu. cn/view/10. 1093/ref: odnb/9780198614128. 001. 0001/odnb – 9780 198614128 – e – 5743/version/2，最后访问时间：2020 年 9 月 5 日；William Murdin, ed. *Collection of State Papers Relating to Affairs in the Reign of Queen Elizabeth from Year 1571 to 1596*, p. 380。

③ Walsingham to Stafford, December 16, 1583, SP 78/10 f. 107, TNA.

④ Walsingham to Stafford, March 27, 1584, SP 78/11 f. 65, TNA.

⑤ Stafford to Burghley, April 14, 1584, SP 78/11 f. 76, TNA.

官僚体系与政治决策。都铎王朝的内廷亲密政治机制将于本书第五章讨论。

沃尔辛厄姆对斯塔福德的家书封锁似乎徒劳无功。1587 年初,纳瓦尔国王亨利·波旁告知伊丽莎白女王,吉斯公爵夫人熟知女王的私人事务,这些情报"她不太可能知道,除非通过这位大使"。这条信息一方面足以证实斯塔福德的内廷信息网络依旧运行无碍,另一方面或许坐实了斯塔福德向天主教团体贩卖国家机密的指控。倘若叛国证据确凿,且沃尔辛厄姆与莱斯特早已积极游说女王撤换驻法大使,由对主战党友善或至少持中立立场的官僚如爱德华·沃顿(Edward Wotton)接任,为何斯塔福德持续执掌驻法使馆至 1590 年而未被召回,甚至在 1591 年 8 月一度被拔擢列入国务大臣的候选名单?①

科尼尔斯·里德归因于沃尔辛厄姆的证据不足。② 这也可能证实了女王和伯利持续通过斯塔福德的官方大使身份、天主教背景和内廷裙带关系,借助情报交易,筑起与天主教阵营的秘密沟通渠道。苏格兰玛丽驻法特使格拉斯哥大主教詹姆斯·比顿曾密会斯塔福德,希冀借助伯利的权势改善玛丽在英格兰的囚禁待遇。③ 部分天主教流亡贵族也积极通过斯塔福德联系伯

---

① *CSP Spanish*, *1587 – 1603*, pp. 6 – 9; *CSP Domestic*, *1591 – 1594*, p. 97.

② Conyers Read, "The Fame of Sir Edward Stafford," pp. 312 – 313.

③ Stafford to Walsingham, October 27, 1583, SP 78/10 f. 66, TNA; Burghley to Shrewsbury, 24 Dec. 1575, Edmund Lodge, ed., *Illustrations of British History*, vol. 2, pp. 52 – 56; Mary to Guillaume de l'Aubépine, French ambassador (1585 – 1589), July 17, 1586, in Conyers Read, *Walsingham*, vol. 2, p. 51; *CSP Spanish*, *1587 – 1603*, p. 7; John Daniel Leader, *Mary Queen of Scots in Captivity: A Narrative of Events from January 1569, to December, 1584, Whilst George Earl of Shrewsbury was the Guardian of the Scottish Queen* (Sheffield: Leader & Sons, 1880), p. 287.

利，不仅因为忧虑身为封建监护权主管（Master of the Courts of Wards）的伯利对流亡者家产与子女的钳制，也基于对伯利宗教宽容主张的认同，这将于本章第二节讨论。对于因接触天主教徒而备受质疑，斯塔福德辩称："我从不知道，也未曾听闻哪位大使竭尽所能寻求情报却饱受谴责。"他保证亲近流亡者纯粹为了套取情报，将竭力避免他们"从我这里获取任何利益"。① 他最得力的信息中介为因涉入思罗克莫顿谋逆而受西班牙资助流亡的姻亲查尔斯·阿伦德尔，其自1584年初起协助斯塔福德获取西班牙情报，向门多萨和吉斯公爵贩售情报并与他们进行秘密外交。② 1586年5月前，吉斯公爵称向斯塔福德支付3000克朗换取情报。③ 门多萨也曾建议菲利普二世善用斯塔福德，因为"这位大使非常渴望金钱……他的财务困窘足以［让我们］期待从他那里获取服务，若他能获取相应酬劳"。1587年1月，门多萨以2000克朗购得英格兰舰队对葡萄牙的计划，此次交易被标记为斯塔福德的"善意表示与首次交易贺礼"。④ 隔月，门多萨再次确认斯塔福德"已经将他自己完全奉献给陛下您，只要您保证不会明令他做任何有违他女王陛下利益的事

---

① Stafford to Burghley, May 1, 1584, SP 78/11 f. 85, TNA; Stafford to Walsingham, October 27, 1583, SP 78/10 f. 66, TNA; Stafford to Walsingham, October 31, 1583, SP 78/10 f. 68, TNA; *CSP Scotland*, *1585 – 1586* (Edinburgh: HMSO, 1914), pp. 255 – 262; *CSP Foreign*, *1583 – 1584* (London: HMSO, 1914), p. 272; *CSP Foreign*, *1586 – 1588* (London: HMSO, 1927), p. 664.

② *CSP Spanish*, *1580 – 1586*, pp. 528 – 529; *CSP Spanish*, *1587 – 1603*, pp. 7 – 8, 25; Conyers Read, "The Fame of Sir Edward Stafford," p. 294.

③ *CSP Spanish*, *1580 – 1586*, p. 575.

④ *CSP Spanish*, *1587 – 1603*, pp. 7 – 8.

情"。① 菲利普二世赞许对 "新联络者" 斯塔福德与 "第三方"
阿伦德尔的拉拢行动 "非常恰当"。②

这些交易极可能为伊丽莎白女王与伯利所默许,他们甚至
可能提供了情报。沃尔辛厄姆早已对斯塔福德屏蔽部分外交机
密业务,改通过亲信亨利·温顿(Henry Unton)与法国大使卡
斯泰尔诺联系法王亨利三世。斯塔福德抗议业务孤立,沃尔辛
厄姆反而讥讽道:"这极为常见,大使们不被知会业务,却急切
寻找所有绕过他们的业务。"③ 斯塔福德转向 "唯一的友人" 伯
利反复抱怨,也将女王否决他欲借耶稣会教士和苏格兰玛丽追
随者套取情报的计划归咎于沃尔辛厄姆的阻挠。④ 然而,尽管被
屏蔽机密业务,斯塔福德也不以错误或无用的情报糊弄西班牙,
唯有高阶的情报才有可能维系双方合作。1587 年初,他向门多
萨透露关于德雷克的军事部署,详尽到船只数量、船员、装备
武器与可能的目的地。这项情报在英政权内部除了女王与伯利,
再无人知情。⑤ 这种情报交易得以在关键时刻误导西班牙,例如
德雷克船队的最终目的地非里斯本(Lisbon)或圣文森特角
(Cape St. Vincent),而是加的斯(Cadiz);但斯塔福德是否知情

---

① *CSP Spanish*, *1587 - 1603*, p. 25.

② *CSP Spanish*, *1587 - 1603*, pp. 46, 74 - 75.

③ *CSP Foreign*, *1583 - 1584*, p. 476; *CSP Foreign*, *1584 - 1585*, pp. 11 - 12;
Walsingham to Stafford, October 26, 1584, SP 78/12 f. 282A, TNA.

④ Stafford to Burghley, April 6, 1584, Cotton MS Galba E/Ⅵ f. 210, BL, cited in
J. E. Neale, "The Fame of Sir Edward Stafford," p. 215; Stafford to Burghley,
April 16, 1584, SP 78/11 f. 79, TNA; Stafford to Burghley, May 1, 1584, SP
78/11 f. 85, TNA; Stafford to Walsingham, October 21, 1583, SP 78/10 f. 61,
TNA; Walsingham to Stafford, December 16, 1583, SP 78/10 f. 107, TNA; *CSP
Foreign*, *1583 - 1584*, pp. 474 - 476; *CSP Foreign*, *1584 - 1585*, pp. 653 - 654.

⑤ *CSP Spanish*, *1587 - 1603*, pp. 8, 27, 69, 72, 87.

情报的真伪我们不得而知。[1] 情报交易也有利于推进主和党的隐秘外交。当1586年苏格兰玛丽因涉入巴宾顿谋反而被定以叛国罪时，伯利通过斯塔福德和阿伦德尔向马德里再三保证她安全无虞，将罪责推诿给"他的敌人"莱斯特与沃尔辛厄姆，抨击两人向女王构陷伯利对玛丽的忠诚，离间君臣。[2] 当玛丽在次年2月被处死后，伯利再度向西班牙宣称玛丽之死"非他所愿"，归咎于上述"一对无耻之人"趁其病休之际，联合汉斯顿男爵与海军大臣查尔斯·霍华德威胁女王处死玛丽，否则将否决"维持低地国家战争或支持唐·安东尼奥的海军装备预算"。[3] 但是，正如第一章玛丽死刑策划场景还原所展现的，伯利实为主持枢密院密会，送出死刑状的主导者。

面对难以掌控的使馆系统，沃尔辛厄姆在斯塔福德驻法之初就着手部署主力间谍如理查德·哈克卢特、尼古拉斯·贝登与沃尔特·威廉姆斯等监控使馆。科尼尔斯·里德指出，迟至斯塔福德贩卖国家机密的指控在1587年1月浮出水面之时，沃尔辛厄姆始派遣间谍赴法。[4] 事实上，这批驻法间谍的大量秘密报告早在1585年就已出现，意味着他们在斯塔福德的忠诚尚未受到怀疑之时已派往巴黎。他们的密报甚至导致大使的两位助理迈克尔·穆迪（Michael Moody）与威廉·利利（William Lilly）在1584~1585年因三项罪名被捕，分别是为天主教徒传递文书、

---

[1] *CSP Spanish*, *1587 – 1603*, pp. VII – LXVIII.

[2] *CSP Spanish*, *1587 – 1603*, pp. 6 – 9.

[3] *CSP Spanish*, *1587 – 1603*, pp. 25, 26 – 28, 47 – 48.

[4] J. E. Neale, "The Fame of Sir Edward Stafford," pp. 218 – 219; Stafford to Burghley, November 6, 1586, SP 78/16 f. 157, TNA; Stafford to Burghley, January 8, 1588, SP 78/18 f. 14, TNA.

向托马斯·摩根兜售情报及阅读禁书《莱斯特共同体》。①

需注意的是，沃尔辛厄姆间谍的报告不应完全视为斯塔福德的叛国证据，部分归因于政府官僚体系与私人门客系统竞争生存、权力与影响。私人门客和间谍重度依赖恩惠主或间谍主的经济资助，故可能通过贬抑官僚的工作效率或挑拨离间保障自身的雇佣关系。当他们敏锐地嗅出沃尔辛厄姆对驻法使馆的敌意时，很可能投机性地提供错误情报或渲染传言，借此巩固沃尔辛厄姆对私人门客的依赖。② 构陷、诽谤官员成为私人间谍的"习惯"。③ 情报活动不单是伊丽莎白一世新教政权与天主教之间的生存博弈，也不只是沃尔辛厄姆与伯利的政策党争，同时涉及次级权力群体之间攸关生计和权力的竞逐。

尽管贩卖国家机密的谣言甚嚣尘上，斯塔福德仍掌舵驻法使馆直到 1590 年，关键原因固然在于女王与伯利的制衡之术，但也存在其他政治考虑。沃尔辛厄姆担忧斯塔福德的召回造成反效果。在都铎政府的升迁传统中，卸任大使多循例转任政府要职，尤其是国务大臣一职。曾任驻法大使的托马斯·史密斯和沃尔辛厄姆、曾派驻布鲁塞尔的托马斯·威尔逊、驻低地国家的威廉·戴维森均在离任后升迁为国务大臣。另外，伊丽莎白一世中期党争随着 1587 年苏格兰玛丽死刑的执行与军事援助低地国家新教联盟的政策底定趋于和解，斯塔福德意外成为受益者。吊诡的是，历经超乎预期的八年任期后，斯塔福德除了

---

① Conyers Read, "The Fame of Sir Edward Stafford," p. 298; Mitchell Leimon and Geoffrey Parker, "Treason and Plot in Elizabethan Diplomacy," p. 1143; Stafford to Burghley, April 14, 1584, SP 78/11 f. 76, TNA.

② [Thomas Rogers] to Francis Mylles, [June?] 1586, SP 78/16 f. 50, TNA.

③ Stafford to Walsingham, April 24, 1586, SP 78/15 f. 107, TNA.

下议院议员一职，竟未获得任何重要官职。1591 年 8 月，他与沃顿几近成为国务大臣，但伯利欲保留此要职给次子罗伯特，故任命无疾而终。[①]

二 沃尔辛厄姆的巴黎情报系统

如前所述，最迟在 1585 年，沃尔辛厄姆已派遣众多主力间谍如尼古拉斯·贝登、沃尔特·威廉姆斯、理查德·哈克卢特（同时为英格兰探险者搜集美洲信息）、托马斯·巴恩斯（Thomas Barnes）、马里韦利·卡蒂利（Maliverey Catilyn）等赴法监控，同时拉拢流亡者如吉尔伯特·吉福德、所罗门·奥尔德雷德（Solomon Aldred），以及某位巴纳德（Barnard，化名为 Robert Woodward 或 Robert Wood）搜集天主教情报。[②] 这些间谍与"地鼠"或因出身天主教且具备宗教流亡经历，或已潜入敌方阵营，在天主教团体中累积了相当程度的人脉与信用，利于开展对流亡者的反间及情报搜集。

迥异于斯塔福德以天主教显贵背景和行政优势搜集情报，沃尔辛厄姆的"地鼠"依凭天主教背景，间谍则多通过监狱拘禁漂黑履历，渗透天主教圈。早在 1572 年，英格兰枢密院已警觉到监狱沦为天主教酝酿骚乱的温床，"通过他们与囚犯之间的

---

① ［Thomas Phelippes to Thomas Barnes］，August 31，1591，*CSP Domestic*，*1591 - 1594*，p. 97；Florence M. G. Evans，*The Principal Secretary of State: A Survey of the Office from 1558 to 1680*（Manchester: Manchester University Press，1923），p. 54.

② 巴纳德在 1582 年前成为沃尔辛厄姆的"地鼠"，受益于曾服侍流亡巴黎的尼古拉斯·温登（Nicholas Wendon），得以接触巴黎当地的天主教团体。Stephen Alford，*The Watchers*，pp. 119 - 122.

狡猾信息，以及在国外的行动，腐蚀其他顽固者"，监狱遂成为围堵谋逆的监控重点，也因此提供了潜入天主教团体的绝佳渠道。① 在一份1586年关于伊丽莎白一世政府筹备西班牙情报活动的备忘录中，记录了间谍们"在西班牙［获取］信任与安全"的唯一途径为伪装成天主教徒去探望深陷监狱的教友，佯装友善以"结交和取悦友人，获取更佳的渠道接触其他天主教国家"。② 沃尔辛厄姆"值得信赖的侍从"沃尔特·威廉姆斯自1575年起监控流亡士绅托马斯·科普利，1582年返国后佯装被捕入莱伊监狱，企图从天主教囚徒处套取情报，却因天主教起疑而紧急中止行动，转而监视法国驻伦敦使馆。③

　　间谍马里韦利·卡蒂利出于宗教热忱和爱国情怀投效沃尔辛厄姆，称此服务为"他最渴望的恩宠"，"将见证我致力于维护上帝信仰、女王陛下以及国家的真诚责任"。他"不惜以身涉险，也将牺牲我的生命"入狱监控，以期"以上帝之名

---

① Patrick McGrath, *Papists and Puritans Under Elizabeth Ⅰ* (London: Blandford Press, 1967), p. 108.

② Adrian Morey, *The Catholic Subjects of Elizabeth Ⅰ* (London: Allen & Unwin, 1978), pp. 130 - 131; Albert J. Loomie, *The Spanish Elizabethans: The English Exiles at the Court of Philip Ⅱ* (New York: Fordham University Press, 1963), pp. 72 - 73.

③ *CSP Domestic, 1547 - 1580* (London: HMSO, 1856), p. 502; *CSP Foreign, 1575 - 1577* (London: HMSO, 1880), pp. 85 - 86; *CSP Foreign, 1577 - 1578* (London: HMSO, 1901), pp. 14 - 15; *CSP Foreign, 1578 - 1579* (London: HMSO, 1903), pp. 74 - 75, 121 - 23; *CSP Foreign, 1579 - 1580* (London: HMSO, 1904), p. 484; *CSP Foreign, 1581 - 1582* (London: HMSO, 1907), p. 419; The confession of a servant of Sir Thos. Copley's, a papist, being prisoner at Rye, August 27, 1582, SP 12/155/31, TNA; Anonymous (under the signature of Pasquinus Romanus), to the most reverent Signor (at Paris), February 1, 1583, SP 12/158/51, TNA.

除恶务尽"。① 1581 年，他先佯装成天主教徒渗入苏塞克斯（Sussex）海岸的天主教团体，探查到许多天主教机密活动：教士约翰·亚当斯（John Adams）在 3 月从法国偷渡返英时在莱伊港落网，被移送给沃尔辛厄姆审讯；贾尔·怀特（Gyles Whyte，化名 Richard Thomas）每年替天主教友人收取三到四次书信，转交给一位在比灵盖特（Billingsgate）名为考克斯（Cox）的商贾；耶稣会教士埃德蒙·坎皮恩在登陆英格兰时伪装成都柏林的珠宝商；某位教士在邻近朴次茅斯（Portsmouth）的斯托克斯湾（Stokes Bay）秘密登陆。② 为深入侦查，卡蒂利在 1586 年 4 月筹划入狱，先在鲁昂通过雅各布·塞维尔（Jacques Servile）结识担任教皇间谍的英人托马斯·米泰（Thomas Myttey）。这两人赞许卡蒂利为"在关键时刻的合适受雇者"，怂恿他返回英格兰谋划以赢取天主教领导层的赞扬。③ 获得这两人的推荐信后，卡蒂利随即在年中返英，向沃尔辛厄姆提交了一份拒绝国教的英格兰天主教徒名单，这份报告被情报幕僚托马斯·菲利普斯标记为"卡蒂利对腐败臣民的观察"。④ 随后，他先后被安排入朴次茅斯与马歇尔西（Marshalsea）两座监狱担任间谍。在后处，一位名为杰克逊（Jackson）的教士狱友向他保证法国与西班牙的联合入侵和天主教的平民起义将成

① Catilyn to Walsyngham, April 22, 1586, SP 15/29 f. 152, TNA; Catilyn to Walsyngham, 1580, SP 12/146/15, TNA; Maliverey Catilyn to unknown recipient, December 29, 1586, Harley MS 286 f. 97, BL.

② *CSP Domestic, 1547 – 1580*, p. 693; Original letter from the writer of letters above (Sir Richard Shelley) to Francis Walsingham, January 25, 1585, Harley 286 f. 102, BL; Original letter of Malivery Catilyn to Francis Walsingham, no date, Harley 286 f. 266, BL; Catilyn to Walsyngham, 1581, SP 12/151/5, TNA.

③ M. Cat. to [Sec. Walsingham], April 22, 1586, SP 15/29 f. 152, TNA.

④ Information against priests and recusants, May – June, 1586, SP 12/190/62, TNA.

功解放他们。① 为将情报传递出监狱，卡蒂利费尽心思取得纸张和墨水，且试图打消视他如叛国囚徒之狱监的疑虑，"被迫以女王陛下的名义命令他（狱监）将这传递给阁下您［沃尔辛厄姆］"。② 8 月 9 日，卡蒂利紧急通知沃尔辛厄姆关于谋逆者安东尼·巴宾顿即将离开德比郡的消息。③ 当苏格兰玛丽被处决后，卡蒂利被转调监控北英格兰的天主教势力，揭露当地士绅约翰·泰勒（John Taylour）和约翰·加斯特尔（John Gastell）等居中协助英格兰天主教徒与欧陆联系。④

通过监禁而潜入巴黎天主教团体的最成功者，莫过于尼古拉斯·贝登。他曾在 1581 年服侍流亡士绅乔治·吉尔伯特，后由商人霍拉肖·帕拉维西诺推荐给沃尔辛厄姆。1584 年 1 月，贝登从罗马写了一封充满国族激情的效忠信给沃尔辛厄姆，解释他出于爱国情怀而脱离抚育他的天主教。

> 每当我有机会执行一些罕见的危险任务时，可能部分为了我的国家和我自身的信誉，您会发现我始终以最坚决的态度准备执行……我唯一的渴望是，尽管间谍是一种职业……但我履行职责绝非仅仅为了图谋私利，更是为了捍卫我生身之国的安全。⑤

事实上，贝登也利用服务权贵的工作谋利。他曾恳请托

① Catilyn to Walsyngham, June 25, 1586, SP 12/190/51, TNA.
② Catilyn to Walsingham, no date, Harley MS 286 f. 266, BL.
③ Secret advertisements sent to Walsyngham, August 9, 1586, SP 12/192/20, TNA.
④ [Catilyn?] to Walsingham, April 26, 1587, SP 12/200/44, TNA.
⑤ Nicholas Berden to Phelippes, January 1, 1584, SP 12/167 f. 5, TNA.

马斯·菲利普斯释放囚禁于盖特豪斯（Gatehouse）监狱的神父拉尔夫·比克利（Ralph Bickley），向后者索贿 20 英镑；羁押于伍德街（Wood Street）的理查德·舍伍德（Richard Sherwood，化名 Carlton）的自由代价达 30 英镑。[①] 自 1585 年 3 月到 5 月，贝登潜入伦敦的天主教地下组织，每隔数日定期汇报，阐述他如何通过与神父威廉·韦斯顿（William Weston）共餐，获悉英格兰拒绝国教者的庇护所的消息，且 "罗马天主教徒正翘首以待来自罗马和拉米斯（Rammys）的 40 或 50 名教士抵达英格兰"；[②] 克林克（Clink）、马歇尔西和马丁塔（Martyn Tower）等监狱中天主教囚犯之间的隐秘联系渠道；[③] 藏匿在开赴纽卡斯尔（Newcastle）的法国船只中的新任命天主教教士和教皇颁布之书册得以顺利进入英格兰，归因于当地的王室官员罗伯特·海克利夫（Robert Higheclyf）为 "忠诚的罗马天主教徒"；[④] 诺利兹（Norleaze）的芬顿先生（Mr. Fenton）之仆人拉尔夫·埃尔韦斯（Ralphe Elves）为苏格

---

① Berden to Phelippes, [June 11, 1586], SP 12/195/75, TNA; John Cooper, *The Queen's Agent*, pp. 184 – 185.

② Secret advertisements, by the relative to Richard, servant to Dr. Allen, addressed to Walsyngham, March, 1588, SP 12/177/48, TNA; John Morris, ed., *The Troubles of our Catholic Forefathers related by themselves*, Vol. 2 (London: Burns and Oates, 1875), pp. 152 – 155.

③ Secret advertisements addressed to Walsyngham, April 6, 1585, SP 12/178/11, TNA.

④ 诸类天主教书册包括 *Leycester's Commonwealth* (1584); John Leslie, *Treatise touching the Right, Title, and Interest of the Most Excellent Princess Marie, Queen of Scotland* (1584); William Allen, *True, Sincere and Modest Defence of Catholics* (1585); Secret advertisements addressed to Walsyngham, April 13, 1585, SP 12/178/19, TNA。

兰玛丽传递信息。①

　　7月，沃尔辛厄姆筹划贝登巧合地同教士爱德华·斯特兰沙姆（Edward Stransham 或称 Transome，化名 Barber）一起被逮捕入狱，制造两人结识的机会。② 受益于斯特兰沙姆的举荐，贝登出狱后在鲁昂结识了英格兰天主教流亡者领袖之一、耶稣会教士托马斯·菲茨赫伯特（Thomas Fitzherbert），后者"极为乐意接纳我入他的团体，协助我获取这里所有罗马天主教徒的信任"。③ 他从而得知天主教即将入侵英格兰的军事部署。

　　查尔斯·阿伦德尔与吉斯公爵将指挥部分军队登陆西英格兰地区，同样在巴黎的威斯特摩兰伯爵则承诺将接受吉斯公爵的 10000 人军队与 10 万克朗，用以进攻南英格兰的北部地区，而托马斯·思罗克莫顿（Thomas Throckmorton）将率领西班牙军队入侵。吉斯公爵将取道苏格兰入侵英格兰，其他的西班牙军队则登陆爱尔兰。这个计划被认为将在今年冬天执行。④

　　沃尔辛厄姆最关注的是，菲茨赫伯特揭露了 1585 年 6 月天主教联盟在《内穆尔条约》（Treaty of Nemours）中获得压倒性

---

① Information sent to Sir Fr. Walsyngham, May 11, 1585, SP 12/178/52, TNA; Secret advertisements from A. B. , sent to Walsyngham, May 2, 1585, SP 12/178/39, TNA.

② "The Information of Nicholas Berden, Spy, 1585, 1586," CRS, vol. 21, p. 77.

③ Thomas Rogers to Walsingham, August 11, 1585, SP 15/29/39, TNA.

④ Thomas Rogers to Walsingham, August 11, 1585, SP 15/29/39 f. 54r - v, TNA.

胜利后，流亡群体反而陷入派系之争，分裂为亲耶稣会的极端派与反战派。

> 他们分裂成两派，即罗斯主教［约翰·莱斯利］（John Leslie, Bishop of Ross）、查尔斯·佩吉特、托马斯·摩根、托马斯·思罗克莫顿以及部分教士为一派；另一派包括威廉·艾伦博士，但他游走于两派之间，而托马斯·思罗克莫顿［虽属前者］却亲近对立的耶稣会及其派系。①

经所罗门·奥尔德雷德评估且证实此内斗对女王有利后，沃尔辛厄姆在 1585 年末派遣间谍如奥尔德雷德和吉尔伯特·吉福德至巴黎游说反战派。② 选择反战派为策反目标的原因在于该派系基于世俗背景与生存利益等，倾向于与伊丽莎白一世新教政权妥协。另外，沃尔辛厄姆的间谍多出身或早已潜入该派系，如奥尔德雷德原为兰斯神学院中威尔士团体的领袖之一，在 1583 年由亨利·温顿推荐给沃尔辛厄姆，次年 11 月加入其情报网络。③ 吉尔伯特则与巴黎和罗马的威尔士团体关系密切，此团体领袖为其远亲威廉·吉福

---

① Thomas Rogers to Walsingham, August 11, 1585, SP 15/29/39 f. 54r, TNA. 罗斯主教作为苏格兰玛丽派驻罗马教廷的特使，倾向于摩根、佩吉特等人的反战派之原因在于他与玛丽驻法大使格拉斯哥大主教不合，尤其是在涉及玛丽的法国王后寡妇津贴之运用时存在分歧。另一个传言是，罗斯主教早已投效伊丽莎白女王以期重获自由。艾伦博士游走于两派之间亦值得思考。出身于士绅家庭的他应该原属于世俗教士的派系。但随着耶稣会派在天主教团体内快速崛起，他转而依附此新兴势力，此举或许为了保持他在天主教群体中的影响力。

② *CSP Foreign, 1583* (London: HMSO, 1913), pp. 261 – 263, 382 – 383; Stephen Alford, *The Watchers*, p. 149; Conyers Read, *Walsingham*, vol. 2, pp. 427 – 428.

③ Solomon Aldred to Walsingham, November 15, 1584, Harley MS 286 f. 56, BL.

德（William Gifford）。① 这两人的变节有助于沃尔辛厄姆从内部分化瓦解天主教势力。这个任务首先由奥尔德雷德在罗马的学院展开，1585 年他与吉尔伯特（化名 Francis Hartley）抵达巴黎，开始对反战派展开游说行动。②

1586 年初，奥尔德雷德开始游说威廉·吉福德与爱德华·格拉特利（Edward Grately）。前者为法国北部威尔士团体的新生代领袖，任教于兰斯神学院；后者曾任阿伦德尔伯爵的家庭牧师，随吉福德流亡。③ 与耶稣会的理念冲突及反西班牙的政治倾向促使吉福德与"5、6 位最好的学者"一起组建反战派，讽称亲耶稣会的激进派领袖帕森斯是一只"试图将世界朝他逆转的狡猾狐狸"。④ 面对英格兰间谍的笼络，相较于犹豫不决的吉福德，格拉特利化名为约翰·福克斯利（John Foxley）向沃尔辛厄姆殷勤地宣示效忠，承诺"如此期待"且"热忱地追随您所期许的行动"。⑤ 他赞扬伊丽莎白女王近期赐予天主教臣民自由与宽容不仅将使"不满抱怨转变为极大的愉悦"，而且此种"谨慎的松绑"将颠覆任何外力干扰国家和平的野心。他

---

① *CSP Domestic, 1581 – 1590*, p. 563.
② *CRS*, vol. 2（London: Catholic Record Society, 1906）, pp. 88 – 89, 185, 204.
③ 贝登在 1585 年中后期佯装担任爱德华·格拉特利（化名 Bridges）与亨利·多恩（Henry Donne，熟悉天主教所有入侵计划与联系方式）的传信者，将两人的通信副本传抄给沃尔辛厄姆。Rogers to Walsingham, August 25, 1585, SP 15/29 f. 59, TNA; Rogers to Walsingham, December 16, 1585, SP 15/29/55, TNA; E. C. Butler, "Dr. William Gifford in 1586," *The Month* 103: 477（April 1904）, pp. 243 – 258; J. H. Pollen, "Dr. William Gifford in 1586: in Response to an Article by Dom Butler in the March Number," *The Month* 103: 478（May 1904）, pp. 348 –366.
④ Solomon Aldred to Walsingham, April 14/24, 1586, SP 15/29/102, TNA; Solomon Aldred to Walsingham, March 27/April 6, 1586, SP 15/29/95, TNA.
⑤ John Foxley to Walsingham, April 20, June 18, 1586, SP 15/29/100, SP 15/29 f. 177, TNA.

甚至承诺为这宗教宽容政策背书，用以说服国内外天主教徒认同伊丽莎白一世的新教政权。有趣的是，在这两封信中，格拉特利对沃尔辛厄姆做出正面评价，将这位以冷酷残忍著称的激进新教徒，美化为一位非极端残酷且无意处死或摧毁任何人的谦谦君子。之后，格拉特利与吉尔伯特·吉福德合作著述，抨击艾伦与帕森斯赞同对斯坦利在低地国家反抗伊丽莎白一世统治正当性的立场。① 此举导致格拉特利在 1588 年被囚禁于帕多瓦（Padua）异端裁判所，1590 年转移至罗马监禁 5 年。

出乎意料的是，斯塔福德大使突然涉入这场原本由沃尔辛厄姆主导的游说行动，亲至奥尔德雷德的住所与威廉·吉福德进行"甜蜜的对话"。沃尔辛厄姆未被事先知会，奥尔德雷德则被说服"你［沃尔辛厄姆］不会厌恶"斯塔福德的临时参与。他的介入极可能是基于吉福德的要求。多数英格兰流亡贵族或士绅要求与斯塔福德而非与沃尔辛厄姆的间谍进行谈判，例如威斯特摩兰伯爵与奥尔德雷德进行返国谈判时，坚持与斯塔福德协商。② 这可能基于大使的官方身份较私人间谍更具公信力，或出于斯塔福德的亲天主教背景和在伊丽莎白内廷的裙带关系，抑可能基于他所属的主和党领袖伯利对流亡者家产的监护权及宗教宽容倾向。③ 1583 年 12 月出版的《正义的执行》广为宣扬

---

① Aldred to Walsingham, April 14/24, 1586, SP 15/29/102, TNA.

② Aldred to Walsingham, April 14/24, 1586, SP 15/29/102, TNA; Aldred to Walsingham, April 14/24 1586, SP 15/29 f. 154, TNA; Stafford to Walsingham, April 15, 1586, SP 78/12 f. 94, TNA; Richard Hakluyt to Burghley, April 11, 1588, SP 15/30 f. 190, TNA; Stafford to Walsingham, April 25, 1588, Harley MS 288 f. 187, BL; Stephen Alford, *The Watchers*, p. 140.

③ *CSP Spanish*, *1587 – 1603*, p. 7; Stafford to Burghley, June 12, 1583, Harley MS 6993 f. 44, BL; *CSP Foreign*, *1585 – 1586*, p. 627; Stafford to Burghley, March 31, 1588, SP 78/18 f. 108, TNA.

伯利的宗教宽容理念。① 此时，英格兰天主教徒正处于对伊丽莎白女王与安茹公爵联姻失败的失落情绪之中，更粉碎了天主教徒对英格兰宗教宽容政策的殷切期待，部分转而投靠西班牙及吉斯同盟以期武力复兴天主教。伯利出版此书的目的，正是安抚这一沮丧躁动的反动情绪。② 此书开篇抨击叛乱的伪装性，以信仰自由为美名，诡辩掩盖谋逆叛国之罪行。③ 面对近年来天主教出版物与其他国家的法庭报告极尽所能地宣传近期被英格兰政府处以酷刑和死刑者，纯粹"因为对天主教的信仰，而非为了国家事务而反抗女王"，伯利驳斥这些诽谤皆属维护叛国者和谋逆者的无耻谬论。④ 他进一步澄清，政府的惩罚从未针对信仰，仅施用于叛国与叛乱者；只有服侍教皇，背叛祖国与女王的反叛者才会被判处驱逐、酷刑或死刑。⑤ 最终，伯利允诺一种条件式宽容，即任何人只要履行"保卫女王、她的王位和人民，抵御公然入侵者，且避免涉入由叛乱挑起的内战"等"必要的正义行为"，基于"真理和规则"，他们理当被赋予相对的信仰自由。⑥ 伯利对于信仰与叛国的重新界定和对宗教宽容的条件式承诺，无疑赢得了反战派的好感，再加上他对流亡权贵产业和未成年子女监护的宰制权，以及亲信斯塔福德掌控驻法使馆等优势，使他在与沃尔辛厄姆的欧陆情报竞赛中略占上风。

---

① Robert M. Kingdon, ed., *The Execution of Justice in England by William Cecil and a True, Sincere, and Modest Defense of English Catholics by William Allen* (Ithaca, NY: Cornell University Press, 1965), pp. xvii – xviii.

② Catherine M. Gibbons, "The Experience of Exile and English Catholics," p. 81; Leo Hicks, *An Elizabethan Problem*, pp. 136 – 137.

③ William Cecil, *The Execution of Iustice in England*, sig. A2r.

④ William Cecil, *The Execution of Iustice in England*, sig. C2r – v.

⑤ William Cecil, *The Execution of Iustice in England*, sigs. B1r – v, B2v – B3r.

⑥ William Cecil, *The Execution of Iustice in England*, sig. C3r.

英格兰政府通过斯塔福德的使馆系统和沃尔辛厄姆的私人间谍网络在巴黎进行多方游说，"如此强大以致众多天主教徒惧怕"。[1] 法国耶稣会教士德·拉·吕埃（De la Rue，化名Samerie）曾经伪装成苏格兰玛丽的侍从与医生，实为其家庭神父，在 1585 年 10 月将英政府的渗透分化行动告知玛丽。

  许多英格兰人在罗马与英格兰搜集情报，并对外宣传英女王仁慈温厚，以及不再使用武力压迫任何天主教徒，但他们不希望，也绝不允许外国人入侵英格兰。这是您的命运，他们已经对那些协助您的追从者产生极大怀疑，以致没有人敢再信任您的追随者……英格兰人（天主教徒）已然陷入不合与分裂。[2]

他担忧伊丽莎白一世政府技巧性地运用宗教宽容与抵抗外国入侵之爱国主义宣传加剧天主教分裂。教皇亦猜疑英格兰新教徒怂恿部分枢机主教鼓动苏格兰玛丽谋反，加速坐实其叛国罪名，故派遣亲耶稣会派的阿拉恩（Allayn）与欧西比乌斯（Eusebius）前往罗马调查。刚因禁于巴士底狱的托马斯·摩根也批评英格兰为"不光彩的国家"，"最近展开行动加深天主教士团体内部的分裂与歧见"，即呼吁部分被放逐海外的教士重新与沃尔辛厄姆展开对话。摩根认为这群教士的变节目的在于

---

① Leo Hicks, "An Elizabethan Propagandist: The Career of Solomon Aldred," *The Month* 181（June 1945）, p. 189; Thomas Rogers to Walsingham, September 30, 1585, SP 15/29 f. 65, TNA.

② *CSP Scotland*, *1585 - 1586*, pp. 145 - 149.

"保护他们的国家而非服务沃尔辛厄姆"。① 他甚至揭露吉福德与
格拉特利的变节实乃佯装,"若能获得任何进展",都将抛弃沃
尔辛厄姆,重新效忠苏格兰玛丽。这封信件落入沃尔辛厄姆之
手,导致奥尔德雷德终止对两人的游说行动。②

科尼尔斯·里德认为沃尔辛厄姆的天主教分裂计划并不满足
于分割耶稣会派(the Jesuits)与世俗派(the Seculars),而是希
望进一步将后者分化为教士派与俗人。沃尔辛厄姆笃信,相较于
教士反政府的动机纯粹出于精神性的信仰理念,俗人的动机更加
危险,实以宗教之名掩护政治叛乱。换言之,反耶稣会的世俗教
士因出于纯粹宗教动机,更容易被拉拢至英格兰阵营。③ 但里德
的观点难以解释为何在 1580 年代投效英格兰政府或沃尔辛厄姆情
报系统的天主教间谍或"地鼠"多为俗人,如托马斯·摩根、查
尔斯·佩吉特、威斯特摩兰伯爵、奥尔德雷德与吉尔伯特·吉福
德,仅少数为亲耶稣会派如阿伦德尔等。英格兰恩威并施政策所
引发的生存焦虑并非他们背叛天主教的唯一原因。流亡群体内部
早已因国家情感、神意期待与世俗统治权等理念分歧而分裂,使
众多反战派俗人投效伊丽莎白一世新教政权,以敬献情报的条件
式顺从,换取生命与信仰的并存。这将是本章意图延伸探讨的第
二个重点:16 世纪晚期英格兰天主教流亡者的忠诚转移。

三 英格兰天主教流亡者的生存焦虑

伊丽莎白一世时期天主教流亡领袖威廉·艾伦在 1583 年出版

---

① Thomas Morgan to Mary, April 24, 1586, SP 53/17/51, TNA.
② Walsingham to Thomas Phelippes, August 28, 1586, SP 53/19/63, TNA.
③ Conyers Read, *Walsingham*, vol. 2, p. 431.

的《约翰·尼科尔斯被逮捕与囚禁的真实报告》(*A True Report of the Late Apprehension and Imprisonnement of Iohn Nichols*) 中，将伊丽莎白一世政府对天主教的迫害分为三类。第一类，通过"派系领袖的著作与传道"进行宣传，但"成效不彰"；第二类，动用"政府的公权力"进行严惩，仅导致"某些富人财富的暂时损失与部分贫穷信徒之世俗生命的消逝"；第三类，利用"某些狡猾无耻之人的作为与政策"侵蚀天主教，威逼利诱天主教徒因生存恐惧而"放开……上帝之手，以及放弃仰赖精神、福音与教义等坚定信念所推动的奇迹事业"，但"当他们获得这些怯懦者的表面允诺时，只换来无数纷乱"。① 伊丽莎白一世的新教政权对政治归顺者或信仰皈依者的宣传、刑罚与特赦的恩威并施，以及派遣间谍和归顺者渗透游说，恶化了天主教内部的理念分歧与派系分裂，促成了颇见成效的政治顺从与改宗国教现象。

都铎政府将刑讯定义为搜集信息的方式，而非常规性惩处；通常需由君主下令，枢密大臣授权下属执行。经常奉命至伦敦塔审讯罪犯的伦敦律师托马斯·诺顿 (Thomas Norton) 在 1583 年的专著《关于女王陛下指定审讯叛国者的委员们之正当处理，以及宗教案件之不正当酷刑的声明》中，申明酷刑执行的三项必要条件：至少 6 名枢密大臣的签名授权状、无关宗教信仰，以及仅刑求罪犯。他强调无人"因宗教理由而被施加酷刑，也不会被拷问其宗教信仰，（刑讯）只为了解任何假宗教之名，行违抗女王或国法之实的谋逆或武力等特殊行为"。简言之，刑求仅用于探查为复辟天主教而进行的煽动、叛乱、入侵等叛国行

---

① William Allen, *A True Report of the Late Apprehension and Imprisonnement of Iohn Nichols Minister at Roan and His Confession and Ansvvers Made in the Time of His Durance There* (Rheims: John Fogny, 1583), *STC* 18537, sigs. A2 - 3, E3 - 4.

为，绝非针对信仰本身。① 但根据统计，伊丽莎白一朝至少有
130 名玛丽一世时期的天主教士入狱，约 30 名死于狱中；1574
年后入英格兰的神学院教士至少有 471 人，其中 285 人被拘禁，
116 名被处死，至少 17 名死于狱中。②

因是之故，在酷刑或枷锁之下，自由与生命有时优先于
信仰。英格兰枢密院明令"没有被判高等叛国罪的囚犯能逃
避刑罚，除非因承诺服务而获赦"，而枢密大臣拥有监禁和释
放的特权，有利于安排间谍潜入并游说囚犯变节。③ 教士爱德
华·艾斯彭（Edward Esborn）在 1572 年被捕，酷刑迫使他吐露
其庇护者并坦承曾在多处主持弥撒，开释后反悔而重返兰斯。④
教士约翰·哈特（John Hart）在 1570 年代流亡兰斯期间，支持西
班牙以武力恢复英格兰天主教且鼓吹殉教，1580 年 6 月返英时被
捕，先后因禁于马歇尔西与伦敦塔。在 1581 年 12 月 1 日坎皮恩
被处决当日，哈特向沃尔辛厄姆恳求"若我的归顺能获准，请务
必保全我的生命"，但强调其效忠宣誓并非为苟且逃脱，而是衷心
服侍女王。他允诺揭发一些反英计划，并监控威廉·艾伦，他是

① Thomas Norton, *A Declaration of the Fauourable Dealing of Her Maiesties Commissioners Appointed for the Examination of Certain Traitours and of Tortures Vniustly Reported to be Done vpon Them for Matters of Religion* (London: Christopher Barker, 1583), *STC* 4901, sig. A3r; William Allen, *A Briefe Historie of the Glorious Martyrdom of XII. Reuerend Priests, executed vvithin These tvveluemonethes for Confession and Defence of the Catholike Faith* (Rheims: John Fogny?, 1582), *STC* 369.5, sig. B2v; Thomas Norton to Walsyngham, March 27, 1582, SP 12/152/72, TNA.
② Patrick McGrath and Joy Rowe, "The Imprisonment of Catholics for Religion under Elizabeth I," *Recusant History* 20: 4 (October 1991), pp. 415 – 416.
③ *CSP Spanish*, *1587 – 1603*, p. 567.
④ Godfrey Anstruther, *The Seminary Priests: A Dictionary of The Secular Clergy of England and Wales*, *1558 – 1850*, vol. 1 (Durham: Ushaw College, 1968), p. 262.

"我所认识的在海峡对岸的人当中，知晓"任何叛乱者的人。哈特深信其囚禁遭遇必能博取艾伦的信任，借以探查"他内心的机密"。但直至 1585 年，哈特才结束被囚禁于伦敦塔的生活，被驱逐出英格兰。① 这或许因为沃尔辛厄姆 1571 年的"灾难性错误判断"，当时轻纵涉案的意大利银行家罗伯托·迪·里多尔菲（Roberto di Ridolfi），使其再度参与 1572 年诺福克叛乱（Norfolk Plot）。英格兰政府自此严审释放者，如詹姆斯·扬格（James Younger）即使向英政府供出神学院教士名单，亦未获释。② 仍有以情报服务或改信国教而成功获释者。安东尼·蒂勒尔在 1586 年第三次被拘禁期间因目睹友人约翰·巴拉德（John Ballard）涉入巴宾顿阴谋而被处决，故他再度向曾在 1576 年赦免过他的伯利请求恩赦，承诺揭露叛国行动并终止向教皇效忠。③ 伯利将蒂勒尔

① Stephen Alford, *The Watchers*, pp. 87 – 88, 94 – 95, 117 – 118; Godfrey Anstruther, *The Seminary Priests*, vol. 1, pp. 153 – 155; A generall discourse of the Popes Holynes devices, in two books, 1579 – 1580, Additional MS 48029 ff. 140v – 141r, BL; John Hart to Sir Fr. Walsyngham, December 1, 1581, SP 12/150/80, TNA.

② Charges against Norfolk, January, 1586, Cotton MS Caligula C/Ⅲ f. 121, BL; Leicester and Cecil to Walsingham, October 4, 19, 27, November 11, 1569, SP 12/59/3, 11, 12, 19, TNA; Cecil to Mr. Alderman Rowe and Walsingham, January 26, 1570, SP 12/66/30, TNA; Leicester and Cecil to Walsingham, October 20, 1569, SP 12/59 f. 81, TNA; Walsingham to Cecil, October 22, 1570, SP 12/74/12, TNA; William Camden, *Annales*, p. 394; Stephen Alford, *Burghley*, p. 168; John Cooper, *The Queen's Agent*, pp. 58 – 59; Michael Questier, "English Clerical Converts to Protestantism, 1580 – 1596," p. 457.

③ Anthony Tyrrell shows to Lord Burghley his desire to discover traitors, 1586, Lansdowne MS 50 f. 159, BL; Anthony Tyrrell thanks Lord Burghley for his liberty and other favours, December 24, 1586, Lansdowne MS 50 f. 161, BL; A catalogue of Popish books and relics found in the closets of George Brome and his two sisters, at Borstall House, August 27, 1586, Lansdowne MS 50 f. 163, BL; Copy of a long letter to the Queen from Anthony Tyrrell, 1586, Lansdowne MS 51 f. 154, BL.

移入克林克监狱担任间谍，宣传反罗马天主教的政策并监视昔日同伴，后者终于在 1587 年获赦。① 其他如弗朗西斯·爱德华斯（Francis Edwards）、约翰·欧文（John Owen）与托马斯·西姆森（Thomas Simson）均在 1585 年与 1586 年偷渡回英格兰时被捕。为求免死，前两人在 1588 年 9 月皈依国教；后者长期被囚于威斯贝奇（Wisbech）与伍德街，后终于在 1593 年 4 月因放弃天主教而获释，1604 年 2 月被任命为埃塞克斯的凯尔维登（Kelvedon）教区牧师。②

申请返国许可亦吸引众多思乡流亡者归顺。1571 年《反海外流亡者法案》（An Acte agaynst Fugytyves over the Sea）规定，出国许可须加盖英格兰国玺、御玺或君主私玺。③ 沃尔辛厄姆在 1576 年升任首席国务大臣后兼掌御玺与君主私玺，便于签发返国许可证以作调派间谍之用，也以此利诱流亡者。间谍奥尔德雷德在 1586 年初游说反战派领袖威廉·吉福德变节时，承诺由沃尔辛厄姆提供"一份充分的返英许可"。④ 此允诺成功赢得了吉福德的善意回应，他称愿意"效力女王陛下……不仅因为我将对女王陛下的自然责任与忠诚置于所有受洗君主之前，在某种程度上，更出于阁下您［沃尔辛厄姆］向我坦诚地展示各种

---

① Michael Questier, "English Clerical Converts to Protestantism, 1580 – 1596," pp. 464 – 465.

② Godfrey Anstruther, *The Seminary Priests*, vol. 1, pp. 108, 263; Examinations of Eliz. Upcher, John Wakering, and Others, of Kelden, co. Essex, on the Speeches of Esdras, Alias Thomas Simson, Vicar of Kelden, September 15, 1606, SP 14/23/21, TNA.

③ *The Statutes of the Realm*, vol. 4, pp. 531 – 534.

④ Thomas F. Knox, ed., *The Letters and Memorials of William Cardinal Allen* (London: David Nutt, 1882), p. 262.

最慷慨的行为"。① 诺顿家族自 1569 年北方叛乱失败后流亡欧陆，1583 年 8 月吉斯公爵派遣理查德·诺顿率 2000 人登陆英格兰，虽未成功，但后者自此活跃于法国宫廷及英格兰流亡团体，鼓吹武力入侵。② 其子乔治在 1580 年代中期对入侵计划感到绝望而转任双面间谍，潜伏于巴黎的苏格兰流亡者群体中，以威廉·鲁宾逊为化名向沃尔辛厄姆（化名 John Robinson）提供苏格兰或英格兰流亡者如托马斯·摩根与佩吉特兄弟的情报。诺顿提供苏格兰天主教的阴谋情报并皈依国教，以示"对女王陛下的忠诚"，终于使他在 1586 年破例获赦返国。③ 尽管伯利在 1572 年转任财政大臣，但他仍可经由先后掌管国玺的连襟尼古拉斯·培根与昔日门客托马斯·布罗姆利签发返国许可证。拉尔夫·利贡斯曾在巴黎为苏格兰玛丽与帕马公爵从事加密信息的联系工作，但 1587 年玛丽之死与次年无敌舰队的失败摧毁了他对武力复兴天主教的期望，他转向伯利的情报员约翰·康韦（John Conway）表达返国意愿，宣称将"自己最大的恭顺献给女王，成为她最佳的改革臣民"。基于他对英格兰天主教网络的熟悉，他希望以情报换取返国许可证。④ 利贡斯未获准返国，他滞留低地国家，联合当地求取特赦的流亡者鼓吹反西班牙与耶稣会。1597 年以前，西班牙已视其为反西班牙群体中最

---

① Patrick H. Martin, *Elizabethan Espionage*, p. 55.

② Katy Gibbons, *English Catholic Exiles in Late Sixteenth-Century Paris*, pp. 8 – 39, 73, 156 – 158.

③ William Robinson to John Robinson, May 20, 1584, SP 78/11 f. 103, TNA; Robert Bowes to Walsingham, January 24, 1584, SP 52/34/12, TNA; Walsyngham to Mr. Wotton, June 17, 1585, SP 52/37/69, TNA; Catherine M. Gibbons, "The Experience of Exile and English Catholics," pp. 196, 298.

④ *CSP Spanish*, *1580 – 1586*, p. 109; Sir John Conway to Burghley, September 14, 1588, SP 84/26 f. 298, TNA.

危险的人物，菲利普三世被建议放逐利贡斯、查尔斯·佩吉特和威廉·特雷瑟姆（William Tresham）至西西里，远离天主教势力核心。[1]

部分贵族或士绅流亡者则屈服于英格兰政府对家产与子女监护权的钳制。1571 年的《反海外流亡者法案》裁定无政府许可而出国者，逾期六个月未归，没收其庄园、土地、居所与世袭财产。若流亡者被宣告为叛国，经济制裁连坐家人。若流亡者返国"向任何一位枢密大臣自首认罪"，并向女王重新臣服，一年后归还财产。[2] 伯利的昔日门客、御前大臣布罗姆利负责处置流亡者产业，依法只供给其家人 1/3 或 1/4 的产业以维持日常基本开销。而 1572 年《反海外流亡者法的解释法案》（An Acte for Thexplanacon of a Statute Made againste Fugitives over the Seas）规定，被查抄之家产将在财政大臣的监管下，没入兰开斯特公国（Duchy of Lancaster）的产业，抑或由君主转赐官员或流亡者的国内亲友，例如诺顿家族在吉尔林西（Gilling West）的产业在 1569 年被没入王室，1585 年被赐予鲍家族（Bow）。[3] 换言之，流亡者被抄没的家产均在伯利直接或间接的监管下，再加上他身兼监护主管，掌控流亡贵族未成年子女的监护权、教育、婚姻，甚至公职前途，故急切保全财产的流亡贵族多选择归顺掌握其家族命脉的伯利。为争取"信仰自由"而自愿流亡的托马斯·科普利，在 1573 年 5 月或 6 月频繁恳求伯利保留他被查抄财产的收益，调拨部分以补助他的流亡生活，而他愿以情报

---

① Adrian Morey, *The Catholic Subjects of Elizabeth I*, p. 122.
② *The Statutes of the Realm*, vol. 4, pp. 531 – 534.
③ *The Statutes of the Realm*, vol. 4, pp. 598 – 599.

作为交换。① 佩吉特兄弟亦渴望恢复家产，但托马斯·佩吉特位于斯塔福德郡（Staffordshire）与德比郡的产业监管权在 1585 年被转售给埃米亚斯·波利特。值得玩味的是，当这位沃尔辛厄姆的亲信在 1585 年夏季求取此产业监管权时，竟向伯利提供了他与沃尔辛厄姆和莱斯特通信的多数副本。值得注意的是，此时正值沃尔辛厄姆命波利特在塔特伯里（Tutbury）监管苏格兰玛丽，密谋反巴宾顿计划的敏感时刻。此举意味着波利特为私人利益，向敌对派系领袖伯利泄露了沃尔辛厄姆的机密。②

英格兰当权者亦以多种恩赦利诱流亡教士。1600 年 8 月 22 日，枢密院指示约克大主教妥善安置近期改宗国教的神学院教士詹姆斯·博兰（James Boland），不仅要"在你的宅邸款待这位回归改宗者"，而且需"馈赠类似的精神生活作为礼物"。这种善待的目的在于反驳"一个当前的谣言……即当他们［归顺者］改革自身时，［英格兰政府］不提供任何关怀"，借以吸引更多人归顺。③ 另外，约翰·尼科尔斯在伦敦塔副总管欧文·霍普顿（Owen Hoptpn）的游说下转任沃尔辛厄姆的间谍，并在 1581 年出版《约翰·尼科尔斯的放弃信仰声明》（*A Declaration of the Recantation of John Nichols*）和《在罗马的演说与布道》（*The Oration and Sermon Made at Rome*），为英格

---

① Richard C. Christie, ed., *Letters Sir Thomas Copley*, *of Gatton*, *Surrey*, *and Roughey*, *Sussex*, *Knight and Baron in France*, *to Queen Elizabeth and Her Ministers* (New York: Burt Franklin, 1970), pp. xxiii – xxvii, 18 – 22.

② Conyers Read, *Burghley*, p. 342; *CSP Scotland*, *1584 – 1585*, pp. 28 – 32; John Morris, ed., *The Letter-Books of Sir Amias Poulet*, pp. 32 – 33, 35 – 36, 44, 47 – 48, 66 – 67, 75, 83, 129 – 130.

③ *Acts of the Privy Council of England*, vol. 30 (London: HMSO, 1905), p. 601.

兰政府进行政治宣传，最终于 1582 年 5 月获得枢密院特许的教区利益。① 劳伦斯·卡迪（Lawrence Caddy）在 1583 年为重返牛津大学及获得 60 克朗年俸，在伦敦圣十字保罗（St. Paul's Cross）宣示放弃天主教。② 耶稣会教士克里斯托弗·珀金斯（Christopher Perkins）亦因改宗国教和协助新教宣传获得丰厚的酬庸。③

四 天主教复兴之路的分歧

史家迈克尔·凯斯捷（Michael Questier）将上述 16 世纪末大量的英格兰天主教徒变节或改宗，纯粹归因于伊丽莎白一世政府的恩威并施，或天主教徒自身的利己主义。④ 此论点偏重外界的物质性诱因，却忽略了一个关键内部因素，即英格兰天主教团体对天主教复兴方式与政教统治权的理念分歧。耶稣会派选择联合西班牙以武力推翻伊丽莎白一世政权，重塑中世纪以教领政的统治模式。以世俗教徒为首的反战派基于国族情怀与政教权力分野，反对教廷领导的武装入侵，倾向于静待伊丽莎

---

① 1583 年出版之《约翰·尼科尔斯在 1583 年的朝圣之行》（*The Pilgrimage of John Nichols of 1583*）反响不佳，尼科尔斯失宠于英格兰政府，因此重返法国，却在鲁昂落入兰斯神学院之手。*CRS*, vol. 4（London：Catholic Record Society, 1907），pp. 6 – 11，40 – 43；Michael Questier, "English Clerical Converts to Protestantism, 1580 – 1596," pp. 457, 460 – 461.

② *CRS*, vol. 1（London：Catholic Record Society, 1905），pp. 115 – 117；*CRS*, vol. 4, pp. 10 – 11；Millar MacLure, *The Paul's Cross Sermons, 1534 – 1642*（Toronto：University of Toronto Press, 1958），pp. 67 – 68, 213.

③ Michael Questier, "English Clerical Converts to Protestantism, 1580 – 1596," p. 457.

④ Michael Questier, *Conversion, Politics and Religion in England, 1580 – 1625*（Cambridge：Cambridge University Press, 1996），pp. 44 – 45, 56, 72 – 73.

白一世的自然崩殂与天主教继承人的合法即位，以自然淘汰顺
势迎来天主教复兴。

　　反战派流亡者反对耶稣会派同西班牙以武装入侵的激进方
式重建英格兰天主教，这不仅是为了避免天主教与叛国画上等
号，使英格兰政府进一步压缩他们日趋狭小的信仰与生存空间，
亦出于家国情怀。流亡教士如欧文·刘易斯（Owen Lewis）、威
廉·吉福德，以及贵族威斯特摩兰伯爵与佩吉特兄弟等对西班
牙霸权的敌意尤为明显。1586 年初，威斯特摩兰伯爵渴望"生
命与灵魂共存"，经由奥尔德雷德联系沃尔辛厄姆，坦承年少无
知时的罪责，若能蒙女王特赦并下赐养老金，"他将极有效率地
执行女王指派的任何任务，反抗西班牙与其他人，以弥补她在
昔日的损失"。① 无敌舰队之役前夕，伯爵又经由间谍哈克卢特
哀求伯利"务必记住他并赐予他任何联系方式"，协助他游说女
王再度"担任他最仁慈的女主人"。作为补偿，他透露了关于
"叛乱首恶"摩根在巴黎与帕马公爵在低地国家的情报。② 后又
委托斯塔福德大使代求特赦，并献上西班牙的入侵计划，坚称
"他的胃对于外来者的脚踏上祖国极度反感"。③ 威廉·特德
（William Tedder）1576 年加入兰斯修道院，1588 年 9 月返国时被
捕，12 月在伦敦布道时曾公开表明此"［西班牙］事业"无法付
诸实践，"当我眼见这大行动几近发生时，我指的是对该土地的入
侵……我想彻底抛弃他们"，并自我谴责对国家的不忠。来年 4 月
他向沃尔辛厄姆请求晋升，最终在 1593 年获得坎特地区韦斯特韦

① Solomon Aldred to Walsingham, April 14/24, 1586, SP 15/29/102, TNA; Stafford to Walsingham, April 25, 1588, Harley MS 288 f. 187v, BL.
② Richard Hakluyt to Burghley, April 11, 1588, SP 15/30/96, TNA.
③ Stafford to Walsingham, April 25, 1588, Harley MS 288 f. 187r, BL.

尔（Westwell）教区牧师一职。① 教士威廉·康沃利斯（William
Cornwallis）在 1590 年也表明若教皇企图进攻英格兰以重建罗马
天主教，他愿与女王共御外敌。② 诸类流亡士绅与教士激烈反对
入侵计划的原因，一方面或许基于家族尊荣与都铎政权的封建
依附关系；另一方面倾向于以捐输情报等政治顺从形式，争取
生存的空间与时间以静待神意的降临。

世俗士绅与教士笃信英格兰天主教的复兴将在上帝选择的
正确时刻降临。信徒在静待神意的过程中，只需在修道院或学
校进修以完善信仰与智慧，或借由条件式服从，例如在国内参
与国教会仪式与在海外履行臣民义务（如贡献情报），为天主教
复兴争取生存的时间与空间以待神意。③ 以激进的武力入侵进行
立即性改变是毫无必要的，无疑会招致伊丽莎白一世政府以叛
国罪名严惩。这种有限服从或拒绝抵抗理念获得身陷信仰与生
存两难的流亡者欢迎。他们选择耐心等待多病无嗣的伊丽莎白
一世自然崩殂，迎接天主教徒苏格兰玛丽的合法即位与英格兰
天主教的顺势复兴。但此种等待理论遭到亲耶稣会的新世代如
格雷戈瑞·马丁（Gregory Martin）、坎皮恩、帕森斯、威廉·雷

---

① Michael Questier, "English Clerical Converts to Protestantism, 1580 – 1596,"
  p. 463; Godfrey Anstruther, *The Seminary Priests*, vol. 1, p. 347; *CRS*, vol. 60
  (London: Catholic Record Society, 1968), pp. 19 – 20; William Tedder, *The
  Recantations as They were Seuerallie Pronounced by Wylliam Tedder and Anthony
  Tyrrell* (London: John Charlewood and William Brome, 1588), *STC* 23859,
  pp. 9, 21 – 23; *CSP Domestic, 1581 – 1590*, pp. 552, 593; Millar MacLure,
  The Paul's Cross Sermons, pp. 68, 216.

② Godfrey Anstruther, *The Seminary Priests*, vol. 1, pp. 89 – 90.

③ Michael Questier, "Conformity, Catholicism and the Law," in Peter Lake and
  Michael Questier, eds., *Conformity and Orthodoxy in the English Church, 1560 –
  1660* (Woodbridge: Boydell Press, 2000), pp. 237 – 261.

诺兹（William Reynolds）与伯森斯的反对。他们极少出身显贵，或非来自"庄园天主教主义"（seigneurial Catholicism）依然盛行的地区。"他们是彻头彻尾的教士"，坚信振兴信仰不应立足于被动等待和妥协，而是应通过血腥反抗或圣战奋起争取。[1]

英格兰天主教关于复兴方式的分歧除了基于国家意识与神意实践，亦源于对罗马教廷主导下天主教重建计划中教士世俗角色的不同期许和定位。[2] 1580 年，耶稣会重新定义教士的公共角色，鼓励教士从对中世纪教会的怀旧幽情中自我抽离出来，踏出修道院进入大学任教或在政府就职，这种入世有助于强化世俗服务中教士的专业性。但教士的重新涉政与传统世俗精英的统治秩序相抵触。[3] 中古后期以降，渐兴的英格兰国家主义和新君主形态使政教对抗从封建王权与教廷的主权之争向下扩及世俗精英与教士的参政之争。基于反阿维尼翁教廷或为阻止1370 年的王室信贷危机再现等诸多原因，1371 年英格兰下议院首度明确要求政府重要官职须由世俗贵族担任，以确保能对政策成效全权负责。[4] 高级教士的政治被边缘化自 15 世纪后期专制君权崛起后尤其明显。1540 年枢密院中尚有三位高级教士任职：坎特伯雷大主教托马斯·克兰默（Thomas Cranmer）、达勒姆主教卡思伯特·滕斯托尔（Cuthbert Tunstall）与温切斯特主教斯蒂芬·加德纳（Stephen Gardiner）。至伊丽莎白一世时期，

① John Bossy, "The Character of Elizabethan Catholicism," *Past & Present* 21：1（April 1962），pp. 39 – 59.

② *CRS*, vol. 2, pp. 50 – 51; Peter Holmes, *Resistance and Compromise*, pp. 93, 103.

③ Adrian Morey, *The Catholic Subjects of Elizabeth* Ⅰ, p. 200.

④ W. Mark Ormrod, *Edward* Ⅲ（New Haven and London：Yale University Press, 2013），pp. 528, 568 – 569.

枢密院仅保留坎特伯雷大主教的席位。[1] 此政权中枢的改组显示近代早期欧洲的国家统治权正从教士转移至世俗精英,但耶稣会显然忽略了或拒绝正视此一权力过渡。且在英格兰贵族家庭,教士通常为依附恩惠系统的聘雇门客,任家庭牧师。换言之,无论在社会位阶上还是恩惠体系中,英格兰贵族皆被视为教士的主人。但依据罗伯特·帕森斯对教士的新公共角色及教权国家的定义,教会权力经由教士委员会回归,统辖世人。这种急切恢复往日教权帝国的一厢情愿为英格兰世俗精英阶级所抵制,认为这是对世俗统治的入侵。查尔斯·佩吉特抨击艾伦博士等教士染指"我们国家的公共事务",质疑"为何教士不专注于他们的祈祷书",更同特雷瑟姆与托马斯·思罗克莫顿一起直言"不乐见士绅被教士所领导"。[2] 部分英格兰天主教士绅逐渐认为,与其屈服在教士的教权位阶之下,他们宁愿成为在伊丽莎白一世新教政权下统治阶层中的天主教少数。这种弥漫在世俗统治阶层的反教士情绪或许是导致分歧的另一个原因。

耶稣会学者利奥·希克斯将天主教的内部分裂归咎于伊丽莎白一世政府的操弄。[3] 但此根源于信仰复兴方式与政教统治权的分歧显然早已存在,英格兰政府仅是掌握时机,以生存利益为诱饵加速催化而已。如同约翰·博西所定义的,英格兰天主教流亡团体虽具有共同目标,却建立在迥异的信念上。[4] 天主教的矛盾与分裂因近代早期的国家主义与政教争权早已根深蒂固,

---

① Penry Williams, *The Tudor Regime*, pp. 452 – 456.

② John Bossy, "The Character of Elizabethan Catholicism," p. 51; Thomas Rogers to Walsingham, December 16, 1585, SP 15/29/55, TNA.

③ Leo Hicks, *An Elizabethan Problem*, pp. 136 – 137.

④ John Bossy, *The English Catholic Community*, pp. 11 – 48.

英格兰政府的恩威并施只是催化剂。这种内部危机对天主教反抗新教英格兰的暴力行动极为致命，且英格兰权臣敏锐地掌握了时机，借由恩赦竞相争取流亡者加入各自的情报系统。不满于耶稣会的教权领导，再加上英格兰政府恩威并施的策略，众多世俗流亡者开始迟疑摇摆。最终，部分选择改宗、变节或为双边服务。

五 政教忠诚的切割与政治顺从

不同于耶稣会派主张积极武力入侵，反战派流亡者出于生存、国家意识与政教权力竞逐的考虑，分割宗教信仰与政治顺从，为伊丽莎白一世政权提供海外情报服务，企图为英格兰天主教谋求妥协式的新生存路线。流亡者的信仰与政治忠诚分离并非特例，乃是英格兰本土偶奉国教行为的海外延伸，它们共同反映了英格兰宗教改革时期政教冲突下的政治顺从或拒绝抵抗主义。

基督教的顺从概念源自摩西《十诫》（Decalogue）中的第四诫"尊敬父母"，强调父慈子孝及夫义妇顺的家庭秩序。[1] 中世纪神学将家庭人伦的顺从观引入教会秩序，将对生身父母的恭顺扩及上帝授权之精神父母——教士为父，教会为母。随着近代早期专制君威日盛，人文主义者如伊拉斯谟（Desiderius Erasmus）依据新约《罗马书》第13章"顺服掌权者"与《彼得前书》第2章"顺服统治者和主人"，进一步将顺从论延伸至

---

① 《出埃及记》20：12，《彼得前书》3：1、5，《中英圣经：新旧约全书和合本新国际版》（New International Version），圣书书房，1990，第95、1509页。

社会秩序中的师生、主仆与君臣关系。① 宗教改革时期，仰赖世俗政权庇护的新教诸派强化政治顺从理论，扭转中世纪以来涂油加冕礼将王权置于教权之下的尊卑阶序，突显上帝与君主的直属授权，淡化教廷在君权神授过程中的中介转化角色。尤其是，马丁·路德（Martin Luther）援引《罗马书》中所提之凡权威者皆为上帝所命，抵抗必自遭天谴，确立众人需绝对服从受命于天的世俗政权，对君主的抵抗视同忤逆上帝。② 路德的拒绝抵抗理论在英格兰宗教改革初期成为亨利八世与福音派掌权者宣扬政治顺从的基石。托马斯·克伦威尔的门客威廉·廷代尔（William Tyndale）1527 年出版《基督徒的顺从及基督教统治者应如何统治》，首度明确引用路德的服从世俗权威论点，且定义神谕非出自教士布道而需溯源于《圣经》，再将《十诫》与圣保罗的政治服从论扩及绝对遵从至高王权。③ 此服从"位阶"从教皇到君主的转移尤其显现于 1530 年代的《禁止上诉法》（The Act in Restrain of Appeals of 1533）与《至尊法案》（The Act of Supremacy of 1534）。同时，政府经由布道与出版等官方方式，宣传获得救赎的唯一途径并非如罗马教廷所宣称的抵抗异教君主，这只会招致叛国罪名，唯有"传播和聆听神谕、服从君主、耐心及诚实生活"等对上帝与君王的共同遵从，才能享有"财

---

① 《罗马书》13：1-2，《彼得前书》2：13-14、17，《中英圣经：新旧约全书和合本新国际版》，第 1410、1509 页；Desiderius Erasmus, *A Playne Anid Godly Exposytion or Declaration of THE Commnue Crede*, W. Marshall, trans. (London: Robert Redman, 1536), *STC* 10504, p. 165r。

② Quentin Skinner, *The Foundations of Modern Political Thought*, vol. 2, *The Age of Reformation*, pp. 15-19, 221-230.

③ William Tyndale, *The Obedyence of a Christian Man and How Christen Rulers Ought to Gouerne* (London: William Hill, 1548), *STC* 24448, pp. 24v-33v.

富、共同安宁与繁茂",并获得"通往天堂的钥匙"。① 1543 年出版的《国王之书》(*A Necessary Doctrine and Erudition for Any Christen Man，Set Furthe by the Kynges Maiestye of Englande*，简称 *King's Book*) 亦宣扬君主的抚育之恩等同亲生父母,臣民应延伸孝道于君主。②

亨利八世实行天主教为体、福音派为用的"双头正统",吸引共存的新旧教竞相阐释忠君立场,以期为各自教派争取王室恩宠,希冀最终成为英格兰正统信仰,故天主教徒亦参与建构政治顺从论。③ 曾任国务大臣的天主教主教史蒂芬·加德纳 1535 年出版《关于真实的忠诚》,推崇亨利八世作为英格兰教会最高领袖,依据君权神授将王法等同神意,臣民应无条件顺从君主与王法。④ 玛丽一世复辟天主教政权后,面对羽翼渐丰的新教势力根据鄙视女性的传统而质疑女性统治的正当性,进一步强化人民对君主的绝对服从义务。宫廷教士如约翰·克里斯托弗森 (John Christopherson) 与詹姆斯·坎塞莱尔 (James Cancellar) 分别在 1554 年与 1556 年出版《劝众人以反叛为

---

① Richard Rex, "The Crisis of Obedience: God's Word and Henry's Reformation," *The Historical Journal* 39: 4 (December 1966), pp. 885 – 888; On The Royal Authority, 1536, SP 6/4 f. 188, TNA; 李若庸:《英格兰宗教改革后的服从论述》,《台大历史学报》第 36 期, 2005 年, 第 336—352 页。

② *A Necessary Doctrine and Erudition for Any Christen Man*, Set Furthe by the Kynges Maiestye of Englande (London: Thomas Barthelet, 1543), *STC* 5169, sig. S1r.

③ Conrad Russell, "The Reformation and the Creation of the Church of England, 1500 – 1640," in John Morrill, ed., *The Oxford Illustrated History of Tudor and Stuart Britain* (Oxford: Oxford University Press, 1996), p. 275.

④ Richard Rex, "The Crisis of Obedience: God's Word and Henry's Reformation," pp. 863 – 894; Stephen Gardiner, *De vera Obediencia an Oration Made in Latine by the Ryghte Reuerend Father in God Stephan B. of VVinchestre* (London: John Day, 1553), *STC* 11585, sigs. D2v – D3r, D7r, D8r.

警》（*An Exhortation to All Menne to Take Hede and Beware of Rebellion*）与《服从之路》（*The Pathe of Obedience*），淡化统治者的性别争议，仿效路德援引圣保罗的尊君教谕，辅以自然法和中世纪士林哲学的阶序观，复制讲求强弱位序的自然秩序以建构尊卑有别的政治秩序，两种对应秩序皆由神意所造，君主权威亦由上帝所授，警惕"众人永远不能以任何理由冒险反叛统治者，上帝命令众人以最谦卑的态度服从他［或她］"。①

在伊丽莎白一世即位之初，1559 年《至尊法案》的修订争议再度重塑了天主教的政治顺从概念。约克大主教尼古拉斯·希思（Nicholas Heath）与切斯特主教威廉·唐翰（William Downham）虽在上议院公开反对该法，但声明基于惧怕惩处及尊重王室血统继承与神意的良心，宣誓效忠女王的世俗至高性。② 信仰天主教的蒙塔古子爵安东尼·布朗（Anthony Browne, Viscount Montague）在上议院与罗伯特·阿特金森（Robert Atkinson）在下议院皆强调天主教徒对新女王的绝对忠诚，以及绝不引发动荡的静默恭顺。后者甚至主张若天主教徒忠于良心而保持信仰，对外仍服从女王的世俗法律，就不应该受惩处。③ 同时期的一份天主教匿名手稿虽反对王

① John Christopherson, *An Exhortation to All Menne to Take Hede and Beware of Rebellion* (London: John Cawood, 1554), STC 5207, sig. A6r; James Cancellar, *The Pathe of Obedience* (London: John Wailande, 1556), STC 4565, sigs. C6r - v, C8r - v; 林美香：《女人可以治国吗？——十六世纪不列颠女性统治之辩》，左岸文化，2007，第 73 ~ 75 页。

② John Strype, *Annals of The Reformation and Establishment of Religion*, vol. 1, part 2 (Oxford: Clarendon Press, 1824), pp. 399 - 422.

③ John Strype, *Annals of The Reformation*, vol. 1, part 1, pp. 440 - 455; Timothy J. McCann, "The Parliamentary Speech of Viscount Montague Against the Act of Supremacy, 1559," *Sussex Archaeological Collections*, vol. 108 (Sussex: the Sussex Archaeological Society, 1970), pp. 50 - 57.

权至上，但仍以圣彼得顺从尼禄，与圣安波罗修承认狄奥多西一世的世俗权力为例，主张任何对女王的政治抵抗均属违法。[①]

1568 年苏格兰玛丽流亡入英格兰，重燃天主教的复兴希望。以其亲信罗斯主教约翰·莱斯利与尼古拉斯·桑德尔为首的天主教徒策划北方叛乱与诺福克叛乱；流亡尼德兰的英格兰天主教徒亦公开宣传对伊丽莎白一世政府的政治抵抗。但叛乱的接连失败导致流亡者领袖威廉·艾伦随后在 1573 ~ 1583 年暂缓实行圣战策略，改以训练传教士返回英格兰以宣抚巩固残余天主教势力，静待玛丽的合法继承。在此宁静的 10 年，抵抗论再度转向忠君与非抵抗宣传。罗伯特·帕森斯在 1580 年 7 月 19 日的布道中声称天主教对女王的忠诚与新教徒无异，随时准备以鲜血、生命与家产捍卫女王与国家，"君主之所以应被服从，不仅仅因为惧怕惩罚或避免［叛国］诽谤，更是立足于良心"。[②] 艾伦在 1581 ~ 1582 年重申对女王的忠诚与非抵抗行为，视伊丽莎白一世为全体英格兰天主教徒的君主，他们将履行"神意法、自然法与国家法规定的对女王的全部服从义务"，除了认同其在教会的至高性。换言之，英格兰天主教徒不抵抗王国的世俗法律，仅拒绝违逆上帝旨意的宗教伪法。[③]

1580 年代初，伊丽莎白一世政府大幅缩紧天主教政策，

---

① Peter Holmes, *Resistance and Compromise*, p. 12;《彼得前书》2：13 - 23,《中英圣经：新旧约全书和合本新国际版》，第 1509 页。

② *CRS*, vol. 1, pp. 35 - 41; Robert Parsons, *A Brief Discours Contayning Certayne Reasons Why Catholiques Refuse to Goe to Church* [London: John Lyon (i. e. Greenstreet House Press), 1580], *STC* 19394, pp. 2 - 3, 10 - 12; Robert Parsons, *An Epistle of the Persecution of Catholickes in Englande* (Rouen: Fr. Parsons' Press, 1582), *STC* 19406, p. 6.

③ William Allen, *A Briefe Historie of the Glorious Martyrdom*, sig. C2.

尤其是 1581 年《忠诚维护法》的颁布导致关于政治忠诚的主张出现分歧。流亡者艾伦、帕森斯、理查德·费斯特根（Richard Verstegan，或称 Richard Rowland）与约翰·吉本斯（John Gibbons）等质疑宗教迫害的合法性，重新将宗教抵抗延伸至政治对立，鼓吹殉教为获取救赎的机会，企图重建英格兰天主教徒的隔绝意识。但如前所论，部分世俗教徒基于生存焦虑、信仰复兴方式与政教统治权的分歧，拒绝耶稣会主导的积极反抗主义，重新定义政治服从等同消极宗教抵抗，政治忠诚开始去宗教化。① 这一主张在英格兰本土首先显现于是否参与国教礼拜的争议，即所称偶奉国教行为。前奇切斯特教区执事长奥尔本·兰代尔（Alban Langdale, Archdeacon of Chichester）捍卫"教会天主教"行为在特殊情况下合理合法，即天主教徒基于生存恐惧或公民义务而进入国教教堂，在拒绝履行国教仪式或不与国教徒交流的前提下，将可不被视为异端。他援引迦玛列（Gamaliel）与亚利马太的约瑟夫（Joseph of Arimathea）为求生存而在犹太团体中隐瞒宗教倾向，以及叙利亚的纳曼（Naaman the Syrian）被伊莱沙（Elisha）允许跟随君主至神庙参拜的例子，合法化天主教徒进入新教教堂的行为。兰代尔重塑《圣经》中的服从概念，正当化天主教徒进入国教教堂执行公民义务的行为，将其视作对君主的适当效忠。但这种外在顺从不等同于信仰认同（精神上仍维持对上帝的忠诚），仅是一种用以规避政府惩处的表演形式，因英格兰君主与政府视进入教堂为一种忠诚的鉴别标记（signum distinctivum），即区分真实臣民与

---

① Peter Holmes, *Resistance and Compromise*, pp. 90 – 125; Patrick Collinson, *The Birthpangs of Protestant England*, p. 27.

叛徒的方式,而非区分新教徒与天主教徒的标准。兰代尔进一步主张教会法为人类法,若违背生存至上的自然法就不可遵从,教会不应迫使人将自身生命置于危险之中,除非这种世俗服从危及天主教信仰及其整体利益。① 前赫尔副主教罗伯特·珀斯格洛夫(Robert Pursglove)、耶稣会教士托马斯·赖特(Thomas Wright)及兰开斯特郡教士托马斯·贝尔(Thomas Bell)皆支持进入国教教堂的顺从鉴别,前提为不与异教徒共同祈祷或领取圣餐,并宣示此举纯粹为服从君主以规避叛国指控,借此自我标示为拒绝国教者,避免被指控为异端。②

偶奉国教行为的理论通过印刷与天主教徒的流亡浪潮而传播至欧陆,为同样陷入信仰或生存两难困境的流亡者提供分割宗教忠诚与世俗义务的合理性。兰斯神学院创建者之一格雷戈里·马丁(Gregory Martin)虽然主张对抗伊丽莎白一世政权,但也引用《圣经》中的《罗马书》与《彼得前书》,强调政治服从的必要性,即以不抵抗与消极服从的方式,尽可能避免厄运降临或天主教生存情势的恶化,且教士必须接纳那些基于恐惧而出入新教教堂者,他们不可被开除教籍且仍被接纳为天主教徒。③ 早在 1574 年,安东尼·蒂勒尔就已强调:"天主教徒在被迫害之际选择保全自己是绝对合法的,这并非自私苟活,而是等待时机为众生谋福。"④ 在 1586 年第三次被捕时,他同

---

① 《列王纪下》5:18~19,《中英圣经:新旧约全书和合本新国际版》,第471~472页;A discourse delivered to Mr. Sheldon, to persuade him to conform, 1580, SP 12/144/59, TNA. Alexandra Walsham, *Church Papists*, pp. 51 –54.

② Peter Holmes, *Resistance and Compromise*, pp. 95 – 98.

③ Peter Holmes, *Resistance and Compromise*, pp. 40 – 43, 101.

④ Michael Questier, "English Clerical Converts to Protestantism, 1580 – 1596," p. 465.

意分割"自己的宗教与政权",并乐意履行他的自然职责,因为这是"我应该献予我的女王更甚于上帝"。① 几乎同时,威廉·吉福德也向沃尔辛厄姆宣称,若能保障他的宗教与良心自由,他愿意"在女王的保护下,居住在我们自己的国土上",支持天主教士绅与伊丽莎白一世政权和解,共抗"任何意图颠覆女王统治与腐蚀我们家庭的行为,这无关乎宗教"。② 哈特在1580 年底的审讯中亦声明,尽管教皇庇护五世(Pius V)在1570 年的通谕《在至高处统治》(Regnans in Excelsis)中对伊丽莎白一世的指控与惩处——控告其为私生子、异端与分裂教会者,将伊丽莎白一世及其服从者开除教籍——仍具效力,但继任教皇格列高利十三世(Gregory XIII)体谅英格兰天主教徒面临教皇与女王的忠诚两难,"若服膺女王,他们将受教皇的诅咒;若违逆女王,他们将面临责罚的危险",故特许英格兰教徒形式上服从异端女王且不开除教籍(危及灵魂救赎)。③ 简言之,反战派流亡者希望仿效国内的偶奉国教模式,通过情报服务等另类的政治顺从,实现身体与灵魂共存的双赢。

罗马教廷与耶稣会皆否决了英格兰本土与流亡教徒的政治顺从诉求。乔治·布莱克韦尔(George Blackwell)在《反对参加教会》("Against Going to Churche")一文中,谴责兰代尔的

---

① Anthony Tyrrell to Burghley, 1586, Lansdowne MS 50 f. 159, BL.

② Thomas F. Knox, ed., *The Letters and Memorials of William Cardinal Allen*, pp. 262 – 263.

③ Godfrey Anstruther, *The Seminary Priests*, vol. 1, pp. 153 – 155. Extract from the examination of John Hart relative to the Bull of Pope Pius V, December 30, 1580, SP 12/144/64, TNA. Robert M. Kingdon, ed., *The Execution of Justice in England by William Cecil and A True, Sincere, and Modest Defense of English Catholics by William Allen*, p. 19.

主张缺乏学理与理性，充斥着颠覆天主教的强烈煽动。[①] 罗伯特·帕森斯在 1580 年出版的《简短演讲》中似乎有所犹豫妥协，主张教皇或许可赦免对君主的部分世俗服务，如参与异端教会但不履行仪式，此有限服从行为可保证天主教权贵家族的存续，以待女王崩殂后复兴教会。帕森斯认为基于获取更大的利益或避免更坏的邪恶，教会可有条件地赦免部分顺从行为，但绝非普遍性宽容，因为无设限的政治顺从恐将分裂教会。故他谴责政治服从者的投机式首鼠两端，尽管将其他信仰视为异端，但"在一些世俗方面，他们或许狡猾地至少参加教会以彰显他们是对立宗教政策的顺民，甚至嘲弄坚持抵抗者过于谨慎"。[②]

尽管耶稣会反对，反战派中的大多数天主教徒基于个人的生存恐惧与良心，仍在国内外实行偶奉国教或提供情报服务等条件式政治顺从，分割政权效忠与宗教信仰，将世俗忠诚献给代表英格兰国家正统的伊丽莎白一世新教政权。故 1580～1598 年变节流亡者人数大幅增加，他们或改宗，或放弃信仰，抑或提供双重服务。然而，世俗忠诚与信仰间的取舍立足于内在信念和个人良心的自由心证极为模糊危险，频繁引发天主教内部关于信徒与异端的争议。部分条件性顺从者甚至因此被指控为改宗者、间谍或"地鼠"，如约翰·哈特、罗伯特·格雷（Robert Gray）、马丁·纳尔逊（Martin Nelson）均无法确定偶尔

---

① 转引自 Alexandra Walsham， " ' Yielding to the Extremity of the Time '： Conformity, Orthodoxy and the Post-Reformation Catholic Community," in Peter Lake and Michael Questier, eds. , *Conformity and Orthodoxy in the English Church*, p. 229。

② Robert Parsons, *A Brief Discours Contayning Certayne Reasons Why Catholiques Refuse to Goe to Church*, pp. 5v – 6r.

服从的底线或忠诚分割的界限在哪里，导致其妥协或时间短暂，或时而反复，如蒂勒尔在 1586 年、1587 年、1588 年、1605 年的反复改宗投诚。[①] 这已经成为一种基于内在信念和个人良心的自由心证。除了部分由教皇赦免允许的特殊服从，尽管存在被指控为异端的风险，1600 年以前部分天主教徒开始视服从君主与宗教忠诚一样合法。借由不断试探或挑战罗马教会的底线，这些机会主义者试图开辟一条生存与信仰的双赢途径。须注意的是，史家亚历山德拉·沃尔沙姆认为割裂忠诚亦反映了教义、道德与政治之间的冲突日益激烈，即争议事实与主观意识，或标记者与被标记者之间的剑拔弩张。这群被贴上"偏离"标签的政治顺从者被贬抑讥讽，借以美化彰显所谓"真实的神之选民"，强化后者面对迫害或殉教时的忠贞信念以对抗异端。[②] 对英格兰当权者而言，操纵天主教流亡者进行谍报工作实为一把双刃剑。流亡者的偶发性或暂时性服从，同时意味着难以预测的变节反叛，可能随时引火上身。

* * *

政教忠诚的分割与政治顺从是近代国家建构趋势下必然的政治妥协。中古后期因瘟疫、经济通货膨胀与战争所积累的社会焦虑已远非圣坛布道可以抚慰，臣民转而希冀强势君主以公权力介入维护秩序，从而促使分权的封建君权转型为集权王制，世俗权力渐趋统一。宗教改革进一步迫使新旧教会向专制王权

---

① Confessions of Robt. Gray, October, 1593, SP 12/245/138, TNA; *Acts of the Privy Council of England*, vol. 13 (London: HMSO, 1896), p. 145.

② Alexandra Walsham, *Church Papists*, p. 9.

献出宗教自主权，扭转政教阶序。无论是日耳曼或瑞士由下而上的教义改革，还是都铎政权以王室主导，辅以议会立法自上而下的强制改宗，乃至法国宗教内战，新教改革者与旧教捍卫者皆被迫依附世俗政权以维持各自信仰的存续或正统性，共同建构政治顺从。英格兰国教会借由一系列立法向君主献上《圣经》阐释权、司法权及教产，且以王为尊。而部分身陷信仰与政权决裂困境的英格兰天主教徒，基于利己主义、国家意识及天主教内部对信仰复兴的分歧，探索了一条信仰与生存并存的途径，依凭良心分割信仰忠诚与国家义务，确定信徒与臣民的定位，从而形成国内的偶奉国教与海外的情报服务等政治顺从行为。此半分离主义（semi-separatism）迫使英格兰天主教迈向政教分离。迈克尔·凯斯捷主张，16 世纪末众多天主教徒被迫思考教权国家的存在必要性与政教分离实践的可能性，如埃德蒙·邦尼（Edmund Bunny）曾询问罗伯特·帕森斯"宗教与政权可否分离"。[①] 越来越多的天主教徒开始选择政教分离。教士托马斯·赖特基于政治理由，在 1593 年放弃参与天主教计划，被官方特许宗教实践上的自由。[②] 兰开斯特郡士绅约翰·阿什顿（John Ashton）亦决定服从君权至上甚于教会。16 世纪末，罗马教会与罗马政权分离的概念正在英格兰传播，一个去政治化的纯宗教正在萌发。更值得思考的是，新旧教会沦为世俗政权的附庸，中世纪的基督教帝国逐渐崩解为世俗政权领导的国家教会，教会国家化终于使长期分离的政教之权定于

---

① Edmund Bunny, *A Booke of Christian Exercise Appertaining to Resolution* (London: N. Newton and A. Hatfield, for John Wight, 1584), *STC* 19355, sig. Ff1 v.

② Thomas Wright, a Popish Priest, to the Queen, no date, Lansdowne MS 109 f. 48, BL.

一尊。国家主权的完整性成为近代早期英格兰的"帝国"元素之一。

　　然而，政治顺从绝非发生于英格兰的单一特例，亦非皆由下层非国教群体向上层政权的单向性输诚。主政者基于政权稳定性，时而被迫向非其所属教派的当权者或民间主流信仰进行政治妥协。例如，笃信天主教的苏格兰玛丽女王面对强势的苏格兰长老会政府，无奈实行宗教宽容政策以稳固其统治地位。隶属胡格诺派的法王亨利四世在1593年皈依天主教，以弥撒换取象征法国民心的巴黎。这类自上而下的政治妥协与本章探究之自下向上的政治顺从，共同描绘了从中世纪封建秩序到近代国家秩序的欧洲政治转型图景。一方面，反映了在近代民族国家意识与人文主义的内外推动下，君主或人民在进行决策时，逐渐摆脱传统的宗教情怀或王朝家族血统等情感羁绊，转变为以个人或国家的现实利益为关键考虑因素，而18世纪中期的欧洲外交革命正式宣告此近代现实主义政治的定型。另一方面，政治妥协与顺从虽然是迫于生存或利益而进行的礼仪性忠诚宣示，但这种上下双向的"顺"之政治契约精神，呈现了近代国家秩序中君民关系的质变：从基督神权的信徒，经王朝政治的臣民，最终定位为国家政治的国臣与国民。

　　最后，16世纪晚期监控流亡法国之英格兰天主教徒的谍报系统见证了伊丽莎白一世中期党派倾轧的海外延续。天主教内部的分崩离析吸引英格兰权臣伯利与沃尔辛厄姆分别派遣间谍或代理人，竞相游说流亡者提供情报服务，双方鲜少合作或信息共享，反而是相互监视、排挤，甚至恶性倾轧。此情报竞争证实了伊丽莎白一世时期的情报系统远非今日的国家性政府统筹系统，而是由权臣各自运作的私人间谍组织，用以竞逐情报以图利于党派。在游说天主教流亡者的竞赛中，伯利因钳制流亡贵族的国内资产与子女监护权、宗教宽容倾向，以及亲信斯塔福德掌控使馆系统，略占上风。沃尔辛厄姆则在国内反恐活动中扳回一城。更值得关注的是，伊丽莎白一世在这两党情报博弈中所扮演的幕后角色。她借由恩惠分配与内廷的亲密机制运作，特别是斯塔福德大使的任命与内廷情报传递，有效地打破了主战党在外交和情报上的独大局面，制衡双边权力。尤其是，君主变体之内廷的介入痕迹，表明伊丽莎白一世延续都铎王朝亲密政治的传统，运用内廷近身侍奉君王的宠信关系与裙带网络监管外朝的信息、政务和官僚体系。由此可证，女王在男性官僚主导的政务和信息系统中并非全然弱势无能，这将是本书下一章要探讨的主题：女性内廷的信息服务与亲密政治机制。

第五章　君主的变体：都铎晚期的
内廷机制

> 对于君主派遣的官员、军队或君主的肖像，致以尊敬
> 之情，被视为对君主本身崇敬，他们虽无法亲临现场，但
> 可通过代理人或标志来代表他们的威仪。
>
> 托马斯·比尔森（Thomas Bilson）《基督教服从与非基
> 督教叛乱的真正差异》（1585）[①]

1559 年 5 月，在神圣罗马帝国皇帝费迪南德一世
（Ferdinand Ⅰ）之子奥地利大公卡尔二世（ Karl Ⅱ Franz von
Innerösterreich, Archduke of Austria）与甫继任英格兰女王的伊
丽莎白一世商讨联姻之际，帝国驻布鲁塞尔大使黑尔芬施泰因
伯爵（George, Count von Helfenstein）的秘书奥古斯丁·金特泽
（Augustin Gyntzer）向大使回禀，他已向新女王呈递国书，但尚
未呈献大公的两幅肖像画。反之，他选择先向内廷女官展示画
像，确保"成功吸引女王最宠信之贵族侍女的目光……这如同

[①]　Thomas Bilson, *The True Difference Betweene Christian Subiection and Unchristian
Rebellion* (Oxford: Ioseph Barnes, 1585), *STC* 3071, p. 561.

女王亲眼所见。这点，我无须多言"。①

外交使节赋予内廷女官为君主变体的独特定位，连同前章所述之驻法大使斯塔福德通过家书与担任司袍女官的母亲多萝西互通信息的争议插曲，呈现了都铎王朝在政府制度之外的潜在关系运作——内廷亲密政治。这颠覆了传统史学对近代早期女性涉猎政治信息活动的评价，显示了近代早期的英格兰女性尽管受制于性别，无法任职于政府等公共领域，乃至被屏蔽在男性主导的公共信息圈之外，但仍可凭借财富、社交或职务等优势涉足政治信息网络，尤其是女性显贵受益于近身服侍女王的自然身体，掌握直达天听的内廷信息渠道，甚至可以左右君主决策。由这种亲密模式衍生的宠信型君臣关系，推动内廷从单纯的王室居所转化为君主政治形体的延伸。家务属性的侍臣，无论性别，凭借宠信关系，向外转化为王权的耳目，监控外朝的政务和信息，制衡宫朝之间与党派之间的权力博弈，更象征着君主亲临。正如金特泽所言，内廷女官之眼如同女王之眼。内廷女官插足政务的迹象意味着伊丽莎白一世未受制于性别而中断都铎专制的亲密政治机制，仍重视服侍君主自然形体之内廷的王权象征、隐蔽性与裙带关系等。然而，内廷女官介入政务引发诸多争议，如同沃尔辛厄姆拦截斯塔福德的家书不纯粹是因为浅层的党争，更多反映了鄙视女性传统对女性涉政的制约，更牵涉中世纪后期以降英格兰的宫朝倾轧。对女主统治的集体焦虑感，迫使官僚群体重新审视"神选之臣"与"御封之臣"的二重君

---

① Report of Augustin Gyntzer to Count Helffenstein, May 1559, in Victor von Klarwill, ed., *Queen Elizabeth and Some Foreigners*, trans. by Thomas H. Nash (London: John Lane, 1928), p. 64.

臣关系，假托性别为正当理由，使内廷回归家务领域，重新界定宫朝分野；进而依托神意和公意，调整臣属忠诚由王向国转移，推动英格兰从中世纪封建王权经近代早期专制君权的私属性王朝政治，缓步迈向官僚性的国家政治。[1]

如本书绪论所言，传统史学探讨伊丽莎白一世时期是否为近代英格兰政权从专制转型为共治的分水岭时，始终聚焦在女主统治能否有效钳制官僚。近代史学多描绘一幅君弱臣强的共治图景；威廉·卡姆登、达德利·迪格斯与詹姆斯·弗劳德贬抑伊丽莎白一世为一位优柔寡断且冥顽不灵的无能女主，将盛世归功于"她顺从睿智的男性枢密大臣"。[2] 现代史学重新诠释伊丽莎白一世的都铎专制；约翰·尼尔与华莱士·麦卡弗里将强势女主统治归因于对恩惠控制，而科尼尔斯·里德与纳塔莉·米尔斯指出女王对于官职任免，尤其是咨议团筹组权的掌握与运用，有效地制衡了党争，削弱了枢密院的集体影响力，巩固了君主的决策主导权。[3] 然而，自1980年代以来，史学回归弱势女主研究。苏珊·多兰指出，伊丽莎白一世的君权强弱随政策的切身性强弱而变化。帕特里克·柯林森进一步阐释，针对非君王自身或非封建特权性质的国策议题，代表臣民的议会，特别是枢密院，享有近乎平行于君主的独立决策权，形成双头共治的君主共和政权。

[1] Wallace MacCaffrey, *The Shaping of the Elizabethan Regime*, pp. 315-317.

[2] William Camden, *Annales*, p. 338; Dudley Digges, *The Compleat Ambassador*; J. A. Froude, *History of England from the Fall of Wolsey to the Defeat of the Spanish Armada*, vol. 12, p. 508.

[3] J. E. Neale, "The Elizabethan Political Scene," pp. 59-84; Wallace MacCaffrey, "Place and Patronage in Elizabethan Politics," pp. 95-126; Conyers Read, "Walsingham and Burghley in Queen Elizabeth's Privy Council," pp. 34-58; Natalie Mears, *Queenship and Political Discourse*, pp. 73-103.

迥异于传统研究多从恩惠或政策等制度视角检视都铎晚期王权，戴维·洛德斯与帕姆·赖特转从内廷质变的关系视角，指出都铎后期自 1553 年至 1603 年长达半个世纪的女主统治导致内廷女性化，原本在内廷服侍君主起居的男性贵族由女性取代，但内廷女官受限于性别，无法出仕政府或承担政务，仅能负责女王的日常例行私务、保管私人珠宝与华服。女性君主的即位使内廷从亨利八世时期的政治竞技场回归家务性质，政治功能沦落为"偶然性、难以为继的，更永远无法发挥至极致"，难以钳制以男性官僚为主的外朝政府。亲密政治机制的失灵削弱了都铎专制，君权渐衰。赖特并非全然否定女性内廷对政治的参与，仍强调女官受益于对女王的亲近服侍，成为王室恩惠市场的重要掮客。① 夏洛特·默顿（Charlotte Merton）虽试图挑战赖特的女性内廷去政治化论点，却同样将其政治功能限缩于恩惠中介，而非广义层面的政治活动如政策辩论与统治参与。②

本章将从信息控制的微观视角观察权力的运行，特别是将君臣纽带置于动态的"关系"之中，检视内廷的女性化质变如何影响女主统治、君臣关系，乃至宫廷与政府之间的权力重组。在传统信息研究中，相较于活跃于情报组织中的苏格兰玛丽，伊丽莎白一世相对沉默，通常作为男性官僚信息系统的首要赞助人，却又沦为他们选择性呈报信息的被动聆听者，时而陷入信息无知的窘境。恩惠支配者与信息从属者这两个鲜明却矛盾

---

① David Loades, *The Tudor Court*, p. 59; Pam Wright, "A Change in Direction: the Ramifications of a Female Household, 1558 – 1603," in David Starkey, ed., *The English Court*, pp. 147 – 172.

② Charlotte Ⅰ. Merton, The Woman Who Served Queen Mary and Queen Elizabeth: Ladies, Gentlewomen and Maids of the Privy Chamber, 1553 – 1603 (Ph. D. thesis, University of Cambridge, 1992).

的形象，反映了女主权力的极不稳定。尽管借助恩惠的分配权有效地抵制了信息的单一垄断，建构起了凌驾于党争之上的优势王权，却暴露了女王在官僚主导之政务信息系统中的被动。本章和下一章将通过内廷的信息轨迹诠释这个矛盾的王权，尽管伊丽莎白女王以内廷的亲密机制牵制外朝，但对女性统治的焦虑促使男性宫臣与朝臣由抗衡转趋合作，依托信仰、共治传统与正统男性秩序，重新定位君臣秩序，以期合法化双头政权。

本章将检视伊丽莎白一世时期的女性显贵凭借家族及恩惠纽带，尤其是内廷服侍，跃居宫廷信息枢纽的过程，进而探讨都铎君王如何运作内廷介入信息、政务与官僚体系，最终分析女性内廷之政治制衡的失灵，将其归因于内廷信息机制的衰落、官僚对女性涉政的抵制，以及臣属定位由私至公的转移。后者涉及中世纪后期以降的宫朝竞争，都铎后期的女主统治推动官僚属性与忠诚次序从王向国同步转移，国属政权初现。此论点将回应 20 世纪英国都铎史学最具争议性的议题之一——都铎政府变革。这将在下一章，也是本书的最后一章深入讨论。

一 女性内廷的信息网络

传统史学将近代早期信息网络塑造成纯男性领域，鲜少关注女性（即使尊贵如女王或王后）的参与，或贬抑女性为绯闻传布者，将其与相对正式且男性主导的新闻、信息与情报圈隔离。伊恩·阿瑟顿（Ian Atherton）展现了一个纯雄性的信息制造与传阅世界。男性受益于职业属性，尤其是商贾、律师、官僚等身份，得以频繁出入信息集散地如圣保罗、法庭、律师学院（the Inns of Court）、宫廷等处，故被视为时事新闻的主流掌握者与阅读者。然而,女性被隔离于上述公众场所之外,禁锢在家庭中。活动空间的局限导致女性被标签化为对新闻兴趣冷淡的群体,她们的私人信件"甚少涉及新闻",她们甚至被贬抑为流言蜚语的制造者或传播者,迥异于男性被赋予的公共信息的传递者或情报获得者等正面角色。[1] 这种性别分化归因于传统信息研究多聚焦于正式的政治体制如宫廷、枢密院、议会与官署机构等,诸类公共空间基于性别歧视的传统而屏蔽女性,使女性在都铎政治图景中黯然失色。[2] 莫蒂默·莱文 (Mortimer Levine) 指出:"即使是王后的角色,明显证实了都铎时期的英格兰女性未在政府中占有重要地位。"[3] 传统史学低估了女性在政府体制中的参与度,将其去政治化或矮化为微不足道的参与者,女性被消音于信息研究之中。

近年来,英国史学界开始肯定女性对宫廷信息活动的参与。夏洛特·默顿主张都铎女性贵族不仅是女王与朝臣的沟通媒介,亦搜集国内外信息或制造谣言。[4] 詹姆斯·戴贝尔 (James Daybell) 认为女性显贵身处国家信息的中枢宫廷,得以将自身

---

[1] Ian Atherton, "The Itch Grown a Disease: Manuscript Transmission of News in the Seventeenth Century," in Joad Raymond, ed., *News*, *Newspapers and Society in Early Modern Britain* (London: Routledge, 1999), pp. 49 – 50; Sara Mendelson and Patricia Crawford, *Women in Early Modern England*, *1550 – 1720* (Oxford: Clarendon Press, 1998), p. 215.

[2] Barbara J. Harris, "Women and Politics in Early Tudor England," *Historical Journal* 33: 2 (June 1990), p. 259.

[3] Mortimer Levine, "The Place of Women in Tudor government," in Delloyd J. Guth and John W. McKenna, eds., *Tudor Rule and Revolution: Essays for G. R. Elton from His American Friends* (Cambridge: Cambridge University Press, 1983), p. 123.

[4] Charlotte I. Merton, "The Woman Who Served Queen Mary and Queen Elizabeth," pp. 154 – 202.

提升为王室恩惠的中介及宫廷信息的供应者，从中谋利。他以施鲁斯伯里伯爵夫人伊丽莎白·塔尔伯特［Elizabeth Talbot, Countess of Shrewsbury，通称哈德威克的贝丝（Bess of Hardwick）］的通信为证，弱化女性传统的绯闻者角色，将其重新定位为信息搜集者、阅读者、供应者、书写者或情报组织者；且女性对信息的兴趣不亚于男性，涉及议会事务、战争、武装叛乱等政治议题。① 纳塔莉·米尔斯不否认女性贵族的通信中充斥着关于君王健康和情绪、宫廷近况、君主宠信、权贵婚姻与官职竞争等的纷杂流言的同时，涵盖国内外的政治信息；而且男性官僚也并非对所谓的流言绯闻如女王的健康等毫无兴趣，"八卦绝非女性的专属品，也非毫无价值"。戴贝尔与米尔斯企图建构一个性别平衡的都铎信息世界，"信息由男性与女性共享，且双方的联系网络涵盖彼此的性别"。② 女性在近代早期信息系统中的角色从传统的恩惠捐客与八卦者，被重新定位为信息搜集者与传阅者。正如奥尔文·赫夫登（Olwen Hufton）主张的，"女性是信息传递系统的必要部分"，"没有女性的宫廷犹如丧失神经系统的身体"。③ 值得注意的是，女性在极其隐秘之情报网络中的角色尚无定论，情报始终被归类为男性垄断的特殊资源。

　　尽管因性别限制而被迫脱离信息中枢如政府等政治机构，

①　Pam Wright, "A Change in Direction," pp. 147 - 172; James Daybell, "'Suche Newes as on the Quenes Hye Wayes We Have Mett': The News and Intelligence Networks of Elizabeth Talbot, Countess of Shrewsbury (c. 1527 - 1608)," in James Daybell, ed., *Women and Politics in Early Modern England*, p. 123; James Daybell, *Women Letter-Writers in Tudor England* (Oxford: Oxford University Press, 2006).

②　Natalie Mears, *Queenship and Political Discourse*, pp. 111 - 114.

③　Olwen Hufton, "Reflections on the Role of Women in the Early Modern Court," *The Court Historian* 5: 1 (May 2000), p. 1.

女性贵族仍依凭个人财富、家族社交网络与社会地位（特别是与自身或配偶职务相关），接触政治情报的传输渠道。伊丽莎白一世的部分内廷女官曾是玛丽一世时期的新教流亡者或生长于外国，拥有与外国权贵联系的经验与沟通渠道。赫里福德伯爵夫人弗朗西丝·西摩（Frances Seymour, née Howard, Countess of Hertford）在 1568 年担任荣誉侍女（Maid of Honour）之前旅居法国，与法国权贵昂古莱姆（d'Angoulême）家族的一位成员保持密切联系。① 哈德威克的贝丝身为伊丽莎白一世时期英格兰最富有的贵妇，运用私人财富经营泛欧情报网，定期接收家族、友人、仆从、社交圈或专业人士的各类新闻、信息或情报信件，以熟悉家族近况、资产管理情况，乃至英格兰宫廷与欧陆局势。例如，休·菲兹威廉（Hugh Fitzwilliam）在 1570 年代早期向贝丝提供关于法国宗教内战、西班牙武装镇压摩尔人与低地国家，以及诺福克公爵被捕等英格兰宫廷与欧陆局势的全面性新闻。② 贝丝耗费巨资运营情报网不单纯是为了知晓时事，也是为了对君主宣誓效忠。她随同其夫施鲁斯伯里伯爵监管囚禁在谢菲尔德（Sheffield）的苏格兰玛丽，间谍赫西·拉塞尔斯（Hersey Lassells）常向贝丝密报玛丽的行动。③ 这类独家情报在适当时机作为馈赠，或为赎罪，呈献给伊丽莎白女王以示忠诚。这些"为我们的服务"获得女王的高度赞许："我们绝对接受你的忠诚服务，如你所愿……我们向你保证，你的行为毋庸置疑，且

---

① Frances Countess of Hertford to Sir Robert Cecil, April 26, 1595, CP 31/113, Hatfield House Library.

② James Daybell, "Suche Newes as on the Quenes Hye Wayes We Have Mett," p. 123.

③ Examination of Hersey Lassells, October 19, 1571, CP 6/66, Hatfield House Library; Countess of Shrewsbury to Burghley, October 22, 1571, SP 53/7/54, TNA; Natalie Mears, *Queenship and Political Discourse*, pp. 114 – 115.

相信你作为一位忠仆的保证，若你延续这忠诚行为，将会发现我是一位亲切友善的好女主人。"①

　　女性显贵涉足政治信息活动不全然仅仰仗婚姻、家族或恩惠纽带，更多受益于对君主自然形体的服侍亲密性，她们跃升为洞察女王喜恶、动向与健康状态的宫廷信息枢纽，吸引外臣结交，外臣动之以情谊或利益以求取情报。② 枢密院书记官罗伯特·比尔在 1592 年撰《枢密大臣与国务大臣之工作条例》，强烈建议国务大臣候选人之一的爱德华·沃顿"通过一些内廷中人了解女王陛下的意向，您必须对这些人保持信誉，这将助您站稳脚跟"。③ 此意指女官对喜怒无常之君主的近身察言观色，足以协助权贵在适当时机推进政策或私人请求。如同坎特伯雷大主教约翰·惠特吉夫特在 1587 年递送一份爱尔兰教士的请愿书副本给司袍女官多萝西·斯塔福德，"恳请她在适当时机，以我的名义呈交给女王陛下"。④

　　熟知君主情绪起伏与喜好的女官不仅掌握适当的行事时机，更能提供具有可信度高的建议。1574 年，伦诺克斯伯爵查尔斯·斯图亚特（Charles Stuart, Earl of Lennox）与伊丽莎白·卡文迪什（Elizabeth Cavendish）的秘密成婚激怒了女王。⑤ 后者之母哈德威克的贝丝求助任职内廷的众多亲友，包括担任侍女长

① Queen Elizabeth to the Countess of Shrewsbury, February 1, 1572, SP 53/8/9, TNA; The Queen to the Earl of Shrewsbury, December 1, 1571, CP 158/136r, Hatfield House Library.

② The Ordinances of Eltham, January 1526, SP 2/B f. 230, TNA.

③ Robert Beale, "Treatise of the Office of a Councellor and Principall Secretarie to Her Ma [jes] tie, 1592," p. 437.

④ John Whitgift to Burghley, May 7, 1587, SP 63/129/70, TNA.

⑤ The Earl of Shrewsbury, December 2, 1574, Edmund Lodge, ed., *Illustrations of British History*, vol. 2, pp. 43 - 44.

(Mother of the Maids) 的同母异父之妹伊丽莎白·温菲尔德 (Elizabeth Wingfield, *née* Leeche)、继女彭布罗克伯爵夫人凯瑟琳·赫伯特 (Katherine Herbert, *née* Talbot, Countess of Pembroke)，以及友人如司袍女官多萝西·玛丽·斯丘达默尔 (Mary Scudamore, *née* Shelton)、科巴姆男爵夫人弗朗西丝·布鲁克与肯特伯爵夫人苏珊·格雷 (Susan Grey, *née* Bertie, Countess of Kent) 等，请她们协力安抚女王。苏塞克斯伯爵夫人弗朗西丝·拉德克利夫 (Frances Radclyffe, *née* Sidney, Countess of Sussex) 特别建议贝丝献给女王一份精致的礼物，并提醒切勿选用金银器，浅蓝或桃色的缎面斗篷尤佳，"绣上美丽的花朵，衬里混合多种颜色并添加黄金装饰；这些绝佳的物件将比杯子或珠宝更令人期待"。她进一步建议求助其他近臣如沃尔辛厄姆、侍寝女官玛丽·斯丘达默尔与多萝西·布罗德贝尔特 (Dorothy Broadbelt)，"这些人将比凯瑟琳·诺利斯夫人 (Catherine Knollys, *née* Carey) 对我的女士［贝丝］更有帮助"。① 或许，这份厚礼

---

① Mary S. Lovell, *Bess of Hardwick: First Lady of Chatsworth*, *1527 – 1608* (London: Little Brown, 2005), p. 251. 玛丽·斯丘达默尔于 1571～1603 年任职内廷，为女王最宠信的侍寝女官，以此成为其夫约翰·斯丘达默尔在宫廷最大的助力。她连同女王教养女官布兰奇·帕里 (Blanche Parry) 与沃里克伯爵夫人安妮·达德利 (Anne Dudley, *née* Russell, Countess of Warwick) 成为 "能够缔造奇迹的三位女士"。多萝西·布罗德贝尔特于 1558～1577 年任职女王内廷。Simon Adams, "Scudamore [*née* Shelton], Mary, Lady Scudamore (c. 1550 – 1603)," *ODNB*, September 28, 2006, http://fhaa5c95a972630e4e7c8d038892b5a5344cswk9ucoook6ou6u5f.fbgi.libproxy.ruc.edu.cn/view/10.1093/ref: odnb/9780198614128.001.0001/odnb – 9780198614128 – e – 69882, 最后访问时间：2020 年 9 月 5 日; Ian Atherton, "Scudamore family (per. 1500 – 1820)," *ODNB*, September 23, 2004, http://fhaa5c95a972630e4e7c8d038892b5a5344cswk9ucoook6ou6u5f.fbgi.libproxy.ruc.edu.cn/view/10.1093/ref: odnb/9780198614128.001.0001/odnb – 9780198614128 – e – 71878, 最后访问时间：2020 年 9 月 5 日。

成功取悦了热爱时尚的女王。1576 年 1 月 2 日，温菲尔德向贝
丝透露："女王陛下十分喜爱你的献礼，她极为满意此衣的颜色
与别致的装饰……这件昂贵的礼物为你们夫妇赢得了女王极佳
的评语，这是我前所未闻的。"① 温菲尔德也常向贝丝透露女王
的宠信风向。1568 年秋，她代表女王传达对贝丝的赞扬："我
[伊丽莎白女王] 向你保证，你是我在这土地上最喜爱的女
士。"② 1583 年底，当施鲁斯伯里伯爵与他所监管的苏格兰玛丽
通奸且诞下两名私生子的谣言甚嚣尘上时，伯爵夫妇的婚姻濒
临崩溃，陷入分居闹剧，温菲尔德鼓动女王支持其姊贝丝。③

　　女官基于情谊或特殊原因而"赠送"的信息，时有泄露国
家机密之嫌疑。伊丽莎白一世早期的部分女官如诺桑普顿侯爵
夫人、克林顿女士伊丽莎白·菲茨杰拉德（Elizabeth Clinton,
née Fitzgerald）与玛丽·悉尼（Mary Sidney, *née* Dudley）等疑
似泄露机密给昔日在玛丽一世内廷共事的费里亚公爵夫人珍·
多默（Jane Dormer, Duchess of Feria）。玛丽·悉尼向这位流亡
西班牙的外甥女允诺定期提供英格兰的消息，其中涉及伊丽莎
白一世与爱尔兰的独家情报，以巩固公爵夫妇在西班牙宫廷和
英格兰天主教流亡团体中的地位，促成公爵被菲利普二世拔擢

---

① Catherine L. Howey, Busy Bodies: Women, Power and Politics at the Court of
　 Elizabeth I, 1558 – 1603 (Ph. D. thesis, The State University of New Jersey,
　 2007), pp. 116 – 117.

② Mary S. Lovell, *Bess of Hardwick*, p. 201.

③ 这些诽谤性的谣言似乎由贝丝与她的两个儿子传播，彻底激怒了玛丽与伯
　 爵。玛丽指控这些流言使她声誉受损，且若此事不能获得令她满意的解决，
　 她决定将其在英格兰的遭遇处境诉诸全体基督教世界。*HMC Shrewsbury*,
　 vol. 1, p. 52; John Daniel Leader, *Mary Queen of Scots in Captivity*, pp. 547 –
　 549.

为英格兰事务首席顾问。① 1559 年 8 月 3 日，托马斯·查洛纳 (Thomas Challoner) 向伊丽莎白女王汇报首度出使根特 (Gent) 事宜，坦言对于费里亚公爵如此熟悉"英格兰的最高机密"感到困惑。②

女官泄露的情报甚至涉及专制君权下的绝对机密——君王的健康状态。众所周知，伊丽莎白一世于 1562 年 10 月感染天花而命悬一线。倘若西班牙大使阿尔瓦罗·德·拉·夸德拉 (Álvaro de la Quadra) 所获情报准确，女王早在 1561 年 9 月就遭受了更凶险的健康危机，几近病危："水肿症状出现，开始极度肿胀……她逐渐逝去，极度消瘦，如同一具尸体。"此情报来自一位"目击者"：诺桑普顿侯爵夫人或其弟妹科巴姆男爵夫人。前者为女王极宠信的女官，"处在比任何人更好的、更利于判断的位置"；后者自 1559 年起任职内廷。夸德拉可能依照费里亚公爵的建议而结交诺桑普顿侯爵夫人，称她"十分受女王宠信，将在适当时机来临时服务 [菲利普二世] 陛下"。继任大使古斯曼·德·席尔瓦 (Guzman de Silva) 依循旧例，仍与侯爵夫人维持密切联系，赞美她为"通晓之人"。③

女性内廷在政治信息系统中的独特地位受益于近身侍君的亲近性，她们可以获悉具有高度可信性与独家的政治信息。这些信息尽管非官方、非正式，却吸引外朝权贵结交内廷女官，

① *CSP Spanish*, *1558 – 1567* (London: HMSO, 1892), pp. 95 – 96.

② Thomas Challoner to Queen Elizabeth, August 3, 1559, SP 70/6 f. 30v, TNA.

③ *CSP Spanish*, *1558 – 1567*, pp. 36, 214, 381. 在第二次安茹婚姻谈判期间，西班牙大使门多萨在英格兰宫廷中培养了一位眼线，后者提供可信度高的沃尔辛厄姆情报，并通过一宫廷侍女套取伊丽莎白女王的内庭信息。但在 1579 年 4 月前，他无法再联系上这位眼线。*CSP Spanish*, *1568 – 1579*, p. 663.

以期实时获得君主的动向。内廷女官向外朝输出涉及女王或国家的机密情报，时而作为自身情谊、社交或谋利的筹码。有时，内廷信息的传递出于伊丽莎白女王的指示或默许，其甚至主动提供情报，动机在于通过内廷对君主的服侍亲密性所衍生的特殊隐蔽性、宠信情感与公共权威象征，监控政权。这种政府制度之外的潜在规则虽寄生于君主的自然形体，但在权力文化中转化为君主政治形体的变体，无关性别，故女性化质变无损内廷权威象征，反而提供了回避或制衡外朝政府的非制度性优势。伊丽莎白一世延续根植于君主之私人宠信和恩惠的都铎亲密政治传统，以内廷的王威象征与裙带关系，推动信息传递、政务监控及臣僚任免的多重部署，以期打破单一派系或外朝官僚对政务的垄断。内廷的信息网络反映了伊丽莎白女王对政权结构的权力布局。

二　内廷的亲密政治机制

伊丽莎白女王操控内廷以间接掌控外朝的策略并非为女性统治的特例，实乃沿用中世纪后期以降，英王操控内廷近臣抗衡教会与封建贵族的政治传统。金雀花王朝的"家政府"开启了亲密政治机制，提拔非封建体系出身，但接受过良好教育的平民入王室服务，依凭与君主的私交及亲近服侍，安排其入政务体制内担任重要职位。最显著的例子之一为亨利二世时期出身伦敦之鲁昂商人家庭的托马斯·贝克特（Thomas Becket）于 1155 年掌管签发令状的文秘署，1162 年升任坎特伯雷大主教掌控英格兰教会。之后，爱德华一世创设锦衣库（Wardrobe），原本专司王室服饰、盔甲、珍宝与地产，在爱德华三世对法作战期间，凭借对君主军费的灵活财务调配接管财政署，且通过辖下的御玺处宰制文秘署，开启以执掌王室家务之内府（household）为行政中枢的由内辖外统治模式。内府监管的外扩确保了君主在资金与政务上的独立，推动原属王室私领域、微型的、机动且具军事职能的内府，至中世纪晚期转型为政治公领域的"宫廷"（court）。但13世纪末至14世纪晚期，财政署与文秘署先后脱离内廷，重获职权自主。官署的"走出宫廷"象征着"朝"或政府概念的兴起，中世纪后期的政府变革反映了君主与封建权贵的权力倾轧：君主通过私属的内府家臣宰制政务，权贵剥夺内府的行政权以作抗衡。① 随着14世纪晚期兰开斯特宪政和15世纪前期亨利六世精神状况的反复，宫弱朝强格局形成，宫廷似乎退居家务领域。②

15世纪后期新君主制的崛起引导宫廷重返权力"内圈"。③ 都铎宫廷主要分为两个部门：专司家政、餐饮与财务的宫内司［Household 或 the Domus Providencie，由王室总管（Lord Steward）掌管］，以及掌管仪典与君主私务的宫务司（Chamber 或 the Domus Magnificencie，由宫务大臣执掌）。后者对君主私务

---

① Michael Prestwich, *Plantagenet England*, *1225 - 1360* (Oxford: Oxford University Press, 2005), pp. 55 - 61; Gerald Harriss, *Shaping the Nation: England 1360 - 1461* (Oxford: Oxford University Press, 2005), p. 14; W. Mark Ormrod, *Edward Ⅲ*, pp. 199, 492.

② A. L. Brown, "The Common and Council in the Reign of Henry Ⅵ," *English Historical Review* 79: 310 (January 1964), pp. 1 - 30; D. A. L. Morgan, "The House of Policy: The Political Role of the Late Plantagenet Household, 1422 - 1485," in David Starkey, ed. , *The English Court*, pp. 33, 44, 50.

③ G. R. Elton, *The Tudor Constitution: Documents and Commentary* (Cambridge: Cambridge University Press, 1972), pp. 89 - 90.

的职责约至 1495 年分割出来，形成一个全新且更贴近君王的独立部门，称内廷，至 1520 年代前成熟。内廷总管（the Groom of the Stool）成为最亲近君主自然形体的侍臣，其位于宫廷的居所甚至专设秘密阶梯直通内廷。[①] 都铎内廷的侍臣多出身显贵或士绅阶级，因与君王的私人情谊或相近的品味兴趣，或君主基于监控目的，被择选任职内廷。迥异于传统封建的分封依附或变态封建的恩惠雇用等契约制度，侍臣对君主自然形体的服侍与对私务的料理发展出宠信型君臣关系，促使内廷从近代早期的专制君主制中再度脱离。[②] 部分内廷"宠臣"（minions）因"信"而被"委"以宣旨、督军、外交等要务或要职，蜕变成君主监控地方封建与外朝显贵的"亲密代表"（representation through intimacy）。[③]

亲密政治模式的可实践性在于内廷被视同君主，拥有超越体制和法律的权威。1530 年 11 月，诺森伯兰伯爵亨利·柏西（Henry Percy, Earl of Northumberland）同内廷侍从官（Groom of the Privy Chamber）沃尔特·沃尔什（Walter Walsh）一起奉命逮捕枢机主教托马斯·沃尔西（Thomas Wolsey）。根据亨利六世在 1458～1459 年颁布的一项命令，无逮捕令或委任状的任何拘捕均属无效，除非君王亲临下令。[④] 尽管诺森伯兰伯爵未出示委任状，沃尔西仍俯首就缚，称："我甘愿屈服于你〔沃尔特·沃尔

---

① David Starkey, "Representation Through Intimacy," pp. 60 – 61.

② 阎步克：《从爵本位到官本位：秦汉官僚品位结构研究》，第 98 页。

③ David Starkey, "Intimacy and Innovation," pp. 82 – 83; David Loades, *The Tudor Court*, pp. 48 – 49.

④ *De termino Michaelis. Anno. xxxvii. Henrici sexti* (London: Richard Tottill, 1567), *STC* 9758/R212, p. 10v; Legal History: The Year Books, https://www. bu. edu/ phpbin/lawyearbooks/display. php? id = 19249, 最后访问时间：2020 年 3 月 25 日。

什]，而非诺森伯兰伯爵，除非他出示委任状……［因为］你就
是充分的委任……国王内廷侍臣的身份即是充分的授权，足以
让最卑劣之人在无委任状的情况下执行王命，逮捕这王国最显
赫的贵族。"① 此例显示内廷受益于亲近侍君所产生的宠信，演
变为君王的第三个形体，即介于私领域的生理性自然形体与公
领域的制度性政治形体之间，依托前者情感关系，向外转化为
后者权威表征的寄生形体。政治秩序对内廷权威的认同使君主
监控政务更具灵活性，使其免于与占数量优势的官僚群体产生
正面冲突；这种劣势特别显现在性别政治方面，故伊丽莎白女
王鲜少出席枢密院会议。内廷的居中协调成为君主与外朝的绝
佳缓冲。

都铎前期的政务多依循显贵主持与内廷监管的二重制衡模
式。内廷除了代为执掌查封没入王室财库的修道院产业，更代
君主出征，担任督军角色。亨利八世笃信君主亲临督战可提高
胜利的概率，但他鲜少亲临，而是多派遣显贵领军，监军者多
为内廷主管或亲信侍臣。1523 年对苏格兰战役由诺福克公爵托
马斯·霍华德（Thomas Howard, Duke of Norfolk）领军，监军者
为多塞特侯爵托马斯·格雷（Thomas Grey, Marquess of Dorset）、
内廷总管托马斯·康普顿（William Compton）与内廷近身骑士

---

① Richard S. Sylvester, George Cavendish, and William Roper, *Two Early Tudor Lives*: *The Life and Death of Cardinal Wolsey*; *The Life of Sir Thomas More* (New Haven and London: Yale University Press, 1962), pp. 159 - 160; Michael Riordan, " Henry Ⅷ, Privy Chamber of," *ODNB*, September 23, 2004, https://www - oxforddnb - com. libproxy. york. ac. uk/view/10. 1093/ref: odnb /9780198614128. 001. 0001/odnb - 9780198614128 - e - 70825, 最后访问时间: 2020 年 3 月 25 日; David Starkey, "Representation Through Intimacy," p. 55。

（Knight of the Body in the Privy Chamber）威廉·金斯顿（William Kingston）。多塞特侯爵为英王爱德华四世继子第一任多塞特侯爵托马斯·格雷之子，与王室关系密切，故被派任副指挥官。当他抵达北境后，随即被纳入内廷服务系统。内廷侍臣督军不仅发挥监察功能，亦象征君主亲临以振奋军心，即君主的领袖魅力之展现。[①] 尤其在外交领域，都铎君主经常指派"完全信任且亲近的至交近臣"担任特使，他们"善于言辞、长袖善舞，可以获得接见并能传递私密信息给外国君王"或进行隐晦的内廷外交。[②] 自 1520 年至 1526 年英格兰驻法大使多为贵族或与君主亲近的内廷侍从，如理查德·温菲尔德（Richard Wingfield）、理查德·杰宁汉（Richard Jerningham）、尼古拉斯·卡鲁（Nicholas Carew）与托马斯·切尼（Thomas Cheyney）。1520 年 2 月，温菲尔德以内廷近身骑士的身份出使法国，首次觐见法王时解释说："［亨利八世指派］一位他完全信任且亲近的至交近臣，不只是向他［法王］拜访致意，同时传达我王对他的完全敬意与喜爱。"[③]

都铎内廷进一步入侵中央与地方政府体系。都铎政体被定位为"官僚与家庭的混合体"，这种宫朝混合的现象部分归因于近代早期政权的职权分工和行政空间分化尚未成熟，主因则是

---

① The Marq. of Dorset to Henry Ⅷ, April 15, 1523（?）, Cotton MS Caligula B/Ⅵ f. 325, BL.

② Instructions to Sir Richard Wingfield to be Declared to the French King, 1520, SP 1/19/200, TNA; Instructions to Sir Richard Wingfield and Jerningham, Ambassadors to the French King, 1520, SP 1/21 ff. 20 - 27, TNA; The Ordinances of Eltham, January 1526, SP 2/B f. 226, TNA.

③ Instructions to Sir Richard Wingfield to be Declared to the French King, 1520, SP 1/19/200, TNA; Instructions to Sir Richard Wingfield and Jerningham, Ambassadors to the French King, 1520, SP 1/21 ff. 20 - 27, TNA.

亲密政治模式导致内廷家臣入侵外朝官僚体系，宫臣与朝臣之间的职权定位模糊且交叠。① 例如，14 世纪晚期，原本专职君主个人通信的王室秘书（royal secretary）开始涉足中央政府的内政与外交文书，至爱德华四世时期正式执掌外交系统，后取代外朝的文秘署掌控中央政务文书，跃居为国务大臣。② 另外，执决策中枢的枢密院成员名单与内廷近臣有着明显重叠。1540 年，亨利八世的 19 名枢密大臣中至少包含 7 名宫务司与内廷侍臣。③ 爱德华六世政权进一步提议枢密院成员应限于"宫内司与宫务司的官员"，且内廷理当由"全国最睿智与诚实的士绅"任职，"如此，当任职于枢密院的宫内司或宫务司官员逝世或退休之际，内廷官员即可替补"。此改革案似乎意图将枢密院彻底宫廷化，成为君主完全掌控的私产。④ 亲密政治将内廷从家务领域拔擢至可与外朝分庭抗礼的地位，时而凌驾于外朝之上。同时，为掌控封建权贵或职能型朝臣，君主以多种恩惠如爵位、宫职或酬庸等彰显王恩，将其圈入宫廷空间以为豢养监视，强化封建体系与外朝官僚对王权的向心力。内臣公共化及朝臣私属化共同营造了"人近王者则贵"的政治生态，辅以基督教家庭伦

① G. R. Elton, "Tudor Government: The Points of Contact. Ⅲ. The Court," pp. 215 - 216; Alan G. R. Smith, *The Emergence of a Nation State: The Commonwealth of England, 1529 - 1660* (London: Longman, 1984), p. 117.

② D. A. L. Morgan, "The House of Policy," p. 60.

③ 包括 Charles Brandon, Duke of Suffolk (Great Master of the Household)、Robert Radclyffe, Earl of Sussex (Great Chamberlain)、William Lord Sandys (King's Chamberlain)、Thomas Cheyney (Warden of Cinque Ports and Treasurer of Household)、William Kingston (Comptroller of Household)、Anthony Browne (Master of the Horse)、Anthony Wingfield (Vice-Chamberlain)、Thomas Wriothesley (Principal Secretary)、Ralph Sadler (Principal Secretary)。

④ Ellesmere MS 2625, Huntington Library, San Marino California, 引自 David Starkey, "Introduction: Court History in Perspective," pp. 13 - 14。

理观与人文主义的政治顺从论，建构起了"君父"本位的政治
秩序。[1]

戴维·洛德斯与帕姆·赖特主张内廷寄生于君王的自然形
体，权势随着君主的私人因素如性别、性格或情谊而浮动，故
女王即位使内廷发生女性化质变进而被政治边缘化。内廷女官
"虽然在私人事务上仍保有极大影响力……但'无人敢介入公共
事务'"，也无法担任官职和承担政务。内廷回归中世纪晚期的
家务性质，渐从政权结构中淡出。[2] 这一论点忽略了内廷对君主
自然身体的亲近服侍所产生的亲密感，当进入政治秩序空间之
际，他们蜕变成君主政治形体的延伸，也被认同为君威符节，
无性别之分。女性内廷的性别隐蔽性，甚至有利于女王突破男
性官僚的行政垄断，另辟蹊径，规避政府监管的信息与政务体
系。都铎亲密政治传统未曾因女主统治而中止，但不可讳言，
也确实因性别而有所衰落。

伊丽莎白一世的内廷女官依据与女王的关系，约分为四类。
第一类为女王幼年的教养女官或玩伴，如凯瑟琳·阿斯特利
(Katherine Astley, *née* Champernowne)、布兰奇·帕里 (Blanche
Parry)、伊丽莎白·菲茨杰拉德及伊丽莎白·桑兹 (Elizabeth
Sandys) 等人。前二人任首席内廷女官 (Chief Gentlewoman of

---

① 《出埃及记》20：12，《罗马书》13：1~2，《彼得前书》2：13~14、17，3：
  1、5，《中英圣经：新旧约全书和合本新国际版》，第95、1401、1509页；
  Desiderius Erasmus, *A Playne Anid Godly Exposytion or Declaration of THE
  Commnue Crede*, p. 165r; Quentin Skinner, *The Foundations of Modern Political
  Thought*, vol. 2, *The Age of Reformation*, pp. 15 – 19, 221 – 230; *A Necessary
  Doctrine and Erudition for Any Christen Man*, *Set Furthe by the Kynges Maiestye of
  Englande*, sig. S1r; 阎步克：《中国古代官阶制度引论》，第72页。

② David Loades, *The Tudor Court*, p. 59.

Privy Chamber)，男性亲属亦担任宫廷要职，如凯瑟琳·阿斯特利受益于对女王幼时的教养情谊，她"对女王的影响如此之巨，俨然成为整个英格兰的赞助人"，其夫约翰·阿斯特利（John Astley）任王室珠宝室总管（Master of the Jewel Office）。[1] 伊丽莎白·菲茨杰拉德之夫爱德华（Edward Fiennes de Clinton，1st Earl of Lincoln）因自身履历，也受益于其妻与伊丽莎白女王的幼年情谊，在女王即位之初即被封为海军大臣，进入首届枢密院。

　　第二类为女王的母族与姻亲，如霍华德（Howard）、博林（Boleyn）、凯里（Carey）、拉德克利夫（Radclyffe）、诺利斯（Knollys）、斯塔福德与帕尔（Parr）等，女眷多任内廷的高级女官，而男性亲属多入职宫内司或宫务司，并兼任枢密院或政府要职。最显著者莫过于女王姨母玛丽·博林（Mary Boleyn）的夫家。玛丽首次嫁与威廉·凯里（William Carey）。两人的长女凯瑟琳在女王登基之时是四位首席女官之一，其夫弗朗西斯·诺利斯（Francis Knollys）自女王即位之初起连续担任副宫务大臣（1559～1570）、宫务司财务总管（Treasurer of the Chamber，1566～1570）、宫内司财务总管（Treasurer of the Household，1570～1596），同时任枢密大臣至1596年逝世为止。凯瑟琳的次子威廉于1596年任宫内司主计长（Comptroller of the Household），1602年接任宫内司财务总管，并填补其父在枢密院的空缺。凯瑟琳之弟汉斯顿男爵亨利·凯里在伊丽莎白一世即位之时，担任负责女王贴身戍卫的皇家御卫队队长（The Captain of the Honourable Corps of Gentlemen-at-Arms），1577年入

---

[1]　September 26, 1562, *CSP Rome, 1558 - 1571* (London: HMSO, 1916), p. 105.

枢密院，1585 年接任宫务大臣，其妻安妮·摩根同时入侍内廷；亨利的长子乔治（George Carey, 2nd Baron Hunsdon）受父母庇荫，先在 1578 年被任命为宫廷法吏（Knight Marshal of the Household, 1578～1597），并在其父过世后接任枢密大臣、宫务大臣和皇家御卫队队长三要职。幼女诺丁汉伯爵夫人凯瑟琳于 1571～1603 年担任女王珠宝保管官（Keeper of the Queen's Jewels），嫁与海军大臣查尔斯·霍华德（后受封为诺丁汉伯爵）；后者同时兼任宫务大臣（1584～1585）与枢密大臣（1584～1619）。玛丽·博林的第二任夫婿威廉·斯塔福德（William Stafford）之续弦为多萝西·斯塔福德，她同长女伊丽莎白·德鲁里·斯科特任职内廷，其子爱德华在 1583 年以新人资历破格派驻法国。凯里家族几近成为内廷与外朝的首要外戚势力。

第三类为男性宠臣，如莱斯特的达德利（Dudley）家族成员与姻亲悉尼（Sidney）家族成员。莱斯特之姐玛丽·悉尼和四嫂沃里克伯爵夫人安妮·达德利（Anne Dudley, née Russell, Countess of Warwick）因女王爱屋及乌而入职内廷且深受宠信。

第四类为权臣家族成员，如塞西尔家族与沃尔辛厄姆家族内女眷多受封内廷荣誉虚衔以彰显王恩。① 具体情况请见本书附录一。

---

① 伊丽莎白一世的枢密院成员名单如下：
1558 年首届枢密院：
Henry Fitzaland, 12th Earl of Arundel, Lord Steward.
William Howard, 1st Baron of Effingham, Lord Chamberlain.
Sir Thomas Cheyney, Treasurer of Household, Warden of Cinque Ports.
Sir John Mason, Treasurer of Chamber.
Sir Ambrose Cave, Chancellor of Duchy.
Sir William Cecil, Principal Secretary.
Sir Edward Rogers, Captain of the Guard and Vice-Chamberlain, Succeeded Parry as Controller of Household.

　　实际执掌女王私务和参与亲密政治运作的女官多为前两类，她们受益于血缘姻亲或抚育旧情而入侍内廷，男性亲友与其共同掌理王室私务。"王宠"使部分女官蜕变为君主的亲信耳目，涉足信息、

Sir Thomas Parry, Controller of Household, succeeded Cheyney as Treasurer of Household.

Sir Francis Knollys, succeed Sir Edward Rogers as Vice Chamberlain.

1560 年后加入枢密院的成员名单及其主要官职：

Robert Dudley Earl of Leicester, Master of Horse.

Sir James Croft (1566), Controller of Household.

Sir Ralph Sadler (1566), Chancellor of Duchy.

Thomas Radclyffe, 3rd Earl of Sussex (1570), Lord Chamberlain.

Sir Thomas Smith (1571), Principal Secretary (1572).

Ambrose Dudley, 3rd Earl of Warwick (1573), Master of Ordnance.

Sir Francis Walsingham (1573), Principal Secretary (1573).

Sir Henry Sidney (1575), President of Wales (1560).

Sir Christopher Hatton (1577), Vice Chamberlain; Lord Chancellor (1587).

Dr. Thomas Wilson (1577), Principal Secretary.

Henry Carey, 1st Baron Hunsdon (1577), Lord Chamberlain.

William Brooke, 1st Baron Cobham (1586), Warden of Cinque Ports.

John Wolley (1586), Lain Secretary (1568).

Sir Thomas Heneage (1587), Vice Chamberlain (1589).

Sir Robert Cecil (1591), Principal Secretary (1596).

Robert Devereux, 2nd Earl of Essex (1593), Master of Horse (1587).

Sir John Puckering (1592), Lord Keeper (1592).

Sir Thomas Egerton (1596), Attorney-General (1592), Master of Rolls (1594 -1603), Lord Keeper (1596).

Roger North, 2nd Baron North (1596), Treasurer of Household (1596).

Sir William Knollys (1596), Controller of Household (1596), Treasurer of Household (1602).

George Carey, 2nd Baron Hunsdon (1597), Lord Chamberlain (1597).

Dr. John Herbert, Principal Secretary (1600).

Edward Somerset, 4th Earl of Worcester (1601), Master of Horse (1601).

Sir John Stanhope (1601), Treasurer of Chamber (1596), Vice Chamberlain.

Edward Wotton (1602), Controller of Household (1602).

Penry Williams, *The Tudor Regime*, pp. 453 - 456.

政务、外交、党争、官僚体系等领域，促成部分官僚体系的家臣化。
第一，伊丽莎白女王多派遣亲信女官"轻易且非正式地传达她［女
王］的意旨"。① 1571 年 8 月，女王命侍女伊丽莎白·德鲁里·
斯科特秘密传话，从巴黎召回其亲戚拉特兰伯爵约翰·曼纳斯
（John Manners，Earl of Rutland）。伯爵被告知他的归国将使女王
满意，并被告诫"她期待尽快看到你，我希望她不会被蒙骗"。②

　　第二，女官常奉命参与正式或隐蔽的外交活动。多萝西·
斯塔福德与其女伊丽莎白为避宗教迫害，先在 1555 年流亡日内
瓦，后在 1557～1559 年移居巴塞尔期间与亲戚伊丽莎白·桑兹
会合；后者曾任伊丽莎白公主的教养女官，陪同其先后监禁于
伦敦塔与伍德斯托克（Woodstock），1554 年 5 月被玛丽一世指
控为新教异端而被驱逐。1559 年 8 月，她们在取道法国返英途
中，可能收到新即位的伊丽莎白女王密令，以内廷女官的新身
份面见时为法国王后的苏格兰玛丽。③ 女官最常介入的外交活动
莫过于伊丽莎白女王自 1559 年至 1580 年代的一系列婚姻谈判。
玛丽·悉尼在 1559 年加入女王与奥地利大公查尔斯的婚姻谈
判。凯瑟琳·阿斯特利与多萝西·布罗德贝尔特则参与支持
1562 年女王与瑞典国王埃里克十四世（Eric ⅩⅣ）的联姻计划。
1565 年，科巴姆男爵夫人即使在妊娠期间仍奉命接待埃里克十
四世之妹巴登巴登侯爵夫人塞西莉亚（Cecilia，Marchioness of
Baden-Baden）；后者的来访被视为鼓吹英瑞联姻。④ 内廷女官介

①　Natalie Mears, "Politics in the Elizabethan Privy Chamber," p. 74.
②　*HMC Rutland*, vol. 1 (London: HMSO, 1888), pp. 95 – 96.
③　*CSP Foreign*, *1558 – 1559* (London: HMSO, 1863), p. 522.
④　*CSP Foreign*, *1564 – 1565* (London: HMSO, 1870), pp. 441, 454; *CSP Domestic*, *1547 – 1580*, p. 258; *CSP Spanish*, *1558 – 1567*, pp. 445 – 446, 470, 492, 505 – 506.

入联姻外交的正当性较正式大臣或大使更受外交界认可。正如本章开头所述，1559 年 5 月奥地利大公查尔斯与伊丽莎白一世商讨联姻，帝国驻布鲁塞尔大使的秘书金特泽称："女王最宠信之贵族侍女的目光……这如同女王亲眼所见。"由此证实女性内廷尽管无法出仕政府，但对君主自然身体的亲近服侍，赋予内廷直达天听的信息渠道及左右君主决策的潜在影响力，且这种宠信关系使内廷女官在公共领域中被视同君威符节。女王起用亲近侍女作为君主的眼睛、耳朵与口，使她们发挥传递双向信息的功能，避免被男性官僚的信息所蒙蔽，更通过这群代表君主的侍女非正式地传递权威性的宫廷信息或君主意旨。

伊丽莎白女王不只变相地将内廷的裙带关系引入宫务体制，甚至侵入外交系统，亲密政治的内外合作为女王建构起了非正式但极其隐蔽的政务与信息网络。如本书第四章所述，伊丽莎白一世时期执掌英格兰在欧陆信息与外交枢纽的驻法使节多有近亲女眷任职内廷。内廷与驻法使馆的裙带网络在 1578 年更明显地摆上台面，强势运作至 1590 年代，打破主战党对外交与情报系统的垄断。这批驻外使节的女眷亦参与内廷外交。伊丽莎白女王将使馆的功能不仅仅局限于官方外交或"为女王寻觅和取得舶来品"，更希望大使女眷与外国宫廷进行闺房外交并搜集情报。[①] 一份关于 1580 年 2 月布鲁克大使之妻安妮（Anne Brooke）与法王亨利三世和王后在宫廷私人会面的机密报告，将此隐晦的内廷外交摆上台面。该文件的第一部分记载了亨利三世对安茹联姻谈判的讨论，其坚持预览伊丽莎白女王的肖像，

---

① Charlotte I. Merton, "The Woman Who Served Queen Mary and Queen Elizabeth," pp. 167 – 168.

但安妮欲将肖像优先呈献给更具决策权但因病缺席会面的凯瑟琳·德·美第奇王太后（Catherine de Medici）。[1] 此文件以第一人称书写，却无署名。字迹证实非布鲁克大使亲笔，可能由安妮或秘书书写。收件人亦不详，身为国务大臣的沃尔辛厄姆似乎不是可能的人选，因女王在 1580 年将他逐出婚姻谈判，此后布鲁克大使极少向上司沃尔辛厄姆汇报协商进度。女王亦非收件人。依据此文件最后归档于国家档案室，推断可能写给长嫂科巴姆男爵夫人，再转呈给女王。另外，斯塔福德之妻谢菲尔德女士道格拉斯·霍华德与美第奇王太后私交甚笃，她们关于安茹之死的闺阁私语由斯塔福德汇报给英格兰政府。[2]

　　不同于帕姆·赖特否定女性内廷对政权政治的参与及所导致之软弱女主统治，纳塔莉·米尔斯以女王利用内廷女官介入婚姻谈判为例，论证存在至高无上的女主统治。性别因素看似未曾削弱内廷亲密政治，反而成为伊丽莎白女王规避政府制约的特殊优势。但苏珊·多兰指出，伊丽莎白女王的君权受制于政策与自身的关联性，即女王在与自身相关的议题如婚姻、封建权力或王室恩惠上得以展现绝对强势，若涉及国安、外交或情报等公共政务，则男性官僚具有相对强势的权力，形成君弱臣强的反差。女王的婚姻是国政，更是私务，使她得以在每次婚姻谈判中展现强势女主形象，尤其是相较于积极却似乎无能为力的男性官僚。故单纯以婚姻政策中的伊丽莎白一世为例，无法证实存在持续稳定的强势女主统治。亲密政治机制的最大风险在于内廷权力之源不在体制，而在于与君主自然形体的宠

---

[1]　Lady Cobham at the French Court, February 1580, SP 78/4A f. 24, TNA.

[2]　Edward Stafford to Walsingham, June 21, 1584, CP 163/25v, Hatfield House Library.

信关系。君主的个人特质如性别、才智权谋、理念等皆直接和内廷产生权力联动。一旦君权不稳或衰弱，极可能引发逆向的家臣官僚化，反噬君权。[①] 伊丽莎白一世的女主统治优势成也女性内廷，败也女性内廷，其劣势和引发的君权危机在 1587 年苏格兰玛丽的死刑执行中暴露无遗。

三 衰落的女性内廷

1587 年 2 月 8 日，苏格兰玛丽的死刑虽然终结了其悲剧人生，但讽刺的是，暴露了其宿敌伊丽莎白一世的政权危机：伯利与沃尔辛厄姆获悉女王有意撤回死刑后，联手指挥枢密院，蒙蔽女王，径自主导玛丽的死刑。女王在盛怒之下将涉嫌向枢密院泄密的副国务大臣戴维森，以渎职与藐视王权两项罪名移送星室法庭。正如本书第一章所论，这场审判未如女王期待般震慑群臣以挽救君威，反而荒腔走板为针对枢密院的决策究竟为越权的"叛乱"还是神意与公意授权之"正义之举"，展开的对英格兰官僚属性与政权形态的公开辩论。启人疑窦的是，伊丽莎白女王通过内廷女官的裙带网络与男性宠臣，对外朝的官僚系统与政务机制进行盘根错节的布局与牵制。然而，不仅男性宠臣如莱斯特与哈顿均参与此次行动，却未曾对女王透露相关谋划，而且不在少数的内廷女官的男性亲友如海军大臣霍华德、科巴姆男爵及汉斯顿男爵等也参与了此次行动，却未获知相关情报以提前预警女王。苏格兰玛丽之死与其政治余波显示内廷制衡机制的全然失灵，更揭露了伊丽莎白一世盛世表象下的君权边缘化危机。其可归因于

---

① 阎步克：《中国古代官阶制度引论》，第 68 页。

内廷信息服务的低效率、男性官僚对女性涉政的抵制，以及臣属定位由私属化向国属化的转变。

伊丽莎白女王对苏格兰玛丽死刑的"无知"反映了内廷信息系统的失能。女王究竟可从女性内廷系统或其他女性信息者那里获得多少情报，实际上难以估算。第一，列名于内廷服务名单上并非意味着专职随侍女王，有时仅是一种对显贵女性的荣誉象征。自 1559 年起任荣誉侍女的沃里克伯爵夫人被视为"在这王国中比其他女性享有更多女王宠信与喜爱的人"，掌控娘家罗塞尔与夫家达德利两家族庞大的情报网络。1596 年，新任驻黑森（Hesse）特使汉斯顿男爵的一位随从向她密报关于黑森的情报。但她重视家族利益更甚于王宠，因而习惯远离宫廷，鲜少参与女王的信息服务。[1] 即使女官向女王输送情报，也非出自强制性的公务职责，只有涉及如敌对、私谊、理念、利益或自我防卫等利己性考量时，才会间歇性与选择性地将情报作为馈赠或供词上呈女王，以求恩典或自保，所以内廷信息供应极度不稳且内容涵盖范围狭小。[2] 1569～1570 年北方叛乱之际，北方议会（the Council of the North）议员约翰·沃恩（John Vaughan）通过姨母布兰奇·帕里为女王提供情报，以期重获郡守一职。[3] 哈德威克的贝丝虽经营泛欧情报网且为苏格兰玛丽的监管人，但

---

[1]　Simon Adams, "Dudley［née Russell］, Anne, Countess of Warwick（1548/9 - 1604）, Courtier," *ODNB*, September 23, 2004, http：//fhaa5c95a972630e4e7c8d0 38892b5a5344cswk9ucoook6ou6u5f. fbgi. libproxy. ruc. edu. cn/view/10. 1093/ref：odn b/9780198614128. 001. 0001/odnb - 9780198614128 - e - 69744，最后访问时间：2020 年 9 月 5 日；Charlotte I. Merton, "The Women who Served Queen Mary and Queen Elizabeth," pp. 156, 165 - 166, 182 - 187。

[2]　Natalie Mears, *Queenship and Political Discourse*, p. 118.

[3]　Ruth Elizabeth Richardson, *Mistress Blanche*, *Queen Elizabeth I's Confidante*（Herefordshire：Logaston Press, 2007）, pp. 91 - 97.

也不能即时且如实地禀报全部情报。基于伊丽莎白女王随时可能因疾病或刺杀而崩殂，拥有亨利七世血统的苏格兰玛丽是最可能的王位继承人，贝丝仿效重臣如伯利和莱斯特等采取双重政治保险措施，一方面监控苏格兰玛丽以向女王宣示效忠；另一方面交好玛丽，许诺当有性命之忧或被移监时，将协助其逃亡。这种双面操作确保自身家族在未来新朝的政治生活无虞，却引发质疑。① 当1571年10月其间谍拉塞尔斯被枢密院就其主与苏格兰玛丽的可疑互动进行审讯时，贝丝才向伯利坦承所知以求豁免。②

> 阁下，我以我的信仰向您保证，我从未从所谓的拉塞尔斯，或其他存活之人，抑或其他途径，事先得知她［苏格兰玛丽］与诺福克公爵之间的任何活动。若我知晓，我相信阁下您会相信我必定揭发他们，正如同女王陛下其他忠诚的臣民一样，基于我对女王陛下不可推卸的应尽责任，［否则］上帝不容我继续生存。③

这类临时紧急的情报捐献多出于被迫的自保。④ 情报操作，无论性别，隐藏在国家安全的共同目的之下，多伴随私人意

---

① Mary S. Lovell, *Bess of Hardwick*, pp. 213 – 214. 在玛丽被囚禁于谢菲尔德期间，伊丽莎白一世政府或许安排众多间谍同时监控玛丽与伯爵夫妇。*HMC Talbot*, vol. 2, p. 118.

② Burghley to the Countess of Shrewsbury, October 13, 1571, in Edmund Lodge, ed., *Illustrations of British History*, vol. 1, pp. 528 – 529.

③ Countess of Shrewsbury to Burghley, October 22, 1571, SP 53/7/54, TNA.

④ Queen Elizabeth to the Countess of Shrewsbury, February 1, 1572, SP 53/8/9, TNA; The Queen to the Earl of Shrewsbury, December 1, 1571, CP 158/136r, Hatfield House Library.

图，企图影响掌权者倾斜于信息提供者的理念或利益。但男性官僚在执行情报搜集任务时，通常承担行政职责，信息供应相对稳定。女性内廷的信息供给多发生在牵涉自身或家族利益时，作为馈赠、请求或辩护的筹码，效率不高且常常内容涵盖范围狭小。

第二，伊丽莎白女王的财务谨慎与女官的出仕限制，使内廷资金与行政职权双重匮乏，信息服务难以为继。并非所有女性情报者皆如同贝丝般富裕，她们无法支持昂贵的信息网络；且女性被严禁出仕政府，无法运用行政职权支持信息业务，如同伯利的监护权主管职位掌控流亡贵族的家产与子女监护权，沃尔辛厄姆借由国务大臣、私玺处、御玺处等要职把持政务情报与旅行通行证的签发。财力与行政资源的窘迫使女性情报系统窒碍难行，难以像男性网络般扩张与稳定。伊丽莎白女王的财务吝啬进一步阻碍了女性内廷情报网的运营。谍报网络的运营成本极其高昂，在一份沃尔辛厄姆自 1578 年 6 月 17 日至 10 月 5 日出使低地国家的外交支出明细表中，单"情报或间谍的支出"一项就高达 243 英镑。[1] 另一份由沃尔辛厄姆的文书幕僚托马斯·莱克在 1589 年誊写的备忘录记录了女王每年拨给沃尔辛厄姆情报服务的特别资金，1585 年为 500 英镑，1586 年因侦查巴宾顿谋逆而增长至 2100 英镑，最终在 1588 年无敌舰队战役前夕增至 2800 英镑。即使如此，仍远不足以支应情报开支。[2] 除了常

---

[1] Expense account of Sir Francis Walsingham for transport, intelligence, etc. as Ambassador to the Low Countries, June 16 – October 5, 1578, Microfilm M/488, BL.

[2] Note of the sums issued by warrant to Sir Francis Walsingham, December, 1589, SP 12/229/49, TNA.

规预算支出，女王尚需支付巨额的王室津贴给情报管理者和间谍。1586 年 5 月，女王赏赐沃尔辛厄姆的情报幕僚托马斯·菲利普斯 100 马克，奖励其在破坏巴宾顿密谋中的贡献；[①] 7 月，间谍尼古拉斯·贝登与吉尔伯特·吉福德共享一份王室津贴；次年 3 月，女王额外允诺吉福德 100 英镑的年金；[②] 1590 年，仅法国间谍皮埃尔·德·奥尔（Pierre d'Or，化名为 Henri Châteaumartin）一人就索求了不少于 1000 英镑的报酬。[③] 除了金钱酬劳，官职与其他恩惠酬庸更不计其数。鉴于情报成本高昂，财务谨慎的女王对在现存的男性官僚主持之情报网络外再额外投资极其慎重。科巴姆男爵夫人弗朗西丝原本可成为女王监控苏格兰玛丽的独家眼线。当 1568 年玛丽流亡入英格兰时，弗朗西丝是她在英格兰宫廷的盟友，但 1571 年科巴姆男爵疑似牵涉里多尔菲叛乱，重创其妻在宫廷的地位，弗朗西丝随即减少了与玛丽的联系。[④] 1574 年，当弗朗西丝"重获王宠"之际，玛丽通过施鲁斯伯里伯爵秘书托马斯·摩根与家庭教师亚历山大·汉米尔顿（Alexander Hamilton）的秘密通信渠道被曝光，涉案的伦敦书商亨利·科金（Henry Cockyn）在刑罚下吐露弗朗西丝仍是玛丽的"挚友与支持者"，此指控彻底终结了两人的联系。[⑤] 1585 年当科巴姆男爵进入枢密院之际，流亡巴黎的摩根

---

① Walsingham to Phelippes, May 3, 1586, SP 53/17/60, TNA.

② Walsingham to Phelippes, July 7, 1586, SP 53/18/32, TNA; *CSP Domestic, 1581 - 1590*, p. 401.

③ Châteaumartin's Demands and Expenses, (July) 1590, SP 78/21/31, TNA.

④ Charlotte I. Merton, "The Women Who Served Queen Mary and Queen Elizabeth," pp. 168 - 169.

⑤ Henry Cockyn to Walsingham, February 21, 1575, SP 53/10/11, TNA; Words Touching Lady Cobham, May 20, 1575, SP 53/10/61, TNA.

建议玛丽通过男爵的女婿约翰·斯托顿（John Stourton, Baron Stourton, 为亲玛丽的英格兰天主教徒）或阿伦德尔伯爵夫人安妮·戴克（Anne Dacre, Countess of Arundel），重新联系弗朗西丝。① 这封信被沃尔辛厄姆拦截。尽管弗朗西丝与玛丽的昔日交情早已为女王熟知而未受连累，仍被迫签名自清。摩根的建议证实了两人尚未恢复联系，由此推断女王未妥善经营此眼线。

女性信息服务的低效迫使女王与女官的信息获取只能转向被动仰赖男性官僚的供给。基于血缘、姻亲、私谊或政治利益，男性官僚乐于交换信息以交好内廷，分享情报或形成特殊党派联盟。玛丽·悉尼、布兰奇·帕里与多萝西·布拉德贝尔特"在昔日的所有困难中，皆是他［莱斯特］坚强的后盾"。② 1585 年 1 月 30 日，沃尔辛厄姆前所未见地痛斥伯利，称经多方查证，确认伯利阻挠女王授予他部分英港口的关税权，故为安全起见，将"视阁下您为敌人更甚于朋友"。③ 沃尔辛厄姆隐匿了信息来源，其极可能来自内廷。④ 另外，伯利的恩惠资源，特别是兼任封建监护主管与充当贵族培育所的抚育情谊纽带，巩固了其在内廷的贵族势力。⑤ 科巴姆男爵夫人坚定地拥护塞西尔家族，曾积极协助伯利在 1587 年 2 月玛丽死刑后伊丽莎白女王的震怒余波中顺利回归宫廷。

　　　　我真心恳求阁下您加速返回这里。如果您写信的话，

① *HMC Salisbury*, vol. 3, pp. 136 - 137.
② *CSP Spanish, 1558 - 1567*, p. 627.
③ Walsingham to Burghley, January 30, 1584/5, SP 12/176/19, TNA.
④ Walsingham to Burghley, January 30, 1584/5, SP 12/176/20, TNA.
⑤ George R. Morrison, "The Land, Family, and Domestic Following of William Cecil, c. 1550 - 1598," p. 154.

我将协助传递。我真心渴望受您差遣。在场的其他继任者
为他们自己发言，且试图开脱，宣称他们对信中所指控的
事一无所知。我指的是此处的两位阁下［莱斯特与海军大
臣霍华德］。①

　　但盘根错节的亲缘与利害关系使多数女官在党争中谨慎维持
中立，左右逢迎。帕里虽与两位宠臣莱斯特和哈顿关系密切，但
亦与"表亲"伯利交好。仅有少数表现出鲜明的敌意或忠诚，如
斯塔福德之妻谢菲尔德女士出于对莱斯特的旧日怨恨，与科巴姆
男爵夫人一起同塞西尔家族结盟，共抗莱斯特，在内廷与驻法使
馆里应外合协助伯利的情报活动。②

　　固然官僚基于私谊或结盟而乐于交换信息，但一旦触及机
要政务，鄙视女性传统将激发官僚对女性干政的警觉性，使其
暂缓信息交流。男尊女卑的性别位阶奠基于古希腊哲学及医学、
罗马法和基督教神学，其主张女性的生理、理性与道德皆劣于
男性，她们流于虚荣、怯懦、软弱及缺乏理智，故认可男性的
统辖权，女人应服从男人的管教，保持绝对静默与服从，自我
圈禁于生育与家务等家庭事务中，严格被排除于公职之外，更
不允许拥有凌驾于男性之上的权力。文艺复兴时期的人文主义，
以及宗教改革时期依托人伦建构的家父长式政治顺从观，再度
强化鄙视女性论，使其成为反抗异教政权的合理借口。女性受
先天的道德缺陷限制与后天的职能制约，不见容于公共领域；
一旦掌握统治权，势必陷入混乱、骄纵与无节制的乱局。尽管

①　E.（或许为 F 的误写）Cobham to Burghley, April 10, 1587, SP 12/200/20,
TNA。
②　Pam Wright, "A Change in Direction," pp. 165 – 166.

伊丽莎白一世的即位促成新教徒对女性参政的解释从神谴转向神佑，辅以血统与法律等建构的女性主政的统治正当性，稍微缓解了对女性涉政的争议，但性别歧视仍维持广义层面之女性虚弱、怯懦与意志不坚的基调，甚至将女性并同奴隶排除出社会阶级，主张"女性受制于天性，应居家照顾她们的家庭与孩子，不可介入外务，更不应在城市或共和国中担任职位"。① 男性官僚尽管交好女性内廷，但受教于人文主义与基督教神学，始终"反对（女官）在权力中介或决策中扮演主要角色"。② 西蒙·亚当斯指出，伯利不喜宫廷中人，尤其女官参与国政；莱斯特主张政策讨论限缩于枢密院，宫廷不得涉入。③ 沃尔辛厄姆根据专业与保密原则，严格限制政务机密流通于少数相关官僚与其辖下行政团队中，鲜少将其传递入女性内廷。

令人玩味的是，尽管伊丽莎白女王积极通过女官干预信息传递、国政和党争，却在即位之初"对服务她的女性宣告，命令她们永远不得与其讨论政务"，并同枢密院一起阻止女官和非枢密院成员在无授权的情况下干涉政务。④ 1562 年女官凯瑟琳·阿斯特利与多萝西·布拉德贝尔特擅自向瑞典国王写信透露女王的婚姻计划，被女王勒令居家监禁。⑤ 萨福克公爵夫人凯

---

① Thomas Smith, *De Republica Anglorum*: *The Maner of Gouernement or Policie of the Realme of England* (London: Henrie Midleton for Gregorie Seton, 1583), *STC* 22857, pp. 19 - 20; 林美香:《女人可以治国吗？——十六世纪不列颠女性统治之辩》, 第 120～121 页。鄙视女性传统的建构与沿革将在本书第六章讨论。

② Wallace MacCaffrey, *Queen Elizabeth and the Making of Policy*, pp. 431 - 432.

③ Simon Adams, "Eliza Enthroned? The Court and its Politics," *Leicester and the Court*, pp. 62 - 63.

④ *CSP Spanish*, *1558 - 1567*, p. 21.

⑤ Jacqueline Eales, *Women in Early Modern England*, *1500 - 1700* (London: UCL Press, 1998), p. 53.

瑟琳·博蒂（Katherine Bertie, Duchess of Suffolk）曾向国务大
臣伯利与女王不当施压以期推动清教信仰发展，从而伤害了她
与女王的关系。亲近女王的女官自然深知君心，在萨福克公爵
夫人的前车之鉴下，多萝西·斯塔福德虽然为玛丽时期的新教
流亡者，甚至选择激进的日内瓦为流亡地，而非相对保守的法
兰克福、斯特拉斯堡或威尼斯，但从未成为英格兰宫廷中的新
教激进派之支持者。这或许基于她对加尔文理想的幻灭，也可
能是由于她敏锐地察觉到伊丽莎白女王对于激进清教主义与女
官私自干政的反感。因此她使自身与其家族远离宫廷的激进新
教派，投身于恩惠中介而非敏感的宗教议题。[1] 故伊丽莎白女王
的内廷女官虽多有新教流亡背景，却极少（也很难）影响宗教
政策，因为此举毫无益处，只会损害她们与女王的关系。克里
斯多弗·黑格（Christopher Haigh）认为伊丽莎白女王限制女官
干政，只因她"想成为唯一的女性政治家"。[2] 但或许是女王坚
持授权原则，或许是对男性群臣抵制女性涉政的必要妥协或象
征性宣示，将压力从女王转移至女性内廷，减轻众臣对女主统
治的疑虑。

　　基于女性内廷信息供给的非职务强制性，再加上受限于女
性的政治职权、财富，以及女王的消极投资等原因，信息传递
始终无法像官僚系统般稳定，时须仰赖后者的信息供给。男性
官僚基于私人情谊或图谋政治利益，乐于与内廷交换信息。一
旦面临关键决策，男性的鄙视女性传统与对女性干政的抗拒心
理反而迫使党争暂时和解，合力终结宫廷与枢密院间的信息交

[1]　K. R. Bartlett, "The Role of the Marian Exiles," in P. W. Hasler, ed. , *The History of Parliament*, Appendix XI, pp. 102 – 110.

[2]　Christopher Haigh, *Elizabeth I* (London: Longman, 1998), p. 101.

流，机密止步于枢密院内部，严禁流入女性内廷，导致信息孤立的女王被隔离在决策核心之外。如同 1587 年枢密院径自主导苏格兰玛丽的死刑执行，伊丽莎白女王陷入信息真空的窘境。当然，这也不排除内廷女官与男性亲友或盟友合作架空王权的可能性，甚至女王自己也严重低估原应协助她制衡外朝的男性宠臣与外朝官僚的合作程度。女性内廷信息网络的无能被动反映了女主统治下的内廷女性化，仍在相当程度上削弱了内廷政治性，包括对国家信息的主导权，尤其对外朝政府的监管制衡。这呈现了都铎晚期英格兰长期在女主政权之下，宫朝之间及君臣之间强弱地位的微妙转变。

伊丽莎白一世企图延续都铎亲密政治的传统，通过女性内廷的特殊亲密性与隐蔽性，介入外朝的信息、政务和官僚体系，用以监督朝政，牵制党争。但女性内廷的政治机能受制于内廷信息传递机制的低效，以及官僚对女性涉政的抵制，从而失灵。值得注意的是，都铎晚期内廷政治机制的衰弱不应纯粹归因于性别因素，中世纪后期以降英格兰政权内部宫朝分野争议的延续也是重要原因。外朝反对内廷对政务的介入，实为反对君主以自然形体建构的宫廷本位之政治运作机制。女主统治的性别议题只是恰巧赋予外朝官僚与君主和宫廷竞夺权力的更多合理性，反映了近代早期君臣秩序、政权结构及"国家"概念的多元重塑。这是下一章将要探讨的主题。

第六章　宫朝分野：都铎晚期君臣定位的重构

> 首先是 [伊丽莎白] 女王基于性别的恐惧及优柔寡断，优柔寡断伴随恐惧而生，这是战事中最险峻之事，因为机会必须在到来时第一时间便被牢牢抓住。
>
> 弗朗西斯·沃尔辛厄姆，"勃艮第计划"（1572 年 7 月）①

1572 年 7 月，时任英格兰驻法大使沃尔辛厄姆指出："若上帝没有唤起奥兰治王子娱乐西班牙，恐怕这把危险战火早已在我们家园燃烧起来。"② 但他在"勃艮第计划"中悲观认为，要说服伊丽莎白女王增加对低地国家新教徒的军事援助极其困难，主因在于，如引言所述，女王基于性别的怯懦容易恐惧，导致决策优柔寡断，迟疑不决，这种畏惧极容易导致错失最佳的行动时机。他坚信，若有充分证据说服女王对低地国家出兵是必胜且低风险的，将足以"淡化恐惧，理性将指导女王果断决策"。③ 换言

---

① The enterprise of Burgundy, July, 1572, Harley MS 168 f. 54r, BL.

② Dudley Digges, ed., *The Compleat Ambassador*, p. 226.

③ The enterprise of Burgundy, July, 1572, Harley MS 168 ff. 54v – 55r, BL.

之，适当的情报可增强或引导女王果敢决断，甚至在紧急必要之时，信息的主导权足以使官僚直接越过女王，径自代为决策。

伊丽莎白一世的性别问题始终为盘绕在其都铎冠冕上的梦魇，较苏格兰玛丽的谋反篡位与天主教的武装威胁尤甚。奠基于古希腊哲学与基督教神学的鄙视女性传统，再加上玛丽一世时期新教流亡者针对信仰迫害而发动的一系列质疑女性统治正当性的口诛笔伐，使在伊丽莎白即位之时，男性官僚对女性持有一国统治权的焦虑早已根深蒂固。然而，伊丽莎白女王始终无法以施政淡化众臣对女性的疑虑。反之，她备受抨击的诸多统治习性，如妇人之仁、优柔寡断、迟疑不决和缺乏判断力等，屡屡加剧男性官僚对女性统治的不信任感，催化心理性焦虑转为实质的行动制约。男性群臣开始依托神意和公意，建构神选之臣的新君臣秩序，甚至促成宫朝与党争的双重和解，合作强化传统以男性官僚为主导，尤其以枢密院为另一个新"头"的双头政体。这种从单一个体的王趋向共同体之国的忠诚位阶转移，隐而不显地推动都铎晚期权力空间与群体渐从宫廷外移至政府，象征着中世纪后期以降的王朝政治缓慢转型为官僚主体的国家政治。

一　牝鸡司晨的焦虑

男性官僚对伊丽莎白统治能力的质疑，起源有三：鄙视女性的传统、都铎中期新教徒对女主统治的诠释，以及伊丽莎白女王优柔寡断的决策习性。

鄙视女性的传统奠基于古典希腊哲学与医学，以及基督教神学。古希腊哲学与医学主张女性的理性与生理皆逊于男性。柏拉图认为原始人类尽皆男性，女性为部分男性在自我繁衍的过程中，因卑怯与不义举止而意外产生的瑕疵后代，象征人类德性的堕落。[①] 亚里士多德则指出，男性提供创造人类最重要的"精液"，不同于女性唯有月经之类的"残余"，无益于繁衍，女性最多只能提供子宫作为供给营养的孵育空间。由于女性无法制造相对重要的精液，所以被贬抑为"不育"的"残缺男性"。不仅如此，男女之间的体液差异直接诱发两性生理体质的冷热差异，进而影响性别在理性与能力上的优劣之分。男性多与勇敢、坚毅、宽容等正向能力联结，强烈地显现女性的怯懦及缺乏理性等负面特质，所以"在任何情况下，若让女性掌握统治权，人们势必陷入混乱、过度的骄傲、无节制与虚荣中"，故女性只能居家。[②]

在生理方面，古希腊医学家希波克拉底与盖仑指出，男女精液的强弱结合决定性别，女人因男女体内各自较弱的精液结合而诞生。并且，他们进一步提出四体液论（four humours 或 humorism），分别为属性干冷的黑胆汁（black bile）、干热的黄胆汁（yellow bile）、湿热的血液（blood）与湿冷的黏液（phlegm）。[③] 身

---

① Mary R. Lefkowitz and Maureen B. Fant, eds., *Women's Life in Greece and Rome: A Source Book in Translation* (Baltimore: Johns Hopkins University Press, 2005), p. 225.

② Aristotle, "Generation of Anminals 2. 3. 737ᵃ27 – 28," in Jonathan Barnes, ed., *The Complete Works of Aristotle: The Revised Oxford Translation*, vol. 1 (Princeton: Princeton University Press, 1984), p. 1144; Amanda Shephard, *Gender and Authority in the Sixteenth-Century England* (Keele: Ryburn Pub., 1994), pp. 106 – 108, 148; Mary R. Lefkowitz and Maureen B. Fant, eds., *Women's Life in Greece and Rome*, pp. 226 – 230; Susan Moller Okin, *Women in Western Political Thought* (Princeton: Princeton University Press, 2013), pp. 15 – 97.

③ Mary R. Lefkowitz and Maureen B. Fant, eds., *Women's Life in Greece and Rome*, pp. 231 – 232; Jacques Jouanna, Neil Allies, tans., Philip van der Eijk, ed., "The Legacy of the Hippocratic Treatise *The Nature of Man*: The Theory of the Four Humours," *Greek Medicine from Hippocrates to Galen* (Leiden &

体的健康状况取决于四体液是否混合均衡，而男性体内的黄胆汁与血液偏多，使男性体质相对"浓厚、充足与温暖"；女性体内的黑胆汁和黏液较多，则导致女性体质偏向"贫乏、冰冷与潮湿"。女性缺乏热能的偏冷体质使生理状况恶化，频繁地焦虑或失眠，使理智发展迟滞不全，难以如同偏热的男性活跃聪颖，故女性远较男性不完美。[①] 生理与理性的双重缺陷使女性被圈禁于家庭中，专责家务与生育。

中世纪基督教对《圣经》的诠释再度强化了古典时期以降的男尊女卑，确认女性相对于身为"头"之男性的次等性、道德原罪及静默服从的绝对天职。《圣经》中的《创世记》记载了上帝首先依照自己的形象创造男性亚当，再取后者的一根肋骨创造夏娃。根据人类创造的先后次序，且女人从男人的一部分所出，女人理所当然地附属于男人，女性服从男性乃天经地义。再加上夏娃在伊甸园受蛇引诱，使人类道德自此沦丧，这原罪使女性必受诅咒，遭生育苦楚以求得救，且应当臣服于丈夫的管辖。[②] 基督教使徒的教谕重申女人的次等。圣保罗论证男性身为神的复制品及女性的母体，得以统辖女性。

　　　基督是各人的头；男人是女人的头……男人本不该蒙着头，因为他是神的形象和荣耀……起初，男人不是由女

　　　Boston：Brill，2012），pp. 335 - 359；Thomas Laqueur, *Making Sex：Body and Gender from the Greeks to Freud* (Cambridge, MA：Harvard University Press，1992）.

① Mary R. Lefkowitz and Maureen B. Fant, eds., *Women's Life in Greece and Rome*, pp. 243 - 247.

② 《创世纪》1：27、2：21～23、3：14～16，《提摩太前书》2：13～15，《中英圣经：新旧约全书和合本新国际版》，第 2～4、1475 页。

人而出；女人乃是由男人而出，并且男人不是为女人造的；女人乃是为男人造的。①

女性被要求对男性，尤其是"你们作为妻子，要服从自己的丈夫"。② 不只在家庭领域，女人在公共场合也须保持缄默；"妇女在会中要闭口不言，像在圣徒的众教会一样，因为不准他们说话，他们总要顺服，正如律法所说的。她们若要学什么，可在家里问自己的丈夫，因为妇女在会中说话原是可耻的"。③ 综上，圣保罗重申"我不许女人讲道，也不许她辖管男人，只要沉静"。④ 原始教会将女性定位为相对于男性的附属属性，在活动领域和公共职能等方面强加束缚，从而影响中世纪基督教文化与教会法对女性的负面评价。2世纪的基督教神学家德尔图良（Tertullian）谴责女人为"魔鬼的通道"，即夏娃招致人类的堕落沦丧，毁灭以上帝形象塑造的完美男人，将其与人类引入死亡歧途，所以女性是绝对劣等的，是一切罪恶的源头。圣奥古斯丁（St. Augustine）指出女性不似男性般依循上帝的形象被直接创造出来，乃是依附丈夫而生，旁系繁衍使女性的大脑弱智如同孩童或智障男性，无法充分发展。托马斯·阿奎纳（Thomas Aquinas）则将女性的次等性或残缺归因于畸形受孕，

---

① 《哥林多前书》11：3~9，《中英圣经：新旧约全书和合本新国际版》，第1425页。
② 《彼得前书》3：1、3：5、3：7，《中英圣经：新旧约全书和合本新国际版》，第1509页。
③ 《哥林多前书》14：34~35，《中英圣经：新旧约全书和合本新国际版》，第1429页。
④ 《提摩太前书》2：11~12，《中英圣经：新旧约全书和合本新国际版》，第1475页。

让女人如同"私生的男性"（misbegotten males），是一个偶然、意外且不完整的缺陷之人。[1] 古希腊哲学及医学与基督教神学共同建构女性天性次等的话语体系，认可男性的指挥权，要求女人服从男人的管辖，自我圈禁在生育与家务等家庭事务中，严格被排除于教会与政府职务等公共领域之外，更遑论拥有凌驾于男性之上的权力。

随着14世纪后期文艺复兴的兴起，特别是15世纪晚期至16世纪欧洲诸国普遍出现女王统治或女性摄政的现象，部分人文学者或为反对传统权威，政治投机者则为谋求政治依附或恩惠逐利，纷纷投入歌颂女性德性的作品。这些另类的"抗议声音"企图压过传统男尊女卑的"旧声音"，建构性别的平等，但绝非平权。[2] 这场"女性问题论战"（querelle des femmes）首先由乔万尼·薄伽丘（Giovanni Boccaccio）发动。他在1361～1362年发表的《列女传》（De mulieribus claris）中赞扬106名古希腊、古罗马时期的女性具备传统妇德如贞洁、静默与顺从，足以成为后世女子教育的楷模。这种女性教育观可能激发了法国克里斯蒂娜·德·皮桑（Christine de Pizan）批判13世纪中叶纪尧姆·德·洛里斯（Guillaume de Lorris）与让·德·默恩（Jean de Meun）撰写之《玫瑰的故事》（Roman de la rose）一书，其中描写了诋毁女性的恶德，如伪善、妒忌等。[3] 后皮桑在1405年发

---

① Lynn Japinga, *Feminism and Christianity: An Essential Guide* (Nashville: Abingdon Press, 1999), pp. 12, 76.

② Henricus Corneliu Agrippa, *Declamation on the Nobility and Preeminence of the Female Sex*, translated and edited with an Introduction by Albert Rabil (Chicago and London: The University of Chicago Press, 1996), pp. xxvi－xxvii.

③ Joseph L. Baird and John R. Kane, eds. and trans., *La Querelle de la rose: Letters and Documents* (Chapel Hill: University of North Carolina Press, 1977).

表《女性之城》（*Le Livre de la Cité des Dames*），以中世纪文学的寓言写法，凸显女性的理性、忠实和正义三项美德，呼吁若女性接受与男性同等且适当的知识训练，能力与德行绝不逊于男性，借此反驳社会对女性天生无知无能的传统偏见。皮桑的论述带动后续欧陆人文学者为女性去污。日耳曼学者内特斯海姆的科尔内留·阿格里帕（Corneliu Agrippa of Nettesheim）在 1506 年著《论女人之尊贵与杰出》（*De nobilitate et praecellentia foeminei sexus*），颠覆传统的性别等级观，引用古代神话、《圣经》与基督教历史等例子，证明女性绝对有能力成就不亚于男性的有德性且具有意义的伟大事业。只是女性的自由权自古就因遭受"男性的暴政"，包含"不公正的法律、愚蠢的习俗和不良的教育方式"，而被剥夺或删减，她们被强行禁锢在编织、纺纱与针线等家务中，隔绝在公共领域和公职之外，甚至不得签署未经丈夫允许的法律合约。[①]

这场文艺复兴初期关于女性优劣的辩论聚焦女人能否通过教育而如男人般实践美德。但这类女性教育的呼吁依旧局限为培养上层女性的修养举止等传统女四德，形塑良家妇女典范，终究难以脱离家庭与家务之非公共领域。故这个时期的女性辩论论著以女德教育的指导书居多，如西班牙学者胡安·刘易斯·比韦斯（Juan Luis Vives）的《基督教妇女的教育》（*De institution foeminae christianae*, 1523）与伊拉斯谟（Desiderius Erasmus Roterodamus）的《基督教婚姻》（*De matrimonio christiano*, 1540）。这些属于 16 世纪常见的向君主提供治国权术

---

① Clandia Opitz, "Female Sovereignty and the Subordination of Women in the Works of Martin Luther, Jean Calvin, and Jean Bodin," in Christine Fauré, ed., *Political and Historical Encyclopedia of Women* (London: Routledge, 2003), pp. 19 – 20.

建议的"鉴书",如马基雅维利的《君主论》(*The Prince*)和约翰·埃利奥特(John Elyot)的《统治者》(*The Book Named The Governor*),只是献书对象改为当时具有政治影响力的女性显贵。[①] 比韦斯在给亨利八世首任王后阿拉贡的凯瑟琳(Katherine of Aragon)之献文中,希冀以此书形塑凯瑟琳王后成为女人的行为典范,也建议王后参阅书中准则来规范、完善自己的生活。但此书将女性的角色局限于婚姻家庭之中,特别是在关于女性教育的部分,依旧着眼于培养静默、贞洁与服从等传统女德和家事技能。但有少数学者积极突破传统的女性次等观与空间束缚,如英格兰人文学者托马斯·埃利奥特(Thomas Elyot)在1540年献给亨利八世第四任王后克利夫斯的安妮(Anne of Cleves)的《为好女人辩护》(*The Defence of Good Women*)一书中,列举历史上的贞洁烈女,证实女性具备贞洁的德性,强调两性的功能互补,更肯定女性跨出传统家庭领域,依凭智慧而具备统治众人之能力。[②]

尽管文艺复兴时期出现尝试建构男女平等的另类声音,但其始终未能成为主流,更遑论当女性能否执掌政权成为争议之际,女性的次等性与男主外女主内的传统持续主导舆论,甚至将女性的政治继承标签化为恶魔的诅咒或神谴。苏格兰詹姆斯五世(James V of Scotland)在1542年临死前听闻女儿玛丽(即随后即位的苏格兰玛丽女王)诞生,唯有哀叹:"这件事有魔鬼跟随,它[斯图亚特王朝]如何开始,也终将如何结束,

---

① 林美香:《女人可以治国吗?——十六世纪不列颠女性统治之辩》,第40~44页。

② 林美香:《女人可以治国吗?——十六世纪不列颠女性统治之辩》,第47~64页。

它始于一位女人，也将断送在一位女人手中。"此意指斯图亚特王朝始于罗伯特一世（Robert Ⅰ）之长女玛乔丽·布鲁斯（Marjorie Bruce）下嫁给沃尔特·斯图亚特（Walter Stuart）；詹姆斯五世担忧女儿将嫁与另一个姓氏，就此终结斯图亚特王朝。① 亨利八世面对第一任王后凯瑟琳所生男嗣接连夭折，唯有诞生于 1516 年的玛丽公主（Princess Mary，日后即位为玛丽一世）幸存，将其归因于自身的叔嫂通婚忤逆上帝而降下神谴，即《圣经》中《利未记》的记载："人若娶弟兄之妻，这本是污秽的事，羞辱了他的弟兄，而人必无子女。"② 1553 年爱德华六世的年少崩殂及玛丽一世的即位同样被英格兰新教徒视为神谴，归因于英格兰人漠视福音，激怒上帝降下"暴政、战争、饥荒、瘟疫与所有的灾祸"以作惩戒。神谴的政治话语遂成为

---

① John Knox, *The Historie of the Reformation of the Church of Scotland*（London: John Raworth for George Thomason and Octavian Pullen, 1644）, sig. F1v.

② 亨利八世的情妇伊丽莎白·布朗特（Elizabeth Blount）曾在 1519 年为他诞下私生子亨利·菲茨罗伊（Henry Fitzroy），后者在 1525 年被封为里士满伯爵（Earl of Richmond），但不具有王位继承权。尽管身为西班牙伊莎贝拉女王之女的凯瑟琳王后认为性别并不构成王位继承的障碍，但英格兰历史上未曾有女性继位之先例，且女性继承容易引发内战，如亨利一世之女玛蒂尔达（Matilda of England）与表兄斯蒂芬王（King Stephen）因竞逐王位而展开长达 18 年的内战，或因王室配偶引发党争，抑或因与外国联姻而导致外力干政。《利未记》20：21，《中英圣经：新旧约全书和合本新国际版》，第 154 页。《圣经》中的《申命记》对于迎娶已逝兄弟之妻有截然不同的解释："弟兄同居，若死了一个，没有儿子，死人的妻不可出嫁外人，她丈夫的兄弟当尽弟兄的本分，娶她为妻，与她同房。"《申命记》25：5～9，《中英圣经：新旧约全书和合本新国际版》，第 257 页。John Guy, *Tudor England*, pp. 116 - 117; E. W. Ives, "Henry Ⅷ（1491 - 1547）, King of England and Ireland," *ODNB*, September 24, 2004, http: //gfhaa7b50047f 6d884d4csnbwpqccqobp56bwu. fbgi. libproxy. ruc. edu. cn/view/10. 1093/ref: od nb/9780198614128. 001. 0001/odnb - 9780198614128 - e - 12955, 最后访问时间：2021 年 6 月 20 日。

新教徒诠释或反抗女主统治的基调。①

面对如此抵触女性统治的语境，玛丽一世政权试图通过宫廷教士约翰·克里斯托弗森的《劝众人以反叛为警》与詹姆斯·坎塞莱尔的《服从之路》，刻意淡化统治者的性别争议，根据自然秩序与君权神授论，重申人民服从君主的绝对义务。政治顺从无关乎统治者的性别，违者视同忤逆上帝；即使面对暴政与暴君也不得反抗，应视为神谴的试炼。这类政治顺从的宣传被部分温和派新教徒接受。欧陆新教徒领袖如马丁·路德与约翰·加尔文（John Calvin）皆强调政治顺从凌驾于统治者的性别议题之上。需要注意的是，他们未曾改变男尊女卑的传统态度，尽管肯定女性在属灵的信仰领域，包含圣礼、圣灵、信仰和恩赐祝福，无异于男性，但认为她们的次等天赋导致她们"缺乏对事物的正确认知，喋喋不休，当讨论公共问题时，含混不清且不得体"，是故，上帝不允许女性在教会和政府中承担任何职位，只应居家且绝对缄默。② 唯一的特例是，倘若女性即位掌权，公领域的政治服从优先于私领域的性别优劣。路德依据《罗马书》中的"在上有权柄的，人人当顺服他，因为没有权柄不是出于神的。凡掌权的都是神所任命的。所以抗拒掌权的，就是抗拒神的命；抗拒的，必自取刑罚"，主张凡权威者皆为上

---

① John Ponet, *A Shorte Treatise of Politike Power, and of the True Obedience Which Subjectes Owe to Kynges and Tther Civile Governours, with an Exbortacion to All True Naturall Englishmen* (Strasbourg: Printed by the heirs of W. Köpfel, 1556), *STC* 20178, sigs. H6v, K2v; Constance Jordan, "Woman's Rule in Sixteenth-Century British Political Thought," *Renaissance Quarterly* 40: 3 (Autumn, 1987), pp. 421 – 451.

② Clandia Opitz, "Female Sovereignty and the Subordination of Women in the Works of Martin Luther, Jean Calvin, and Jean Bodin," pp. 22 – 24.

帝所命，抵抗必自遭天谴；面对象征神谴的女性统治，人民唯有选择承受苦难以进行自我赎罪。① 亨利·布尔格（Henry Bullinger）在政治规则层面进一步补充，女性依据王国的继承权和政治法律而合法继承王位，若予以推翻，实为不正当且危险之事。② 这种政治服从论遂成为宗教改革时期欧陆新教徒引用支持世俗权威的教条，也影响多数英格兰新教徒或采取非武力的消极抵抗，沉默等待信仰新教之伊丽莎白公主即位，或选择以悲壮的殉教或流亡欧陆做无声的反抗，抑或诉诸文字，以性别为由，重申女性的次等，笔伐女性统治的正当性，最终建构反对玛丽一世天主教政权的理论基础。

1554 年，托马斯·培根（Thomas Becon）出版《致上帝之恳求》（*An Humble Supplication unto God*），引证《圣经》强调女人服从男人与静默的天职，抱怨："您［上帝］不赐给我们一位有德行的君王，却让一位女人来统治，女人的天职是顺从男人，况且您还通过您圣洁的使徒，教喻女人必须保持缄默，不可在会中言语。"他将"伪善者"玛丽一世的即位与暴政，归因于上帝对"违抗、不敬神与固执之［英格兰］人"降下的惩处。

啊！主，您把帝国从一位男人手中取走，交付给一位

---

① 《罗马书》13：1~2，《中英圣经：新旧约全书和合本新国际版》，第 1410 页。Luther's Small Catechism, July, 1529, *Dr. Martin Luther's Small Catechism, Explained in Questions and Answers by Johann Conrad Dietrich*（St. Louis: Concordia Publishing House, 1902），p. 27；Quentin Skinner, *The Foundations of Modern Political Thought*, vol. 2, *The Age of Reformation*, pp. 15 - 19, 221 - 230.

② Henry Bullinger to John Calvin, March 26, 1554, David Laing, ed., *The Works of John Knox*, vol. 3（Edinburgh: James Thin, 1895），pp. 222 - 223.

女人，似乎是对我们英格兰人非常不悦的表示……当您的子民不值得拥有合法、自然且合适的统治者时，您就让女人来统治他们。①

后在1558年，克里斯托弗·古德曼（Christopher Goodman）出版《人民应如何服从在上有权柄者？》，依据亨利八世与阿拉贡的凯瑟琳之无效婚姻，以及《圣经》中《申命记》上帝要求拣选王者"必从你弟兄中立一人，不可立你弟兄以外的人为王"，否定女性（包含玛丽）继承的合法性。②他进一步谴责女性统治颠覆自然秩序，"在自然界中是一头怪物（monster），在人之中是一种颠倒"。③尽管如此，上帝依然指派"邪恶如同蛇蝎"的女人玛丽即位，只能解读为"上帝愤怒的表征"，降下一切的灾难不幸以惩处英格兰。④

当时集反对女性统治理论之大成者，莫过于1558年由苏格兰新教流亡者约翰·诺克斯（John Knox）在日内瓦出版的《反对女性怪物统治的第一声号角》。开篇即激烈抨击女性统治：

① Thomas Becon, *An Humble Supplication unto God, for the Restoring of Hys Holye Woorde, unto the Churche of England* [Wesel: (J. Lambrecht?), 1554], *STC* 1730, sigs. A2r, A6r.

② Christopher Goodman, *How Superior Powers oght to be Obeyed of Their Subjects, and Wherin They May Lawfully by Gods Woorde be Disobeyed and Resisted* (Geneva: by John Crispin, 1558), *STC* 12020, sigs. C8v, F8v – G1v；《申命记》17：15,《中英圣经：新旧约全书和合本新国际版》, 第248页。

③ Christopher Goodman, *How Superior Powers oght to be Obeyed of Their Subjects*, sig. D2v.

④ Christopher Goodman, *How Superior Powers oght to be Obeyed of Their Subjects*, sigs. C1v – 2r, F8v, G1v.

　　提升一个女人，让她在任何地区、国家或城市拥有统治权、至高权、主导权或帝国之权，均是违反自然的，也是忤逆上帝的，是一件最违背上帝昭示的意旨与许可的规范之事。最后，它也是对良好秩序，及一切公平与正义的反叛。①

他依据自然法、罗马法、神意法与希腊哲学，论证女性在生理和智力方面远逊于男性，否定女性统治的合理性与合法性。首先，让女性拥有统治权来领导男性无异于"违逆自然"（repugneth to nature）。一方面，女性统治违反雄性宰制雌性的自然法则，如同从未有人"看过雄狮顺服地拜倒在母狮面前"。② 另一方面，次等天性使女人脆弱、躁进和怯懦愚昧，"经验也证明她们反复无常、多变、残忍，以及缺乏谋略与团体精神"。允许这群"盲目昏聩、体弱力衰、意见愚蠢荒谬，且判断疯狂至极"的女性来统治，犹如"盲人被派来指挥目明者；病弱无能者照抚强壮健全之人；最后，还有愚蠢癫狂者领导思虑周全的人，甚至向冷静之人提供意见"，这无疑忤逆了自然法则。③ 其次，诺克斯援引罗马法，指出《法学摘要》（Digest）规定女性在妻子的身份上，仅能对她的"头"丈夫行使极有限的权利；即使身为母亲，也无权干预自己儿子的管辖、教养、收养、治疗、司法控诉等活动。对女权的压制同样从家庭领域延伸至公共领域，严禁女

---

① John Knox, *The First Blast of the Trumpet Against the Monstrous Regiment of Women* (Geneva: J. Poullain and A. Rebul, 1558), STC 15070, sig. B1r. 翻译参照林美香《女人可以治国吗？——十六世纪不列颠女性统治之辩》，第83页。

② John Knox, *The First Blast*, sig. D6r.

③ John Knox, *The First Blast*, sigs. B1v – B2r.

性担任所有的公职，包含首长与法官。① 再者，依据《圣经》，上帝已然剥夺女性在集会中的发声权，以及等同于男性的"思考的智慧、洞察未来的禀赋，以及一切有益于国家的能力"。最重要的是，他绝不允许女性在任何情况下越过男性，明确声明："男人是女人的头，犹如基督是所有人的头。"② 故女性被禁止担任公领域的教会与政府职务，诸类神圣的职位已被上帝指定由男性作为其世俗代理人来担任。若让女性执掌国家，无疑是"玷污"和"亵渎"这个象征上帝之法的王座，犹如谋逆上帝。最后，根据亚里士多德与 4 世纪希腊学者约翰·克里索斯托姆（John Chrysostom）的理论，女性无法使用智慧和理性去思考，致使判断总是轻率、鲁莽且意志不坚，故不能承担公职，自然更不能担负一国之君的重大责任。③ 综上，女人基于天性次等、意志软弱、判断愚昧疯狂、缺乏政务处理能力，且神意法与罗马法皆剥夺了女性担任公职与号令男人的权力，诸多制约使女性即使面对男人堕落败坏，仍不被容许"篡夺他们的任何权威"。④ 一旦任凭女性拥有凌驾于男性之上的统治权，诺克斯以象征统治者双体的"两面镜子"譬喻其恶果。在人的自然形体中，处于最高位置的头理应总理形体其他部分运作，倘若一个形体缺少头，"谁不认为那个身体是个怪物，没有高于其他［部分］的头，且眼睛在手上，舌头和嘴在肚子下方，耳朵在脚上，

---

① John Knox, *The First Blast*, sigs. B3r – B4r. 罗马法对女性权利的限制可见 Henricus Corneliu Agrippa, *Declamation on the Nobility and Preeminence of the Female Sex*, pp. xii – xiii。

② John Knox, *The First Blast*, sigs. B7r, B8v, C3v – C6v, D4r, F7v. 翻译参照林美香《女人可以治国吗？——十六世纪不列颠女性统治之辩》，第 86 页。

③ John Knox, *The First Blast*, sig. C7v.

④ John Knox, *The First Blast*, sig. C8r – v.

人不仅认为这样的身体是个怪物，也会认为它无法长久存活"。①
他以此譬喻女性统治的政治形体，形体的各部分错置且无头犹
如怪物政权，终究无法长治久安。新教流亡者多以女人天生弱
势与《圣经》规范的静默服从为主轴，视玛丽的女主统治为神
谴，名为否定女性权威的正当性，实为抵抗其天主教政权。

　　诺克斯的"第一声号角"显然吹响在错误的时间点。在这
本书出版不久后，玛丽一世在同年 11 月 17 日崩逝，根据亨利八
世在 1543 年颁布的第三次继承法，由她信仰新教的同父异母妹
妹伊丽莎白即位。昔日猛烈抨击女性统治的新教徒顿时陷入难
以自圆其说的尴尬处境，立即掉转风向，将对女性统治的定位
从神谴转成神意或神佑，强调无性别差异的政治顺从。1559 年，
加尔文向国务大臣威廉·塞西尔重申服从理论："既然某些国家
和城邦，依习俗、公众的同意，以及长久的惯例，允许女人拥
有［王位］继承权，我就不应当质疑……依我之见，推翻一个
由上帝特殊恩准的政府，并不合法。"② 尽管神意、法律和血统
赋予了伊丽莎白一世统治正当性，但多数新教学者未曾改变女
性次等的基调，对于这个新女主统治赋予的是条件式认同与顺
从，即提出神选之臣的辅佐与君臣共治的前提条件。诺克斯的
"第一声号角""吹跑了他的英格兰友人"。1559 年初，他向英
格兰政府申请旅行通行证，欲取道北英格兰返回苏格兰，申请
屡屡受挫。③ 故诺克斯频繁写信给塞西尔请他代为向新女王解

---

① John Knox, *The First Blast*, sigs. D3r – D4rv.

② Letter 15, John Calvin to Sir William Cecil, Geneva, after January 29, 1559, in Hastings Robinson, ed., *The Zurich Letters, second series, 1558 - 1602* (Cambridge: Cambridge University Press, 1845), pp. 34 - 36.

③ John Knox to Mrs. Anna Lock, April 6, 1559, in David Laing, ed., *The Works of John Knox*, vol. 6, p. 14.

释："我也服从上帝的力量，用他大能的手抬举一个最能迎合他智慧的人，尽管自然及上帝最完美的规范反对这种政权。"① 换言之，女性统治尽管忤逆自然，但仍可视同上帝的特殊安排必须服从。然而，鉴于女性的次等性与玛丽统治的前车之鉴，臣民对于伊丽莎白一世政权的认同附有条件：新女王理当履行上帝赋予的宗教使命，捍卫英格兰新教改革的成果，让"英格兰境内受苦的人民，在您这个软弱的器皿中得以安息"，唯有如此，她的政权才会被肯定。②

1559 年，约翰·艾尔默（John Aylmer）借《忠诚子民的港口》笔伐"外邦人"诺克斯将女性统治诋毁为忤逆自然、法律和理性的怪物政权，同样从自然法、神意法、罗马法、双体论四层面肯定女性统治的正当性。③ 女性尽管"天性愚弱、身体虚弱、勇气怯弱，且实践作为不熟练"，但"由神特殊恩准"以期保护共同体或其他特殊缘由，再加上继承法律的规范，女性拥有统治权没有背离自然且合法。④ 另外，女人在传统上被排除于公共职务之外，归因于当时历史背景下的女性"无法在学校的学习中成长，也未受到辩论的训练"，女王或王后若接受充分适当的教育与科学知识，则足以承担统治职责。⑤ 最关键的是，艾

---

① John Knox to William Cecil, April 10, 1559, in David Laing, ed., *The Works of John Knox*, vol. 6, p. 19.

② John Knox to Queen Elizabeth I, July 20, 1559, in David Laing, ed., *The Works of John Knox*, vol. 6, pp. 48 – 50.

③ John Aylmer, *An Harborovve for Faithfull and Trevve Subjectes Agaynst the Late Blowne Blaste* (London: John Day, 1559), *STC* 1005, sigs. B1r – v, C2r – v.

④ John Aylmer, *An Harborovve for Faithfull and Trevve Subjectes*, sigs. B2v, B3r, C3r – v, D1v, D2r.

⑤ John Aylmer, *An Harborovve for Faithfull and Trevve Subjectes*, sigs. G4r – v, N2r – v.

尔默效仿欧洲新教领导者主张的公领域服从优先性论点，重新诠释双体论，界定了私领域自然身体的人（person）与公领域政治形体的职（office）之间的服从边界。女性身为自然人，服从义务仅限于家庭和婚姻领域，在家从父，出嫁从夫。[①] 一旦担任公职，她的政治形体之职就凌驾于自然形体的服从义务之上。

> 一个女人不论是她父亲的孩子，或是她主人的奴仆，或是她丈夫的妻子，与这些人之间，由于他们的职位，也就是父亲的职位、主人的职位，或丈夫的职位，她不能做他们的头。倘若她具备统治者和官吏的职位，虽仍然是那男人的妻子，也就是他的臣仆，她也可成为他的头，也就是他的统治者……一个妻子可以是这个男人的妻子，而又是另一个男人的统治者；在婚姻责任上，她臣服于这个男人，但在官职的权威上，她又是这个相同男人的头。[②]

简言之，女性，依据血统、公意、法律与习惯法，且接受充分的教育训练，更关键的是具备上帝的恩典，可毫无争议地合法继承先祖的政权。[③] 女性在公领域的统治者身份享有被服从的绝对权力，不容反抗。艾尔默甚至告诫人民，若他们期盼一

---

① John Aylmer, *An Harborovve for Faithfull and Trevve Subjectes*, sig. H4v.

② John Aylmer, *An Harborovve for Faithfull and Trevve Subjectes*, sigs. C4v, G1r, G3r；林美香：《女人可以治国吗？——十六世纪不列颠女性统治之辩》，第107~109页。

③ John Aylmer, *An Harborovve for Faithfull and Trevve Subjectes*, sig. M1r-v.

位仁君，理应先反求诸己，成为顺民，"若君主天性仁慈，人民就不该激怒他；若君主的天性并非如此，人民应反求诸己，以顺从赢取君主的心，绝非用叛乱推翻他们"。① 如同诺克斯，艾尔默的服从观立足于新教信仰对上帝的服从，但对女主统治适切性的质疑未曾消退，认为尽管伊丽莎白女王为上帝的选择，但仍无法掩盖她身为女性的虚弱、意志不坚与缺乏勇气等次等性。他与其他臣民勉为其难地接受女主统治，一方面是因为这作为神意降临的象征，不可悖逆；另一方面是因为女性统治在英格兰特殊的混合统治传统下将鲜有作为，政治风险极低，"英格兰政权既非君主制，亦非寡头统治，更非民主制，而是混合以上三种的统治"。② 他恳请新女王成为"神圣的底波拉（Deborah）"，延续与臣僚或议会共治的传统，以期降低女主统治的潜在风险。

秉承伯利政治意识的托马斯·史密斯同样认同君主的私人性别无碍英格兰的集体统治形态，国家仍可运行如常。他在《论英格兰政府与统治形态》中同样出于对血缘正统及神意的尊重，认可女性统治者。"权威是在由血缘决定并由子孙传承时，如王位、公爵爵位、伯爵爵位，所受尊重者是血缘，而非年龄或性别"；具有王位继承血统的"绝对女王"享有与成年男性君主同等的政治权威，维持国家的稳定安宁。尽管女王为英格兰王国的"生命、头和所有事物的权力"，但英格兰"并非单一，而是混合"的统治形态，即"由众多自由人聚集在一起，通过

---

① John Aylmer, *An Harborovve for Faithfull and Trevve Subjectes*, sigs. Q3v – Q4r.

② John Aylmer, *An harborovve for faithfull and trevve subjectes*, sigs. H2v – 3v; A. N. McLaren, *Political Culture in the Reign of Elizabeth I: Queen and Commonwealth, 1558 – 1585* (New York: Cambridge University Press, 1999), pp. 59 – 69, 73 – 74.

共同协议和契约，团结在一起的社会或共同行为，施用在和平和战争中保护自己"。① 史密斯虽不否认君主拥有拣选大臣的绝对权力，但需听取枢密院建言以理政，此乃因英格兰历来由法律和行之有年的制度进行集体统治，故在此传统下，君主的个人性别无碍国家治理。而关于辅佐女王共治的官僚群体，约翰·福克斯（John Foxe）明确定义他们乃是由上帝从最虔诚的信徒中挑选出来最聪明的，也是从最聪明的信徒中拣择最虔诚的一群，赋予辅佐女王之天职，此为神选之臣的概念。② 女王实践对上帝承诺的唯一途径就是寻求这批神选顾问的意见，接受他们的辅佐。简言之，女主统治唯有在神选幕僚团的辅佐共治下才被接受。这类主张也赋予伊丽莎白一朝的男性众臣，尤其枢密院特殊自治权，从而形成一种"偏离"王权的反常政权秩序。③

二 "优柔寡断"的女王

面对源于古典文化与基督教神学的鄙视女性传统，以及玛

---

① Thomas Smith, *De republica Anglorum*, pp. 5, 10, 19-20, 43-44, 47. 林美香：《女人可以治国吗？十六世纪不列颠女性统治之辩》，第 120~121 页。

② Dale Hoak, "Sir William Cecil, Sir Thomas Smith, and the Monarchical Republic of Tudor England," pp. 39-40; A. N. McLaren, "Delineating the Elizabethan Body Politic: Knox, Aylmer and The Definition of Counsel, 1558-88," *History of Political Thought* 17: 2 (1996), pp. 224-252.

③ 戴维·斯塔基认为这种另类的权力安排（eccentric arrangement）仅短暂持续到 1610 年罗伯特·塞西尔因"大契约"（The Great Contract）谈判破裂而失势，后由斯图亚特王室的寝宫体系恢复君主的亲密政治操作。David Starkey, "Introduction: Court history in perspective," in David Starkey, ed., *The English Court*, p. 21.

丽一世天主教政权激发的反对女性统治之尖锐理论，伊丽莎白一世即位时的政治氛围绝非表面那样欢欣庆贺。男性众臣受教于人文主义与基督教神学，对女性能力的鄙视早已根深蒂固，且部分重臣如贝德福德伯爵和沃尔辛厄姆等曾流亡欧陆，可能受到新教流亡者反抗女性统治正当性理论的影响，尽管因新教信仰与服从神意，勉为其难地认同新女王的即位，却有一定条件：女王与神选之臣的共治。这种矛盾心理在伊丽莎白女王于1559 年 1 月 15 日入伦敦加冕的进城礼中显露无遗。在这场庆典中，臣民以"兰开斯特与约克两家族联合"搭建的三层舞台——底层为亨利七世与其后约克的伊丽莎白，中层为亨利八世与其第二任王后，亦为伊丽莎白之母的安妮·博林（Anne Boleyn），最上层则为新女王伊丽莎白一世——象征新女王继承血统的正统性。新女王同时被颂扬为"以色列的士师与复兴者底波拉"，受神意即位以期恢复新以色列，意味着新教统治下的英格兰回归。然而，通过安排身穿议会袍服的底波拉与贵族、教士与平民代表"咨议如何施行以色列的德政"的戏剧表演，隐晦地呼吁新女王唯有落实共治，始能实践"纯粹信仰"（pure religion）、"爱民"（loue of subiectes）、"智慧"（wisdome）、"正义"（justice）四种美德，稳坐"德政之位"。① 即位之初，倘若

---

① *The Passage of Our Most Drad Soueraigne Lady Quene Elyzabeth Through the Citie of London to Westminster the Daye before Her Coronacion Anno 1558. Cum priuilegio* (London：Richard Tottill，1558)，*STC* 7590，sigs. A4r – B1v，B2v，D3r – v；《士师记》4：9，5：7，《中英圣经：新旧约全书和合本新国际版》，第 312 ~313 页；A. L. Rowse，"The Coronation of Queen Elizabeth，"*History Today* 53：5 (May 2003)，pp. 18 – 24；Alice Hunt，*The Drama of Coronation：Medieval Ceremony in Early Modern England* (Cambridge：Cambridge University Press，2008)，pp. 146 – 172。

伊丽莎白女王的施政表现不亚于男性，媲美其父亨利八世，或许可以淡化这类对女性统治的质疑。然而，男性众臣在书信中对女王贬多于褒的评价，特别是对女王"女性化"决策习性的批评——欠缺判断力、优柔寡断与妇人之仁——等负面描述频繁出现，证实了男性群臣对女性统治日渐加剧的焦虑感。

伊丽莎白一世追求华贵时尚的服饰，却对国政支出锱铢必较，或觊觎臣民私人财产，多被抨击为缺乏判断力，危及国安。1581年，女王下令施鲁斯伯里伯爵压缩苏格兰玛丽的监禁预算，由每周 52 英镑减至 30 英镑，并裁撤半数随员。事实上，伯爵个人垫付的费用远不止这些，仅玛丽每年膳食费就超过 3000 英镑。他甚至被迫自行填补高达 10000 英镑的年度赤字，包括额外保留 40 名士兵看守玛丽，以及满足她的诸多额外要求。[①] 女王长期拖延支付玛丽的监管费用已经引起伯爵抱怨，如今又削减预算。沃尔辛厄姆劝谏女王，削减预算恐将降低看守效率，易于玛丽逃脱。

> ［伯爵］阁下怎么可能维持他身边的人员，如果没有充足的人手看管她，她极可能逃跑。我恳求陛下您，不要让一千英镑的吝啬和节省……使［看守］工作面临这种极端［危险］。即使没有这样的事情发生，我也不会像我的阁下那样留下这么危险的客人，仅仅为了赚钱。[②]

沃尔辛厄姆的谏言激怒了女王，他长达两周被拒绝接见。

---

① *HMC Talbot*, vol. 2, p. 369; Edmund Lodge, ed., *Illustrations of British History*, vol. 2, pp. 201, 180; Patrick Collinson, *The English Captivity of Mary Queen of Scots* (Sheffield: University of Sheffield, 1987), p. 19.

② Mary S. Lovell, *Bess of Hardwick*, pp. 292 – 293.

后在 1583 年初，他再度劝谏女王以王室津贴或馈赠强化外交，被后者质疑这请求实为觊觎王室私库，因而被回绝。①

批评伊丽莎白女王优柔寡断、决策拖延与妇人之仁的字句更是频繁出现在大臣的书信中，抨击怯懦的女性天性常导致决策错失良机。在 1570 年代早期出任国务大臣的托马斯·史密斯反复陷入对女王服务的挫折感，抱怨女王的"优柔寡断与长久等待将使机会与时机快速流逝"。② 1575 年 2 月，沃尔辛厄姆向女王抗议："您的决策拖延不仅让我绝望于维持有利政策，机会流逝，更使沮丧的我无心推进类似政策，我与您其他可悲的忠仆们对于您安危的担忧，根本徒劳无功。"③ 3 月，他再度批评女王拖延批准与苏格兰的共同防御草案，此犹豫不决的态度重创了尽忠职守的枢密院的士气，"更可能导致［苏格兰盟友］质疑您羞辱他们，使他们退回无可挽回的孤立立场"。④ 沃尔辛厄姆同时抨击女王对待苏格兰玛丽过于妇人之仁，反对他进一步调查刚查获之玛丽与伦敦书商亨利·科金的秘密通信。他无奈向莱斯特抱怨："女王对于此案件的诡异处理方式，无疑将使所有忠诚且关切其安危的大臣沮丧，他们致力于恢复国家，女王却只想掩盖毒瘤而非治愈。"⑤ 沃尔辛厄姆愤而请告病休，暂离宫廷，以做无声抗议。这种对女王不当"仁慈"的谴责，正如本书第一章所述，也弥漫在 1587 年 3 月戴维森的审判中。附和

---

① Walsingham to Robert Bowes, ［February 27］, 1583, SP 52/31 f. 45, TNA; Conyers Read, *Walsingham*, vol. 2, pp. 190 – 191, 253.

② Secretary Thomas Smith to Burghley, January 31, 1574, Lansdowne MS 19 f. 178, BL.

③ ［Walsingham］to Elizabeth I, February 26, 1575, SP 53/10/13, TNA.

④ Walsingham to Elizabeth I, March 20, 1575, SP 52/26/2 f. 159, TNA.

⑤ John Cooper, *The Queen's Agent*, pp. 169 – 170.

戴维森公然指出女王"基于性别与天性的胆怯",钦定的审判大臣如约克大主教桑迪、首席审判官迈尔德梅、财税法庭首席法官曼伍德与坎特伯雷大主教惠特吉夫特等人的发言,或严厉或隐晦地指责伊丽莎白女王拖延处决罪孽深重的苏格兰玛丽实非"正义"之举,而是不当的妇人之仁,长期以来将英格兰国家、人民,乃至新教信仰,暴露在天主教威胁下,实为辜负上帝委托她守护英格兰与新教教会的重大责任。①

伊丽莎白一世的优柔寡断与妇人之仁同样使她在当时和后世史学作品中备受批评。威廉·卡姆登暗讽伊丽莎白一世"本性导致决策迟疑不决"。② 约翰·布莱克则指责伊丽莎白女王在应付国家敌人苏格兰玛丽时的"不合逻辑、顽固和胆怯的宽容",过分多愁善感,只顾个人的宽厚行事,保护表亲玛丽免受英格兰新教徒的怒火,却任意将自己的生命和英格兰的国家安全置于"这头可怕的巨龙"无穷的侵略野心之中。③ 面对充满隐忧的女性统治,男性众臣试图凭借对信息系统的宰制权,通过信息(无论正确与否)的筛选,引导女王果敢决断,或影响其决策,甚至在必要的紧急时刻,直接越过女王,径自决策。而官僚群体赋予自身得以如此"藐视王权"行事的正当性,正是立足于神意与公意的神选之臣定位,这个概念将在本章最后一节讨论。

首先,需了解的是男性官僚如何知晓信息足可引导或者误导女王决策,这需回溯至1570年代首次安茹联姻谈判。这项

---

① Proceedings against Mr. William Davison, March 28, 1587, Harley MS 290 ff. 228r, 229r, 232v, 237r – v, BL.

② William Camden, *Annales*, p. 338.

③ J. B. Black, *The Reign of Elizabeth*, p. 372.

联姻计划原本由胡格诺派在 1568 年 6 月提出，随即因第三次法国宗教内战在 10 月爆发而中断。两年后重提联姻谈判，恰巧符合三方利益。对法王查理九世而言，这场联姻可促进国内团结。同时，法国与西班牙王室联盟随着菲利普二世在王后瓦卢瓦的伊丽莎白（Elisabeth of Valois）1568 年逝世后，于 1570 年迎娶神圣罗马帝国皇帝马克西米利安二世长女安娜（Anna of Austria）而中止。美第奇王太后也将目光转向小姑、独处的伊丽莎白女王，希冀这场联姻可为次子戴上一顶王冠。英格兰也欢迎与法联姻。伯利始终视女王婚姻为国政而非私事，最理想的王室婚姻莫过于为英格兰诞下继承人和缔结外交联盟，而非仅仅是一位伴侣，故反对女王从国内显贵中择偶。[1] 他提醒女王："上帝会指引您的心去为您的孩子寻找一位父亲，所以您王国所有的子民都会祝福您的后裔。若无此婚姻，无论和平或战争都将不会让我们长期受益。"[2] 与此同时，英格兰在外交上频频被西班牙和罗马教廷居首的国际天主教势力排挤，与法国结盟无疑成为伊丽莎白一世政权的首选。因此，尽管安茹的年龄、信仰与国籍存在争议，但英法联姻计划符合三方利益，即两国联防西班牙、都铎的后嗣期盼，以及胡格诺派所期待的英格兰加入低地国家新教联盟，故初期谈判进展顺利。[3]

出乎意料的是，伊丽莎白女王被不明情报误导，坚信若在宗教议题上持续以须使用英格兰共同祈祷书，并严禁天主教仪式向安茹公爵施压，法方终将妥协。这项突如其来的条件使谈

---

[1] Conyers Read, *Mr. Secretary Cecil*, pp. 336 – 337.

[2] Cecil to Queen Elizabeth, June 21, 1560, Cotton MS Caligula B/X f. 105 , BL.

[3] Susan Doran, *Monarchy & Matrimony*, pp. 99 – 101.

判陷入僵局，终至破裂。① 放眼大局的伯利并不像他的女王在乎公爵的信仰倾向，早在谈判之初就有意允许公爵一周三天在他的私人内廷进行有限度的天主教弥撒，可以有六到七名随从参加；希望借此妥协条件确保谈判顺利。② 面对女王态度丕变，伯利猜测她受错误情报误导，故对时任驻法大使沃尔辛厄姆抱怨。

目前，女王陛下突然决定只寄送对法国的国书和她的回复，其余的部分，她打算保留到当她获知她的回复如何被接受，特别是如何解决棘手的宗教议题之时。她态度转变的原因，正如我所猜测的，根源于近期一些新情报的影响，即如果女王陛下坚持宗教立场，它将获同意，从而导致女王自信地推进这个主张。

他担忧这个宗教议题极可能迫使谈判中断乃至被迫延期，故命令沃尔辛厄姆去"编造足够的理由"安抚法方的愤怒情绪。③ 然而，僵局至 5 月仍未缓和。伯利称：

女王陛下被某些人告知，看到［法国大使］的国书后，宗教问题并非如此困难……某位重要人士秘密地告诉我，若认真对待宗教问题并强行施压，它将被获准妥协；我立

① Dudley Digges, ed., *The Compleat Ambassador*, pp. 89, 97；Susan Doran, *Monarchy & Matrimony*, pp. 126 – 127；Stephen Alford, *Burghley*, p. 190.

② Susan Doran, *Monarchy & Matrimony*, p. 107；Draft by Cecil of a paper entitled "Reasonable demands to be required from Monsieur for the preservation of the religion of England" 1570, SP 70/115 f. 98, TNA.

③ Dudley Digges, ed., *The Compleat Ambassador*, pp. 55, 87 – 88.

刻思索解决方案，向法国大使报告，但他听完后似乎十分
沮丧，总结说他实在无法理解，但这答案应该会毁坏并终
结整个［谈判］……这极其诡异，任何人都应在此事上竭
力安抚大使，但同一位男士说服女王坚持下去；这两件事
均将完成，但我实在不敢断言。①

究竟何人提供了这个错误情报，竟能成功回避国务大臣伯利的
监管而直达天听，且让女王深信不疑？沃尔辛厄姆的可能性极
低。第一，驻外使节呈交女王的外交文书须经国务大臣初阅。
第二，尚处政治生涯初期的他仍是伯利的忠实门客。更重要的
是，身为激进新教徒的沃尔辛厄姆固然不喜安茹的天主教信仰，
但与法国联姻攸关英格兰的战略利益——既能筹组防御联盟对
抗西班牙领导之天主教，又能诞下英格兰王位继承人，确保新
教继承无碍，更足以瓦解由吉斯家族提议之安茹与寡嫂苏格兰
玛丽的"不自然匹配"——他难以承受失败的后果，此联姻的
政治必要性值得宗教妥协。② 正如他在写给莱斯特的信中所言：
"我特别考虑到女王陛下目前在国内外的处境，以及她如何被外
国危险困扰，就我贫瘠的眼光来判断，唯有这场联姻才能化解，
我无法想象，若此事破局，她将如何立足。"③ 放眼国家与新教
的双重大局，沃尔辛厄姆在驻法之初就宣布他已然放弃"我个
人的理想热情，在此效忠于我君主，尽己所能地执行她命令我

---

① Dudley Digges, ed., *The Compleat Ambassador*, pp. 100 – 101.
② Dudley Digges, ed., *The Compleat Ambassador*, pp. 42 – 43; John Cooper, *The Queen's Agent*, pp. 66 – 67.
③ Dudley Digges, ed., *The Compleat Ambassador*, p. 96.

所做的任何事情"。① 因此他始终与伯利协力挽救安茹联姻，不惜"在某种程度上偏离了女王陛下的确切指示"，在必要关键时刻无视宗教争议。② 他曾向法国外交官保罗·德·佛克斯（Paul de Foix）申明，若他无法完成谈判，那么意味着他"缺乏判断力与经验"。③

很有可能是莱斯特提供的虚假信息。他曾向沃尔辛厄姆述说，"我们必定要感恩上帝，因为能见证女王陛下如此出色地维护宗教事业"，且"上帝派遣女王终生捍卫如此正当的事业"。④ 他坚信法国"宁可屈服，也不愿［谈判］破裂"。⑤ 当联姻计划最终破灭时，莱斯特毫无惋惜之意，反而庆贺"全能的上帝加强了陛下对宗教的真正热情"。⑥ 莱斯特对女王的影响力与伯利不分伯仲，身为宠臣的他联系女王的特殊渠道，再加上与内廷女官的紧密联盟，皆使他可能成功避开伯利的监管而提供情报给女王。

安茹联姻谈判的失败主因在于女王受情报误导而误判，这让伯利和沃尔辛厄姆确信女人天生理性不足，足以让一国之君丧失判断大局的能力。这次谈判意外成为沃尔辛厄姆的信息启蒙。他敏锐地意识到，信息，即使是错误的信息，也足以左右女王的决策。因此，他在 1572 年 7 月"勃艮第计划"中指出，若要说服女王增强对低地国家的军事援助相当困难，首先将面

---

① Dudley Digges, ed., *The Compleat Ambassador*, p. 29.
② Dudley Digges, ed., *The Compleat Ambassador*, p. 68.
③ *CSP Foreign, 1569 – 1571*, pp. 436 – 437; Dudley Digges, ed., *The Compleat Ambassador*, p. 90.
④ Dudley Digges, ed., *The Compleat Ambassador*, pp. 70 – 71.
⑤ Dudley Digges, ed., *The Compleat Ambassador*, p. 96.
⑥ Dudley Digges, ed., *The Compleat Ambassador*, p. 116.

临"女王基于性别的恐惧及优柔寡断，优柔寡断伴随恐惧而生"。① 若有证据说服女王对低地国家的用兵必胜无疑，风险极低，将可"淡化恐惧，理性将指导女王果断决策"。② 适当的信息操作可引导女王决策。故沃尔辛厄姆在 1570 年代中期发展信息系统，其至 1580 年代达于高峰，以反恐与情报筛选强迫女王正视日趋逼近的天主教危机，成就主战党荣耀上帝的国际新教主义。③ 在 1583 年成功侦破思罗克莫顿叛乱时，他选择性地隐瞒法国卡斯泰尔诺大使涉案，仅呈报西班牙大使门多萨的谋反铁证，成功激怒女王。1584 年初，女王怒逐西班牙大使出境，传统英西同盟瓦解，女王与主和党被迫支持仅存的选择，也就是沃尔辛厄姆属意的英法同盟。④ 1584 年，低地国家新教战争陷入危局，沃尔辛厄姆与亲信驻尼德兰使节戴维森联手，美化情报打动女王，终使英格兰于 1585 年 8 月出兵。⑤ 1586 年 7 月 9 日，沃尔辛厄姆派遣密使至低地国家，以口信形式向盟友莱斯特预告即将在国内展开的反巴宾顿叛乱计划，这件事属高度机密，"我在国内的追随者无人知晓"。他透露："我唯一的担心是，女王将不会以相关的隐秘方式处理这件事，尽管这与她即位以来的所有事情一样重要。当然，如果这件事处理妥当得宜，它将一举瓦解女王陛下统治期间所有的危险行动。"⑥ 删除线是

---

① The enterprise of Burgundy, July, 1572, Harley MS 168 f. 54r, BL.

② The enterprise of Burgundy, July, 1572, Harley MS 168 ff. 54v - 55r, BL.

③ Leicester to Walsingham, September 5, 1582, SP 12/155/42, TNA.

④ John Bossy, *Under the Molehill*, pp. 95, 100 - 105.

⑤ William Davison to Walsingham, December 5, 1584, SP 83/23 f. 161v, TNA; Burghley to William Herle, July 24, 1585, SP 12/180/46, TNA; William Herle to Walsingham, 25 July 1585, Harley MS 286 ff. 68r - 69v, BL.

⑥ Walsingham to Leicester, July 9, 1586, Cotton MS Galba C/Ⅸ f. 290, BL.

莱斯特所画以做销毁，值得玩味的是，删除的字句凸显了他或众臣认定的政治机密或敏感议题。沃尔辛厄姆企图以此反恐行动截获苏格兰玛丽的谋反铁证，帮助上帝打开伊丽莎白女王的眼睛，迫使妇人之仁且犹豫不决的女王处决玛丽，终结长久以来如同幽魂噩梦般纠缠着英格兰的天主教弑君谋逆，确保国家与新教的安全。这场成功的反恐操作终于使伊丽莎白女王在1587年签下玛丽的死刑状。另外，对女性统治的焦虑也意外促使党争和解，合作纠正女王的施政错误，如伯利与沃尔辛厄姆联手指挥枢密院，蒙蔽伊丽莎白女王，径自执行苏格兰玛丽的死刑。

首次安茹联姻反映了伊丽莎白矛盾的女主权力。她看似成功地形塑自己为最终的强势决策者。实际上，她的女王权限在传统男性主导的父权政治中并不具有一贯性，充满矛盾。她得以在个人关键问题和王室特权上拥有较多的主动权，如婚姻议题，一旦牵涉国家安全和情报政策，却显得相对被动。伊丽莎白女王不稳的女主权力在都铎王权研究领域引发悖论。杰弗里·埃尔顿指出，始于亨利八世时期的都铎政府变革逐渐将权力从宫廷移转至政府。① 但他也表示，伊丽莎白女王"独立制定政策"，尽管只着眼于她作为君主的成就和国族团结的象征。② 这种矛盾观点在华莱士·麦卡弗里对伊丽莎白女王的描述中也反复出现，伊丽莎白女王在早期的统治并非强势，通常被动听

---

① G. R. Elton, *The Tudor Revolution in Government*.
② G. R. Elton, "The State: Government and Politics under Elizabeth and James," *Studies in Tudor and Stuart Politics and Government*, vol. 4, p. 35.

取枢密院提交的建议，鲜少主导。[①] 但她在恩惠分配上的主导地位有助于君主保留相当的政策主动性。伊丽莎白女王行使女王权力，却受到政策性质和信息供给的制约，女王与官僚之间的权力博弈和宫朝制衡似乎将英格兰推向双头政治。

三　女王的反击

男性官僚基于鄙视女性论与对女王施政的不信任，通过信息控制与神选之臣的共治理论影响女王决策。伊丽莎白女王并非毫无招架之力，她操纵党争制衡，同时以女王双体理论减轻臣民对女性主政的质疑。1559 年和 1593 年对议会的演说中，她指出尽管在自然形体为女性，但上帝的"全能和奇迹般的恩典"委任给她另一个政治形体，特殊许可她以"最弱的性别"肩负君主的统辖能力和权威，所以臣民需服从女王指挥，唯有如此才是对上帝的虔诚效忠，"我以我的统治，你（上议院议员）以你的侍奉，在万能的上帝前好好表现"。[②] 1588 年西班牙无敌舰队入侵之际，她在台伯里（Tilbury）阅军时重申："我虽是一个软弱的女性，但也具备国王，特别是英格兰国王的心与胃。"[③] 她将中古的君主双体转为女王双体，赋予女性统治者与男性君王同等的威仪。伊丽莎白女王更极力压抑任何企图限制女主权力的学说与行动。主张共治理论的艾尔默等待 19 年，至

---

① Wallace T. MacCaffrey, "The Anjou Match and the Making of Elizabethan Foreign Policy," p. 62.

② Elizabeth's first speech at Hatfield, November 20, 1558, SP 12/1 f. 12, TNA; J. E. Neale, *Elizabeth Ⅰ and Her Parliaments*, *1584 - 1601* (London: Jonathan Cape, 1957), pp. 248 - 249.

③ Elizabeth I's Tilbury speech, August 19, 1588, Harley MS 6798 f. 87, BL.

1577年才当上伦敦主教。坎特伯雷大主教埃德蒙·格林德尔（Edmund Grindal）被迫在1583年提前退休，或许因他竭力主张英格兰的主教与神职人员，以及枢密大臣不仅是王室命令的执行者，更是国家主权的持有人，女王须服从他们的提议。[1] 1582年，女王向枢密院重申："他们之所以任职枢密院，乃由君主挑选，而非与生俱来。"[2] 即枢密大臣非上帝指派的神选之臣，而是君主以自由意志挑选的家臣或朝臣，可随时撤换。伊丽莎白女王借此重申她对枢密院与政权的至高且唯一主导权。

除了淡化性别的政治特征和否定神选之臣的论点，如本书第五章所述，伊丽莎白女王延续都铎的内廷亲密政治机制以突破性别障碍，从事很隐蔽的信息传递与政治活动，亦通过任职权将宠信关系的私属网络植入外朝以为监督，辅以党争以为制衡。最显著者莫过于母系的凯里家族和诺利斯家族，以及宠臣莱斯特、哈顿与埃塞克斯伯爵罗伯特·德弗罗。莱斯特和哈顿分别担任御马官（Master of Horse）与副宫务大臣，并在1563年与1577年先后入职枢密院。埃塞克斯伯爵之母莱蒂丝出身诺利斯家族且曾任职内廷，后再嫁莱斯特；埃塞克斯伯爵娶了沃尔辛厄姆之女弗朗西丝（莱斯特外甥菲利普·悉尼的遗孀），接掌岳父的情报与新教资源。在莱斯特与沃尔辛厄姆相继逝世后，女王任命这位新宠继任过世之继父的御马官一职及填补枢密院

---

[1] Peter Lake, "'The Monarchical Republic of Queen Elizabeth I' (and the Fall of Archbishop Grindal) Revisited," in John F. McDiarmid, ed., *The Monarchical Republic of Earl Modern England*, pp. 129 – 147.

[2] Walsingham to the Earl of Shrewsbury, July 30, 1582, Edmund Lodge, ed., *Illustrations of British History*, vol. 2, pp. 276 – 277.

空缺，以与独大的威廉·塞西尔父子抗衡。同时，女王通过恩惠如爵位、宫职、酬庸或昵称等私属化封建显贵或外朝权臣，将其圈入宫廷。威廉·塞西尔在1571年被册封为伯利男爵，其与次子在1561年与1599年先后任封建监护权主管。[1] 沃尔辛厄姆在1578年任嘉德骑士事务大臣；1587年任兰开斯特公国领事务大臣。1581年，女王赐予其昵称"摩尔人"（Moor），象征其正式进入女王的亲近内圈。伊丽莎白女王习惯赐昵称予近臣以示近似亲友的极致宠信，如伯利为"精灵"（Spirit），其子罗伯特为"矮人"（Pigmy），莱斯特为"眼睛"（Eyes），哈顿为"小羊"（Lids）。[2] 伊丽莎白女王内廷裙带关系与恩惠双管齐下，推动由信而任的宫臣公共化以及因任入宠的朝臣私属化，营造人近王者则贵的政治生态，宫廷边界侵入政府，后者被纳入君主的"家"空间。更辅以宫朝党争，维持内外均势。传统史学研究将都铎党争归因于恩惠争夺、个人对抗或政策分歧，但其中的宠臣崛起现象不应仅仅被视作衰落贵族阶级的反动，更涉

---

① Joel Hurstfield，"Lord Burghley as Master of the Court of Wards," *Transactions of the Royal Historical Society* 31（1949），pp. 95 – 114；Joel Hurstfield，*The Queen's Wards：Wardship and Marriage under Elizabeth I*（London：Longmans，Green and Co.，1958）.

② Leicester to Walsingham，July 30, 1581，CP 11/97r，Hatfield House Library；Christopher Hatton to the Queen，June 7/17, 1573，SP 12/91/45；June 17, 1573，SP 12/91/52，TNA；Robert Cecil to his father，Lord Burghley，February 16, 1588，SP 15/30/80，TNA；Leicester to the Queen，June 27, 1586，SP 84/8 f. 292v；October 1, 1587，SP 84/18 f. 218r，TNA；Susan Doran，*Elizabeth I and Her Circle*（Oxford：Oxford University Press，2015），pp. 148, 230, 258, 278. 关于朝臣私属化，中国史学界有相关研究，请见祁美琴《从清代"内廷行走"看朝臣的"近侍化"倾向》，《清史研究》2016年第2期。

及君王面对君权危机之际，为强化控制政权而操控的宫朝博弈。[1]

随着 1570~1580 年代欧洲宗教改革冲突升温，宫朝反呈结盟之势。莱斯特与诺利斯一起同沃尔辛厄姆结盟，组成倾向国际新教主义的主战党。女王为抑制主战党独大，转而支持属主和党的伯利联合宫廷女官，起用后者的裙带如科巴姆与斯塔福德两家族执掌欧陆外交系统，甚至在 1586 年初趁莱斯特赴低地国家作战之际，安排伯利的人马科巴姆男爵、坎特伯雷大主教惠特吉夫特与巴克赫斯特男爵进入枢密院。[2] 女王虽借内廷与恩惠勉强维持派系平衡，但政策性党争使宫朝关系由制衡转向结盟，加之鄙视女性传统对女王和内廷的束缚，女王在男性政治中更加被动。此劣势显现在苏格兰玛丽的死刑执行中，宫廷未能发挥护主功能，女官无法从任职枢密院的亲友处及时探知情报，宫臣如哈顿、莱斯特、科巴姆男爵与诺利斯等甚至参与朝臣伯利与沃尔辛厄姆的筹谋，联手蒙蔽女王。[3]

这次合作暴露了伊丽莎白政权的内部隐患：男性官僚对女

---

[1] Ronald G. Asch, "Introduction: Court and Household from the Fifteenth to the Seventeenth Centuries," in Ronald G. Asch and Adolf M. Birke, eds. , *Prince, Patronage and the Nobility: The Court at the Beginning of the Modern Age, 1450 - 1650* (Oxford: Oxford University Press, 1991), p. 22.

[2] Thomas Morgan to Mary Queen of Scots, March 21, 1586, SP 53/17/33, TNA; Conyers Read, "Walsingham and Burghley in Queen Elizabeth's Privy Council," p. 56.

[3] Discourse by Mr. William Davison, February 20, 1587, Harley MS 290 f. 219r, BL; Letters of the Privy Council issued in connection with Beale's mission to take the death warrant to Fotheringhay, February 3, 1587, Additional MS 48027 f. 642r, BL; Mark Taviner, "Robert Beale and the Elizabethan Polity," pp. 214 - 243.

主统治俨然从初期的精神焦虑转入中后期的实际制约，促成原本应相互掣肘的宫臣与朝臣，转而合流强化传统基督教精神中坚强正直的正统男性政治秩序，依托神意与公意建构神选之臣的新臣属定位。更关键的是，宫朝之间的信息流动反映了伊丽莎白一世时期内廷政治机能的衰落，映衬出以官僚为代表的强势外朝。此内弱外强的政权格局延续了中世纪晚期以降，宫朝之间基于关系与制度、恩惠与阶级，乃至权力和职能等诸多因素的多重冲突。这是从中世纪王朝政治至近现代国家秩序的政权过渡阶段中，无法回避的权力磨合，由此引发 20 世纪英国史学最重要的辩论之一——都铎政府变革。

四　"神选之臣"与"国"属政权的建构

15 世纪后期的都铎专制使宫廷重归政权中枢，但戴维·洛德斯指出君主自然形体延伸的私属网络引发外朝反感，"在他（君主）私人内廷服侍的部分年轻人，无论身份阶级，亲密如家人，与他的互动亲密随意，导致他们狂妄忘我"。[①] 这让外朝推动宫廷改革以期引导内廷回归家务，远离政务。沃尔西在 1526年《埃尔特姆条例》（The Eltham Ordinances）中指出，此条例的"目的在于为他［亨利八世］最尊贵的宫内司和宫务司建立良好秩序，消除各种弊端与滥用现象"。[②] 内廷被定义为家管，侍臣被告诫切勿以侍君之便图利自身或他人，严禁介入非宫廷

---

① Edward Hall, *Hall's Chronicle*: *Containing the History of England*, *during the Reign of Henry the Fourth*, *and the Succeeding Monarchs*, *to the End of the Reign of Henry the Eighth* ［London: Printed for J. Johnson（etc.），1809］，p. 598.

② The Ordinances of Eltham, January 1526, SP 2/B f. 152, TNA.

事务，"永远谨记，陛下与他们越亲近，他们越须在言行举止上谦卑恭敬、谨慎持重、乐于助人"。① 此条例进一步将枢密院一分为二。部分枢密大臣，包括御前大臣沃尔西、财政大臣诺福克公爵、御玺大臣伦敦主教卡恩伯特·滕斯托尔（Cuthbert Tunstall）和王室总管施鲁斯伯里伯爵乔治·塔尔伯特（George Talbot），以及显贵如萨福克公爵、多塞特侯爵、埃克塞特侯爵亨利·考特尼（Henry Courtenay, Marquess of Exeter）、林肯主教约翰·朗兰（John Longland）、王室总管威廉·桑兹（William Sandys）与宫务司财务总管亨利·怀亚特（Henry Wyatt），因"［星室法庭］司法工作、行政业务与其他合理性羁绊，经常缺席宫廷会议"。为避免他们的频繁缺席妨碍议政，也"为迎合陛下习惯与特定对象商谈的喜好"，另一半枢密大臣，包括宫务大臣牛津伯爵约翰·德·维尔（John de Vere）、巴斯主教约翰·克拉克（John Clerk）、宫内司财务总管威廉·菲茨威廉（William FitzWilliam）、宫内司主计长亨利·吉尔福德（Henry Guildford）、君主秘书理查德·佩斯（Richard Pace）、兰开斯特公国领事务大臣托马斯·摩尔（Thomas More）、国王礼拜堂司祭长理查德·桑普森（Richard Sampson）、副宫务大臣理查德·温菲尔德（Richard Wingfield）、禁卫队队长威廉·金斯顿与王室施赈官沃尔曼博士（Dr. Wolman），可随侍国王于宫廷，辅佐议政，前提是这类残缺会议须有克拉克、佩斯、摩尔和金斯顿中的两人在场。②

---

① The Ordinances of Eltham, January 1526, SP 2/B ff. 225 – 231, TNA.

② *A Collection of Ordinances and Regulations for the Government of the Royal Household, Made in Divers Reigns: From King Edward III to King William and Queen Mary* (London: John Nichols for the Society of Antiquaries, 1790), pp. 159 – 160.

　　杰弗里·埃尔顿将此条例标记为都铎政府变革的开端，将枢密院分为私领域的随侍型与公领域的行政型，后者在一定程度上获得独立的职务和行政空间，逐步制度化。① 或许受到亚瑟·牛顿（Arthur Newton）将亨利八世时期设为英格兰政权由家入朝的分水岭之论述影响，埃尔顿在1953年出版的《都铎政府变革：亨利八世时期的行政改革》中，主张在沃尔西和托马斯·克伦威尔的主导下，1526~1542年通过财政权与司法权的独立、宫职的公共化，以及政务中枢如枢密院的行政空间脱离王室居所等一系列宫朝分离改革，政府体系在13世纪末至14世纪晚期财政署与文秘署先后脱离宫廷后，再度"走出宫廷"。尽管君主对枢密院仍保有绝对任免权，但政务运作渐脱离王室私属网络的羁绊，建构起拥有稳定成员的咨议体制（consilium formatum），趋向"官僚化""国家性""近代化"的公共行政系统与官僚国家。②

　　杰弗里·埃尔顿的都铎政府变革论随即引发压倒性抨击，学者先后从制度延续性与宫朝重叠否定都铎政权的去私化概念。彭里·威廉姆斯与杰拉尔德·哈里斯等强调16世纪英格兰政权

---

① G. R. Elton, *The Tudor Constitution*, p. 90.

② David Loades, *The Tudor Court*, p. 53; A. P. Newton, "Tudor Reforms in the Royal Household," in R. W. Seton-Watson, ed., *Tudor Studies* (London and New York: Longmans, Green, and Co., 1924), p. 232; G. R. Elton, *The Tudor Revolution in Government*, pp. 25, 31, 183–185; G. R. Elton, "Tudor Government," *Historical Journal* 31: 2 (June 1988), pp. 425–434; G. R. Elton, "Tudor Government: The Points of Contact. Ⅱ. The Council," *Transactions of the Royal Historical Society* 25 (1975), pp. 195–211; G. R. Elton, "Tudor Government: The Points of Contact. Ⅲ. The Court," pp. 211–228. 杰弗里·埃尔顿之都铎政府变革论的思想溯源，请参见 Ian Harris, "Some Origins of a Tudor Revolution," *English Historical Review* 126: 523 (December 2011), pp. 1355–1385。

尚未根本性脱离中世纪家政府体系，故未发生所谓的颠覆性政府"变革"，其更像是一种中世纪后期国家性王权的"复苏"或"回春"，更适切地说，是一种延续性"演化"。^①这类制度史观或许受到艾伯特·波拉德的影响，依据亨利八世时期财政署、文秘署与枢密院的职权独立程度，以及行政空间与政务档案之归属，证实政务机制尚未脱离宫廷。尤其枢密院以随侍型为主、行政型为辅，仍被归为君主私产，形成以宫辖朝的统治模式。换言之，亨利八世政权未演化为杰弗里·埃尔顿主张之公私分离，由外朝官僚统辖的近代国家性政权，仍是中世纪以"家"为核心的公私混合制；中世纪与近代早期的王朝政权之差异仅在于官僚化程度。^②戴维·斯塔基抨击埃尔顿粗糙的宫朝分界观点实为"作茧自缚"。不同于传统制度史视角，斯塔基强调近代早期英格兰仍属个人统治，君主自然形体辐射出的私属关系网络较尚未定型的政府体制更具政治影响力，即亲密政治理论：君主凭借个人意志、人际关系与恩惠，布局内

---

① Penry Williams, "Dr. Elton's Interpretation of the Age," pp. 3 – 8; Penry Williams, "The Tudor State," pp. 39 – 58; G. L. Harriss and Penry Williams, "A Revolution in Tudor History?" pp. 87 – 96; G. L. Harriss, "Medieval Government and Statecraft," pp. 8 –39.

② A. F. Pollard, "Council, Star Chamber, and Privy Council under the Tudors: I. The Council," *English Historical Review* 37: 147 (July 1922), p. 340; A. F. Pollard, "Council, Star Chamber, and Privy Council under the Tudors III. The Privy Council," *English Historical Review* 38: 149 (January 1923), pp. 45, 48 – 51; G. L. Harriss, "Medieval Government and Statecraft," p. 24; "An Acte Declaryng the Lymytts of the Kyng Palays of Westminster," *Statutes of the Realm*, vol. 3, p. 668; G. W. Bernard, "Court and Government," *Power and Politics in Tudor England* (Aldershot: Ashgate, 2000), pp. 130 – 131; David Starkey, "Court, Council and Nobility in Tudor England," in Ronald G. Asch and Adolf M. Birke, eds., *Prince, Patronage and the Nobility*, pp. 196 –200; David Starkey, "A Reply: Tudor Government: The Facts?" *Historical Journal* 31: 4 (December 1988), pp. 921 –931.

廷 - 酬庸双机制以期内化政府，主导政权。①

　　杰弗里·埃尔顿变革论的最大争议在于依据制度脉络强行切割 16 世纪前期尚处于公私混沌的行政与政治，忽略了《埃尔特姆条例》中行政型与随侍型两类枢密院包含的侍臣与朝臣人数均等，实为君王的宠信关系在公私政治空间中引发的职权叠加效应。埃尔顿一方面将宫臣狭隘地定位在去政治化的私领域，即"有权行动于君主居所者"，却忽视了内臣兼任政务要职的现象。② 另一方面过度放大官僚的制度化，难以解释若官僚体制在亨利八世时期已成熟，为何都铎中后期在众多国务大臣中，唯塞西尔父子与沃尔辛厄姆三人实际掌控政务。③ 接替伯利担任国务大臣的史密斯曾抱怨政务仍须仰仗伯利决断，否则女王拒绝签字。④ 近代早期的职位权力并非"制度化权力"，即非"合法地属于任何具有权威或影响的社会角色或组织中具有官位者的权力"，其取决于在位者的个人素质及其与君主的宠信关系。⑤ 人治文化建构伊丽莎白一世时期伯利、沃尔辛厄姆与罗伯特·塞西尔的权力传承，真正也意外地奠定了"国务大臣一职在政府中核心、稳定且关键的地位"。⑥

---

① David Starkey, "Court, Council and Nobility in Tudor England," pp. 186 – 188, 196.

② G. R. Elton, "Tudor Government: The Points of Contact. Ⅲ. The Court," p. 217.

③ G. R. Elton, "Tudor Government: The Points of Contact. Ⅲ. The Court," p. 426.

④ Mitchell M. Leimon, "Sir Francis Walsingham and the Anjou Marriage Plan, 1574 – 1581," pp. 7 – 8.

⑤ 格尔哈特·伦斯基：《权力与特权：社会分层的理论》，关信平等译，社会科学文献出版社，2018，第 72～75 页。

⑥ Penry Williams, The Later Tudors England, p. 142.

理解都铎政权运作也不应全然依循戴维·斯塔基的"关系"视角。他认为亲密政治运作先后凭借都铎的内廷机制与斯图亚特的寝宫政治，尽管在伊丽莎白一世时期有所衰落，但仍巩固专制王权至光荣革命，却忽略了立足于私属性的亲密政治机制能否有效运作，取决于君主的个人特质如性别、个性与统治习性。亨利八世后的都铎中晚期政权面对接连的幼主即位与女主统治，君主生理上的孱弱和性别直接矮化了政治性的君权与寄生的内廷。尤其是性别因素不仅削弱了女性内廷的政治性，对女主统治的焦虑感更刺激原本在亲密政治机制下相互制约的宫臣与朝臣，转而汇流成集体的国臣意识，条件式地抵制女王与其自然形体建构的宫廷秩序。都铎晚期的国属官僚意识与忠诚次序从王到国的同趋转移，或许可回应都铎政府变革论，非如杰弗里·埃尔顿主张之在亨利八世时期经特定职权的公共化完成，也非如同戴维·斯塔基认定之受累于亲密政治而推延至 1688 年，而是在伊丽莎白一世时期通过国臣概念的凝聚而平稳展开，宫朝分野渐趋明朗。

1587 年苏格兰玛丽的死刑执行呈现了女王虽借内廷与恩惠勉强维持派系平衡，但政策性党争催化宫朝关系由制衡转向结盟，加之鄙视女性传统对女王和内廷的束缚，女王在男性政治中更加被动，内廷政治机制几近失灵。而党争的和解，以及宫臣与朝臣合作压制女王与女性内廷，暴露了伊丽莎白一世政权的内部隐患：男性官僚对女主统治俨然从初期的精神焦虑转入中后期的实际制约。都铎后期新教徒对畸形女性统治的条件式抵抗理论、男性众臣对女王优柔寡断决策习性的质疑，再加上官僚专业意识的增强等因素，促成原本应相互掣肘的宫臣与朝臣，反而合作强化传统基督教精神中坚强正直的正统男性政治秩序，依托神意与公意建构神选之臣的新臣属定位。1566 年，在下议院关于英格兰王位继承的辩论中，某姓名不详的议员论及君臣关系时称："君王，这个头，基于整体 ［the whole body，即共同体（commonwealth）］的认同并通过神意……建立起这个光荣的咨议团……称议会……与君王和共同体共组一个完美的人，包含头、身体与四肢，且无法分离。"① 伊丽莎白一世即位，或许受到新教流亡者主张之神选幕僚与共治政体的理论影响，众臣重新审视神选之臣与御封之臣的二重君臣关系，声称大臣非由女王选任，乃由上帝拣选，以辅佐天性怯懦的女王为天职。服从为德行，但不适用于暴君或失职的统治者，神选大臣被上帝授权抵抗女王滥用王室特权或错误决策，代行正义之举，以期保护神佑之国英格兰、子民与教会，故神选之臣优先效忠上帝，君主次之。② 史家斯蒂芬·奥尔福德称，伯利为"被真正宗教驱动之坚毅与聪颖的政治家"。1559 年 12 月，初即位的伊丽莎白一世否决枢密院的决议，拒绝对苏格兰提供军队与资金援助以驱逐法国人，威廉·塞西尔悲伤地请求女王解除他的职务，道：

　　我将永远不会担任大臣，为您服务，您将不会认同我的这个决定，因为我宣誓成为大臣乃是依据陛下您的抉择而非

---

① T. E. Hartley, ed., *Proceedings in the Parliaments of Elizabeth I*, vol. 1 (Leicester: Leicester University Press, 1981), pp. 130 – 131.

② Dale Hoak, "Sir William Cecil, Sir Thomas Smith, and the Monarchical Republic of Tudor England," and Stephen Alford, "The Political Creed of William Cecil," all in John F. McDiarmid, ed., *The Monarchical Republic of Earl Modern England*, pp. 39 – 40, 85.

我自身 [的意愿] ……另一方面，在我自己所不允许的任何
事上为陛下您服务，必是无益且徒劳无功的，且如此不幸，
我不愿意陛下您被蒙蔽。①

这段请求从表面上看是臣僚的服从宣言，肯定君王拣择大臣的
绝对权力；但矛盾的是，伯利使用"允许"（allow）一词赋予
大臣"脱离任何不符合判断或良心之行动的自由权利"。换言
之，他强势主张枢密大臣若不满女王决策，具备自由离职的权
利，借以威胁或说服女王正视（或认可）大臣具备条件式抵抗
君主错误决策的权利。② 伯利在 1596 年写给次子罗伯特的家书
中，清楚申明此权利出自上帝，"若假设她（女王）为上帝首席
大臣，依据上帝旨意，我应优先执行身为枢密大臣之责，后才
服从女王命令"，并"通过辅佐女王以报效上帝"。③ 此种依托
神意建构之先上帝后君主的忠诚次序观念，也出现在官僚群体
中。沃尔辛厄姆早在 1571 年初任公职时就自许为神选之臣，
"首选荣耀上帝，次为女王安全"。④ 约克大主教埃德温·桑兹在
1587 年戴维森审判中，公开赞扬枢密院径自处死玛丽的僭越之
举是为履行上帝选臣的使命，纠正女王的妇人之仁导致的错误，

---

① Sir Wm. Cecill sorrowfully begs the Queen would dismiss him from her service,
  1560, Lansdowne MS 102 f. 1, BL.

② Stephen Alford, "The Political Creed of William Cecil," pp. 74 – 76, 80 – 86.

③ Stephen Alford, "The Political Creed of William Cecil," pp. 85 – 89; William
  Cecil to Robert Cecil, July 10, 1598, MS Ee. 3. 56, no. 138, Cambridge
  University Library, cited in George R. Dennis, *The House of Cecil* (London:
  Constable & Co., 1914), p. 73.

④ John Cooper, *The Queen's Agent*, p. 64.

捍卫国家安全与新教信仰。① 这表明枢密大臣之职乃上帝所授，应优先对上帝负责，反抗君主的错误决策。格雷男爵亚瑟·格雷在此审判中进一步明确指出自伊丽莎白一世即位以来，枢密院已被公认拥有"熟悉女王及国家最高机密"的权力。② 公意的授权根植于君臣共治的传统，即承认君主作为"英格兰王国的生命、头与权力集合体"，持有宣战、缔和与筹组枢密院的"绝对"权力，但不意味着专制君权，而是混合君主制、贵族寡头与民主制的混合政体，这样可以有效降低女主统治的风险。③ 依托信仰性的神意和共治传统的公意，官僚被赋予全新的定位：从封建体制的侍臣/家臣，经由君主专制的宠信之臣，蜕变为女主统治下的神选之臣。忠诚优先性由单一的王转移至上帝，进一步投射至上帝托付的赐福之地与集体主权的共同体"国家"。这种由王向国的忠诚转移明显反映在官职称谓的变化上。国务大臣的职称从中世纪后期的家庭性"王室秘书"，经亨利八世时期的王属性"国王陛下的首席秘书"（Principal Secretary to His Majesty），约至 1600 年改为国家性的"国务大臣"（Principal Secretary of State）。都铎前期，枢密院的称谓呈现明显的"家"或"王"的私属性，如"Council for [the King's] Person""the Council in His Majesty's Household""Secret""Private Council"；

① Proceedings against Mr. William Davison, March 28, 1587, Harley MS 290 ff. 236r – 237r, BL.

② Three Accounts of the proceedings and sentence in Star Chamber against William Davison, March28, 1587, Additional MS 48027 f. 672r, BL; Proceedings against Mr. William Davison, March 28, 1587, Harley MS 290 f. 227v, BL.

③ Thomas Smith, *De republica Anglorum*, pp. 5, 43 – 47; John Aylmer, *An Harborowe for faithfull and Trewe Subjectes*, sigs. H2v – 3v; A. N. McLaren, *Political Culture in the Reign of Elizabeth I*, pp. 59 – 69, 73 – 74.

1540 年后"Privy Council"一词逐渐普及; 16 世纪末, 枢密院
转变为国属机构概念的"the Councell of State"。①

　　都铎晚期官僚属性和忠诚次序从王向国的同趋转向, 削弱
了都铎专制。米尔斯主张伊丽莎白女王的咨议团筹组权确保政
策由女王主导之微型咨议团决议, 边缘化枢密院或议会。② 但这
无法解释为何以伯利、沃尔辛厄姆、莱斯特为核心的所谓"王
属"咨议团竟得以指挥枢密院违抗君主意愿, 径自执行玛丽死
刑; 难堪的女王甚至无法严惩伯利与沃尔辛厄姆。③ 信息的流
转暴露了权力止步于内廷门前的王权危机, 以国臣自许的官僚
立足于神意与公意而自称"合法"辅政, 操控信息以改变"女
王基于性别的恐惧与犹豫不决", "指导女王果断决策", 甚至扶
持一个可以弥补女性无能统治的男性决策中枢, 形成双头政
权。④ 关于男性辅政团的组成, 官僚群体内部未达成共识。新教

① Florence M. G. Evans, *The Principal Secretary of State*, p. 58; Charles Hughes, "Nicholas Faunt's Discourse," pp. 499 – 500; Anthony Goodman, *The New Monarchy*, p. 14; David Starkey, "Court, Council and Nobility in Tudor England," p. 99; A. F. Pollard, "Council, Star Chamber, and Privy Council under the Tudors: I. The Council," p. 360; A. F. Pollard, "Council, Star Chamber, and Privy Council under the Tudors Ⅲ. The Privy Council," p. 45

② Natalie Mears, "Politics in the Elizabethan Privy Chamber: Lady Mary Sidney and Kat Ashley," in James Daybell, ed., *Women and Politics in Early Modern England*, pp. 67 – 82; Natalie Mears, *Queenship and Political Discourse*, pp. 73 – 103; Natalie Mears, "The Council," in Susan Doran and Norman Jones, eds., *The Elizabethan World*, p. 65.

③ Letters of the Privy Council issued in connection with Beale's mission to take the death warrant to Fotheringhay, February 3, 1587, Additional MS 48027 f. 642r, BL; Relation by Mr. William Davison, February 20, 1587, Harley MS 290 f. 223r, BL; Mark Taviner, "Robert Beale and the Elizabethan Polity," pp. 214 – 243.

④ Discourse by Mr. William Davison, February 20, 1587, Harley MS 290 f. 219r, BL; The Enterprise of Burgundy, July 1572, Harley MS 168 ff. 54v – 55r, BL.

流亡者如约翰·黑尔（John Hale）与艾尔默倾向于议会。① 圆融
的伯利选择以枢密院为主体但兼容均势的制度化政权。他在
1584～1585 年针对女王突然病故或意外身亡后的紧急王位空窗
期草拟《联盟公约》，拟定由枢密大臣、宫廷或政府重臣与部分
上议院议员组成临时政权，即大枢密院（Great Council 或 Grand
Council）。其被授权消弭攻击君主的暴力、召集议会选举新主，
并确保此过渡时期"政府运作如常"。② 沃尔辛厄姆倾向于更精
简、更具弹性的寡头政权：出于保密与政策性质等考虑，机动
调整官僚或亲信门客进入决策团，拣择标准无关乎家世与官阶，
只凭专业、经验尤其是私人信任关系。在苏格兰玛丽死刑执行
的过程中，枢密院明显掌控政权，其行政命令甚至凌驾于王命
之上，获得众臣的优先效忠。枢密院被抬升至与女王共治的共
主及过渡政权的备位元首地位。都铎晚期的政权似乎已非彭
里·威廉姆斯主张的"宫廷政权"，而是更贴近华莱士·麦卡弗
里主张之联合的枢密院政权。③ 新政治秩序与臣属定位引导权力
从内廷向外朝位移，宫朝职能分化。

　　讽刺的是，官僚反对内廷本位的政治运作机制，却通过以
自身家宅为核心的私人门客体系插手政务与公职，甚至营造党
派。莱斯特与伯利凭借贵族血统与封建监护权，建构贵族型或

---

① John F. McDiarmid, "Common Consent, Latinitas, and the 'Monarchical
Republic' in Mid-Tudor Humanism," in John F. McDiarmid, ed., *The Monarchical
Republic of Early Modern England*, pp. 63, 65.

② Patrick Collinson, "The Monarchical Republic of Queen Elizabeth I," pp. 127 –
128; Wallace MacCaffrey, *The Shaping of the Elizabethan Regime*, pp. 16, 28;
Mark Taviner, "Robert Beale and the Elizabethan Polity," pp. 240 – 241.

③ Penry Williams, *The Tudor Regime*; Wallace MacCaffrey, *The Shaping of the
Elizabethan Regime*, pp. 16, 28.

官绅型门客体系；沃尔辛厄姆则自我形塑为"清贫且有责任感的新教徒"，借以吸引新教理想主义者与中层阶级。① 根据沃尔辛厄姆的政务文书档案之字迹与存放处，推断出于宫廷办公空间狭小、业务保密或党争等考虑，他将秘书处从白厅迁往斯林巷私宅，且起用私宅门客而非政府同僚处理政务与情报工作。此行政空间与管理团队的私有化，导致伊丽莎白一世政府在脱离宫朝混合之际，又再度陷入私宅门客制与政府官僚制并行的双轨行政系统。更重要的是，非贵族出身的门客受益于近身服侍权臣的工作亲密性，凭借自身的专业性与权贵恩惠，破格升入中央政府。近代官僚制中的血统结构加速瓦解，其更专业化与职业化。同时，门客通过权贵的封建采邑或职权选区进入下议院（至16世纪末，将近40%的下议院议员出自恩惠席位），而门客进入下议院的首要之务为替君主与枢密院进行政策辩护，而非抗衡，显示英格兰议会至近代早期尚未取得宪政自主权；中央政权通过枢密院和上议院，使下议院更加服从，形成近代早期的去议会化之寡头政权。② 都铎门客入侵现象反映了官僚制转型中，中世纪至近代早期"私有"性的残存；亦显示权臣企图通过门客将政府私有化和外朝化，使其成为派系斗争与钳制女王的政治筹码。

---

① Alan G. R. Smith, "The Secretariats of the Cecil, circa 1580 – 1612," pp. 481 –482; Conyers Read, *Walsingham*, vol. 2, p. 261; Mitchell M. Leimon, "Sir Francis Walingham and the Anjou Marriage Plan," pp. 73 –75.

② P. W. Hasler, ed., *The House of Commons*, vol. 1, pp. 411 – 414; vol. 2, pp. 109 –110, 428; vol. 3, pp. 114 –116, 219 –220, 462, 511 –512.

* * *

近代早期的权力并非立基于政治体制,而是取决于与当权者的自然距离。但此种关系型权力的纽带极不稳定,随着偶然性当权者的私人因素而变化,使权力在不同政治群体和空间之间流转。君主专制通过私属性的宠信与恩惠关系加速宫廷的外扩,政府沦为皇"家"附庸。但君王的生理弱势,尤其是伊丽莎白一世的性别与为人诟病的"女性化"决策习性,导致逆向的外朝反噬,官僚属性从君父-家臣之家庭伦理与内廷机制的双传统中抽离,依托神意和公意,形成具有相对独立性且条件式抵抗权的"神选之臣"意识,忠诚次序同趋地从君主转向国家。随着政府的分工细致化与官僚专业化,君主与官僚,乃至宫廷与政府之间的强弱对比被不可逆地扭转,几无可能回复昔日的家政府形态。① 戴维·斯塔基也默认在伊丽莎白一世逝世前,英格兰政权可能已从王属政府(government by the monarch)转为尊君的枢密院政府(government under the monarch by the Council),② 即发生了从中世纪的王朝政治趋近于近代的公共化和官僚化国家秩序的政府变革。值得探究的是,近代早期"国家"概念的重塑开始切割中世纪后期以降由君主双体概念衍生之"朕即国家"的纽带。国家不复为君主政治形体的极限扩充,而是转化为一个依托神意,且凝聚公共意识与集体授权的主权共同体,君王被缩小化为其中一位神选之臣,基于血统、传统

---

① Penry Williams, "The Tudor State," pp. 55 – 56.

② David Starkey, "Introduction: Court History in Perspective," p. 21.

或法律而受上帝或臣民委任统治，其他选臣或选民同样被神赋予辅政权与抵抗权，引导或纠正君主决策，保护赐福之地英格兰"国"。君臣次序与比重在以神与人民之名的国家政治秩序中渐趋平衡。英格兰政治理论经历了中世纪的神学与法学、文艺复兴时期的实证史学、17世纪中期的自然法学，但在16世纪后期出现空白，都铎晚期渐兴的国家意识有助于填补这一空白。以"神选"与"公意"自许与定位的国臣或国民为17世纪的天赋人权观奠定了基础，进而合理化近代英格兰和欧洲革命浪潮。

结语 伊丽莎白一世的彩虹肖像: 女王双体

  1602 年 12 月 6 日,伊丽莎白一世崩逝前 4 个月,她进行了长达 44 年统治期内的最后一次巡游,巡幸首席国务大臣罗伯特·塞西尔位于斯特兰(Strand)的索尔兹伯里宅邸。作为接驾庆典之一,塞西尔精心挑选低地国家新教画家小马库斯·海拉特(Marcus Gheeraerts the Younger)自两年前开始绘制的一幅"彩虹肖像"(The Rainbow Portrait,图 7-1)敬献给女王。这幅著名的肖像迄今仍保存在塞西尔家族的哈菲尔德宅邸。

  在这幅肖像画中,在象征黑夜的深沉暗幕里,伊丽莎白女王从若隐若现的金光中浮现,青春美丽的永恒面具与她当时已届 67 岁的实际年龄和衰老形成鲜明对比,岁月似乎只眷顾女王,未曾在她的脸庞与躯体上留下痕迹,仅愿为圣洁的童贞女王而停驻。伊丽莎白女王头戴高耸的红宝石珍珠王冠,王冠顶端装饰着新月造型的珠宝,两侧各自向外延伸出箍状的头纱,边缘均以珍珠镶嵌成细致的蕾丝造型,以波涛般的薄纱背景衬托女王青春永驻的脸庞。伊丽莎白女王身穿象征贞洁的白底礼服,上身装饰着春天百花齐放图样。左袖上盘绕着一条蜷曲的蛇,蛇为统治权的标志,它衔着一颗心形红宝石,头上方则悬

图 7 – 1　伊丽莎白一世的彩虹肖像

The Marquess of Salisbury, Hatfield House 惠允使用。

挂一个球状装饰。百花礼服外披着一件橘红色披风，其鲜亮的颜色与诡异的刺绣图样顿时喧宾夺主，意外（或刻意）地成为这幅肖像画最显著的亮点。披风上满绣眼睛与耳朵，因披挂而产生的整体纵向褶皱上出现许多明显不自然的横向且立体的折痕，隐约浮现嘴巴的轮廓。但是，这幅肖像的主题"彩虹"究竟在何处？它意外地被淡化在边缘，即伊丽莎白女王右手握住的无色弯曲圆柱体，上方标注着一句拉丁文格言，"NON SINE SOLE IRIS"（没有太阳，就没有彩虹）。

　　这些源自宫廷颂词、《圣经》及绝对王权崇拜的图像符号，汇集堆砌在这幅彩虹肖像中，仿佛炫耀地颂扬伊丽莎白女王永不衰败的政治形体及其延伸出的神圣王权和辉煌盛世。史家弗朗西丝·耶茨（Frances Yates）和罗伊·斯特朗（Roy Strong）依据文艺复兴时期的艺术寓意及宫廷赞颂文学剖析这幅肖像。1593 年出版之切萨雷·里帕（Cesare Ripa）的《图像手册》（*Iconologia*）揭示遍布在披风上的眼睛、耳朵与嘴巴象征女王的盛名远播，"迅速飞越这个世界，为众多嘴巴所谈论称道，被无数眼睛所看到，也被无数耳朵所听闻"。但斯特朗否认披风上有嘴巴的迹象，仅存有眼睛与耳朵，意味着女王眼观六路、耳听八方的警觉与监控，且画中唯有一张嘴，只存在身为一国之头的女王脸部，意指"女王自己［独立］裁决和拣选［官员］"，借此赞颂伊丽莎白女王机警、敏锐和乾纲独断的绝对君权。[1] 另外，根据伊丽莎白一世的宫廷诗人约翰·戴维斯（John Davies）写于 1599 年的赞美诗《义神颂》（*Hymns to Astraea*），女王礼袍上的春天花卉暗喻正义女神和纯洁女神"美丽的女王艾斯特莱雅（Astraea）"的回归。伊丽莎白一世手握彩虹则暗示她作为和平的缔造者，善用智慧和谨慎引导英格兰远离天主教势力的反扑，迈向黄金盛世。[2]

---

[1]　Roy Strong, *Gloriana：The Portraits of Queen Elizabeth I*（London：Pimlico, 2003），pp. 158 – 159；切萨雷·里帕：《里帕图像手册》，P. 坦皮斯特英译，李骁中译，北京大学出版社，2019。

[2]　Frances A. Yates, "Appendix I: Allegorical Portraits of Queen Elizabeth I at Hatfield House," *Astraea：The Imperial Theme in the Sixteenth Century*（London：Routledge & K. Paul, 1975），pp. 216 – 218；Roy Strong, *The Cult of Elizabeth：Elizabethan Portraiture and Pageantry*（London：Pimlico, 1999），pp. 50 – 53；Roy Strong, *Gloriana*, pp. 157 – 161。

迥异于耶茨和斯特朗从彩虹肖像中提炼出政治的歌功颂德，勒内·格拉齐亚尼（René Graziani）聚焦基督教符号，阐述上帝与世俗君主的委任契约关系。橘红色披风被重新定义为伊丽莎白女王承载着上帝的独特祝福，跃居为"［被世间众人］亲眼所见、亲耳所闻的一位模范基督徒，也是获赐［神］特殊恩宠之人"。她手持彩虹，郑重宣示坚持履行神圣的诺言——上帝拣择身为天性次等女性的她即位统治神选之国英格兰，或许为履行使命，她对内捍卫新教英格兰国家、教会与人民的安全，对外积极武装反抗天主教暴政，维护普世新教福音——同时借彩虹表达对上帝庇佑击退西班牙无敌舰队，让英格兰重返和平的感激之情。格拉齐亚尼主张这幅肖像画"在女王身为伟大的基督教君主与对完全仰赖上帝的承诺之间，维持了完美的平衡"。①

丹尼尔·菲施林（Daniel Fischlin）质疑无论斯特朗的古典阐释还是格拉齐亚尼的基督教诠释，皆陷入一种"普遍且陈腔滥调"的象征主义。他转而阐述文艺复兴时期专制世俗王权的宣传体现。无数的眼睛和耳朵象征着君王永无止息、无所不在的警戒与监控，鼓励臣民绝对服从君王与国家。而女王掌握象征男性的弓形彩虹，极其隐晦地宣示她突破历史悠久的女性次等论，凌驾于男性和传统家父长制之上，或者意味着"政治雌雄同体"（political androgyny）。②

综上，传统艺术学、宗教学和政治史研究对伊丽莎白一世

---

① René Graziani, "The 'Rainbow Portrait' of Queen Elizabeth I and Its Religious Symbolism," *Journal of the Warburg and Courtauld Institutes* 35 (1972), pp. 252 - 253, 256, 259.

② Daniel Fischlin, "Political Allegory, Absolutist Ideology, and the 'Rainbow Portrait' of Queen Elizabeth I," *Renaissance Quarterly* 50：1 (Spring, 1997), pp. 177, 183, 187, 190.

彩虹肖像画的解读尽管采取古典符号学、基督教神学和近代早期绝对君权等多元视角，但均局限在通过纯粹的图像象征雕塑神圣的至高女主权力，忽略这幅肖像画背后的历史语境，即1602年英格兰权力政治的现实氛围：罗伯特·塞西尔在党争中胜出，权势独大，再加上伊丽莎白一世的年迈，贯穿其统治时期的共治呼声似乎走向实践。斯特朗曾审视这幅肖像背后的恩惠纽带，它联结着罗伯特·塞西尔的门客诗人约翰·戴维斯。后者受罗伯特·塞西尔委托，先在1599年创作《义神颂》，再于1602年创作《妻子、寡妇和少女之间的一场争论》（*A Contention betwixt a Wife, a Widdow and a Maide*）作为同年的接驾庆典之用。凯文·夏普（Kevin Sharpe）分析这三方的聘雇恩惠关系，揭露罗伯特·塞西尔的政治野心："想成为女王的耳目……在竞逐首席大臣之位时。"[1] 在政治意义上，眼睛和耳朵象征那些从事监视和窃听、向统治者提供情报之人，而这角色在都铎政权内由掌控国务信息和君主书信的国务大臣承担。[2] 这个要职先后经威廉·塞西尔和弗朗西斯·沃尔辛厄姆通过个人才干及君主的宠信关系而大幅强化，至伊丽莎白一世统治后期几乎全权统辖中央政务文书、官方外交与谍报活动。而罗伯特在1596年接替年迈的父亲伯利男爵，执掌俨然已成熟蜕变的掌握制度化权力的国务大臣职位；1601年2月党争对手埃塞克斯伯爵被处决后，他进一步接管埃塞克斯伯爵从继父莱斯特和岳父沃尔辛厄姆手中继承下来的庞大门客群体、情报团队，乃至

---

① Kevin Sharpe, *Selling the Tudor Monarchy*: *Authority and Image in Sixteenth-Century England* (New Haven and London: Yale University Press, 2009), pp. 384 – 386.

② Roy Strong, *The Cult of Elizabeth*, p. 52.

远达君士坦丁堡的泛欧情报网络。[1] 自此之后，罗伯特·塞西尔彻底垄断了伊丽莎白女王披风上的那些眼睛和耳朵，把持国家信息。换言之，彻底屏蔽女王。[2] 塞西尔家族在伊丽莎白一世政权党争中取得最终胜利。1570 年代中期以降，因受制于干涉外交分歧所引发的政策性党争而陷入长期分裂倾轧的英格兰信息体系开始统合归入罗伯特·塞西尔的麾下。摆脱党争的权力制衡，再加上女性内廷政治的式微，首席国务大臣罗伯特·塞西尔成为英格兰女王与国家唯一的耳目。彩虹肖像披风上的嘴形图像进一步显示，权势滔天的他已然不满足于仅仅作为女王的信息搜集者，更希冀成为与女王共治的另一张英格兰嘴巴。因此，这幅肖像画所赞颂的，或许并非具有虚假全能的政治形体的伊丽莎白女王，而是背后赞助者、具有政治权势和野心的罗伯特·塞西尔。这幅肖像塑造了使塞西尔具有如此理念的当时英格兰政权内部氛围，即官僚群体面对先天的鄙视女性论与后天的伊丽莎白女王之统治疲软，酝酿出的神选之臣定位和君主共和制的意识形态。

本书聚焦于都铎晚期的君臣秩序与政权转型，围绕信息控制这一主题逐步铺开，层层剖析伊丽莎白一世时期内廷与外朝、女主与官僚、党派倾轧、性别冲突及忠诚切割等多重权力互动。1587 年 2 月苏格兰玛丽的死刑终结了纠缠英格兰新教政权近 20

---

[1] *CSP Foreign*, *1590 - 1591* (London: HMSO, 1969), p. 14; John Mychell to Robert Cecil, October 11, 1596, *HMC Salisbury*, vol. 6, p. 426; W. Borough to Robert Cecil, October 27, 1596, *HMC Salisbury*, vol. 6, p. 457; John Owen to Robert Cecil, August, 1601, *HMC Salisbury*, vol. 11, p. 371; Stephen Alford, *The Watchers*, p. 317; Paul Hammer, *The Polarisation of Elizabethan Politics*, pp. 153 - 154, 157.

[2] Roy Strong, *Gloriana*, p. 157.

年的梦魇，但何其讽刺，玛丽以她的死亡复仇性地暴露了宿敌伊丽莎白一世的统治危机。枢密院在玛丽死刑执行过程中近乎"谋反"的僭越行事，以对深居内廷的伊丽莎白女王彻底屏蔽信息，边缘化其决策主导与参与权。这次行动尴尬地揭露了都铎晚期王权因性别议题而遭长期宫朝博弈的反噬，女王在政权内部的信息网络中时而被动孤立，男性官僚群体对于牝鸡司晨的真实态度，俨然从执政初期的心理焦虑与谆谆劝诫，不耐烦地转向实际的行动制约，通过信息垄断，直接架空女王的决策权。更致命一击的是，由女王主导，冀以震慑众臣的戴维森审判完全失控，荒腔走板地拉开了隐讳许久的政治论战的序幕：伊丽莎白女主统治下的英格兰政体属性究竟是君主专制，还是君臣共治？

这场行动反映了信息实为权力的载体，掌权者凭借权力与恩惠等资源建构信息网络，包含政务文书、谍报、邮驿等诸多体系，施用于国家治理和中央－地方控制。如诺曼征服者威廉一世借《末日审判书》的普查编修，掌握英格兰境内人口与资产等海量信息，巩固对诺曼权贵与英格兰被征服者的最终分封裁量权。中世纪晚期以降，专制君权的渐兴进一步促成政府部门分工细化、政务文书管理与财政税收等行政改革，再加上外交和贸易竞逐需求，近代早期"文书国家"或"信息国家"产生。① 另外，信息流转勾勒出权力网络，即各层信息的赞助者、

---

① Peter Burke, *A Social History of Knowledge*, p. 119; Edward Higgs, "The Rise of the Information State: the Development of Central State Surveillance of the Citizen in England, 1500 – 2000," *Journal of Historical Sociology* 14: 2 (June, 2001), pp. 175 – 197; Paul Slack, "Government and Information in Seventeenth-Century England," *Past & Present* 184 (August, 2004), pp. 33 – 68.

管理者和接收者及他们分别位处的信息流经空间，他们受益于职权属性、私人关系或恩惠分配等因素而得以亲近信息，从而获准进入权力圈。换言之，信息流动构建了潜在的权力运作秩序，掌握信息者主导权力的流向。无疑，都铎晚期中央政务文书的运转流程暴露了近代早期信息国家中君主的信息控制危机，即君王是信息体系最顶端的恩惠支配者，却尴尬地处于信息接收末端。主因在于随着政务文书数量剧增与专业性需求如解译或加密等的出现，信息处理远非中世纪后期君主直辖的微型家政府所能承担，需要仰仗专业官僚政府。自此，政务中枢的行政群体与空间渐渐脱离中世纪后期王室私属网络的牵制，趋向官僚政府。信息主导权的变动开始牵引权力移转。

近代早期的新君主制王权看似专制集权，实则处在信息孤立和决策受制的权力悬崖边上。敏锐者如路易十四与伊丽莎白一世操控体制内外的冲突，一方面维持公共规则以维持常规政务运转，另一方面以私人关系或恩惠扶持例外权力与之抗衡，勉力维持王权的相对优势。伊丽莎白一世在早期以宫廷宠臣莱斯特制衡外朝权臣伯利，后随着1570年代后期至1580年代关于是否介入欧陆新教战争的政策分歧加剧，淡化男性群臣的宫朝竞争，形成理念型党派同盟。面对主战党垄断信息以实现"荣耀上帝"之国际新教主义，女王转而扶持同样保守反战且坚持统治正当性原则的伯利，最典型的操作莫过于1580年代监控流亡法国之英格兰天主教徒的谍报布局；伯利的斯塔福德使馆系统抗衡沃尔辛厄姆的私人间谍系统，它们互相监控、诋毁，竞逐天主教情报与秘密外交。而女王在党争中坐收渔翁之利，确保多元信息供应无虞。

同时，伊丽莎白一世兼以内廷亲密政治机制牵制党争，做

为避免耳目闭塞的第二重保险。近代早期君主通过与内廷近身
侍臣的宠信关系监管外朝的信息、政务和官僚体系，辅以恩惠
将朝臣私属化，使其被归入家臣圈。这类由宠信而任的宫臣公
共化以及因任入宠的朝臣私属化的双重操作，巩固了"人近王
者则贵"的政治秩序，更辅以宫朝党争，维持内外均势。然而，
这种精妙的政权杠杆意外地被不可控的君主性别因素瓦解。女
主统治下的女性内廷因性别所引发的行政职权、专业或社交等
诸多限制，无力延续都铎一朝以内辖外的内廷政治传统，迫使
伊丽莎白女王转向仰仗外朝官僚理政。虽以党争制衡，但女王
本身的信息和决策被动性仍存在。一旦一党独大，或党派间因
共同利益或理念——尤其基于鄙视女性的传统而对女性涉政有
所警觉——而暂时和解，以男性为主的政府体制极可能阻碍信
息流入内廷，集体架空王权，如同伊丽莎白女王在玛丽死刑运
作中的权力被边缘化。

　　玛丽之死暴露了隐藏在所谓伊丽莎白一世黄金盛世下，看
似团结尊君的政权之各种权力倾轧，凸显了近代早期英格兰忠
诚位阶、臣属定位与政权形态从个体性、私/家属性的王本位似
乎趋向集体性、公共性的国本位。正如同被控泄密渎职与藐视
王权两项罪名的副国务大臣戴维森3月28日在星室法庭审讯中
的辩白，对女主统治的焦虑感重塑了男性官僚的神选大臣意识
与条件式顺从论。一方面，操控信息指导女王决策；另一方面，
男性群臣在宫朝之争与党派之争中由抗衡转趋合作，协力使内
廷回归家务，更重新审视神选之臣与御封之臣的二重君臣关系，
依托神意和公意，臣属定位从封建体制的侍臣/家臣，经由立基
于君父伦理与恩惠分配之君主专制的宠信之臣，至女主统治下
的朝臣，终蜕变为君主共和制中具有相对独立性且条件式抵抗

权的"神选之臣"。由王向国与由宫向朝的忠诚转移重申了君臣共治的传统,将枢密院从臣属地位抬升至几近平行于君主的共主地位,授予其等同君主的机密知情权和独立决策权,以期恢复基督教精神中坚强、正直与正统的男性政治秩序。都铎晚期官僚定位与忠诚位阶从王本位向国本位的方向转移,板块从内廷位移到外朝,缓慢引导近代早期英格兰政权从私属向国属转变。

需注意的是,历史发展绝非单向线性的。英格兰历经伊丽莎白一世将近半个世纪之久的女主统治洗礼,并非就此摆脱中世纪后期以降以内辖外的宫廷本位之政治运作机制,趋向内轻外重的政府领政模式,直接蜕变成近代模式的公共性与官僚性国家。以信息为载体的权力流动图景,不仅呈现了伊丽莎白时期整体政权秩序的沿革,同时浮现了显性的常规制度与隐性的潜在规则之间的交叉运作。换言之,近代英格兰政权,甚至直至今日,依然游走在制度内外,徘徊于公共制度与私属关系之间。文秘署在中世纪后期从"家"出走入"朝",看似是建构了政务文书体制,实则是将职权转移给了君主的私属秘书。至16世纪末,该王属秘书自内向外转化成官僚与国家属性的"国务大臣",但这并不意味着政务信息就此依循体制运行。基于私人关系的内廷系统与门客服务,仍反复侵入常规政务与信息制度之中,以进行制衡。这两个次级权力群体因随侍当权者的自然身体或经手政务和信息业务,获得隐性的政治影响力,为英国史学的新兴研究对象。尤其是门客文化的盛行说明官僚在压制宫廷本位之政治秩序的同时,正复制私属模式于政治运作中。另外,君主和宫廷并不是自此淡出决策圈,其依旧凭借恩惠笼络与私人宠信关系等诸多筹码干预政府决策、人事任免与议会布局等,直至近现代。因此,在政治形体的制度框架内,在看似根据性别、功能或信仰等诸多因素而划分的公私空间和群体之间，权力依旧隐而不显地通过自然形体的人际关系网络潜伏运行，时而制衡，时而互补，甚至主次易位。在公领域制度的建构过程中，私领域的人际关系未曾淡出。信息流动交织的多重权力网络呈现了"在任何政治局势中，影响力穿梭于各方向……没有人在真空中独立决策，多边主义在任何决策过程中始终存在"。①

本书通过信息控制的新视角，诠释都铎晚期政权秩序的重构与近代"国家"概念的重塑过程，有助于剖析近代欧洲在绝对君权、国家民族主义及重商主义衍生的阶级重构等冲击下面临的政治转型及其对近代革命兴起的影响。第一，不同于传统史学将信息狭隘地定义为文本知识或战略情报，本书赋予信息一个新定义：权力货币。政治信息网络的组织运行，投影政权内部各势力团体与行政空间之间的权力流转、君臣位阶与党派关系的调整，乃至政权的质变。借由伊丽莎白一世时期国家信息网络的分裂和倾轧，呈现官僚基于信仰理念与家父长制的传统政治秩序，以及筹组私人信息网络、操控政务信息以参与党争、影响女主统治等活动。

第二，迥异于传统史学的恩惠或官职任免等物质诱因视角，本书以性别政治剖析伊丽莎白一世统治如何推动近代早期英格兰政权结构转型。对内，女王统治使内廷被剥夺政务中枢功能，王权丧失制衡外朝的屏障；对外，伊丽莎白一世优柔寡断的决策习性加剧了官僚对女性统治的焦虑，甚至促成派系合作，强化传统以男性为主导的政治文化。此权力空间与群体的转移，

---

① G. W. Bernard, *Power and Politics in Tudor England*, pp. 6 – 7.

或许象征着君主专制的王权政治正转化成君臣共治的国家政治，宣告弱势君权与宫廷式微的时代来临。或许引发疑问的是，本书似乎忽略议会在伊丽莎白一世晚期权力政治中的角色，这主要牵涉该时期，乃至于都铎时期的议会究竟是否处于所谓的政权之中。议会与君主和权贵之间的地缘或恩惠等依附关系，将得以诠释议会在政权之内或之外的位置。这将成为我未来进一步探讨的议题。

这种政权转型进一步显示了在近代欧洲国家民族主义趋势下"国家"概念的重塑。对国家民族的认同和对女性统治的焦虑，使臣属定位从"御臣"转为"国臣"，忠诚属性亦由个体的"王"转向普世性的上帝与其赐福之地，即共同体的"国家"，君主政治形体与政体/国家之间的"朕即国家"纽带开始分裂。此忠诚转移有助于重新解读17世纪英格兰政治革命，乃至近代欧洲革命，其不再局限于对赋税或宗教等传统议题的探讨，并且呈现了专制王权在面对国家民族主义浪潮下王与国的忠诚界定与渐兴的"国臣"意识之间不可避免的剑拔弩张。

在此，让我们返回伊丽莎白一世的彩虹肖像。对都铎晚期宫朝分野政治氛围的了解，支持我们重新欣赏并诠释这幅诡异的肖像。这幅肖像看似颂扬伊丽莎白女王不朽的政治形体，包含未曾迟暮的容颜与神圣王权，但实际上处处凸显她的女性自然形体，所反映的女性统治的传统次等性与风险。第一，它重新定义伊丽莎白一世时期被颠倒的男性（头部）和女性（身体）的传统政治角色。眼睛、耳朵和嘴巴被重新安置在身体上，象征着运行中的男性官僚体系，女王沦为傀儡。第二，伊丽莎白一世的女性象征和天生的性别弱点隐晦地浮现在这幅肖像上。王冠顶端的月亮形珠宝代表了她月亮女神的称号，宣扬她作为童贞女王的贞洁，但

相较于象征国王的太阳，代表女性统治者或王后的月亮符号仿佛
提醒着人们，头戴王冠始终无法掩盖她作为女性的天性。[1] 在缺
乏象征男性君主之太阳照映的情况下，伊丽莎白女王的微弱月
光只能使和平彩虹呈现出一种不寻常的无力与苍白。左袖上的
蛇形刺绣更使人们怀疑女王作为君主的资质。罗伊·斯特朗认
为蛇暗示女王凭借智慧和谨慎进行统治。讽刺的是，如前文所
述，伊丽莎白女王似乎正缺乏这种美德。相较于她在个人时尚
方面的虚荣支出，她在国政上的吝啬被批评为缺乏判断力，而
她备受抨击的由"基于性别的恐惧"而产生的妇人之仁、迟疑
不决和优柔寡断等，更被群臣频繁指责增加了政治的不确定性，
反复地将英格兰推向危机。[2] 因此，合理假设，这幅肖像的预设
观众不应该仅有女王，也应包括非常有限且随侍女王巡游的重
臣显贵。这一群人接受过文艺复兴图像学教育，再加上他们服
侍女王时频发的工作挫折感，足以让他们在欣赏这幅肖像时，
心领神会地意识到这种讽刺，露出心照不宣的会心一笑。

　　更值得思考的是，面对这群精英官僚，这幅肖像或许传达
了赞助者罗伯特·塞西尔的政治意识形态：君主共和国。蛇嘴
衔的心形红宝石意味着"建言"（counsel），恳请固执的女王倾
听男性顾问的建议，因为他们是上帝"从虔诚的人中选出的最
聪明的人，从智者中选出的最虔诚的人"。塞西尔希冀成为众臣
之首，门客戴维斯在 1599 年《义神颂》中赞扬他：

　　　　那个思绪中的眼睛最迅捷和清澈，

---

① Roy Strong, *The Cult of Elizabeth*, p. 52.

② The enterprise of Burgundy, July, 1572, Harley MS 168 f. 54r, BL.

> 如同上天的眼睛，从他的领域
>
> 万物皆有，
>
> 万事透彻，
>
> 以及他们所有的本性真相。①

国务大臣罗伯特·塞西尔受命于天，为上帝任命的眼睛、耳朵和嘴巴，"以服侍女王来侍奉上帝"，辅助女王共治英格兰。② 这种自我期许的神圣使命感，伴随先天的鄙视女性传统与后天的对伊丽莎白一世低效统治的现实焦虑，建构了一个以男性和枢密院为主的另类统治群体。这群神选之臣虽依托神意与公意而自我赋予条件性抵抗权和独立决策权，但从未质疑王权的至高性，仍承认女王保有一定的挑选官僚的特权。那件充满眼睛、耳朵和嘴巴的披风由女王穿着，或许正是为了宣传君主和枢密院领导共治的混合政体形态，但依然肯定女王可以依凭私人关系或恩惠资源来拣择官员，如同披风可更换一样。然而，她必须深思熟虑，新更换的披风能否像旧款一样拥有众多眼睛、耳朵和嘴巴，为女王提供情报和咨议，维持政务日常运转。正如同女王在苏格兰玛丽死刑执行后无法撤换伯利和沃尔辛厄姆一样，显然，某些重臣显贵通过自身才能及信息垄断掌控决策主导权，或许享有与君主近乎比肩的地位威望。宫廷和政府之间缓慢的权力分化逐渐引导近代早期英格兰政权从王朝政治向国家政治转型。③

---

① Roy Strong, *The Cult of Elizabeth*, p. 52.

② Stephen Alford, "The Political Creed of William Cecil," in John F. McDiarmid, ed. , *The Monarchical Republic of Early Modern England*, p. 85.

③ Wallace MacCaffrey, *The Shaping of the Elizabethan Regime*, pp. 315 – 317.

落幕 两位女王

1612 年 10 月 11 日,英格兰国王詹姆斯一世正式将"我们最亲爱的母亲",于 1587 年 2 月 8 日依叛国罪被处斩的苏格兰玛丽的遗骨,从原本埋葬处剑桥郡(Cambridgeshire)的彼得伯勒大教堂(Peterborough Cathedral)移灵安葬入伦敦的威斯敏斯特大教堂(Westminster Abbey)。

据称,詹姆斯一世"每天都在为他母亲头颅的掉落哀悼"。[1] 在他继承英格兰王位后,"各处的伊丽莎白肖像皆被尘封起来,取而代之的是玛丽·斯图亚特的肖像,宣扬她为宗教信仰饱受磨难"。[2] 为了突显玛丽身为斯图亚特王朝前任女王的威仪、首位入主英格兰的斯图亚特君主之母的尊荣,以及殉教者的圣洁身份,詹姆斯一世特地为其他母亲在威斯敏斯特大教堂东端之圣母礼拜堂(Lady Chapel)的南侧廊选定新墓址。巧合的是,或许也是有意为之,此处也安葬了都铎王朝首任君主亨利七世之母博福尔夫人玛格丽特。

在宏伟精美的华盖下,静静躺着玛丽的白色大理石雕像。

---

[1] Giovanni Carlo Scaramelli, Venetian Secretary in England, to the Doge and Senate, May 22, 1603, *CSP Venice*, *1603 – 1607* (London: HMSO, 1900), p. 33.

[2] Scaramelli to the Doge and Senate, April 24, 1603, *CSP Venice*, *1603 – 1607*, p. 10.

她头戴法式圆顶贴头兜帽，脖子上装饰着蕾丝皱褶领圈，身披一件用胸针固定的长披风，双手在胸前合十呈祈祷状，刻意将玛丽塑造成在其逝世前后天主教极力宣扬的殉教者形象。她被粗野的英格兰与"所有女人中的怪物"伊丽莎白女王冠以莫须有罪名，迫害致死。[①] 詹姆斯一世委托曾经追随其母的新任枢密大臣与北安普敦伯爵亨利·霍华德（Henry Howard, Earl of Northampton，在 1604 年新王即位后被封爵）撰写拉丁文悼词，重新确认他母亲的历史定位。

> 献给最完美和最伟大的上帝。致敬她所遗留的美好回忆和永恒的希望。玛丽·斯图亚特，苏格兰女王，法兰西王后，苏格兰詹姆斯五世的女儿，英格兰国王亨利七世经女儿玛格丽特（与苏格兰詹姆斯四世联姻）一脉的唯一继承人和曾孙女，英格兰国王爱德华四世经长女［约克的］伊丽莎白一脉的曾曾孙女，法兰西国王弗朗西斯二世的妻子。她在世期间，毫无疑问是英格兰王位的继承人，也是最强大英格兰君主詹姆斯的母亲。她出身王室，拥有最古老的血统，无论父系和母系皆与欧洲最伟大的王子紧密联结，从而灵魂和身体都被充分赋予了最优秀的天赋和地位。然而，人类的命运如此多舛，变化莫测。她被羁押约 20 年之后，尽管她奋勇（但徒劳无功）对抗敌人的谩骂诽谤、胆怯受惊之人的猜忌，以及死敌的阴险诡计，但她最终屈服了，俯卧在斧头之下（这对于王室而言，是前所未闻且无耻的），

---

① Adam Blackwood, *History of Mary Queen of Scots* (Edinburgh: Maitland Club, 1834), p. 197; David Howarth, *Images of Rule: Art and Politics in the English Renaissance, 1485 – 1649* (London: Macmillan, 1997), pp. 163 – 170.

而她鄙视这个世界，征服死亡（刀斧手令人厌倦），赞扬救世主基督对她灵魂的救赎。对于她的独子詹姆斯，一个王国和后世子孙，以及对所有见证她不幸遇害的人而言，［她］是一个忍辱负重的典范，她虔诚地、耐心地且勇敢地将她高贵的王室头颈放到受诅咒的斧头之下，用短暂的生命换来了天国的永恒。1587 年 2 月 8 日，她享年 46 岁。[①]

玛丽被塑造成一位具有高贵王室血统的天主教勇士，抵抗如同惊弓之鸟的英格兰政府基于胆怯焦虑而推动的栽赃阴谋。遗憾的是，她的斗争以"不幸遇害"告终。处决这一位流淌王室继承血脉的昔日君主，对英格兰王室而言是极大的耻辱，但玛丽就此升华成殉教的典范，更换来永恒的救赎荣光。詹姆斯一世希冀以此悼词为母亲洗刷掉饱受英格兰人抨击的叛国罪，将其死亡定调为以身殉教，而非谋逆伏法，更借此重申斯图亚特家族得以继承英格兰王位的高贵血统。

吊诡的是，在威斯敏斯特大教堂中，苏格兰玛丽的墓址南端紧邻伦诺克斯伯爵夫人玛格丽特·道格拉斯（Margaret Douglas, Countess of Lennox）的棺椁。她是玛丽的婆婆，因丧子之痛而终生痛恨玛丽，上面装饰着被玛丽谋害身亡的第二任丈夫，也就是詹姆斯一世的生父达恩利勋爵的跪像。

何其讽刺的是，在圣母礼拜堂北侧廊与玛丽的棺椁斜相望的，正是她的终身死敌——伊丽莎白一世。这两位缠斗终生的女王，终其一生未曾相见，却相伴长眠于此。

---

① The translation of the Latin inscriptions on Mary's tomb in Westminster Abbey, http://www.westminster-abbey.org/our-history/royals/burials/mary-queen-of-scots，最后访问时间：2021 年 7 月 9 日。

附录一 伊丽莎白一世宫廷女官

缩写：

Lady/Gentlewoman of the Household（H）

Lady/Gentlewoman of the Privy Chamber（PC）

Lady/Gentlewoman of the Bedchamber（B）

Unpaid Gentlewoman of the Privy Chamber（Extraordinary）

Maids of Honour（MoH）

Mother of the Maids（MoM）

背景	家族	宫廷女官	宫内司/宫务司的男性亲属	枢密院/政府的男性亲属
幼年教养女官或玩伴		Katherine Astley, née Champernowne (B, PC, 1536 – 1565; MoM, 1559 – 1561)	m. John Astley (Master of the Jewel Office, 1558 – 1595; Gentleman of the Privy Chamber, 1558 – 1596)	
			Thomas Astley (Jewel House Officer; Groom of the Privy Chamber, 1558 – 1595)	
	Astley		Richard Astley (Jewel House Officer)	
		Catherine Blount (H, 1559 – 1560), m. 1st John Champernowne; m. 2nd Maurice Berkeley		
		Katherine Blount (PC, 1559; MoH, 1588), m. Humphrey Lee		
		Elizabeth Sandys (B, 1560 – 1585), m. Maurice Berkeley		
	Broadbelt	Dorothy Broadbelt (B, 1558 – 1577)	m. John Abington (Clerks of the Green Cloth, 1574 – 1580; Cofferer of the Household, 1580 – 1582)	
	Brooke/ Newton/	Elizabeth Brooke (H, 1558), m. 1st Thomas Wyatt; m. 2nd Edward Warner	Edward Warner (Lieutenant of the Tower of London, 1558 – 1561)	
	Southwell/ Poyntz	Frances Newton, Baroness Cobham (PC, B, 1559 – 1592)	m. William Brooke, 10th Baron Cobham (Lord Chamberlain, 1596 – 1597)	Lord Warden of the Cinque Ports, 1558 – 1597; Privy Councillor, 1586 – 1597

续表

背景	家族	宫廷女官	官内司/宫务司的男性亲属	枢密院/政府的男性亲属
幼年教养女官或玩伴	Brooke/Newton/Southwell/Poyntz	Dorothy Brooke (MoH, 1565 – 1568)		Henry Brooke (Ambassador to the Holy Roman Empire, and the Low Countries,1570; to Spain,1571,1575 – 1576; to France,1575,1578 – 1583) m. Thomas Parry (Ambassador to France,1602 – 1616)
		Nazareth Newton, Baroness Paget (B, 1564 – 1573), m. 1st Thomas Southwell; m. 2nd Thomas Paget, 3rd Baron Paget		
		Mary Mansell (MoH, 1558 – 1564), m. Thomas Southwell		
		Elizabeth Southwell(MoH,1588 – 1591,1601), m. Barentine Moleyns		
		Elizabeth Southwell (1600 – 1603), m. Robert Dudley		
		Catherine Paston (B, 1577 – 1603), m. Henry Newton		
		Joan Berkeley (PC, 1558 – 1564), m. 2nd Thomas Dyer	m. 1st Nicholas Poyntz (Groom of the Bedchamber,1539) son Nicholas Poyntz (Esquire of the Body,1559 – 1585)	

续表

背景	家族	宫廷女官	宫内司/官务司的男性亲属	枢密院/政府的男性亲属
	Brooke/ Newton/ Southwell/ Poyntz	Anne Poyntz (PC,1558–1593)	m. Thomas Heneage (Gentleman of the Privy Chamber, 1565–1595; Treasurer of the Chamber, 1570–1595; Vice-Chamberlain,1587–1595; Chancellor of the Duchy of Lancaster,1590–1597)	Privy Councillor, 1587–1595
	Denys	Katherine Denys (Extraordinary, PC, 1558/9)	m. Walter Buckler (Chamberlain of the Household to Princess Elizabeth,1552–1553)	
幼年教养女官或玩伴	Edgerley	Agnes Seycolle-Edgerley (H,1558–1559)	m. 2nd Thomas Benger (auditor of Princess Elizabeth's household by Sept.1552)	
	FitzGerald/ Clinton/ Burgh	Elizabeth FitzGerald (PC,1536–1590)	m. 1st Anthony Browne (Master of the Horse,1539–1548)	Privy Councillor, 1539–1548
			m. 2nd Edward Fiennes de Clinton, 1st Earl of Lincoln (Lord Steward, 1572–1586)	Privy Councillor,1550–1585;Lord High Admiral,1558–1572
		Katherine Clinton (1558–1559), m. William Burgh,2nd Baron Burgh		
		Mary Burgh (MoH, 1575–1577), m. Richard Bulkeley		
		Frances Vaughan (MoH,1578–1580)		m. Thomas Burgh (Lord Deputy of Ireland,1597)

续表

背景	家族	宫廷女官	官内司/官务司的男性亲属	枢密院/政府的男性亲属
幼年教养女官或玩伴	FitzGerald/Clinton/Burgh	Anne Clinton（PC, 1583 – 1585）, m. William Askew		
		Elizabeth FitzGerald（MoH, 1571 – 1584）, m. 1st Ambrose Copinger; m. 2nd John Poyntz	father Edward FitzGerald（Lieutenant of the Gentlemen Pensioners, 1558 – 1590）	
		Abigail Heveningham（PC, MoH, 1568 – 1603）, m. 2nd Edward Cordell; m. 3rd Ralph Bowes	son Robert Digby（Esquire of the Body to Queen Elizabeth, by 1603）, m. Lettice FitzGerald	m. 1st George Digby, with Leicester in the Low Countries 1586
		Lettice FitzGerald（MoH, 1571 – 1578）, daughter of Catherine Knollys; m. Robert Digby		
	Hyde	Catherine Hyde（PC, 1558/9）	m. Nicholas Lestrange（Chamberlain of the Household to Princess Elizabeth, 1553 – ?）	
	Markham	Isabella Markham（MoH, 1554 – 1558; PC, 1558 – 1579）	m. John Harington（servant of Thomas Seymour by 1546 – 1549）	
	Norwich	Elizabeth Norwich（MoH, 1554 – 1558; B, 1547 – 1594）	m. Gawain Carew（Master of the Henchmen at Elizabeth's coronation, 1559）	

续表

背景	家族	宫廷女官	宫内司/宫务司的男性亲属	枢密院/政府的男性亲属
	Parry	Blanche Parry（B，PC，1536 – 1590；Keeper of the Queen's Jewels，1558 – 1587）		
		Anne Reade（PC，1558 – 1585），m. 1st Giles Greville；m. 2nd Adrian Fortescue	m. 3rd Thomas Parry（Comptroller of the Household，1558 – 1559；Treasurer of the Household，1559 – 1560；Master of the Court of Wards，1559 – 1560）	Privy Councillor，1558 – 1560
幼年教养女官	Skipwith	Bridget Skipwith（MoH，1554 – 1558；PC，1558 – 1587），m. Brian Cave		
		Elizabeth Skipwith（PC，1558），m. Thomas Clifford		
或玩伴	St. Loe/ Cavendish/ Talbot	Elizabeth St. Loe（MoH，1554 – 1558；PC，1558 – 1569）	Grandfather William Kingston（Councillor by 1533；Vice-Chamberlain of the Household，1536 – 1539；Comptroller，1539 – 1540）	
		Elizabeth Hardwick，Bess of Hardwick（PC，MoH，1560 – 1567），m 1st Robert Barley，m. 2nd William Cavendish，m. 3rd William St. Loe，m. 4th George Talbot，6th Earl of Shrewsbury	William St. Loe（gentleman attendant to Princess Elizabeth by 1558）	Chief Butler of England and Wales，1559；Captain of the Guard，1559 – 1565 m. 4th George Talbot，6th Earl of Shrewsbury（Chamberlains of the Exchequer，1560 – 1590；Privy Councillor，1571 – 1590）

续表

背景	家族	宫廷女官	宫内司/官务司的男性亲属	枢密院/政府的男性亲属
幼年教养女官或玩伴	St. Loe/ Cavendish/ Talbot	Elizabeth Cavendish (B, 1536 – 1587), m. Richard Snowe		
		Anne Cavendish (MoH, 1588)		
		Margaret Cavendish (MoH, 1588 – 1591), m. Robert Dudley		
		Mary Talbot, Countess of Pembroke (PC from 1600), m. William Herbert, 3rd Earl of Pembroke		
		Elizabeth Talbot, Countess of Grey (MoH, 1600 – 1603), m. Henry Grey, later 8thEarl of Kent		
	Willoughby	Margaret Willoughby (MoH, 1554 – 1558；PC, 1558 – 1584)		m. Matthew Arundell-Howard (Deputy Lieutenant of Wiltshire, 1589 – 1598)
		Dorothy Willoughby (1558)	m. Ralph Hopton (Knight Marshal of the Household, 1558 – 1571)	

续表

背景	家族	宫廷女官	宫内司/宫务司的男性亲属	枢密院/政府的男性亲属
女王的母与族与姻亲	Carey	Anne Morgan, Baroness Hunsdon (PC, 1558 – 1607)	m. Henry Carey, 1st Baron Hunsdon (Master of the Hawks, 1560; Lord Chamberlain, 1585 – 1596; Captain of the Gentlemen Pensioners, 1584 – 1596)	Privy Councillor, 1577 – 1596
			2nd son John Carey, 3rd Baron Hunsdon (Gentleman Pensioner, 1573)	
			7th son Edmund Carey (Privy Chamber, 1577; Esquire of the Body, 1598)	
			8th son Robert Carey (Privy Chamber, 1600)	
		Catherine Carey, Countess of Nottingham (Extraordinary, 1548 – 1603; Keeper of the Queen's Jewels, 1571 – 1603)	m. Charles Howard, 1st Earl of Nottingham (Lord Chamberlain, 1584 – 1585; Lord Steward, 1597 – 1603)	Privy Councillor, 1584 – 1619; Lord High Admiral, 1585 – 1619
		Elizabeth Spencer, Baroness Hunsdon (Extraordinary, 1575 – 1603; PC, 1593)	m. George Carey, 2nd Baron Hunsdon (Knight Marshal of the Household, 1578 – 1597; Lord Chamberlain, 1597; Captain of the Gentlemen Pensioners, 1596 – 1603)	Privy Councillor, 1597 – 1603
		Catherine Knyvett, Baroness Paget (B, PC, MoH, 1567 – 1603), m. 1st Henry Paget, 2nd Baron Paget	m. 2nd Edward Carey (Groom of the Privy Chamber, 1562 – 1618; Master of the Jewel House, 1595 – 1618)	Teller of the Exchequer, 1592

续表

背景	家族	宫廷女官	官内司/官务司的男性亲属	枢密院/政府的男性亲属
女王的母族与姻亲	Carey	Philadelphia Carey, Baroness Scrope (Extraordinary, PC, 1584 – 1603), m. Thomas Scrope, 10th Baron Scrope of Bolton		
		Margaret Carey (MoH, 1580), m. Edward Hoby		
		Anne Carey (MoH,1597 – 1601), m. Francis Lovell		
	Grey	Mary Grey (MoH, 1558 – 1565, 1578)	m. Thomas Keyes (Sergeant Porter of Whitehall Palace, 1558 – 1565)	
		Elizabeth Grey, Lady Audley (PC, 1559)		
		Honora Grey (MoH, 1554 – 1558), m. Henry Denny		
		Anne Windsor (MoH, 1561/1567 – 1568)	m. Henry Grey, Lord Grey of Groby (Gentleman Pensioner, by 1569)	
		Katherine Grey (MoH, 1559 – 1561), m. Edward Seymour, 1st Earl of Hertford		

续表

背景	家族	宫廷女官	宫内司/宫务司的男性亲属	枢密院/政府的男性亲属
女王的母族与姻亲	Howard	Margaret Gamage, Baroness Howard of Effingham (PC,1558–1581)	m. William Howard, 1st Baron Howard of Effingham (Lord Chamberlain, 1558–1572)	Privy Councillor, 1554 – 1573; Keeper of Privy Seal,1572 – 1573
		Margaret Audley, Duchess of Norfolk (Extraordinary, 1558 – 1564), m. 1st Henry Dudley	m. 2nd Thomas Howard, 4th Duke of Norfolk (Earl Marshal of England, 1554 – 1572)	Privy Councillor,1562 – 1572
		Catherine Howard, Baroness Berkeley (PC,1558 – 1560), m. Henry Berkeley, 7th Baron Berkeley		
		Jane Howard (MoH, 1558 – 1564), m. Charles Neville, 6th Earl of Westmorland		
		Frances Mewtas (Meutas) (MoH, 1561 – 1562), m. 1st Henry Howard, 2nd Viscount Howard of Bindon; m. 2nd Edmund Stansfield		
		Frances Howard, Countess of Hertford, (PC,1568 – 1598), m. Edward Seymour, 1st Earl of Hertford		

续表

背景	家族	宫廷女官	官内司/官务司的男性亲属	枢密院/政府的男性亲属
女王的母族与姻亲	Howard	Frances Howard（PC, 1590）, m. 1st Henry Fitzgerald, 12th Earl of Kildare	Daughters of Charles Howard, 1st Earl of Nottingham and Catherine Carey	m. 2nd Henry Brooke, 11th Baron Cobham（Lord Warden of the Cinque Ports,1597 – 1603）
		Elizabeth Howard（MoH, 1578; PC, 1588）, m. Robert Southwell		
		Katherine Howard（MoH,1572 – 1591）		
		Martha Howard（MoH,1577 – 1578）	m. George Bourchier（Esquire of the Body,1590s – 1603）	
		Mary Howard（MoH, 1558 – 1571; PC, 1597）, m. 1st Edward Sutton, Lord Dudley; m. 2nd Richard Mompesson		
		Catherine Howard（PC, MoH,1599）		
	Knollys	Catherine Carey, Lady Knollys（B, 1558 – 1569）	m. Francis Knollys（Vice-Chamberlain 1559 – 1570; Treasurer of the Chamber, 1566 – 1570; Captain of the Guard, 1565 – 1572; Treasurer of the Household, 1570 – 1596）	Privy Councillor,1559 – 1596
			1st son Henry Knollys（Esquire of the Body, 1567 – 1582） m. Margaret Cave（MoH,1564）	Ambassador to the Holy Roman Empire, September 1562 – February 1563

续表

背景	家族	宫廷女官	宫内司/宫务司的男性亲属	枢密院/政府的男性亲属
女王的母族与姻亲	Knollys	Catherine Carey, Lady Knollys (B, 1558 – 1569)	2nd son William Knollys (Comptroller of the Household, 1596 – 1602; Treasurer of the Household, 1602 – 1616)	Ambassador to Scotland, November-December 1585; Privy Councillor, 1596 – 1632
			4th son Robert Knollys (Gentleman of Privy Chamber, 1587; Esquire of the Body, 1582 – 1603) m. Katherine Vaughn (MoH, 1568)	
		Lettice Knollys, Countess of Essex (PC, 1558 – 1560), m. 3rd Christopher Blount	m. 1st Walter Devereux, 1st Earl of Essex (Earl Marshal of Ireland, 1575 – 1576) 1st son Robert Devereux, 2nd Earl of Essex (Master of the Horse, 1587)	
			m. 2nd Robert Dudley, Earl of Leicester (Master of the Horse, 1558 – 1587; Lord Steward, 1587 – 1588)	Privy Councillor, 1562 – 1588
		Katherine Knollys (MoH, 1575), m. Gerald Fitzgerald Lord Offaly		
		Elizabeth Knollys (MoH, 1559; PC, 1565 – 1603)	m. Thomas Leighton (Gentleman of Privy Chamber, 1568)	Governor of Guernsey, 1570 – 1611; ambassador to France, 1574, 1585, 1588; to Low Countries, 1577 – 1578; Member of the council in the marches of Wales, from 1602

续表

背景	家族	宫廷女官	宫内司/宫务司的男性亲属	枢密院/政府的男性亲属
	Knollys	Anne Knollys, Baroness de la Warre (MoH, 1569; PC, 1578 – 1603)		m. Thomas West, 2nd Baron de la Warre (Chamberlain of the Exchequer from 1590)
		Penelope Devereux, Baroness Rich, Baroness Mountjoy (Extraordinary, 1581) , m. 1st Robert Rich, 3rd Baron Rich; m. 2nd Charles Blount, 8th Baron Mountjoy		Charles Blount (Lord Deputy of Ireland, 1600)
		Dorothy Devereux (MoH, 1580) , m. 1st Thomas Perrot; m. 2nd Henry Percy, 9th Earl of Northumberland		
女王的母族与姻亲	Parr	Elizabeth Brooke, Marchioness of Northampton (Extraordinary, 1558 – 1565)		m. William Parr, 1st Marquess of Northampton (Privy Councillor, 1558 – 1571)
		Helena Snakenborg, Marchioness of Northampton (Extraordinary, 1566 – 1603)		
		Anne Talbot, Countess of Pembroke (Extraordinary, 1558 – 1588)	m. William Herbert, 1st Earl of Pembroke (m. 1st Anne Parr), Lord Steward, 1567 – 1570	Privy Councillor, 1553 – 1570
		Catherine Talbot, Countess of Pembroke, (Extraordinary, 1570 – 1576)		
		Mary Sidney, Countess of Pembroke, (Extraordinary, 1575 – 1577)		m. Henry Herbert, 2nd Earl of Pembroke (Lord President of the Council in Wales, 1586 – 1601)

续表

背景	家族	宫廷女官	宫内司/宫务司的男性亲属	枢密院/政府的男性亲属
		Anne Clifford (PC, 1602 – 1603), m. 1st Richard Sackville, 3rd Earl of Dorset	m. 2nd Philip Herbert, 4th Earl of Pembroke	
		Susan Vere, Countess of Pembroke (PC, 1602 – 1603)		
		Anne Herbert (PC, 1602 – 1603)		
女王的母族与姻亲	Parr	Anne Carew (H at Coronation, 1559)	Father, Nicholas Carew (Groom of the Privy Chamber, 1511; Gentleman of the Privy Chamber, 1518; Esquire of the Body, 1515; Cipherer of the Household, 1515 – 1520; Master of the Horse, 1522 – 1539)	
			m. Nicholas Throckmorton (sewer of the household of Queen Catherine Parr, 1544 – 1547/1548; Gentleman of the Privy Chamber, 1549 – 1553)	Ambassador to France, 1559 – 1564; to Scotland, 1565, 1567; Chamberlain of the Exchequer, 1564 – 1571; Chief Butler of England and Wales, 1565 – 1571
		Mrs. Nott (1578), probably Katherine Parr, daughter of Anne Bourchier Marchioness of Northampton and wife of John Nott.		
		Elizabeth Throckmorton (PC, 1584 – 1592)	m. Walter Raleigh (Esquire of the Body, 1581 – ?)	Governor of Jersey, 1600 – 1603

续表

背景	家族	宫廷女官	官内司/宫务司的男性亲属	枢密院/政府的男性亲属
女王的母族与姻亲	Parr	Mary Carew (H,1559), m. Arthur Darcy	son Edward Darcy (Groom of the Privy Chamber, 1583 – 1603)	
		Frances Sidney, Countess of Sussex (Extraordinary, 1558 – 1589)	m. Thomas Radclyffe, 3rd Earl of Sussex (Captain of the Gentlemen Pensioners, 1554 – 1583; Lord Chamberlain, 1572 – 1584)	Lord Deputy/Lieutenant of Ireland, 1559/1560; Lord President of the Council in the North, 1568 – 1572; Privy Councillor, 1570 – 1583
	Radclyffe	Honora Pounde, Lady Radclyffe, later Countess of Sussex (H,1559)		
		Frances Radclyffe (MoH), m. Thomas Mildmay		
		Mary Radclyffe (B, PC, MoH, 1587 – 1603; Keeper of the Queen's Jewels, 1587 – 1603)		
		Margaret Radclyffe (MoH, 1593 – 1599)		
	Shelton	Mary Shelton, Lady Heveningham (H, 1558/9)		
		Amy Shelton (PC, 1562 – 1579), Mrs. Shelton		
		Elizabeth Shelton (1568)		

续表

背景	家族	宫廷女官	宫内司/宫务司的男性亲属	枢密院/政府的男性亲属
	Shelton	Mary Scudamore, *née* Shelton (B, 1571 – 1603)	m. John Scudamore (Gentleman Usher to Queen Elizabeth; Genteleman Pensioner, 1573 – 1603; Standard Bearer, 1599)	Member of council in the marches of Wales, 1602
		Audrey Shelton (B, PC, 1600 – 1603), m. Thomas Walsingham		
女王的母族与姻亲	Stafford	Dorothy Stafford (B, 1559 – 1603), m. William Stafford	son in law Richard Drake, m. Ursula Stafford (Equerry of the Stable by 1577; Groom of the Privy Chamber by 1584)	son Edward Stafford (Ambassador to France, 1583 – 1590)
		Douglas Howard (MoH, 1559), Baroness of Sheffield, m. 1st John Sheffield, 2nd Baron Sheffield; m. 2nd Robert Dudley, Earl of Leicester (annulled); m. 3rd Edward Stafford		m. 3rd Edward Stafford
		Elizabeth Stafford (B, 1568 – 1599), m. 1st William Drury; m. 2nd John Scott		son in law: Thomas Butler, 10th Earl of Ormond, m. 2nd Elizabeth Sheffield; Lord Treasurer of Ireland, 1559 – 1614
		Frances Drury (MoH, 1593 – 1594), m. 1st Nicholas Clifford; m. 2nd William Wray		

续表

背景	家族	宫廷女官	宫内司/宫务司的男性亲属	枢密院/政府的男性亲属
宠臣	Dudley/Sidney	Anne Russell, Countess of Warwick (MoH, 1565 – 1603)		m. Ambrose Dudley, 3rd Earl of Warwick (Master of the Ordnance, 1558 – 1590; Privy Councillor, 1573 – 1590)
			brother Robert Dudley, 1st Earl of Leicester (Master of the Horse, 1558 – 1587; Lord Steward, 1587 – 1588)	Privy Councillor, 1562 – 1588; Governor-General of the United Provinces, 1586
		Mary Dudley (PC, 1558 – 1586)		m. Henry Sidney (Lord President of the Council in Wales, 1559 – 1586; Privy Councillor, 1575 – 1586; Lord Justice of Ireland, 1558 – 1559; Lord Deputy of Ireland, 1565 – 1571, 1575 – 1578)
			1st son Philip Sidney (royal cupbearer, 1575; General of Horse, 1583)	Envoy to Germany, 1577; envoy to France, 1584; Master of the Ordnance, 1585 – 1586
		Katherine Dudley, Countess of Huntingdon (Extraordinary, 1558 – 1603)	m. Henry Hastings, 3rd Earl of Huntingdon (Master of the Harthounds, 1560 – 1595)	Lord President of the Council in the North (1572 – 1595)
		Dorothy Hastings (MoH, 1598 – 1603), m. 1st James Stuart; m. 2nd Robert Dillon, 2nd Earl of Roscommon	father George Hastings, 4th Earl of Huntingdon (Master of the Harthounds, 1595 – 1604)	

续表

背景	家族	宫廷女官	宫内司/宫务司的男性亲属	枢密院/政府的男性亲属
宠臣	Dudley/Sidney	Anne Sidney (H, 1558 – 1559)		m. William FitzWilliam (Lord Deputy of Ireland, 1571 – 1575, 1588 – 1594)
		Elizabeth Harington (1578), m. Edward Montagu of Boughton		
权臣	Cecil	Mildred Cooke (MoH, 1558)	m. William Cecil, 1st Baron Burghley (Master of the Court of Wards, 1561 – 1598)	Privy Councillor, 1558 – 1598; Keeper of Privy Seal, 1571, 1590; Principal Secretary, 1558 – 1572; Lord High Treasurer, 1572 – 1598 Thomas Cecil (Lord President of the Council in the North, 1599 – 1603)
		Anne Cooke (1559)		m. Nicholas Bacon (Keeper of Great Seal, 1558 – 1579; Privy Councillor, 1558 – 1563, 1565)
		Catherine Cooke (MoH, 1563 – 1565)		m. Henry Killigrew (envoy to the Low Countries, 1585 – 1586, 1587 – 1589)
		Elizabeth Cecil (B, 1558 – 1568), m. 1st Robert Wingfield; m. 2nd Hugh Allington		

续表

背景	家族	宫廷女官	宫内司/宫务司的男性亲属	枢密院/政府的男性亲属
叔臣		Elizabeth Brooke (B, PC, 1582–1597)	m. Robert Cecil (Chancellor of the Duchy of Lancaster, 1597–1599; Master of the Court of Wards, 1599–1612)	Privy Councillor, 1591 – 1612; Principal Secretary, 1596 – 1606; ambassador to France, 1598; Keeper of Privy Seal and Signet, 1603
	Cecil	Anne Cecil, Countess of Oxford (MoH, by 1569)	m. Edward de Vere, 17th Earl of Oxford (Lord Great Chamberlain, 1562 – 1604)	
		Elizabethde Vere, Countess of Derby (PC, 1595 – 1603), m. William Stanley, 6th Earl of Derby		
		Susande Vere, Countess of Pembroke (PC, 1602 – 1603), m. Philip Herbert, 4th Earl of Pembroke		
		Mary de Vere, Baroness Willoughby de Eresby (PC, 1574 – 1603), m. 1st Perergine Bertie, Lord Willoughby; m. 2nd Eustace Hart		
		Elizabeth Trentham (MoH, 1588)	m. Edward de Vere, 17th Earl of Oxford (Lord Great Chamberlain, 1562 - 1604)	
	Gresham	Anne Ferneley (1558/9), Lady Gresham	m. Thomas Gresham (financial agent of the Crown; Knight Bachelor, 1559)	Envoy to the Low Countries (1560 – 1563)

续表

背景	家族	宫廷女官	宫内司/宫务司的男性亲属	枢密院/政府的男性亲属
权臣	Hawkins	Margaret Vaughan (B, 1589 – 1603)		m. John Hawkins (Treasurer of the Navy, 1577 – 1598; Comptroller from 1589), m. 1st Katharine Gonson, daughter of Benjmin Gonson, Treasurer of the Navy
		Margaret St. John, Countess of Bedford (PC, 1560 – 1562), m. 1st John Gostwick		m. 2nd Francis Russell, 2nd Earl of Bedford (Privy Councillor, 1558 – 1585)
	Russell	Elizabeth Russell (PC, 1594 – 1600), m. William Bourchier, 3rd Earl of Bath		
		Anne Russell (MoH, 1595 – 1600) m. Henry Somerset, 1st Marquess of Worcester		
	Somerset	Elizabeth Hastings (MoH, 1571)	m. Edward Somerset, 4th Earl of Worcester (Master of the Horse, 1601 – 1616)	Privy Councillor, 1601 – 1628
		Elizabeth Somerset (PC, 1594 – 1603), m. Henry Guildford		
		Catherine Somerset (MoH, 1594 – 1596), m. William Petre, 2nd Baron Petre		

续表

背景	家族	宫廷女官	宫内司/宫务司的男性亲属	枢密院/政府的男性亲属
权臣	Walsingham	Frances Walsingham, Countess of Essex (Extraordinary, 1590 – 1603)	father Francis Walsingham (Chancellor of the Duchy of Lancaster, 1587 – 1590)	Ambassador to France, 1570 – 1573; Privy Councillor, 1573 – 1590; Principal Secretary, 1573 – 1590
			m. 1st Philip Sidney	
			m. 2nd Robert Devereux, 2nd Earl of Essex (Master of the Horse, 1587 – 1601; Lord Lieutenant of Ireland, 1599)	Privy Councillor, 1593 – 1600; Master of the Ordnance, 1597 – 1600
			m. 3rd Richard Burke, 4th Earl of Clanricarde	
职能	Laundress	Joan Hilton (1558/9 – 1560)		
		Elizabeth Taylor, Mrs. Smithson (1558/9 – 1578)		
		Anne Twist (1576 – 1586)		
	Miniaturist	Levina Teerlinc (1568)		
其他	Acton	Mrs. [Dorothy] Acton (MoH, 1591 – 1593), m. [Abraham Speckard]		
	Aglionby	Anne, *née* unknown (MoM, 1562 – 1568)	m. Hugh Aglionby (clerk of the Council to Queen Catherine Parry, by 1544, 1548)	

续表

背景	家族	宫廷女官	宫内司/宫务司的男性亲属	枢密院/政府的男性亲属
其他	Annesley	Grace Annesley (MoH, 1585 – 1587), m. John Wildgoose	father: Brian Annesley (Master of the Harriers)	
		Christian Annesley (MoH, 1594 – 1597), m. William Lord Sandys		
		Cordelia Annesley (MoH, 1598 – 1603), m. William Harvey		
	Anslow	Cordwell Anslow (MoH, 1597 – ?)		
	Barley	Mrs. Barley, née unknown (1568, 1578)		
	Bourchier/ Bath	Mary Bourchier (1558/9), m. Nicasius Yetsweirt		
		Susan Bouchier (MoH, 1571 – 1578)		
	Bray	Mrs. Bray (MoM, 1575)		
	Brydges	Mary Hopton, Baroness Chandos (PC, 1575 – 1603)	father: Owen Hopton (Lieutenant of the Tower of London, 1573 – 1590)	m. William Brydges, 4th Baron Chandos (member of the Council in the marches of Wales, 1594)
		Anne Hopton (MoH, 1584 – 1589), m. 1st Henry Wentworth, 3rd Baron Wentworth; m. 2nd William Pope, 1st Earl of Downe		

续表

背景	家族	宫廷女官	宫内司/宫务司的男性亲属	枢密院/政府的男性亲属
其他	Brydges	Elizabeth Brydges (PC, 1594 – 1603), daughter of Giles Brydges, 3rd Baron Chandos, m. John Kennedy		
		Catherine Brydges (MoH, 1565 – 1567), m. William Sandys		
		Eleanor Brydges (MoH, 1576 – 1578), m. George Gifford		
		Mrs. Catherine Brydges, née unknown (MoM, 1603 – 1618), m. [Edward] Brydges		
	Carr	Bridget Chaworth (PC, 1579 – 1603)	m. William Carr (Esquire of the Body, unknown dates)	
	Cave	Mary Cave (1558/9), m. Jerome Weston		
	Cawarden	Elizabeth Lady Cawarden, née unknown (1558 – 1559)	m. Thomas Cawarden (Gentleman of Privy Chamber by 1540; Master of Revels and Tents, 1544 – 1559)	
	Clark	Catherine Strange (PC, 1558 – 1559), m. Rowland Clark		
		Amy Clark (PC, 1558 – 1590)	m. James Marvyn (Esquire of the Body, 1559 – 1603)	

续表

背景	家族	宫廷女官	宫内司/宫务司的男性亲属	枢密院/政府的男性亲属
其他	Clive	Elizabeth Clive（PC, 1558 – 1559）, *née* unknown		
	Clyffe	Mrs. Clyffe, *née* unknown（MoH,1558/9）		
	Compagni	Margaret Compagni（PC, 1558 – 1588, MoM,1584 – 1588）	m. John Baptist Castilion（Groom of the Privy Chamber,1558 – 1597）	
	Counte	Elizabeth de Counte（1580 – 1603）		
		Lucretia de Tadeschi, alias de Counte（1563 – 1603）		
	Croxson	Mrs. Croxson, *née* unknown（1578）		
	Curson	Mrs. Curson, *née* unknown（H,1558/9）		
	Dale	Elizabeth Dale（1578）		m. Valentine Dale（Ambassador to the Netherlands, 1563 – 1564; to France, 1573 – 1576; Master of Request,1576 – 1589）
	Dane	Margaret Dane（1568,1578）		
	Dennys	Anne St John-Dennys（1558/9）		
	Edgecombe	Margaret Edgecombe（PC, MoH,1581 – 1603）	m. Edward Denny（Groom of the Privy Chamber,1582 – 1600）	Captain in Ireland 1580 – 1582

续表

背景	家族	宫廷女官	宫内司/宫务司的男性亲属	枢密院政府的男性亲属
其他	Fitton	Mary Fitton（MoH, 1597 – 1601）, m. 1st William Polwhele; m. 2nd John Lougher		
	Fromond	Catherine Fromond（MoM, 1593 – 1597）	m. William Bromfield（Lieutenant of the Ordnance, 1558 – 1563）	
	Hampden	Sybil Hampden（Extraordinary, 1558/9 – 1562?）, m. David Penne		
	Harman	Mrs. Harman, née unknown（1578）	m. possibly James Harman（Keeper of the Standing Wardrobe at Westminster, 1559 – 1607）	
	Harvey	Mrs. Harvey（MoM, 1571）		
	Hawk	Jane Hawk（B, PC, 1568 – 1597）, m. 1st Mr. unknown Brussells; m. 2nd William Heneage		
		Barbara, née unknown（PC, 1558 – 1587）, m. Francis Hawk		
	Huggins	Elizabeth Huggins（H,1559,1568,1578）		
	Hussey	Dorothy Hussey（Extraordinary, PC, 1558）, m. 1st Ralph Quadring; m. 2nd John Massingberd		

续表

背景	家族	宫廷女官	宫内司/宫务司的男性亲属	枢密院/政府的男性亲属
其他	Hyde	Elizabeth Shipman（MoM，1573 – 1581），m. William Hyde		
		Lucy Hyde（B，1593 – 1603），m. Robert Osborne		
	Julio	Mrs. Julio, *née* unknown（1578）		
	Leigh	Catherine Leigh（MoH，1588 – 1591），m. Francis Darcy		
	Lidcott	Dorothy Lidcott（Extraordinary，1558；PC，1568 – 1603），m. Christopher Edmonds		
	Loo	Mrs. Loo, *née* unknown（1568）		
	Loughton	Mary Loughton, Mrs. Winter（H,1558/9）		
	Mackwilliam	Mary Hill（PC，1547 – 1603；Keeper of St. James's Palace，1586 – 1616），m. 1ˢᵗ John Cheke	m. 2ⁿᵈ Henry Mackwilliam（joint Keepers of St. James's Palace，1576 – 1586）	
		Agnes Hill（MoM，1589 – ?），m. Thomas Allen		
		Margaret Mackwilliam（MoH，1581 – 1589），m. John Stanhope		
		Cecilia Mackwilliam（MoH，1589），m. Thomas Ridgeway		

续表

背景	家族	宫廷女官	宫内司/宫务司的男性亲属	枢密院/政府的男性亲属
	Manners	Isabel Holcroft (MoH, 1571 – 1573), m. Edward Manners, 3rd Earl of Rutland		
		Bridget Manners (PC, 1589 – 1603), m. Robert Tyrwhitt		
	Mansfield	Elizabeth Mansfield (MoH, 1559 – 1560)		
	Marbury	Elizabeth Marbury (B, 1551 – 1591), m. Thomas Marbury		
其他	More	Elizabeth More (PC, 1595 – 1600), m. 1st Richard Polsted; m. 2nd John Wolley; m. 3rd Thomas Egerton		John Wolley (Secretary for the Latin Tongue, 1569 – 1596; Privy Councillor, 1586 – 1596) Thomas Egerton (Solicitor General, 1581 – 1592; Attorney General, 1592 – 1594; Master of the Rolls, 1594 – 1603; Lord Keeper, 1596 – 1614; Privy Councillor, 1596 – 1614; Court of Chancery, 1596 – 1618)
	Morice	Anne Isaac (MoM, 1558 – 1559)	m. William Morice (Gentleman User, 1533 – 1554)	

续表

背景	家族	宫廷女官	宫内司/宫务司的男性亲属	枢密院/政府的男性亲属
其他	Neville	Elizabeth Neville（PC, 1558 – 1586），m. Thomas Haynes		
		Mary Neville（MoH, 1601 – 1603），m. George Goring, 1st Earl of Norwich		
	Pakington	Margaret Pakington（1578）	m. Thomas Lichfield（Groom of the Privy Chamber, 1559 – 1586）	
	Robinson	Mrs. Robinson, née unknown（1558/9）		
	Sackford	Mrs. Sackford, née unknown（1578）		
		Mary Odell（PC, 1558）	m. David Seymour（Gentleman Usher of the Chamber by 1547; a relative of the Protector Somerset）	
		Lady Jane Seymour（MoH, 1558 – 1560）		
		Barbara Wolf（PC, 1558）	m. Henry Seymour, brother of the Queen Jane Seymour	
	Seyomour	Mrs. Ellen Wolf, née unknown（1568）		
		Jane Stanhope（1578）	father Michael Stanhope（Groom of the Stole, 1547 – 1549; Master of the King's Harriers, 1548 – 1552; Chief Gentleman of the Privy Chamber by 1549） m. Roger Townshend（perhaps a member of royal household by 1576）	

续表

背景	家族	宫廷女官	宫内司/宫务司的男性亲属	枢密院/政府的男性亲属
其他	Stanley	Margaret Clifford (Extraordinary, 1558 – 1579), Countess of Derby	m. Henry Stanley, 4th Earl of Derby (Lord Steward, 1586, 1589 – 1593)	Privy Councillor, 1585 – 1593; Governor of the Isle of Man, 1552 – 1572; Lord of Man, 1572 – 1593
	Stumpe	Elizabeth Stumpe (H, 1558/9)		
	Tartarian	Ipolita the Tartarian, alias Lynnet (1564, 1578)		
	Tebald	Agnes Tebald (H, 1558/9)	m. Percival Smallpage (Clerk of the Green Cloth, 1558/9)	
	Thynne	Maria Tuchet (MoH, 1593 – 1594), m. Thomas Thynne		
		Gresham Thynne (1601 – 1603)		
	Vavasour	Anne Vavasour (MoH, 1581), m. 1st John Finch; m. 2nd John Richardson	m. Thomas Sherley (servant to Elizabeth I, by 1602)	
		Frances Vavasour (MoH, 1590 – 1591)		
		Anne Vavasour (B, 1601 – 1603)	m. Richard Warburton (Knight Bachelor, 1603)	
	Vernon	Elizabeth Vernon (MoH, 1593 – 1598), m. Henry Wriothesley, 3rd Earl of Southampton		

续表

背景	家族	宫廷女官	宫内司/宫务司的男性亲属	枢密院/政府的男性亲属
	Windebank	Jane Windebank, Lady Palmer (H, 1558/9)		
		Elizabeth Leeche (PC, 1559 – 1571, 1597 – 1602; MoM, 1568, 1578, 1591 – 1593, 1597 – 1602)	m. 1st Anthony Wingfield (Gentlemen Usher of the Chamber, 1559 – 1593; Gentlemen of the Black Rod, 1591 – 1593)	
	Wingfield		m. 2nd George Pollard (Gentlemen Usher of the Chamber, 1594 – 1603)	
		Anne Wingfield (B, PC, 1558 – 1571), Mrs. Wingfield		
其他	Williams	Margery Williams, Baroness Norris (H, 1558/9)	m. Henry Norris of Bray (official of royal stables by 1564; gentleman of Privy Chamber by 1547)	Ambassador to France, 1566 – 1571
	Whalley	Eleanor Whalley (MoM, 1601 – 1602), m. John Zouche		
	Wharton	Margaret Wharton (MoH, 1601 – 1603)	m. Edward Wotton (Gentleman of Privy Chamber by 1589; Comptroller of the Household, 1602 – 1616)	Ambassador to Portugal and Spain, 1579; to Scotland, 1585; to France, 1586, 1610; Privy Councillor, 1602 – 1625.

续表

背景	家族	宫廷女官	宫内司/宫务司的男性亲属	枢密院/政府的男性亲属
其他	White	Lady White, *née* unknown (PC, 1601), m. Richard White		
	Wodehouse	Elizabeth Wodehouse (MoM, 1589 – 1591)	m. Thomas Jones	

参考文献: Charlotte I. Merton, *The Woman who served Queen Mary and Queen Elizabeth: Ladies, Gentlewomen and Maids of the Privy Chamber, 1553 – 1603*, pp. 248 – 269; Arthur F. Kinney, ed., *Titled Elizabethans: A Directory of Elizabethan Court, State, and Church Officers, 1558 – 1603* (New York: Palgrave Macmillian, 2014); Gary M. Bell, *A Hand List of British Diplomatic Representatives, 1509 – 1688*; Kristin Bundesen, " ' No other faction but my own' : Dynastic Politics and Elizabeth I's Carey Cousin, " (unpublished Ph. D. thesis, University of Nottingham, 2008), Appendices, pp. 207 – 240; *ODNB*; The History of Parliament Online: British Political, Social & Local History, 网址: https://www.historyofparliamentonline.org/。

附录二　近代早期英格兰历史档案简介与检索[*]

1928 年 10 月，傅斯年发表《历史语言研究所工作之旨趣》，强调历史研究旨在"上穷碧落下黄泉，动手动脚找东西"，回归原始纸本与非文本之新史料的搜寻与考证，发展新的历史思维与客观性。[①] 中西史学的史料实证精神皆然。相同的史料搜集、辨析和实证意识缔造了文艺复兴时期的史学变革，而伊丽莎白一世统治晚期史学家威廉·卡姆登倡导改革英格兰史学，摒弃传统撰史中的神话、神秘或非自然等低可信性元素，以原始史料重塑历史书写的严谨性；其著作《年鉴》成为首部奠基于原始文书档案的英格兰史书。[②] 这波史学改革促成了 16 世纪末古文物收藏之风日盛。古文物收藏者与历史学家通过拍卖、馈赠、结交权贵，甚至窃取政府档案等诸多方式搜集文物，也为私人

---

[*]　本章部分内容已发表，参见杜宣莹《走入公众——近现代英国国家档案的管理沿革》，《档案学通讯》2019 年第 3 期；杜宣莹《疑信之间：英国史学的原始档案应用》，《光明日报》（理论版）2017 年 3 月 20 日。

[①]　傅斯年：《历史语言研究所工作之旨趣》，《历史语言研究所集刊》第 1 本第 1 分，1928 年，第 9 页。

[②]　彼得·伯克：《文艺复兴时期的历史意识》，杨贤宗、高细媛译，上海三联书店，2017，第 56~85 页。

撰史累积史料。英国史学自此逐渐脱离偏重民间神话与传说的疑古阶段，建立以考古文物与原始书写史料为根基的信史传统，迄今不衰。

在此感谢我的博士班指导老师约克大学约翰·库珀副教授、硕士班指导老师伯明翰大学理查德·卡斯特（Richard Cust）教授与硕士班学长尼尔·杨格（Neil Younger）博士启蒙我如何检索、辨析和应用各类型的原始史料、档案出版物及文本。同时，感谢莎士比亚故居档案馆（The Shakespeare Birthplace Trust Records Office）与约克大学柏威克档案室（Borthwick Institute）的古文书学（palaeography）和手稿判读训练。英国的系统性档案训练奠定了我的史料研究基础。后在任教期间，发现英国史专业的学生经常有如何查找档案的困惑。因此，希望借由这一篇附录初步介绍近代早期英格兰历史档案的检索方式，以及相关纸本与数据库资源。尽管近现代档案出版物提供了研究的便捷途径，但其诸多缺陷决定了原始手稿的不可取代性，这是迄今英国史学界仍要求研究者必须重返手稿判读的关键原因。

一　档案种类与档案馆

档案为个人、家庭、社会组织或国家机构，在活动过程中产生之独特记录、文件或数据，以多种形式，如羊皮或纸质文稿、簿册、地图、图片、录音、影像或器物等记载。因受限于储存空间，多数文件仅短期存放，以备行政查验或调阅；只有少数（约十分之一）具历史意义或研究价值者才被长期收藏于博物馆、档案馆或职属机构。英国历史档案约可分为四类：中央政府档案、地方政府档案、教会档案、家族和个人档案。

1. 中央政府档案

第一类为国家、中央政府部门、枢密院或内阁、议会的政务文书，主要收藏在英国五个国家级档案馆：伦敦的国家档案馆（The National Archives, London, 简称 TNA）、大英图书馆（The British Library, London, 简称 BL）、阿柏里斯特威斯的威尔士国家图书馆（National Library of Wales, Aberystwyth）、爱丁堡的苏格兰国家档案馆（National Archives of Scotland, Edinburgh）、贝尔法斯特的北爱尔兰公共档案馆（Public Record Office of Northern Ireland, Belfast）。

中央政务文书最核心者莫过于中世纪后期由文秘署统辖的王室行政档案，包含特许状卷轴（Charter Rolls）、机密卷轴（Close Rolls）、罚款卷轴（Fine Rolls）等，至近代早期改由掌管君主御玺与私玺之国务大臣掌管君主文书和内政、外交、情报文件，称国家档案（State Papers, 简称 SP）。其他中央档案还包括枢密院与内阁记录（Registers、Minutes、Plantation Books、Miscellaneous Books and Correspondence Registers）、财政署档案（Records of the Exchequer）、封建监护权记录（Records of the Court of Wards and Liveries）等种类。[①]

---

① Records of the Exchequer: Pipe Office, Exchequer of Pleas, King's Remembrancer, Lord Treasurer's Remembrancer, Exchequer of Receipt, and Treasury of the Receipt; Records of the Court of Wards and Liveries: Inquisitions Post Mortem, Grants of wardship and livery, Leases of wards' lands, Deeds and evidences, Valuation documents (surveys and extents), Ministers' and receiver generals' accounts, Process for the recovery of debt, Judicial business; Public Record Office, ed. , *List of Various Accounts and Documents Connected Therewith Formerly Preserved in the Exchequer and Now in the Public Record Office: Bundles 1 – 603* [Henry III to George III] (London: HMSO, 1912).

王室与中央文书最初储存在伦敦塔，14 世纪移至威斯敏斯特大教堂内礼拜堂的财政记录库房，亨利八世末年改存至威斯敏斯特宫的国王办公室，后散布至各直属部门或专责官僚的私宅，多在官僚离职后或辞世前被销毁，或转入家族档案，抑或被私人幕僚挪作私人收藏或用于馈赠以另谋出路。尽管在 1578 年设立"女王文件与国家及枢密院记录办公室"（简称国家档案室），但直至 1612 年，斯图亚特政府封存国务大臣罗伯特·塞西尔在索尔兹伯里宅邸的公文入国家档案室，强制归缴公文始成为定制。尽管如此，储存空间不足的问题仍未改善，导致部分王室与政府档案依然散置在伦敦塔或威斯敏斯特大教堂等 56 处储藏所。迟至 1832 年才由新设之国家档案委员会（State Paper Commission）改革管理制度，1832～1836 年将亨利八世时期的 110 卷政府档案从威斯敏斯特大教堂转移至国家档案室；1838 年在伦敦法院路（Chancery Lane）建公共档案馆（Public Record Office，简称 PRO），1852 年合并国家档案室，后放置在伦敦塔与国家档案室的档案分别在 1860 年与 1862 年移往公共档案馆。① 自此，国家档案集中存放于此。至 20 世纪后期，为因应累计多达 72.4～77.2 千米档案柜的储藏量，并为大众提供使用档案时的阅读空间，公共档案馆在 1977 年于伦敦西南郊区的基尤（Kew）

---

① Amanda Bevan, "State Papers of Henry Ⅷ: the Archives and Documents," *State Papers Online*, *1509 - 1714*, Thomson Learning EMEA Ltd, 2007, http: // gale. cengage. co. uk/，最后访问时间：2018 年 9 月 24 日; Hubert Hall, *Studies in English Official Historical Documents*, pp. 26 - 27; Wilma MacDonald, "Keeping Safely the Public Records: The PRO Act of 1838," *Archivaria* 28 (1989), pp. 151 - 154; Philippa Levine, "History in the Archives: The Public Record Office and Its Staff, 1838 - 1886," *English Historical Review* 101: 398 (1986), pp. 20 - 41。

增建新馆，后于 1990 年代将档案移至此处和位于北伦敦的家庭文献中心（Family Records Centre）收藏。2003～2006 年，公共档案馆陆续整合历史手稿委员会（Historical Manuscripts Commission）、掌管政府出版与王室著作权的皇家文书局（Her Majesty's Stationery Office）以及政府信息处（Office of Public Sector Information），成立国家档案馆，在 2004 年正式搬迁至基尤新馆。

　　值得注意的是，近代早期国家档案室诸多不善的管理措施，如调阅未还、存公去私（只保存政务文书，排除私人文件）的归档政策与 1619 年白厅火灾等加速了国家档案散佚，再加上 16 世纪后期兴起的英格兰实证史学让考古文物与书册手稿搜求之风日盛，导致大量国家档案通过窃盗、拍卖及馈赠等方式落入古物收藏家如罗伯特·科顿与西蒙德·迪尤斯等人之手。18 世纪中叶，以科顿与哈利家族为首的私人收藏陆续经由捐赠或政府收购等方式返回大英博物馆或公共档案馆。19 世纪后期，为响应国家档案的编修工程，档案加速回流，如 1883 年，阿什伯纳姆伯爵（Earl of Ashburnham）家族将收藏的斯托（Stowe）手稿售予议会，存于大英博物馆；耶尔弗顿（Yelverton）收藏先后在 1856 年和 1953 年由大英博物馆收购。手稿与珍本收藏量的剧增使大英博物馆的馆藏空间不敷使用，故其在 1973 年转移至新设立的大英图书馆。简言之，英国国家档案除了储藏于英国国家档案馆，部分手稿或副本保存在大英图书馆，集中于 Cotton、Harley、Additional（Yelverton）、Lansdowne 等手稿类，且迄今仍有少数流散在其他档案馆或私人收藏家手中。

　　国家档案在 17 世纪初被粗略分为"国内"与"国外"两类。19 世纪早期，国家档案委员会与公共档案馆将国家档案重新分类，12 世纪至 16 世纪初期的文秘署、财政署、御玺处档案被归类为 PRO 30/1~99、PRO 44、PRO 31/1~20，此后至 18 世纪的国家档案被分为内政、外国、苏格兰、爱尔兰四大类（表附 -1）。

表附 -1　19 世纪英国国家档案编目

四大类	项目	细项
内政	君主编年	除了亨利八世(SP 1~SP 7)与内战至共和时期(SP 18~SP 28)，皆依照君主在位顺序编排
外国	君主编年(1509~1577)	亨利八世时期的外交文件归入一般项(General Series)的 SP 1 与 SP 2； 1549~1577 年的文件依君主分为：爱德华六世(SP 68)、玛丽一世(SP 69)与伊丽莎白一世(SP 70)
	国别(1577~18 世纪晚期)	Barbary States(SP 71)、Denmark(SP 75)、Dunkirk(SP 76)、Flanders(SP 77)、France(SP 78)、Genoa(SP 79)、Holy Roman Empire(SP 80)、German States(SP 81)、Hamburg and Hanse Towns(SP 82)、Holland and Flanders(SP 83~SP 84)、Italian States and Rome(SP 85)、Malta(SP 86)、Poland and Saxony(SP 88)、Portugal(SP 89)、Prussia(SP 90)、Russia(SP 91)、Savoy and Sardinia(SP 92)、Sicily and Naples(SP 93)、Spain(SP 94)、Sweden(SP 95)、Switzerland(SP 96)、Turkey(SP 97)、Tuscany(SP 98)、Venice(SP 99)
	主题式	Newsletters(SP 101)、Royal Letters(SP 102)、Treaty Papers(SP 103)、Entry Books(SP 104)、Archives of British Legations(SP 105)
苏格兰	君主编年(1509~1603)	亨利八世至伊丽莎白一世的顺序分类：SP 49~SP 52； 苏格兰玛丽在英囚禁(1568~1587)：SP 53
	1688~1783 年	SP 54
	议题工具册	Letter Books(SP 55)、Church Books(SP 56)、Warrant Books(SP 57)、Transcripts and Documents relating to Scotland 1497~17th century(SP 58)
	英苏边防	Border Papers, SP 59

续表

四大类	项目	细项
爱尔兰	君主编年	亨利八世(SP 60)、爱德华六世(SP 61)、玛丽一世(SP 62)、伊丽莎白一世至乔治三世(SP 63)
	主题式	地图(SP 64)、大型文件(SP 65 与 SP 66)、1681~1784 年记账册(SP 67)

　　殖民档案（Colonial State Papers）独立于国家档案之因在于近代殖民地事务非属国务大臣统辖，而是先后由枢密院或特殊委员会、贸易部（the Board of Trade，始于 1659 年）、内政办公室（Home Office）负责，最终在 19 世纪隶属殖民办公室（Colonial Office，成立于 1768 年）。殖民档案至 1910 年才被重新编整，先依区域分类，如 Barbados（CO 28~30、CO 33）、Bermuda（CO 37~41）、Canada（CO 42~45、CO 47）、Gibraltar（CO 91、CO 95）、Jamaica（CO 137~142）、East India（CO 77）、Leeward Islands（CO 152），再以档案形式细分，如通信、记账册、法庭文件、法令等。其中，1574~1688 年的美洲与西印度文件被归类为殖民档案的一般类（CO 1），1688 年后的美洲文件为 CO 5，西印度文件则为 CO 318。相似的是，英国上下议院记录也独立收藏在议会档案馆（Parliamentary Archives），其自中世纪至 1701 年所通过的法案被编辑出版为《王国法令集》（*The Statutes of the Realm*），为英国史研究的基础史料之一。①

---

① Parliamentary Archives, https：//archives. parliament. uk/; Parliament Rolls of Medieval England, http：//www. sd – editions. com/PROME/home. html; U. K. Parliamentary Papers, https：//about. proquest. com/en/products – services/uk – parliamentary – papers/.

2. 地方政府档案

地方政府档案涵盖地方政府、地方议会、法院、自治市镇的文书，如特许状、地区学校档案及社会组织如商业会社与慈善团体的契约、账册等。① 地方政府文书性质者主要收藏在地方政府档案馆和城市档案馆。伦敦大都会档案馆（London Metropolitan Archives，简称 LMA）为英国最大的地方档案馆，与伦敦市法团档案馆（The Corporation of London Record Office）、市政厅图书馆（Guildhall Library）合并，收藏大伦敦区自 1067 年迄今的地方政府、教区、社会组织及家庭与个人档案，内容涵盖个人在教区的洗礼、婚礼及葬礼记录，庄园、产业、商业贸易或行会、法庭审判档案，医疗、教育体系与社会福利档案，乃至该地区政府行政、城市建设、交通等公共档案。②

地方的学校档案、社会组织、居民个人或家族文件则保存在当地城市档案馆、所属机构，或捐赠给该地区或有渊源的特定档

---

① A. Ballard and J. Tait, eds., *British Borough Charters*, *1047 – 1307*, 2 vols. (Cambridge: Cambridge University Press, 1913, 1923); M. Weinbaum, *British Borough Charter*, *1307 – 1660* (Cambridge: Cambridge University Press, 1943).

② London Metropolitan Archives, https://www.cityoflondon.gov.uk/things – to – do/history – and – heritage/london – metropolitan – archives; London Metropolitan Archives Collections Catalogue, https://search.lma.gov.uk/scripts/mwimain.dll? logon&application = UNION _ VIEW&language = 144&file = ［WWW _ LMA］home.html; London Parish Records, https://www.ancestry.co.uk/cs/uk/lma#parish – records; London Lives 1690 to 1800: Crime, Poverty and Social Policy in the Metropolis, https://www.londonlives.org/; Proceedings of the Old Bailey, London's Central Criminal Court, 1674 to 1913, https://www.oldbaileyonline.org/; Capital Punishment UK, http://www.capitalpunishmentuk.org/contents.html; Earl Colne, Essex: Records of an English Village, 1375 – 1854, https://wwwe.lib.cam.ac.uk/earls_ colne/.

案馆、大学图书馆。非政府性质的公益组织亦扮演着地方档案保存者角色。位于埃文河畔斯特拉福（Stratford-upon-Avon）的莎士比亚故居档案馆不仅收藏莎士比亚家族和皇家莎士比亚剧场（Royal Shakespeare Company）的记录档案，更扩及斯特拉福与邻近地区华威郡（Warwickshire）、伍斯特郡（Worcestershire）和格洛斯特郡（Gloucestershire）的地区档案，内容涵盖1130年至今的当地报纸、1550年代后的教区注册簿和人口普查记录，以及当地居民个人文件与财产清册、建筑计划等。

3. 教会档案

教会档案分为主教辖区档案和一般教区档案，包含布道文本和礼拜仪式文件如《英格兰共同祈祷书》（*English Book of Common Prayer*）、教育性的教义问答册，[1] 教会行政档案如上级的巡视文件和训谕命令（visitation articles and injunctions）、维持教区日常运作之教会执事账册（churchwardens' accounts），[2] 以

---

[1] 《英格兰共同祈祷书》可查阅 EEBO, William Keatinge Clay, ed., *Liturgies and Occasional Forms of Prayer Set Forth in the Reign of Queen Elizabeth* (Cambridge: Cambridge University Press, 1847); Natalie Mears, Alasdair Raffe, Stephen Taylor, Philip Williamson and Lucy Bates, eds., *National Prayers: Special Worship since the Reformation*, vol. 1, *Special Prayers, Fasts and Thanksgivings in the British Isles, 1533 – 1688* (Woodbridge: The Boydell Press, 2013)。

[2] John C. Cox, *Churchwardens' Accounts from the Fourteenth Century to the Close of the Seventeenth Century* (London: Methuen, 1913); C. C. Webb, *A Guide to Parish Records in the Borthwick Institute of Historical Research* (York: University of York, Borthwick Institute of Historical Research, 1987); Ronald Hutton, *The Rise and Fall of Merry England: The Ritual Year 1400 – 1700* (Oxford: Oxford University Press, 1996), Appendix; Churchwardens' Accounts Database (My – Parish), University of Warwick, https: //warwick. ac. uk/fac/cross_ fac/myparish/about/.

及教会法庭档案如异端审判和拒绝国教者名册（Recusancy Rolls）。① 兰贝思宫（Lambeth Palace Library）保留了历任坎特伯雷大主教与伦敦主教档案、英国国教会档案中心（Church of England Record Centre）档案、高达 12 万册英国国教史的相关古籍和专著，以及 9 ~ 18 世纪逾 1200 份的私人手稿和巴尔孔（Barcon）、卡鲁（Carew）、施鲁斯伯里（Shrewsbury）等家族档案。

4. 家族和个人档案

个人档案包含私人书信与所属家族的各类文件，如账册、访客名册、契约等。个人书信可能被归档入国家档案，或被留置在曾任职机构，抑或留存于家族档案。② 英国贵族世家习惯在私宅图书馆保存家族成员的书信和家族档案，这些文献常因联

① Cause Papers in the Diocesan Courts of the Archbishopric of York, 1300 – 1858, https：//www. dhi. ac. uk/causepapers/; Exchequer：Pipe Office：Recusant Rolls (Pipe Office Series), 1591 – 1691, E 377, TNA; M. M. C. Calthrop, ed., *Recusant Roll, No. 1, 1592 – 3, Exchequer Lord Treasurer's Remembrancer, Pipe Office Series* (London：Catholic Record Society, 1916); Don High Bowler, ed., *Recusant Roll, No. 2 (1593 – 1594)* (London：Catholic Record Society, 1965); Don High Bowler, ed., *Recusant Roll No. 3 (1594 – 1595) and Recusant Roll No. 4 (1595 – 1596)* (London：Catholic Record Society, 1970); Timothy J. MaCann, ed., *Recusants in the Exchequer Pipe Rolls, 1581 – 1592* (London：Catholic Record Society, 1986); John J. LaRocca, ed., *Jcobean Recusant Rolls for Middlesex* (London：Catholic Record Society, 1997); Anthony G. Petti, ed., *Recusant Documents from the Ellesmere Manuscripts* (London：Catholic Record Society, 1968).

② 个人书信研究，可见 James Daybell, "Recent Studies in Sixteenth-Century Letters," *English Literary Renaissance* 35：2 (2005), pp. 331 – 362; "Recent Studies in Seventeenth-Century Letters," *English Literary Renaissance* 36：1 (2006), pp. 135 – 170; *The Material Letter in Early Modern England*。

姻继承、后继无人或家道中落等被转移或散佚。塞西尔家族在哈菲尔德宅邸完善保存超过 10000 份家族档案，其中包含曾任伊丽莎白一世首席国务大臣的威廉·塞西尔与其次子罗伯特经手的大量中央政务文书。

英国最重要的家族档案莫过于庄园档案，可通过英国国家档案馆的"庄园文件记录"（Manorial Documents Register，简称 MDR）系统查询。[1] 这个检索系统统合了英格兰与威尔士自 1066 年诺曼征服至 20 世纪的庄园档案，内容涵盖法庭卷轴（领主与租户的纠纷、判决与惩罚）、租赁契约、调查记录，也包含产业记录如契约，产业、农场账簿，地图和计划书，调查和估价记录，以及家庭记录如家庭收支账目、账单、仆从薪资记录、访客记录等。后者也可通过该庄园主的贵族世家档案和官方出版工具册，如 *Principal Family and Estate Collections* 查阅。[2] 庄园档案与庄园主的家族文件不仅显示上层统治阶层的私人生活、通信、家庭与产业运作状况，或各家族间的关系网络，也呈现了当时政治、社会、经济、文化乃至产业如农业变革等方面的现象。更重要的是，18 世纪晚期之前，英格兰中下阶级的私人文件鲜少保存，导致中世纪至近代早期的传统社会史研究受限于史料缺乏，多着重于监狱与法庭审讯档案相对丰富的猎巫和异端活动。庄园档案正弥补了中下阶层的档案缺口，呈现了下层仆从与佃户的经济与生活状况。换言之，庄园档案的价值在于兼具纵向各阶层群体内部的长时段变迁，以及横向各阶层之

---

[1]　Manorial Documents Register, https：//discovery. nationalarchives. gov. uk/manor - search.

[2]　Royal Commission on Historical Manuscripts, *Principal Family and Estate Collections* (London：HMSO，1996 – 1999) .

间的互动关系。

英国的大学图书馆普遍设有档案室，收购或受赠校友、所在教区或地区居民的私人文件和藏书，如约克大学的柏威克档案室收集许多北英格兰地区资料，尤其保存自 1225 年迄今的约克主教教区档案（York Diocesan Archives）。另外，部分英国国家、家族与私人档案因拍卖或捐赠等渠道，迄今流落在国外档案馆，如美国的福尔杰·莎士比亚图书馆（Folger Shakespeare Library）和亨廷顿图书馆（Huntington Library）。

二 档案的检索

档案检索的适当入口或许可依循个人的人生轨迹或事件的发展脉络。若为英国著名历史人物，可先参考"英联邦人物传记"（Oxford Dictionary of National Biography，简称ODNB），此数据库包含自罗马时期至 2011 年多达 60000 位英国（包含苏格兰）历史人物的生平介绍、原始史料、档案出版物及重要文献，内容均由相关领域史家执笔，为英国史研究的基础数据库。同类的其他国家历史人物辞典包括"美国国家人物传"（American National Biography，1928 – 1981）、"爱尔兰人物传"（Dictionary of Irish Biography）、"加拿大人物传"（Dictionary of Canadian Biography）和"意大利人物传"（Dizionario Biografico degli Italiani）。然而，上述人物辞典仅涵盖极少数的历史人物信息，若查无相关数据，可参考主题性人物辞典工具书，例如：

1. Charles Coulston Gillispie, ed. , *Dictionary of Scientific*

Biography（New York：Charles Scriner's Sons, 1970 – 1990）.

2. Jane Shoaf Turner, ed. , *The Grove Dictionary of Art*（Oxford：Oxford University Press, 2003）；数据库 Grove Art Online。

3. Stanley Sadie and John Tyrrell, eds. , *The New Grove Dictionary of Music and Musicians*（New York：Grove, 2001）；数据库 Grove Music Online。

4. Elizabeth Ewan, Rosemary J. Pipes, Jane Rendall, Sian Reynolds, eds. , *The New Biographical Dictionary of Scottish Women*（Edinburgh：Edinburgh University Press, 2018）.

5. Howard M. Colvin, ed. , *A Biographical Dictionary of British Architects*, *1660 – 1840*（Cambridge, MA：Harvard University Press, 1954）.

6. Billy J. Harbin, Kim Marra, and Robert A. Schanke, eds. , *The Gay & Lesbian Theatrical Legacy*：*A Biographical Dictionary of Major Figures in American Stage History in the Pre-Stonewall Era*（Ann Arbor：University of Michigan Press, 2007）.

如前所述，18 世纪晚期之前的英格兰中下阶级档案鲜少保存。近年来，英国史的研究视角逐渐脱离传统的上层统治精英群体，向下延伸探究次级政治运作如门客体系与士绅文化等，却始终受限于无直接档案，用以探知这群参与实际政务运作或央地治理之次级幕僚、门客或地方士绅的姓名，任凭他们隐没在历史中，沦为研究死角。因此，如何通过间接档案寻找这群人的姓名，进而查询相关档案，成为研究的首要难题。例如，弗朗西斯·沃尔辛厄姆未留下其庞大的私人幕僚与间谍的名单，但他们的姓名散布在沃尔辛厄姆工作备忘录中提及的工作分配，或中央财政出纳账册中代表沃尔辛厄姆签领半年俸的助理列表，抑或贵族世家的访客记录，通常访客会有头衔或身份，如莱斯特宅邸的访客记录册上标记查尔斯·法兰克斯在 1586 年以沃尔辛厄姆的"仆从"身份到访。[①] 通过这类间接档案，可拼凑出姓名与专属职责。

在获取研究对象或事件牵涉之人物的姓名后，即可通过 ODNB 查询相关个人的生平信息和档案，或使用英国国家档案馆网站的档案检索数据库"Discovery"。后者近 10 年来整合以往独立运作的档案检索网站，如"Access to Archives"（简称 A2A）、"National Register of Archives"（简称 NRA）等，涵盖英国国家档案馆以及英国国内超过 2500 家档案馆的馆藏信息。此数据库可以经由关键词、人名与主题，查询现存于英国国家档案馆中多达 2200 万份政府与公共档案，以及其他相关个人或家族档案的收藏处和编码。[②] 目前，国家档案馆中 900 万份文件已完成数字化且提供免费或付费下载，无法下载者也可在线付费申请复印件。另一个档案检索系统"Archives Hub"填补了"Discovery"的检索缺口，提供英国境内超过 300 所大学或机构的档案查询，可通过机构列表或主题检索。[③] 当查询到所需档案时，可利用在线数字化档案浏览，或在线申请扫描

---

① Simon Adams, ed., *Household Accounts and Disbursement Books of Robert Dudley, Earl of Leicester*, *1558 – 1561*, *1584 – 1586*, vol. 6, pp. 356, n. 702, 369.

② Discovery, TNA, http://discovery.nationalarchives.gov.uk/.

③ Archives Hub, http://archiveshub.jiscac.uk.

文件，抑或前往该档案所存放之档案馆调研。欲查询英国地方档案馆的信息，可通过"Archon"系统。这个附属于英国国家档案馆网站的系统可通过互动式区域地图或地区选项，检索英国各地区的档案馆信息，对地方史和社会史研究帮助极大。①

若通过上述数据库或检索网站，仍无法查询到该位历史人物档案，建议通过人生足迹查询，推测该位历史人物自出生到死亡，可能在哪些地点或机构留下足迹，如洗礼、婚礼、葬礼等记录可能保存于出生和逝世的所在教区，或许保存于该教区或当地档案馆；结婚与讣闻刊登于地方报纸；墓碑碑文记载简要生平且透露其人际关系网络；个人遗嘱可能保存在当地档案馆或国家档案馆。此外，私人日记、家庭档案或著作等可能保留在所属庄园，或存放于地方档案馆、大学图书馆。个人书信、日记、著作可查询以下工具书和数据库。

1. W. Matthews, ed., *British Diaries: An Annotated Bibliography of British Diaries Written between 1441 and 1942* (London: Cambridge University Press, 1950). ②

2. J. S. Batts, ed., *British Manuscript Diaries of the 19th Century: An Annotated Listing* (Fontwell: Centaur Press, 1976).

---

① Archon, http://discovery. nationalarchives. gov. uk/find – an – archive.

② 检索网站 Diary Find Website, https://diaryfind. com/, 旧版网站 Diary Search Website (停止更新) 网址为 http://diarysearch. co. uk/。The Diary Junction, http://www. pikle. co. uk/diaryjunction. html; Elaine McKay, "English Diarists: Gender, Geography and Occupation, 1500 – 1750," *History* 90: 298 (2005), pp. 191 – 21.

3. H. Creaton, ed., *Checkist of Unpublished Diaries by Londoners and Visitors* (London: London Record Society, 2003).

4. G. Davis and B. A. Joyce, *Personal Writings by Women to 1900: A Bibliography of American and British Writers* (London: Mansell, 1989).

5. British and Irish Women's Letters and Diaries, 1500 – 1950. ①

6. Early English Books Online (EEBO) 数据库。②

7. Eighteenth Century Collection Online (ECCO) 数据库。③

8. Early European Books Online 数据库。

9. Camden Series Online. ④

10. Early Modern Letters Online. ⑤

11. The Centre for Editing Lives and Letters, UCL. ⑥

在使用文本和非文字史料如图画、版画、雕塑、建筑、仪式、戏剧等之前，需进行背景分析。第一，分析围绕该作品的人际关系网络，涉及作者、出版商、赞助者与设定之受众的生平、政治与信仰倾向，以及彼此之间有无任何私谊、思想、党

---

① https://search.alexanderstreet.com/bwl2.

② 1473~1700 年的英文出版文献，请注意标注 *STC* (*Short Title Catalogue*) 编号，此为个别文本的识别编号。这个数据库提供逐页的原始文本扫描文件与全文关键词检索，也联结相关的文本、专著和论文。

③ 18 世纪的英文出版文献无须附上 *STC* 编号。

④ https://www.cambridge.org/core/journals/royal – histo rical – society – camden – fifth – series.

⑤ http://emlo.bodleian.ox.ac.uk/.

⑥ http://www.livesandle tters.ac.uk/.

派或恩惠等依附关系。这些背景因素将影响该项作品的论调走向。第二，分析作品的撰述时间与出版时间之间是否有间隔，原因为何，以及出版地点为国内还是国外，是否牵涉政治或宗教敏感性。第三，追溯作者的思想溯源和引用史料的来源（政府档案、私人文件或口述），尤其后者有助于厘清哪些档案不被作者采用及它们被淘汰的动机，这可能牵涉作者或编者个人，乃至所属政治团体的意识宣传；诸类原因均可能影响该文本的可信度与客观性。第四，版本选择，若同一文本在不同时间或地点出版不同版本，需厘清有无删改或彼此之间有无差异，且研究者需思考采用何种版本较为合适。第五，出版的后续影响，如出版审查或公众反响等。①

若欲研究的历史人物曾接受教育或任教，可查阅相关学校档案，如莎士比亚曾就读于埃文河畔斯特拉福的爱德华六世国王学校（King Edward Ⅵ School），该校自 1295 年创校至 19 世纪之前的档案（如注册记录、课表及活动信息）迄今保存在莎士比亚故居档案馆，学校档案馆则保存 19 世纪之后的文件。若曾就读或任教于牛津大学或剑桥大学，可查询两校的师生索引工具书。

1. John Archibald Venn and John Venn, eds. , *Alumni Cantabrigienses*: *A Biographical List of All Known Students*, *Graduates and Holders of Office at the University of Cambridge*, *from the Earliest Times to 1900* (Cambridge： Cambridge University Press, 1922 – 1954) .

---

① 尼尔·麦考：《如何阅读不同的文本》，苏新连译，商务印书馆，2017。

2. J. Foster, ed. , *Alumni Oxonienses*：*The Members of the University of Oxford*, *1500 – 1714* (Oxford：Oxford University Press, 1891 – 1892).

3. J. Foster, ed. , *Alumni Oxonienses*：*The Members of the University of Oxford*, *1715 – 1886* (Oxford and London：Park and Co. , 1888).

若该位历史人物进入职场,可依据其任职机构查询档案。若服务于庄园,成为庄园主,或担任仆从或佃户,可通过"庄园文件记录"系统查询。若选择从商,建议查询城镇工商名录册 (directory)。其普遍出版于 19 世纪前期的大型城镇,伦敦更早,最初编辑的目的是为到访该地的旅行者提供该城镇的信息,包含当地概况、交通、教堂、学校、政府、商店和公司等的情况,有时包含相关人员如店主和商人的信息。工商名录册至后期开始涵盖私人居民。城镇工商名录册可通过"联合王国中的城市与乡村工商名录册,1766 ~ 1946 年"(UK, City and County Directories, 1766 – 1946) 数据库与"英格兰与威尔士历史工商名录"(Historical Directories of England & Wales) 数据库查询。[1]后者搜集自 1760 年代至 1910 年代英格兰与威尔士的地方贸易与工商名录册,多达 689 册,可通过姓名、地点与职业进行查询。若从事航海、海外探险或殖民,相关个人信息、航海记录或报告等可查询哈克路特学会 (The Hakluyt Society) 网站。[2]

---

[1] UK, City and County Directories, 1766 – 1946, https：//www. ancestry. co. uk/ search/collections/3145/；Historical Directories of England & Wales, http：// specialcollections. le. ac. uk/digital/collection/p16445coll4.

[2] https：//www. hakluyt. com/.

　　如果担任教会职务，升迁过程和相关档案可参考"1540～1835 年英格兰教士数据库"（The Clergy of the Church of England Database，1540－1835）。① 此量化数据库在 1999 年建立，目前累计约有 15.5 万名英国神职人员的档案，档案来自 50 多个档案馆，共有约 1.5 亿份资料，可通过教区查询该区历任神职人员，或通过人名查询其职位升迁的轨迹。若为宗教改革之后迄今的不列颠地区天主教组织、教士、信徒或殉教者，其组织或个人的信息、通信、日记、著作或审判记录可能由天主教记录协会（The Catholic Record Society）编辑并出版，现已数字化。② 也有部分主题工具书提供教士或信徒的信息，如玛丽一世时期的新教流亡者名录可参见 Christina H. Gattett, *The Marian Exiles: A Study in the Origins of Elizabethan Puritanism* (Cambridge: Cambridge University Press, 1968)。

　　若研究的人物从政，可先参考官职名录工具书。

　　1. E. B. Fryde, D. E. Greenway, S. Porter, I. Roy, eds., *Handbook of British Chronology* (Cambridge: Cambridge University Press, 2003). ③

　　2. Arthur F. Kinney, ed., *Titled Elizabethans: A Directory of Elizabethan Court, State, and Church Officers, 1558－1603* (New York: Palgrave Macmillian, 2014). ④

---

① https://theclergydatabase.org.uk/.
② https://issuu.com/tcrs.
③ 条列出自盎格鲁－撒克逊时期至 1985 年英格兰、苏格兰、威尔士与爱尔兰的君主、贵族、大主教、主教与政府官员的姓名。
④ 伊丽莎白一世时期在宫廷与政府任职之名册。

3. Gary M. Bell, ed., *A Handlist of British Diplomatic Representatives, 1509 – 1688* (London：Royal Historical Society, 1990).①

4. The History of Parliament Online, British Political, Social & Local History.②

5. The Selden Society.③

近代早期中央政府官员的政务文书或私人信件可从国家档案中查找，检索途径有两个：《国家档案年鉴》（*Calendars of State Papers*）和"英国政府档案在线"（State Papers Online）。自 19 世纪早期起，国家档案委员会依最新的档案分类（内政、外国、苏格兰、爱尔兰与殖民）出版《国家档案年鉴》系列。各大类先依君主在位顺序或国别编辑，各细项的文件再依年排序，列出每篇档案的制作时间和地点、撰写者与收件人。每篇文件皆附上节要、摘录重点或全文；每册末的索引提供以关键词查阅的便捷方式。1825～1832 年，《亨利八世时期外国与内政信件和文件》（*Letters and Papers, Foreign and Domestic, of the Reign of Henry Ⅷ*）首先出版，共 11 册。1856 年，《国家档案年鉴：内政》（*Calendar of State Papers Domestic*）发表，内容包括爱德华六世与玛丽一世时期 33 卷和伊丽莎白一世统治中期至 1580 年 146 卷的内政档案。由于主编罗伯特·雷蒙（Robert

---

① 1509～1688 年英格兰外交官名录。
② https：//www.historyofparliamentonline.org. 记载英国历代上议院和下议院议员，如同微型 ODNB，同样包含生平简介、选区、档案与研究成果；部分下议院议员的信息未收录在 ODNB 中。
③ https：//www.seldensociety.ac.uk/. 编撰出版一系列任职于英法律学院、法庭与其他司法机构之学者或官员的档案，为法律史研究的重要网站。

Lemon）额外收录了国务大臣的私人档案与相关部门的公文，原稿数量过度膨胀，只能采取纲目式编列，无法详述内容。自1857 年起，继任主编玛丽·格林（Mary Green）折中采用节要方式介绍原稿，且以原文呈现关键点，同时将 1688 年以后的苏格兰档案与 1671 年以后的爱尔兰档案归入内政年鉴。1863 年后，增加出版《国家档案年鉴：外国》（*Calendar of State Papers Foreign*），依照国别如法国（Foreign）、西班牙、威尼斯、罗马、米兰等分类编辑涉外档案。1950 年，主编罗伯特·沃纳姆（Robert Wernham）决定尽可能以全文呈现的方式编辑 1589 年 8月至 1596 年的外交档案，并于 1964～2000 年出版了 7 册《伊丽莎白一世外国档案的列表与分析》（*List and Analysis of State Papers Foreign, Elizabeth I*）。另外，美洲与西印度群岛的殖民文件被编辑为 45 册的《国家档案年鉴殖民系列：美洲与西印度群岛》（*Calendar of State Papers Colonial, America and West Indies*）。权贵家族文件（与其收藏之国家档案）由历史手稿委员会编纂为贵族世家档案目录（简称 HMC）。其中，最大的贡献是将收藏于哈菲尔德宅邸多达 300 多卷的塞西尔家族档案加以编整，并于 1883～1976 年出版《塞西尔家族档案年鉴》（*Calendar of the Manuscripts of the Most Hon. The Marquis of Salisbury Preserved at Hatfield House*），共计 24 册。

近年来，英国国家档案的发布形式呼应数字人文的蓬勃发展，基于永续保存，使用的便利性、普及性及大数据分析等目标，促使档案的发布形式从传统的编辑性纸本转为数字化，各类档案数据库逐渐建立或统合。目前，英国档案数据库仍以检索与数字典藏两类居多。检索类如英国国家档案馆的 "Discovery"和 "Archives Hub"；专题性数字典藏类包含 "1540～1835 年英格兰教士数据库"、伦敦惠康图书馆（Wellcome Library）的"医院记录数据库"（The Hospital Records Database），后者可协助检索英国超过 2800 所医院的行政文书与病历记录等。此外，由伦敦大学历史研究院（Institute of Historical Research，简称 IHR）主持之"英国历史在线"（British History Online，简称 BHO），集合了 11 ~ 19 世纪英国与爱尔兰的历史档案出版物，包括《国家档案年鉴》、《英格兰枢密院法案》（*Acts of the Privy Council of England*）、财政部档案等中央政府档案、《上议院日志》（*Journals of the House of Lords, 1509 – 1832*）、《下议院日志》（*Journals of the House of Commons, 1547 – 1830*）等议会档案、地方政府和城市档案如《维多利亚时期地方志》（*Victoria County History of England*）、《塞西尔家族档案年鉴》和古地图集等史料。① 相似的综合性数字典藏数据库还包括"中世纪与近代早期史料在线"（Medieval and Early Modern Sources Online，简称 MEMSO），收集 1100 ~ 1800 年英格兰、爱尔兰、苏格兰与殖民地的主要档案出版物和部分手稿。②

为弥补"英国历史在线"仅收录档案出版物的缺憾，"英国政府档案在线"在 2008 年上线，将多数现藏于英国国家档案馆和大英图书馆的国家档案手稿扫描实现数字化。③ 第一系列"国家档案（1509 ~ 1714）：近代早期英国与欧洲政府"（State Papers Online，1509 – 1714：Early Modern Govern ment in Britain and Europe）与第二

---

① British History Online, https://www.british – history.ac.uk/. 类似网站有 Connected Histories：British History Sources, 1500 – 1900：https://www.connectedhistories.org/。

② https://tannerritchie.com/databases/memso/.

③ https://www.gale.com/intl/primary – sources/state – papers – online.

系列"国家档案：18 世纪，1714~1782 年"（State Papers Online：Eighteenth Century，1714–1782），收录了自亨利八世至乔治三世部分统治时期多达 400 万页内政、外交或国际贸易（包含欧洲诸国、土耳其、亚洲、非洲与美洲）的原始档案。2018 年底公布第三系列"斯图亚特王室文件和坎伯兰公爵文件"（The Stuart and the Cumberland Papers from the Royal Archives，Windsor Castle），将现藏于温莎城堡的 1688 年光荣革命后斯图亚特流亡王室与詹姆斯党的书信数字化。"东印度公司"数据库（East India Company）也同时上线，收录了大英图书馆收藏之自 1600 年东印度公司成立至 1947 年印度独立期间的印度殖民文件，多达 120 万页。此外，2010 年发行的"塞西尔文件"（The Cecil Papers）数据库，收录了伊丽莎白一世前后首席大臣伯利男爵威廉·塞西尔及其子罗伯特存放于私宅的政府公文与私人信件原稿。①

　　档案的数字典藏不仅有助于档案的永续保存，避免天灾人祸（如 2009 年科隆历史档案馆倒塌）导致的历史记忆的断层。更重要的是，数据库打破了使用者的地域与调阅权限等传统限制，为非当地或非学术型使用者提供了极大的便利，减少了珍贵原稿在调阅过程中产生的损伤，提高了档案的使用普及率及调阅效率。

三　疑信之间：档案的失真？

纳塔莉·泽蒙·戴维斯（Natalie Zemon Davis）在《档案中

---

① https：//about. proquest. com/en/products – services/cecil_ papers/. 其他手稿数据库还有 Manuscripts Online：Written Culture 1000 to 1500, https：//www. manuscriptsonline. org/；Early Modern Manuscripts Online（EMMO），https：//folgerpedia. folger. edu/Early_ Modern_ Manuscripts_ Online_ （EMMO）.

的虚构》一书中，以 16 世纪法国赦罪书中的案情编造为例，突显所谓原始档案的虚构性，引发历史研究者对档案可信性的质疑。但是换一个角度，在档案的述事、记录、归档与筛选保存等制作环节中掺杂的多方涉入者的主观意识恰好也是档案真实性的反映，更可以反映某种特定的时代风尚。因此，对档案可信性的质疑不应导致对档案利用的否定，而是更进一步地发掘其中深藏的、更加多元的历史原貌。以求真为职志的历史学者，必须回归这些档案保存之初的原始状态，而非重新编辑的档案出版物，以免解读误差。16 世纪中晚期以来英国史学对档案的整理与利用，其得失利弊，或可作为一个比较典型的案例以供剖析。

《国家档案年鉴》、贵族世家档案目录系列等近现代档案出版物兼具档案指南与保存功能，提供了史料检索的便捷方式，而且以现代英文编辑，相较于艰涩难懂且拼写尚呈混乱的中世纪和近代早期英文（或拉丁文）手稿，更易阅读。但英国史学界至今仍强调历史研究必须回归到判读原始手稿，档案出版物仅能作为参考。杰弗里·埃尔顿曾严厉批评艾伯特·波拉德撰写《渥尔西》（*Wolsey*）一书过度依赖《国家档案年鉴》，认为这是“一个可避免的弱点”，尽管他仍肯定《国家档案年鉴》对历史研究贡献匪浅，“但正如同所有记录材料的摘要一样，其亦是陷阱和偶尔的灾难”。① 换言之，档案出版物的诸多缺陷，包括判读错误、排版的调整与印刷字体、主编者的主观性，以及编录内容重主文与文字，轻注记和符号的偏狭性等，多阻碍

---

① G. R. Elton, "Introduction," in A. F. Pollard, *Wolsey, with an Introduction by G. R. Elton* (London: Collins, 1965), pp. xvi – xvii.

史家澄清历史真相。

首先，档案出版物有时误判时间、人名或内容，恐误导读者。例如，1583 年 8 月 31 日沃尔辛厄姆的得力间谍沃尔特·威廉姆斯写信给伊丽莎白一世，恳请女王对他们正秘密进行的反恐活动多些耐心，因为等待将使更多证据浮现，时间将使阴谋现形。但《塞西尔家族档案年鉴》误判此密函的收信者为其监视对象苏格兰玛丽。[1] 倘若检视手稿原文，即可推断该报告内容与所谓的收信者苏格兰玛丽毫不相符。编者的专业倾向或主观意识有时影响节要或选编方式。《国家档案年鉴》虽无筛选史料之嫌，但编者的研究专业仍可能影响纲要或摘录的重点，从而左右读者的分析视角。

其次，档案出版物多基于排版便利，重内容而轻形式，即重新排版与印刷的字体无法体现文书原始书写格式与字迹。换言之，尽管档案出版物提供了研究的便捷性，但其编辑方式的缺憾会限制研究视野。例如，现今仅存的《1570 ~ 1583 年沃尔辛厄姆信件收发日志》记载了沃尔辛厄姆每日的公文信件收发情况以及当日行程、公务会议或私人会见信息。[2] 该日志已于 1871 年出版，为便于排版印刷，将原本在同一页面的公文收发记录与行程规划分成前后两部分。[3] 此种排版方式及错置完全模糊了原书写栏目的设计，无法呈现沃尔辛厄姆秘书处的记录流程，且无鉴别性的统一印刷字体也阻碍了研究者从原始笔迹推

---

① Walter Williams to［Mary Queen of Scots］, August 31, 1583, CP 162/114, Hatfield House Library.

② Walsingham's Journal Book, December 1570 – April 1583, PRO 30/5/5, TNA.

③ Charles T. Martin, ed., *Journal of Sir Francis Walsingham from December 1570 to April 1583*.

断该份档案的记录者或其他经手人。同样以沃尔辛厄姆的日志为例，全本日志虽以沃尔辛厄姆为第一人称记录，但多人字迹显示内容在不同时间由不同助理完成。若仅阅览 1871 年的版本，将受限于其印刷的重新排版与统一字体导致的档案失真，无法复原公文书写格式与字迹所显示的行政轨迹与伊丽莎白一世时期的政治文化，即此日志手稿的多人字迹与格式，呈现了1570 年代初期至 1580 年代初，沃尔辛厄姆秘书处的助理组成、流动与行政流程。

再次，主编者的学术专业、政治目的或宗教信仰等主观性因素，可能导致年鉴或出版物的选编内容偏重编者的专业领域或现实动机，甚至引发误解。1655 年达德利·迪格斯出版《完美大使》，编录沃尔辛厄姆 1570～1573 年与 1581 年两度出使法国的外交文书，尤其抄录了部分早在 1619 年白厅大火中散佚的1570 年至 1571 年初之外交档案，为研究沃尔辛厄姆的早期理念与伊丽莎白一世婚姻外交的重要史料集。但此书在克伦威尔护国主时期出版，借由筛选部分国家档案，使轻信错误情报且冥顽不灵的弱能女王与擅于审时度势的睿智大臣之间形成强烈对比。此书的目的可能是贬抑伊丽莎白一世，将其盛世归功于众臣辅佐，避免臣民缅怀旧日的都铎君主制。当使用这类编辑性史料集，或可能具有自我漂白与美化性质的回忆录、自传，乃至日记时，若忽视考察编辑者或撰写者的特殊意识形态和时代性，将影响研究的客观性。

最后，档案出版物多数仅编录主文与文字，省略边栏注记或非文字标记，导致研究者的眼界局限在文件撰写者所传递的信息上，忽略了其他经手人的介入行为或阅读者的反应。以下以两份档案解释。其一，一封推测在 1580 年代由英格兰天主教流亡者威廉·吉福德寄给 J. 思罗克莫顿的加密信件，在 1802 年出版的《大英博物馆科顿手稿收藏目录》（*A Catalogue of the Manuscripts in the Cottonian Library Deposited in the British Museum, 1744 - 1827*）中仅被节略为："吉福德博士似乎从佛兰德斯寄了一封长信给在罗马的 J. 思罗克莫顿，传递西班牙在佛兰德斯的情报（部分内容以密码写成，密码表附录在 sol. 328b）。"① 若判读原始手稿，可从字迹察觉该文件实为复制本，由沃尔辛厄姆的情报幕僚托马斯·菲利普斯抄录。更重要的是，该信的边栏注记完整呈现了菲利普斯的译码步骤：誊抄全文、在副本末页背面写下密码表、在副本正文解译密码、边栏注释，以及最终的摘要和归档编号。其二，摘要部分通常在《国家档案年鉴》中被省略。沃尔辛厄姆驻巴黎的间谍尼古拉斯·贝登在 1585 年12 月 28 日的信件，被总结概要为："驱逐英格兰出教会之新令将进入英格兰。吉尔伯特·吉福德在英格兰被捕消息已被知晓。"② 但该部分摘要在《国家档案年鉴》中仅在主文纲要的结尾以"菲利普斯在文件结尾撰写简短的内容节要"一句草草带过。

　　档案出版物重文字而轻符号，将研究视野局限于撰写者传递的信息，忽略了经手人的介入或阅读者的反应。如 1585年 1 月 30 日沃尔辛厄姆写给伯利一封充满怒火的信，长达三页的手稿（图附 -1 和图附 -2）在《国家档案年鉴》中只有两句节略，反映不出这是沃尔辛厄姆对这位昔日伯乐的首度

---

① Notes for a long dispatch from Dr Gifford to J. Throckmorton at Rome, [no date], Cotton MS Caligula B/Ⅷ ff. 327r - 332v, BL.

② Nicholas Berden to Walsingham, December 28, 1585, SP 15/29 ff. 98r - 102v, TNA.

公然叫嚣。① 另一个重要线索也被省略——伯利没有在沃尔辛厄姆充满敌意的字句下画线，反而在后者提及消息来源处画线，此举意味着伯利更在乎是何人在女王身旁向沃尔辛厄姆泄露情报。近年来随着阅读史的兴起，对于手稿或文本的观察视角发生变化，即从写者之手转移至读者之眼，不再仅聚焦于主文，开始分析读者在文书空白处所留下的注记符号，或边栏涂鸦、批注等，进而解读当时人们对信件或书籍的阅读习惯，或对该文本的反应，乃至整个时代的氛围。但多数档案出版物仅仅关注主文及文字，实限制研究者对此新领域的探索。

英国历史研究已逐渐从传统的政治史转向社会文化史，关注群体亦从政治精英下移至社会中下阶级的群众。不同于政治史的原始档案早在 16 世纪后期至 17 世纪初就已建立强制归档与统一管理的机制而保存相对完善，且在 19 世纪更有皇家文书局与大英博物馆等官方机构编辑出版，社会文化史的原始档案文献仍处于待开发阶段。18 世纪之前的中下阶层民众档案鲜少保存，只能仰赖如地方教区的受洗、婚礼或葬礼记录，大学入学档案，验尸报告，法庭的审讯文件等，如《档案中的虚构》即借助大量赦罪书文件还原近代早期市井小民的生活形态。这类中下阶层档案不仅保存相对稀少，多散布于各地方档案馆，而且尚未整理出版。因此，今日若想探索新兴的社会文化史领域，仍须回归原始档案。

档案出版物固然为研究的快捷方式，但仅能作为辅助入门的材料，否则恐落入编者的主观意识或排版印刷等造成的内容

---

① Walsingham to Burghley, January 30, 1584/5, SP 12/176/19, TNA.

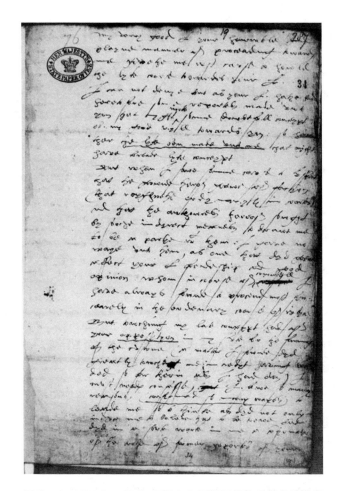

图附 - 1　1585 年 1 月 30 日沃尔辛厄姆写给伯利的信件首页

资料来源：SP 12/176/19 f. 34r，TNA。

The National Archives 与 State Papers Online 惠允使用。

狭隘等诸多陷阱，影响研究的精准度、客观性与创新性。历史
研究须回归原始史料，研究者必须具备搜索、判读与分析原始
史料的能力与耐心，始能精准地发掘隐藏在史料文字或符号中

图附 - 2　1585 年 1 月 30 日沃尔辛厄姆写给伯利的信件第 2 ~ 3 页

资料来源：SP 12/176/19 ff. 34v – 35r，TNA。

The National Archives 与 State Papers Online 惠允使用。

的历史轨迹。但迥异于傅斯年处理史料时采"存而不补、证而不疏"的态度，历史研究者不应画地自限为史料整理者，消极地认为"只要把材料整理好，事实自然显明"，而是应该谨慎地为史料发声，从破碎史料推论历史图像，甚至推测历史空白，使史料呈现更多元的价值。[①]

---

① 傅斯年：《历史语言研究所工作之旨趣》，《历史语言研究所集刊》第 1 本第 1 分，1928 年，第 8 页。

＊　＊　＊

英国史学界始终坚持回归原始档案，确定了原始手稿的不可取代性。这种"档案洁癖"也明显影响了英国档案数据库以辅助检索与数字典藏两功能居多，鲜见专题性质的量化分析数据库。这或许受限于学科分野下的技术障碍，也可能基于传统英国实证史学强调历史必须回归原始档案的主张。近年来，数字人文在英国已呈现专题量化/可视性研究、教研相辅与公共史学的多元化发展趋势。英国伦敦大学历史研究所主持的"昔日伦敦分布图"（Locating London's Past）项目，以 GIS 系统模拟18 世纪的伦敦地理空间，辅以"伦敦中央刑事法庭诉讼程序在线"（Old Bailey Online）、"伦敦生活"（London Lives，1690 – 1800）、伦敦大都会历史中心数据集（Centre for Metropolitan History Datasets）等多达 490 万行历史数据的"叠加"，建构起多面向的 17 ~ 18 世纪伦敦历史地图。[1] 英国约克大学约翰·库珀教授主持的"威斯敏斯特的圣斯蒂芬礼拜堂：可视性的政治文化（1292 ~ 1941）"（St. Stephen's Chapel, Westminster, Visual & Political Culture, 1292 – 1941）项目，通过搜集与分析文书史料与出土文物等，模拟复原中世纪后期迄今英国议会大厦核心建筑圣斯蒂芬礼拜堂的沿革。[2] 这个数字人文项目不仅产出了丰厚的研究成果和延伸的研究项目，同时结合公共史学，以 3D 模拟动画将研究成果公布于项目网站，便于公众理解议会大厦沿

---

① Locating London's Past, https：//www. locatinglondon. org/index. html.

② https：//www. virtualststephens. org. uk/about.

革。数字人文已然冲击英国根深蒂固的实证史学传统，引领档案的双重变革，储存方式从实体收藏到数字保存，档案的思维范式也逐渐脱离传统的实体史料考证与文义解析，而从史料中提取抽象化的数字与符号，重组认知网络。这种档案的双体（传统的实体和抽象的数据），或档案的重塑，势必挑战英国传统史学对原始史料的"精确性"要求，但数字人文对传统档案思维的突破，必然成为革新问题思考方式的契机。

延伸阅读

Karen Harvey, ed. , *History and Material Culture: A Student's Guide to Approaching Alternative Sources* (London and New York: Routledge, 2009) .

Mirian Dobson and Benjamin Ziemann, eds. , *Reading Primary Sources: The Interpretation of Texts from Nineteenth and Twentieth Century History* (London and New York: Routledge, 2008) .

Joel T. Rosenthal, ed. , *Understanding Medieval Primary Sources: Using Historical Sources to Discover Medieval Europe* (London and New York: Routledge, 2012) .

Laura Sangha and Jonathan Willis, eds. , *Understanding Early Modern Primary Sources* (London and New York: Routledge, 2016) .

W. B. Stephens, *Sources for English Local History* (Cambridge: Cambridge University Press, 1981) .

Alan Macfarlane, *A Guide to English Historical Records* (Cambridge: Cambridge University Press, 1983) .

G. R. Elton, *The Sources of History: England 1200 – 1460* (Cambridge: Cambridge University Press, 1969) .

参考文献

原始档案

British Library, London (BL)

Cotton Manuscripts

Caligula B/Ⅵ Scottish, reign Henry Ⅷ.

Caligula B/Ⅷ Scottish, reigns Henry Ⅷ-Elizabeth I.

Caligula B/Ⅹ Scottish, 1559 – 1567.

Caligula C/Ⅲ Mary, Queen of Scots and Scottish, 1571 – 1580.

Caligula C/Ⅷ Scottish, 1584 – 1586.

Caligula C/Ⅸ Scottish, 1581 – 1587.

Galba C/Ⅸ Low Countries, 1586.

Galba E/Ⅵ France, 1580 – 1589.

Nero B/Ⅵ Italy and France, 1500 – 1588.

Vespasian F/V Treaties, Medieval-Elizabeth I.

Appendix L.

Harley Manuscripts

168, ff. 54r – 57v The Enterprise of Burgundy, July 1572.

260, Walsingham's diplomatic correspondence, 1570 – 1573.

286, Davison Papers, 1570s – 1580s.

288, France, Elizabeth I.

290, Davison Papers: Mary Queen of Scots.

6035, Walsingham's Ledger Book 1583 – 1585.

6798, f. 87 Elizabeth I's Tilbury speech, August 19, 1588.

6991, Elizabethan miscellany, 1570s; Letters & Warrants, 1571 – 1574.

6992, Elizabethan miscellany, 1570s; Letters & Warrants, 1575 – 1580.

6993, Elizabethan miscellany, 1580s; Letters & Warrants, 1581 – 1585.

6994, Elizabethan miscellany, 1580s; Letters & Warrants, 1586 – 1589.

6999, Elizabethan miscellany, 1580s; Letters & Warrants, 1580 – 1581.

Lansdowne Manuscripts

19, Burghley Papers, 1574 – 1575.

25, Burghley Papers, 1577 – 1579.

29, Burghley Papers, 1579 – 1580.

31, Burghley Papers, 1580 – 1582.

37, Burghley Papers, 1577 – 1583.

39, Burghley Papers, 1583.

40, Burghley Papers, 1562 – 1584.

43, Burghley Papers, 1579 – 1590.

50, Burghley Papers, 1584 – 1586.

51, Burghley Papers, 1585 – 1587.

102, Burghley Papers, consisting chiefly of papers in the hand – writing of Sir W. Cecill, being drafts or copies of some of his letters, and originals of others.

109, Burghley Papers.

Additional Manuscripts, Yelverton manuscripts

48027, Yelverton MS 31: Mary, Queen of Scots: conspiracies and plots, 1559 – 1594.

48029, Yelverton MS 33: Papers relating to alleged Catholic conspiracies, 1577 – 1594.

48044, Yelverton MS 49: Foreign affairs, Parliament, etc. , 1525 – 1624.

48102, Yelverton MS 111: Tracts Relating to Parliament, Law and Foreign Affairs, 1388 – mid 17th cent. .

48116, Yelverton MS 131: Papers Relating to Trade, Foreign Affairs, the Earl of Leicester's Expedition to the Netherlands, etc. , 1563 – mid – 17th cent. .

Stowe Manuscripts

162, [Thomas Lake], Walsingham's Table Book, 1588.

Microfilm

M/488, Expense account of Sir Francis Walsingham for transport, intelligence, etc. as Ambassador to the Low Countries, 16 June – 5 October 1578.

The National Archives, London (TNA)

PRO 30/5/4, Walsingham's Entry Book December 1579 of letters to and from Ireland.

PRO 30/5/5, Walsingham's Journal Book, 1570 – 1583.

PROB 11/75, sig. 33, Francis Walsingham's will.

E 403, Exchequer of Receipt: Issue Rolls and Registers: 2262 (1573 – 1574) – 2273 (1586 – 1587).

SP 1, State Papers Foreign and Domestic, Henry VIII: General, 1509 – 1547.

SP 2, State Papers Foreign and Domestic, Henry VIII: Folios, 1516 – 1539.

SP 6, State Papers Foreign and Domestic, Henry VIII: Theological Tracts.

SP 12, State Papers Domestic, Elizabeth I, 1558 – 1603.

SP 14, State Papers Domestic, James I, 1603 – 1640.

SP 15, State Papers Domestic, Edward VI – James I: Addenda, 1547 – 1625.

SP 53, State Papers Scotland Series I, Mary Queen of Scots, 1568 – 1587.

SP 63, State Papers Ireland, Elizabeth I to George III, 1558 – 1782.

SP 70, State Papers Foreign, Elizabeth I, 1558 – 1577.

SP 78, State Papers Foreign, France, 1577 – 1780.

SP 83, State Papers Foreign, Holland and Flanders, 1577 – 1584.

SP 84, State Papers Foreign, Holland, 1560 – 1780.

SP 101, State Papers Foreign, Newsletters, 1565 – 1763.

SP 104, State Papers Foreign, Entry Books, 1571 – 1783.

SP 104/162, France, Flanders, German States and Holland: Lisle Cave's Letter Book, 1571 – 1589.

SP 104/163, Flanders, France, German States, Holland, Scotland, Spain, Poland, Morocco and Sweden: Walsingham's Letter Book (by Laurence Tomson), 1577 – 1579.

SP 106, State Papers Foreign, Ciphers, Elizabeth I – 1791.

Hatfield House Library, Hertfordshire

Cecil Papers 6, 11, 31, 62, 78, 148, 158, 163, 164, 167.

National Library of Scotland, Edinburgh (NLS)

Advocates MS 54. 1. 1, Mary Queen of Scots to Henry Ⅲ of France, February 8, 1587.

已出版史料

档案出版品缩写

APC, vol. 13   Dasent, John Roche, ed., *Acts of the Privy Council of England, 1581 – 1582* (London: HMSO, 1896).

APC, vol. 30   Dasent, John Roche, ed., *Acts of the Privy Council of England, 1599 – 1600* (London: HMSO, 1905).

CRS, vol. 1   *Miscellanea I*, *Catholic Record Society Series*, vol. 1 (London: Catholic Record Society, 1905) .

CRS, vol. 2   *Miscellanea II* , *Catholic Record Society Series*, vol. 2 (London: Catholic Record Society, 1906) .

CRS, vol. 4   *Miscellanea IV*, *Catholic Record Society Record Series*, vol. 4 (London: Catholic Record Society, 1907).

CRS, vol. 21   Pollen, John Hungerford, and William MacMahon, eds. , *The Ven. Philip Howard Earl of Arundel 1557 – 1595*, *English Martyrs VOL. II* , *Catholic Record Society Record Series*, vol. 21 (London: Catholic Record Society, 1919) .

CRS, vol. 60   Petti, Anthony G. , ed. , *Recusant Documents from the Ellesmere Manuscripts*, *Catholic Record Society Record Series*, vol. 60 (London: Catholic Record Society, 1968) .

CSP Domestic, *1547 – 1580*   Lemon, Robert, ed. , *Calendar of State Papers*, *Domestic Series in the Reigns of Edward VI , Mary, Elizabeth, 1547 – 1580* (London: HMSO, 1856) .

CSP Domestic, *1581 – 1590*   Lemon, Robert, ed. , *Calendar of State Papers*, *Domestic Series in the Reign of Elizabeth, 1581 – 1590*

（London：HMSO，1865）．

CSP Domestic, 1591 – 1594   Green, Mary Anne Everett, ed. , *Calendar of State Papers, Domestic Series in the Reign of Elizabeth, 1591 – 1594* (London：HMSO, 1867）．

CSP Domestic, 1595 – 1597   Green, Mary Anne Everett, ed. , *Calendar of State Papers, Domestic Series in the Reign of Elizabeth, 1595 – 1597* (London：HMSO, 1869）．

CSP Domestic, 1598 – 1601   Green, Mary Anne Everett, ed. , *Calendar of State Papers, Domestic Series in the Reign of Elizabeth, 1598 – 1601* (London：HMSO, 1869）．

CSP Foreign, 1558 – 1559   Stevenson, Joseph, ed. , *Calendar of State Papers Foreign Series of the Reign of Elizabeth, November 1558 to September 1559* (London：HMSO, 1863）．

CSP Foreign, 1564 – 1565   Stevenson, Joseph, ed. , *Calendar of State Papers Foreign Series of the Reign of Elizabeth, 1564 – 1565* (London：HMSO, 1870）．

CSP Foreign, 1575 – 1577   Crosby, Allan J. , ed. , *Calendar of*

State Papers Foreign Series of the Reign of Elizabeth, 1575 – 1577 (London: HMSO, 1880).

CSP Foreign, 1577 – 1578　　Butler, Arthur John, ed., *Calendar of State Papers Foreign Series in the Reign of Elizabeth, July 1577 – May 1578* (London: HMSO, 1901).

CSP Foreign, 1578 – 1579　　Butler, Arthur John, ed., *Calendar of State Papers Foreign Series in the Reign of Elizabeth, June 1578 – June 1579* (London: HMSO, 1903).

CSP Foreign, 1579 – 1580　　Butler, Arthur John, ed., *Calendar of State Papers Foreign Series in the Reign of Elizabeth, July 1579 – December 1580* (London: HMSO, 1904).

CSP Foreign, 1581 – 1582　　Butler, Arthur John, ed., *Calendar of State Papers Foreign Series in the Reign of Elizabeth, January 1581 – April 1582* (London: HMSO, 1907).

CSP Foreign, 1583　　Butler, Arthur John, and Sophie Crawford Lomas, eds., *Calendar of State Papers Foreign Series in the Reign of Elizabeth, 1583* (London: HMSO, 1913).

CSP Foreign, 1583 – 1584　　Lomas, Sophie Crawford, ed.,

Calendar of State Papers Foreign Series in the Reign of Elizabeth, *July 1583 – July 1584* (London: HMSO, 1914).

CSP Foreign, *1584 – 1585*　Lomas, Sophie Crawford, ed., *Calendar of State Papers Foreign Series in the Reign of Elizabeth*, *August 1584 – August 1585* (London: HMSO, 1916).

CSP Foreign, *1585 – 1586*　Lomas, Sophie Crawford, ed., *Calendar of State Papers Foreign Series in the Reign of Elizabeth*, *September 1585 – May 1586* (London: HMSO, 1921).

CSP Foreign, *1586 – 1588*　Lomas, Sophie Crawford, ed., *Calendar of State Papers Foreign Series in the Reign of Elizabeth*, *June 1586 – June 1588* (London: HMSO, 1927).

CSP Foreign, *1590 – 1591*　Wernham, R. B., ed., *List and Analysis of State Papers*, *Foreign Series*, *Elizabeth I*, *Preserved in the Public Record Office*, *July 1590 – May 1591* (London: HMSO, 1969).

CSP Rome, *1558 – 1571*　Rigg, J. M., ed., *Calendar of State Papers Relating to English Affairs in the*

Vatican   Archives, 1558 – 1571
(London: HMSO, 1916).

CSP Scotland, 1584 – 1585   Boyd, William K., ed., *Calendar of State Papers Relating to Scotland and Mary, Queen of Scots, 1584 – 1585* (Edinburgh: HMSO, 1913).

CSP Scotland, 1585 – 1586   Boyd, William K., ed., *Calendar of State Papers Relating to Scotland and Mary, Queen of Scots, 1585 – 1586* (Edinburgh: HMSO, 1914).

CSP Spanish (Simancas), 1558 – 1567   Hume, Martin A. S., ed., *Calendar of Letters and State Papers Relating to English Affairs, Preserved Principally in the Archives of Simancas, Elizabeth 1558 – 1567* (London: HMSO, 1892).

CSP Spanish (Simancas), 1568 – 1579   Hume, Martin A. S., ed., *Calendar of Letters and State Papers Relating to English Affairs, Preserved principally in the Archives of Simancas, Elizabeth, 1568 – 1579* (London: HMSO, 1894).

CSP Spanish (*Simancas*), *1580 – 1586* Hume, Martin A. S. , ed. , *Calendar of Letters and State Papers Relating to English Affairs ,Preserved Principally in the Archives of Simancas, Elizabeth, 1580 – 1586* (London: HMSO, 1896).

CSP Spanish (*Simancas*), *1587 – 1603* Hume, Martin A. S. , ed. , *Calendar of Letters and State Papers Relating to English Affairs ,Preserved Principally in the Archives of Simancas, Elizabeth, 1587 – 1603* (London: HMSO, 1899).

CSP Venice, 1558 – 1580 Brown, Rawdon, and G. Cavendish Bentinck, eds. , *Calendar of State Papers and Manuscripts Relating to English Affairs, Existing in the Archives and Collections of Venice and in Other Libraries of Northern Italy, 1558 – 1580* (London: HMSO, 1890) .

CSP Venice, 1603 – 1607 Brown, Horatio F. , ed. , *Calendar of State Papers and Manuscripts Relating to English Affairs, Existing in the Archives and Collections of Venice and in Other*

	Libraries of Northern Italy, 1603 – 1607 (London: HMSO, 1900).
ODNB	Matthew, H. C. G. , and Brian Harrison, eds. , *The Oxford Dictionary of National Biography in Association with the British Academy from the Earliest Times to the Year 2000* (60 vols. , Oxford, 2004).
HMC Salisbury, vol. 3	*Calendar of the Manuscripts of the Most Hon. The Marquis of Salisbury Preserved at Hatfield House, Historical Manuscripts Commission*, 9, *1583 – 1589* (London: HMSO, 1889).
HMC Salisbury, vol. 6	Roberts, R. A. , ed. , *Calendar of the Manuscripts of the Most Hon. The Marquis of Salisbury Preserved at Hatfield House, Historical Manuscripts Commission*, 9, *1596* (London: HMSO, 1895).
HMC Salisbury, vol. 11	Roberts, R. A. , ed. , *Calendar of the Manuscripts of the Most Hon. The Marquis of Salisbury Preserved at Hatfield House, Historical Manuscripts Commission*, 9, *1601* (London: HMSO, 1906).
HMC Shrewsbury, vol. 1	Jamison, Catherine, ed. , revised by Bill, E. G. W. , *A Calendar of the Shrewsbury and Talbot Papers in Lambeth Palace Library and the College of Arms*, vol. 1, *Shrewsbury*

MSS. in Lambeth Palace Library (*MSS 694 – 710*) , *Historical Manuscripts Commission* (London: HMSO, 1966) .

HMC Talbot, vol. 2 Batho, G. R. , ed. , *A Calendar of the Shrewsbury and Talbot Papers in Lambeth Palace Library and the College of Arms*, vol. 2 , *Talbot Papers in the College of Arms*, *Historical Manuscripts Commission* (London: HMSO, 1971) .

HMC Rutland, vol. 1 Manners, Charles, Duke of Rutland, ed. , *Royal Commission on Historical Manuscripts*, *The Manuscripts of His Grace the Duke of Rutland K. G. Preserved at Belvoir Castle*, vol. 1 (London: HMSO, 1888) .

STC Pollard, A. W. , and G. R. Redgrave, eds. *A Short-Title Catalogue of Books Printed in England, Scotland and Ireland, and of English Books Printed Abroad, 1475 – 1640* (London, 1946) . Rev. ed. W. A. Jackson, F. S. Ferguson and K. F. Pantzer (London, 1976 – 1986) .

A Catalogue of the Lansdowne Manuscripts in the British Museum (London: British Museum, 1819) .

A Collection of Ordinances and Regulations for the Government of the Royal Household, Made in Divers Reigns: From King Edward Ⅲ to King William and Queen Mary (London: John Nichols for the Society of Antiquaries, 1790) .

A Declaration Conteyning the iust Causes and Consyderations of This Present Warre with the Scottis Wherin alsoo Appereth the Trewe & Right Title the Kinges Most Royall Maiesty hath to the Souerayntie of Scotlande (London: Thomas Berthelet, 1542), *STC* 9179.

A Necessary Doctrine and Erudition for Any Christen Man, *Set Furthe by the Kynges Maiestye of Englande* (London: Thomas Barthelet, 1543), *STC* 5169.

A True and Plaine Declaration of the Horrible Treasons, *Practised by William Parry the Traitor* (London: Christopher Barker, 1585), *STC* 19342.

Adams, Simon, ed., *Household Accounts and Disbursement Books of Robert Dudley*, *Earl of Leicester*, *1558 – 1561*, *1584 – 1586*, Camden Miscellany Fifth Series, vol. 6 (Cambridge: Cambridge University Press, 1995).

Allen, William, *A Briefe Historie of the Glorious Martyrdom of XII. Reuerend Priests*, *Executed within These Tweluemonethes for Confession and Defence of the Catholike Faith* [Rheims: John Fogny (?), 1582], *STC* 369.5.

Allen, William, *A True Report of the Late Apprehension and Imprisonnement of Iohn Nichols Minister at Roan and His Confession and Answers Made in the Time of His Durance There* (Rheims: John Fogny, 1583), *STC* 18537.

Aylmer, John, *An Harborowe for Faithfull and Trewe Subjectes Agaynst the Late Blowne Blaste* (London: John Day, 1559), *STC* 1005.

Beale, Robert, "Treatise of the Office of a Councellor and Principall

Secretarie to Her Ma [jes] tie, 1592, " in Conyers Read, *Mr. Secretary Walsingham and the Policy of Queen Elizabeth*, vol. 1 (Oxford: Clarendon Press, 1925), pp. 423 – 443.

Becon, Thomas, *An Humble Supplication unto God, for the Restoring of Hys Holye Woorde, unto the Churche of England* (Wesel: J. Lambrecht ?, 1554), *STC* 1730.

Bede, Cuthbert, *Fotheringhay and Mary Queen of Scots, Being an Account, Historical and Descriptive, of Fotheringhay Castle, the Last Prison of Mary, Queen of Scots, and the Scene of Her Trial and Execution* (London: Simpkin, Marshall & Co. , 1886).

Bell, Gary M. , *A Handlist of British Diplomatic Representatives, 1509 – 1688* (London: The Royal Historical Society, 1990).

Bilson, Thomas, *The True Difference betweene Christian Subiection and Unchristian Rebellion* (Oxford: Ioseph Barnes, 1585), *STC* 3071.

Birch, Thomas, *Memoirs of the Reign of Queen Elizabeth, from the Year 1581 till Her Death* (London: A. Millar, 1754).

Bodrugan, Nicholas, *An Epitome of the Title That the Kynges Maiestie of Englande, hath to the Sovereigntie of Scotlande Continued vpon the Auncient Writers of Both Nacions, from the Beginning* (London: Richard and Grafton, 1548), *STC* 3196.

Bruce, John, ed. , *Correspondence of Robert Dudley, Earl of Leycester, during His Government of the Low Countries, in the Years 1585 and 1586* (London: John B. Nicholas for the Camden Society, 1844).

Bunny, Edmund, *A Booke of Christian Exercise Appertaining to*

Resolution (London: N. Newton and A. Hatfield, for John Wight, 1584), *STC* 19355.

Burke, Edmund, *Thoughts on the Causes of the Present Discontents* (London: Printed for J. Dodsley, 1770).

Camden, William, *Annales or the Histories of The Most Renowned and Victorious Princesse ELIZABETH, Late Queen of England* (London: Thomas Harper for Benjamin Fisher, 1635), *STC* 4501.

Cancellar, James, *The Pathe of Obedience* (London: by John Wailande, 1556), *STC* 4565.

Cecil, William, *The Execution of Iustice in England for Maintenaunce of Publique and Christian Peace* [London: (Christopher Barker), 1583], *STC* 4902.

Christie, Richard C. , ed. , *Letters Sir Thomas Copley, of Gatton, Surrey, and Roughey, Sussex, Knight and Baron in France, to Queen Elizabeth and Her Ministers* (New York: Burt Franklin, 1970).

Christopherson, John, *An Exhortation to All Menne to Take Hede and Beware of Rebellion* (London: John Cawood, 1554), *STC* 5207.

Daniel, Samuel, *The First Part of the Historie of England* (London: Nicholas Okes, 1612), *STC* 6246.

D'Ewes, Simonds, *The Journals of All the Parliaments during the Reign of Queen Elizabeth* (London: John Starkey, 1682).

De termino Michaelis. Anno. xxxvii. Henrici sexti (London: Richard Tottill, 1567), *STC* 9758/R212.

Digges, Dudley, ed. , *The Compleat Ambassador, or, Two Treaties of the Intended Marriage of Qu. Elizabeth of Glorious Memory Comprised in Letters of Negotiation of Sir Francis Walsingham, Her Resident in France* (London: Thomas Newcomb for Gabriel Bedell and Thomas Collins, 1655) .

Dr. Martin Luther's Small Catechism, Explained in Questions and Answers by Johann Conrad Dietrich (St. Louris: Concordia Publishing House, 1902) .

Duffy, Michael, ed. , *The Naval Miscellany*, vol. 6 (Aldershot: Ashgate for the Navy Records Society, 2003) .

Emlyn, Sollom, and Thomas Salmon, eds. , *A Complete Collection of State-Trials, and Proceedings for High-Treason, and Other Crimes And Misdemeanours; From the Reign of King Richard II to the Reign of King George II* (London: Printed for the Undertakers, J. Walthoe sen. and jun. , T. Wotton, 1742) .

Erasmus, Desiderius, *A Playne Anid Godly Exposytion or Declaration of THE Commnue Crede*, W. Marshall, trans. (London: Robert Redman, 1536), *STC* 10504.

Fisher, John, *Here after Foloweth a Mornynge Remembrau [n] ce Had at the Moneth Mynde of the Noble Prynces Margarete Countesse of Rychemonde* (London: Wynkyn de Worde, 1509), *STC* 10891.

Gairdner, James, ed. , *Letters and Papers, Foreign and Domestic, Henry VIII, 1531 – 1532* (London: HMSO, 1880) .

Gardiner, Stephen, *De vera Obediencia an Oration Made in Latine by the Ryghte Reuerend Father in God Stephan B. of Winchestre* (London: John Day, 1553), *STC* 11585.

Goodman, Christopher, *How Superior Powers Oght to Be Obeyed of Their Subjects, and Wherin They May Lawfully by Gods Woorde Be Disobeyed and Resisted* (Geneva: By John Crispin, 1558), *STC* 12020.

Hakluyt, Richard, *Divers Voyages Touching the Discouerie of America* [London: (Thomas Dawson) for Thomas Woodcock, 1582], *STC* 12624.

Hakluyt, Richard, Leonard Woods, and Charles Deane, eds., *A Discourse on Western Planting 1584* (Cambridge, MA: Press of John Wilson and Son, 1877).

Hall, Edward, *Hall's Chronicle: Containing the History of England, during the Reign of Henry the Fourth, and the Succeeding Monarchs, to the End of the Reign of Henry the Eighth* [London: Printed for J. Johnson (etc.), 1809].

Harrison, James, *An Exhortacion to the Scottes to Conforme Them Selfes to the Honorable, Expedie [n] t, and Godly Vnion, betwene the Twoo Realmes of Englande and Scotlande* (London: Richard and Grafton, 1547), *STC* 12857.

Hasler, P. W. ed., *The House of Commons, 1558 – 1603* (London: HMSO, 1981).

Hartley, T. E., ed., *Proceedings in the Parliaments of Elizabeth I* (Leicester: Leicester University Press, 1981).

Haynes, Samuel, ed., *A Collection of State Papers, Relating to Affairs in the Reigns of King Henry Ⅷ, King Edward Ⅵ, Queen Mary, and Queen Elizabeth: From the Year 1542 to 1570* (London: William Bowyer, 1740).

Knox, John, *The First Blast of the Trumpet Against the Monstrous Regiment of Women* (Geneva: J. Poullain and A. Rebul, 1558), *STC* 15070.

Knox, John, *The Historie of the Reformation of the Church of Scotland* (London: John Raworth for George Thomason and Octavian Pullen, 1644).

Knox, Thomas F., ed., *The Letters and Memorials of William Cardinal Allen* (London: David Nutt, 1882).

Laing, David, ed., *The Works of John Knox* (Edinburgh: James Thin, 1895).

Lewis, Jayne Elizabeth, *The Trial of Mary Queen of Scots: A Brief History with Documents* (Boston: Bedford/St. Martin's, 1999).

Lodge, Edmund, ed., *Illustrations of British History, Biography, and Manners, in the Reigns of Henry VIII, Edward VI, Mary, Elizabeth, & James I*, 3 vols. (London: John Chidley, 1838).

Lofft, Capel, *An Argument on the Nature of Party and Faction* (London: Printed for C. Dilly, 1780).

Martin, Charles T., ed., *Journal of Sir Francis Walsingham from December 1570 to April 1583*, Camden Miscellany 6: 104 (London: Printed for the Camden Society, 1870 – 1871).

McCann, Timothy J., "The Parliamentary Speech of Viscount Montague Against the Act of Supremacy, 1559," *Sussex Archaeological Collections*, vol. 108 (Sussex: the Sussex Archaeological Society, 1970), pp. 50 – 57.

Mellis, John, *A Briefe Instruction and Maner How to Keepe Bookes of Accompts after the Order of Debitor and Creditor* (London: John

Windet, 1588), *STC* 18794.

Morris, John, ed. , *The Letter-Books of Sir Amias Poulet: Keeper of Mary Queen of Scots* (London: Burns and Oates, 1874) .

Morris, John, ed. , *The Troubles of our Catholic Forefathers related by themselves*, vol. 2 (London: Burns and Oates, 1875) .

Murdin, William, ed. , *Collection of State Papers Relating to Affairs in the Reign of Queen Elizabeth from Year 1571 to 1596* (London: William Bowyer, 1759) .

Naunton, Robert, *Fragmenta Regalia*, or *Observations on the Late Queen Elizabeth, Her Times and Favourites* (London: s. n. , 1641) .

Norton, Thomas, *A Declaration of the Fauourable Dealing of Her Maiesties Commissioners Appointed for the Examination of Certain Traitours and of Tortures Vniustly Reported to Be Done vpon Them for Matters of Religion* (London: Christopher Barker, 1583) , *STC* 4901.

Parsons, Robert, *A Brief Discours Contayning Certayne Reasons Why Catholiques Refuse to Goe to Church* [London: John Lyon (i. e. Greenstreet House Press), 1580], *STC* 19394.

Parsons, Robert, *An Epistle of the Persecution of Catholickes in Englande* (Rouen: Fr. Parsons' Press, 1582), *STC* 19406.

Peck, D. C. , ed. , *Leicester's Commonwealth: The Copy of a Letter Written by a Master of Art of Cambridge (1584) and Related Documents* (London: Ohio University Press, 1985) .

Pollen, John H. , ed. , *Mary Queen of Scots and the Babington Plot* (Edinburgh: T. and A. Constable for the Scottish History Society,

1922）.

Ponet, John, *A Shorte Treatise of Politike Pouuer and of the True Obedience* (Strasbourg: Printed by the heirs of W. Köpfel, 1556）, *STC* 20178.

Potter, David, ed. , *Foreign Intelligence and Information in Elizabethan England: Two English Treatises on the State of France, 1580 – 1584*, Camden Fifth Series, vol. 25 (Cambridge: Cambridge University Press, 2004）.

Robinson, Hastings, ed. , *The Zurich Letters, second series, 1558 – 1602* (Cambridge: Cambridge University Press, 1845）.

Smith, Thomas, *De Republica Anglorum: The Maner of Gouernement or Policie of the Realme of England* (London: Henrie Midleton for Gregorie Seton, 1583）, *STC* 22857.

Strype, John, *Annals of The Reformation and Establishment of Religion and Other Various Occurrences in the Church of England, during Queen Elizabeth's Happy Reign* (Oxford: Clarendon Press, 1824）.

The Statutes of the Realm: Printed by Command of His Majesty King George the Third, in Pursuance of an Address of the House of Commons of Great Britain: From Original Records and Authentic Manuscripts. 11 vols. (London: Dawsons, 1963）.

The Annual Report of the Deputy Keeper of the Public Records, vol. 30 (London: HMSO, 1869）.

The Passage of Our Most Drad Soueraigne Lady Quene Elyzabeth through the Citie of London to Westminster the Daye before Her Coronacion Anno 1558. Cum priuilegio (London: Richard Tottill,

1558）, *STC* 7590.

Tedder, William, *The Recantations as They Were Seuerallie Pronounced by Wylliam Tedder and Anthony Tyrrell* (London: John Charlewood and William Brome, 1588）, *STC* 23859.

Turnbull, William, ed. , *Letters of Mary Stuart, Queen of Scotland, Selected from the "Recueil Des Lettres de Marie Stuart," Together with the Chronological Summary of Events during the Reign of the Queen of Scotland, by Prince Alexander Labanoff* (London: C. Dolman, 1845）.

Tyndale, William, *The Obedyence of a Christian Man and How Christen Rulers Ought to Gouerne* (London: William Hill, 1548）, *STC* 24448.

William I, Prince of Orange, *The Apologie or Defence of the Most Noble Prince William, by the Grace of God, Prince of Orange* [Delft: (s. n.), 1581］, *STC* 15207. 5.

William I, Prince of Orange, *A Declaration of the Causes Moouing the Queene of England to Giue Aide to the Defence of the People Afflicted and Oppressed in the Lowe Countries* (London: Christopher Barker, 1585）, *STC* 9189. 5.

Wright, Thomas, ed. , *Queen Elizabeth and Her Times* (London: Henry Colburn, 1838）.

西文专著与论文

Adams, Simon, "Faction, Clientage, and Party: English Politics, 1550 – 1603," *History Today* 32: 12 (1982）, pp. 33 – 39.

Adams, Simon, *Leicester and the Court: Essays on Elizabethan Politics* (Manchester: Manchester University Press, 2002).

Adams, Simon, " Elizabeth I and the Sovereignty of the Netherlands 1576 – 1585," *Transactions of the Royal Historical Society* 14 (2004), pp. 309 – 319.

Adams, Simon, "The Papers of Robert Dudley, Earl of Leicester, I: The Browne-Evelyn Collection," *Archives* 20: 87 (1992), pp. 63 – 85.

Adams, Simon, "The Papers of Robert Dudley, Earl of Leicester, II: The Atye-Cotton Collection," *Archives* 20: 90 (1993), pp. 131 – 144.

Agrippa, Henricus Corneliu, *Declamation on the Nobility and Preeminence of the Female Sex*, translated and edited with an Introduction by Albert Rabil (Chicago and London: The University of Chicago Press, 1996).

Alford, Stephen, *The Early Elizabethan Polity: William Cecil and the British Succession Crisis, 1558 – 1569* (Cambridge: Cambridge University Press, 1998).

Alford, Stephen, *Burghley: William Cecil at the Court of Elizabeth I* (New Haven and London: Yale University Press, 2008).

Alford, Stephen, *The Watchers: A Secret History of the Reign of Elizabeth I* (London: Allen Lane, 2012).

Allen, E. John B., *Post and Courier Service in the Diplomacy of Early Modern Europe* (The Hague: Martinus Nijhoff, 1972).

Andrew, Christopher, *The Secret World: A History of Intelligence* (London: Allen Lane, 2018).

Anstruther, Godfrey, *The Seminary Priests*: *A Dictionary of The Secular Clergy of England and Wales, 1558 – 1850* (Durham: Ushaw College, 1968).

Archer, John Michael, *Sovereignty and Intelligence*: *Spying and Court Culture in the English Renaissance* (Stafford: Stafford University Press, 1993).

Armitage, David, *The Ideological Origins of the British Empire* (Cambridge: Cambridge University Press, 2000).

Armitage, David, "The Elizabethan Idea of Empire," *Transactions of the Royal Historical Society* 14 (2004), pp. 269 – 277.

Armitage, David, "Making the Empire British: Scotland in the Atlantic World 1542 – 1707," *Past & Present* 155 (May 1997), pp. 34 – 63.

Armitage, David, "Literature and Empire," in Nicholas Canny, ed., *The Origins of Empire*: *British Overseas Enterprise to the Close of the Seventeenth Century*, vol. 1, *The History of the British Empire* (Oxford: Oxford University Press, 1998), pp. 99 – 123.

Asch., Ronald G., and Adolf M. Birke, eds., *Prince, Patronage and the Nobility*: *The Court at the Beginning of the Modern Age, 1450 – 1650* (Oxford: Oxford University Press, 1991).

Atherton, Ian, "The Itch Grown a Disease: Manuscript Transmission of News in the Seventeenth Century," in Joad Raymond, ed., *News, Newspapers and Society in Early Modern Britain* (London: Routledge, 1999), pp. 39 – 65.

Backus, Irena, "Laurence Tomson (1539 – 1608) and Elizabethan Puritanism," *Journal of Ecclesiastical History* 28: 1 (January 1977), pp. 17 – 27.

Baird, Joseph L. , and John R. Kane, eds. and trans. , *La Querelle de la rose: Letters and Documents* (Chapel Hill: University of North Carolina Press, 1977) .

Barnes, Jonathan, ed. , *The Complete Works of Aristotle: The Revised Oxford Translation* (Princeton: Princeton University Press, 1984) .

Bemard, G. W. , ed. , *The Tudor Nobility* (Manchester: Manchester University Press, 1992) .

Bernard, G. W. , *Power and Politics in Tudor England* (Aldershot: Ashgate, 2000) .

Bevan, Amanda, "State Papers of Henry Ⅷ: The Archives and Documents," *State Papers Online, 1509 – 1714* (Thomson Learning EMEA Ltd. , 2007) .

Bindoff, S. T. , J. Hurstfield, J. E. Neale, and C. H. Williams, eds. , *Elizabethan Government and Society* (London: Athlone Press, 1961) .

Black, J. B. , *The Reign of Elizabeth, 1558 – 1603*, 2nd ed. (Oxford: Oxford University Press, 1959) .

Blackwood, Adam, *History of Mary Queen of Scots* (Edinburgh: Maitland Club, 1834) .

Bossy, John, *Under the Molehill: An Elizabethan Spy Story* (New Haven and Londan: Yale University Press, 2002) .

Bossy, John, *Giordano Bruno and Embassy Affair* (New Haven and London: Yale University Press, 1991) .

Bossy, John, "The Character of Elizabethan Catholicism," *Past & Present* 21: 1 (April 1962) , pp. 39 – 59.

Bossy, John, "Rome and the Elizabethan Catholics: A Question of Geography," *The Historical Journal* 7: 1 (March 1964), pp. 135 – 142.

Bossy, John, *The English Catholic Community, 1570 – 1850* (New York: Oxford University Press, 1976).

Brown, A. L. , "The Common and Council in the Reign of Henry VI," *English Historical Review* 79: 310 (January 1964), pp. 1 – 30.

Butler, E. C. , "Dr. William Gifford in 1586," *The Month* 103: 477 (April 1904), pp. 243 – 258.

Burgoyne, Frank J. , ed. , *History of Queen Elizabeth, Amy Robsart and the Earl of Leicester Being a Reprint of " Leycesters Commonwealth" 1641* (London: Longmans, Green and Co. , 1904).

Burke, Peter, *A Social History of Knowledge: From Gutenberg to Diderot* (Cambridge: Polity Press, 2000).

Camden, William, ed. by Wallace MacCaffrey, *The History of the Most Renowned and Victorious Princess Elizabeth, Late Queen of England* (Chicago: University of Chicago Press, 1970).

Carroll, Stuart, *Martyrs and Murderers: The Guise Family and The Making of Europe* (Oxford: Oxford University Press, 2009).

Clark, P. , Smith, Alan G. R. , and Nicholas Tyacke, eds. , *The English Commonwealth 1547 – 1640: Essays in Politics and Society Presented to Joel Hurstfield* (Leicester: Leicester University Press, 1979).

Collinson, Patrick, "The Monarchical Republic of Queen Elizabeth I," in John Guy, ed. , *The Tudor Monarchy* (London: Arnold, 1997), pp. 110 – 134.

Collinson, Patrick, *The English Captivity of Mary Queen of Scots* (Sheffield: University of Sheffield Press, 1987).

Collinson, Patrick, *The Birthpangs of Protestant England: Religious and Cultural Change in the Sixteenth and Seventeenth Centuries* (London: Palgrave Macmillan, 1988).

Collinson, Patrick, *Elizabethan Essays* (London: The Hambledon Press, 1994).

Collinson, Patrick, "Letters of Thomas Wood, Puritan, 1566 – 1577," *Godly People: Essays on English Protestantism and Puritanism* (London: The Hambledon Press, 1983).

Cooper, John, *The Queen's Agent: Francis Walsingham at the Court of Elizabeth* I (London: Faber and Faber, 2011).

Cross, Claire, David Loades, and J. J. Scarisbrick, eds., *Law and Government under the Tudors* (Cambridge: Cambridge University Press, 1988).

Crozier, Michel, *The Bureaucratic Phenomenon* (Chicago: University of Chicago Press, 1964).

Cuerva, Rubén González, and Alexander Koller, eds., *A Europe of Courts, a Europe of Factions: Political Groups at Early Modern Centres of Power, 1550 – 1700* (Leiden and Boston: Brill, 2017).

Cust, Lionel, *Notes on the Authentic Portraits of Mary Queen of Scots* (London: John Murray, 1903).

Cuddy, Neil, "The Revival of the Entourage: the Bedchamber of James I, 1603 – 1625," in David Starkey, ed., *The English Court*, pp. 173 –225.

Cust, Lionel, and George Scharf, eds., *Notes on the Authentic*

Portraits of Mary Queen of Scots. Based on the Researches of Sir George Scharf (London: J. Murray, 1903).

Dajda, Alexandra, "Debating War and Peace in Late Elizabethan England," *Historical Journal* 52: 4 (December 2009), pp. 851 –878.

Dawson, Jane E. A., "William Cecil and the British Dimension of Early Elizabethan Foreign Policy," *History* 74: 241 (January 1989), pp. 196 –216.

Daybell, James, *The Material Letter in Early Modern England: Manuscript Letters and the Culture and Practices of Letter – Writing, 1512 – 1635* (London: Palgrave Macmillan, 2012).

Daybell, James, " 'Suche Newes as on the Quenes Hye Wayes We Have mett': the News and Intelligence Networks of Elizabeth Talbot, Countess of Shrewsbury (c. 1527 – 1608)," in James Daybell, ed., *Women and Politics in Early Modern England, 1450 – 1700* (Aldershot: Ashgate, 2004), pp. 114 –131.

Daybell, James, *Women Letter-Writers in Tudor England* (Oxford: Oxford University Press, 2006).

Dennis, George R., *The House of Cecil* (London: Constable & Co., 1914).

Dickinson, H. T., *Liberty and Property: Political Ideology in Eighteenth-Century Britain* (London: Methuen, 1977).

Doran, Susan, *Monarchy & Matrimony: The Courtships of Elizabeth I* (London and New York: Routledge, 1996).

Doran, Susan, *Elizabeth I and Her Circle* (Oxford: Oxford University Press, 2015).

Eales, Jacqueline, *Women in Early Modern England, 1500 – 1700*

(London: UCL Press, 1998).

Edwards, Francis, *Plots and Plotters in the Reign of Elizabeth I* (Dublin: Four Courts Press, 2002).

Elton, G. R., *Studies in Tudor and Stuart Politics and Government* (Cambridge: Cambridge University Press, 1974 – 1992).

Elton, G. R., *The Tudor Revolution in Government: Administrative Changes in the Reign of Henry VIII* (Cambridge: Cambridge University Press, 1966).

Elton, G. R., "Tudor Government: The Points of Contact. III. The Court," *Transactions of the Royal Historical Society* 26 (1976), pp. 211 – 228.

Elton, G. R., "Tudor Government: The Points of Contact. II. The Council," *Transactions of the Royal Historical Society* 25 (1975), pp. 195 – 211.

Elton, G. R., *The Tudor Constitution: Documents and Commentary* (Cambridge: Cambridge University Press, 1972).

Elton, G. R., "Tudor Government," *Historical Journal* 31: 2 (June 1988), pp. 425 – 434.

Elton, G. R., *The Sources of History, Studies in the Use of Historical Evidence: England, 1200 – 1640* (London: Hodder & Stoughton, 1969).

Evans, Florence M. G., *The Principal Secretary of State: A Survey of the Office from 1558 to 1680* (Manchester: Manchester University Press, 1923).

Firth, C. H., "The British Empire," *Scottish Historical Review* 15: 59 (April 1918), pp. 185 – 189.

Fischlin, Daniel, "Political Allegory, Absolutist Ideology, and the 'Rainbow Portrait' of Queen Elizabeth I," *Renaissance Quarterly* 50: 1 (Spring, 1997), pp. 175 – 206.

Fox, Levi, ed. , *English Historical Scholarship in the Sixteenth and Seventeenth Century* (London: Oxford University Press, 1956) .

Froude, J. A. , *History of England from the Fall of Wolsey to the Defeat of the Spanish Armada*, vol. 12 (London: Longmans, Green and Co. , 1875) .

Gibbons, Katy, *English Catholic Exiles in Late Sixteenth-Century Paris* (Woodbridge: Royal Historical Society/The Boydell Press, 2011) .

Goodman, Anthony, *The New Monarchy: England, 1471 – 1534* (Oxford: Basil Blackwell, 1988) .

Graziani, René, "The 'Rainbow Portrait' of Queen Elizabeth I and Its Religious Symbolism," *Journal of the Warburg and Courtauld Institutes* 35 (1972), pp. 247 – 259.

Green, J. R. , *A Short History of the English People*, 4 vols. (London: Macmillan, 1902 – 1903) .

Gruzinski, Serge, and Nathan Wachtel, eds. , *Le Nouveau Monde, mondes nouveaux: l'expérience américaine* (Paris: Editions Recherche sur les civilisations, 1996) .

Guy, John, *Tudor England* (Oxford: Oxford University Press, 1988).

Guy, John, *The Tudor Monarchy* (London: Arnold, 1997) .

Guy, John, *"My Heart is My Own": The Life of Mary Queen of Scots* (London: Harper Perennial, 2004) .

Guy, John, *Tudor England* (Oxford and New York: Oxford University Press, 1988) .

Haigh, Christopher, ed. , *The Reign of Elizabeth I* (Basingstoke: Macmillan, 1988) .

Haigh, Christopher, *Elizabeth I* (London: Longman, 1998) .

Hall, Hubert, *Studies in English Official Historical Documents* (Cambridge: Cambridge University Press, 1908) .

Hammer, Paul E. J. , *The Polarisation of Elizabethan Politics: The Political Career of Robert Devereux, 2nd Earl of Essex, 1585 – 1597* (Cambridge: Cambridge University Press, 1999) .

Harris, Barbara J. , "Women and Politics in Early Tudor England," *Historical Journal* 33: 2 (June 1990) , pp. 259 – 281.

Harriss, Gerald, *Shaping The Nation: England 1360 – 1461* (Oxford: Oxford University Press, 2005) .

Harriss, G. L. and Williams, Penry, "A Revolution in Tudor History?," *Past & Present* 30 (July 1965) , pp. 87 – 96.

Harriss, G. L. , "Medieval Government and Statecraft," *Past & Present* 25 (July 1963) , pp. 8 – 39.

Harris, Ian, "Some Origins of a Tudor Revolution," *English Historical Review* 126: 523 (December 2011) , pp. 1355 – 1385.

Herendeen, Wyman H. , *William Camden: A Life in Context* (Woodbridge: The Boydell Press, 2007) .

Hicks, Leo, "The Strange Case of Dr. William Parry," *An Irish Quarterly Review* 37: 147 (September, 1948) , pp. 343 – 362.

Hicks, Leo, *An Elizabethan Problem: Some Aspects of the Careers of Two Exile-Adventurers* (London: Burns & Oates, 1964) .

Hicks, Leo, "An Elizabethan Propagandist: The Career of Solomon Aldred," *The Month* 181 (June 1945) , pp. 181 – 191.

Higenbottam, Frank, *Codes and Ciphers* (London: English University Press, 1973) .

Higgs, Edward, " The Rise of the Information State: the Development of Central State Surveillance of the Citizen in England, 1500 – 2000 ," *Journal of Historical Sociology* 14: 2 (June, 2001), pp. 175 – 197.

Hoak, Dale, " Sir William Cecil, Sir Thomas Smith, and the Monarchical Republic of Tudor England, " in John F. McDiarmid, ed. , *The Monarchical Republic of Earl Modern England: Essays in Response to Patrick Collinson* (Aldershot: Ashgate, 2007), pp. 37 – 54.

Holmes, Peter, *Resistance and Compromise: The Political Thought of the Elizabethan Catholics* (Cambridge: Cambridge University Press, 1982) .

Howarth, David, *Images of Rule: Art and Politics in the English Renaissance, 1485 – 1649* (London: Macmillan, 1997) .

Hufton, Olwen, "Reflections on the Role of Women in the Early Modern Court, " *The Court Historian* 5: 1 (May 2000), pp. 1 – 13.

Hughes, Charles, "Nicholas Faunt's Discourse Touching the Office of Principal Secretary of Estate, C. 1592 , " *English Historical Review* 20: 79 (1905), pp. 499 – 508.

Hunt, Alice, *The Drama of Coronation: Medieval Ceremony in Early Modern England* (Cambridge: Cambridge University Press, 2008) .

Hurstfield, Joel, "Lord Burghley as Master of the Court of Wards, " *Transactions of the Royal Historical Society* 31 (1949), pp. 95 – 114.

Hurstfield, Joel, *The Queen's Wards: Wardship and Marriage under Elizabeth I* (London: Longmans, Green and Co., 1958).

Hutchinson, Robert, *Elizabeth's Spy Master: Francis Walsingham and the Secret War That Saved England* (London: Weidenfeld & Nicolson, 2006).

Ives, Eric W., *Faction in Tudor England* (London: Historical Association, 1979).

Japinga, Lynn, *Feminism and Christianity: An Essential Guide* (Nashville: Abingdon Press, 1999).

Jensen, De Lamar, *Diplomacy and Dogmatism: Bernardino de Mendoza and the French Catholic League* (Cambridge, MA: Harvard University Press, 1964).

Jordan, Constance, "Woman's Rule in Sixteenth-Century British Political Thought," *Renaissance Quarterly* 40: 3 (Autumn, 1987), pp. 421 – 451.

Jouanna, Jacques, trans. by Neil Allies, ed. by Philip van der Eijk, "The Legacy of the Hippocratic Treatise *The Nature of Man*: The Theory of the Four Humours," *Greek Medicine from Hippocrates to Galen* (Leiden & Boston: Brill, 2012).

Kantorowicz, Ernst H., *The King's Two Bodies: A Study in Mediaeval Political Theology* (Princeton: Princeton University Press, 1997).

Kingdon, Robert M., ed., *The Execution of Justice in England by William Cecil and a True, Sincere, and Modest Defense of English Catholics by William Allen* (Ithaca, NY: Cornell University Press, 1965).

Kinney, Arthur F. , ed. , *Titled Elizabethans*: *A Directory of Elizabethan Court, State, and Church Officers, 1558 – 1603* (New York: Palgrave Macmillian, 2014) .

Klarwill, Victor von, Lupold von Wedel, Hans Jacob Breuning von Buchenbach, *Queen Elizabeth and Some Foreigners*, Thomas H. Nash, trans. (London: John Lane, 1928) .

Lake, Peter, and Michael Questier, eds. , *Conformity and Orthodoxy in the English Church, 1560 – 1660* (Woodbridge: Boydell Press, 2000).

Lake, Peter, " 'The Monarchical Republic of Queen Elizabeth I' (and the Fall of Archbishop Grindal) Revisited," in John F. McDiarmid, ed. , *The Monarchical Republic of Earl Modern England*, pp. 129 – 147.

Laqueur, Thomas, *Making Sex*: *Body and Gender from the Greeks to Freud* (Cambridge, MA: Harvard University Press, 1992) .

Leimon, Mitchell, and Geoffrey Parker, "Treason and Plot in Elizabethan Diplomacy: 'The Fame of Sir Edward Stafford' Reconsidered," *English Historical Review* 111: 444 (November 1996), pp. 1134 – 1158.

Leader, John Daniel, *Mary Queen of Scots in Captivity*: *A Narrative of Events from January 1569, to December, 1584, Whilst George Earl of Shrewsbury was the Guardian of the Scottish Queen* (Sheffield: Leader & Sons, 1880) .

Lefkowitz, Mary R. , and Maureen B. Fant, eds. , *Women's Life in Greece and Rome*: *A Source Book in Translation* (Baltimore: Johns Hopkins University Press, 2005) .

Levine, Mortimer, "The Place of Women in Tudor government,"

in Delloyd J. Guth and John W. McKenna, eds. , *Tudor Rule and Revolution: Essays for G. R. Elton From His American Friends* (Cambridge: Cambridge University Press, 1983), pp. 109 – 126.

Levine, Philippa, " History in the Archives: The Public Record Office and Its Staff, 1838 – 1886," *English Historical Review* 101: 398 (1986), pp. 20 – 41.

Loades, David, *The Tudor Court* (Totowa, NJ: Barnes & Noble, 1987) .

Loades, David, *The Cecils: Privilege and Power behind the Throne* (Kew: National Archives, 2007) .

Loomie, Albert J. , *The Spanish Elizabethans: The English Exiles at the Court of Philip II* (New York: Fordham University Press, 1963) .

Lovell, Mary S. , *Bess of Hardwick: First Lady of Chatsworth, 1527 – 1608* (London: Little Brown, 2005) .

MacCaffrey, Wallace, " Place and Patronage in Elizabethan Politics," in S. T. Bindoff, J. Hurstfield, J. E. Neale, and C. H. Williams, eds. , *Elizabethan Government and Society*, pp. 95 – 126.

MacDonald, Wilma, " Keeping Safely the Public Records: The PRO Act of 1838," *Archivaria* 28 (1989), pp. 151 – 154.

MacCaffrey, Wallace, *The Shaping of the Elizabethan Regime: Elizabethan Politics, 1558 – 1572* (London: Jonathan Cape, 1969) .

MacCaffrey, Wallace, *Queen Elizabeth and the Making of Policy,*

1572 - 1588 (Princeton: Princeton University Press, 1981).

MacCaffrey, Wallace, "The Anjou Match and the Making of Elizabethan Foreign Policy," in P. Clark and Alan Smith, eds., *The English Commonwealth 1547 - 1640*, pp. 59 - 75.

Macfarlane, Alan, *A Guide to English Historical Records* (Cambridge: Cambridge University Press, 1983).

MacLure, Millar, *The Paul's Cross Sermons, 1534 - 1642* (Toronto: University of Toronto Press, 1958).

Marshall, P. J. ed., The Oxford History of the British Empire: Volume *II*: The Eighteenth Century (Oxford: Oxford University Press, 1998).

Marshall, Alan, "The Secretaries Office and the Public Records," *State Papers Online, 1603 - 1714* (Cengage Learning EMEA Ltd., 2000).

Marshall, Alan, *Intelligence and Espionage in the Reign of Charles II, 1660 - 1685* (Cambridge: Cambridge University Press, 1994).

Martin, Patrick H., *Elizabethan Espionage: Plotters and Spies in the Struggle Between Catholicism and the Crown* (North Carolina: MaFarland & Company, 2016).

Mason, Roger A., "Scotland, Elizabethan England and the Idea of Britain," *Transactions of the Royal Historical Society* 14 (2004), pp. 279 - 293.

Mason, Roger A., ed., *Scots and Britons: Scottish Political Thought and the Union of 1603* (Cambridge: Cambridge University Press, 1994).

McDiarmid, John F., ed., *The Monarchical Republic of Earl Modern*

England: *Essays in response to Patrick Collinson* (Aldershot: Ashgate, 2007) .

McGrath, Patrick, *Papists and Puritans Under Elizabeth I* (London: Blandford Press, 1967) .

McLaren, A. N. , "Delineating the Elizabethan Body Politic: Knox, Aylmer and The Definition of Counsel 1558 – 88 , " *History of Political Thought* 17 : 2 (1996) , pp. 224 – 252.

McLaren, A. N. , *Political Culture in the Reign of Elizabeth I*: *Queen and Commonwealth*, *1558 – 1585* (Cambridge: Cambridge University Press, 1999) .

Mears, Natalie, *Queenship and Political Discourse in the Elizabethan Realms* (Cambridge: Cambridge University Press, 2005) .

Mears, Natalie, "Counsel, Public Debate, and Queenship: John Stubbs's ' The Discoverie of a Gaping Gulf', 1579, " *The Historical Journal* 44 : 3 (September 2001) , pp. 629 – 650.

Mears, Natalie, "Politics in the Elizabethan Privy Chamber: Lady Mary Sidney and Kat Ashley, " in James Daybell, ed. , *Women and Politics in Early Modern England*, *1450 – 1700*, pp. 67 – 82.

Mears, Natalie, " The Council, " in Susan Doran and Norman Jones, eds. , *The Elizabethan World* (London: Routledge, 2011) .

Mendelson, Sara, and Patricia Crawford, *Women in Early Modern England*, *1550 – 1720* (Oxford: Clarendon Press, 1998) .

McGrath, Patrick, and Joy Rowe, " The Imprisonment of Catholics for Religion under Elizabeth I, " *Recusant History* 20 (1991) , pp. 415 – 435.

Morey, Adrian, *The Catholic Subjects of Elizabeth I* (London: Allen & Unwin, 1978).

Morrill, John, ed., *The Oxford Illustrated History of Tudor and Stuart Britain* (Oxford: Oxford University Press, 1996).

Neale, J. E., "The Elizabethan Political Scene," *Essays in Elizabethan History* (London: Johnathan Cape, 1958), pp. 59 – 84.

Neale, J. E., *Elizabeth I and Her Parliaments, 1584 – 1601* (London: Jonathan Cape, 1957).

Neale, J. E., *The Elizabethan House of Commons* (London: Jonathan Cape, 1949).

Neale, J. E., *Elizabeth I and Her Parliaments, 1559 – 1581* (New York: St. Martin's Press, 1958).

Neale, J. E., "The Fame of Sir Edward Stafford," *English Historical Review* 44: 174 (April 1929), pp. 203 – 219.

Newton, A. P., "Tudor Reforms in the Royal Household," in R. W. Seton-Watson, ed., *Tudor Studies* (London and New York: Longmans, Green, and Co., 1924), pp. 231 – 256.

Okin, Susan Moller, *Women in Western Political Thought* (Princeton: Princeton University Press, 2013).

Opitz, Clandia, "Female Sovereignty and the Subordination of Women in the Works of Martin Luther, Jean Calvin, and Jean Bodin," in Christine Fauré, ed., *Political and Historical Encyclopedia of Women* (London: Routledge, 2003), pp. 13 – 22.

Ormrod, W. Mark, *Edward III* (New Haven and London: Yale

University Press, 2013).

Pollard, A. F. , "Reviews of Books," *English Historical Review* 16: 62 (April 1901), pp. 572 – 577.

Pollard, A. F. , "Council, Star Chamber, and Privy Council under the Tudors: I. The Council," *English Historical Review* 37: 147 (July 1922), pp. 337 – 360.

Pollard, A. F. , "Council, Star Chamber, and Privy Council under the Tudors III. The Privy Council," *English Historical Review* 38: 149 (January 1923), pp. 42 – 60.

Pollard, A. F. , *The Evolution of Parliament* (London: Longmans, Green and Co. , 1920).

Pollen, J. H. , *The English Catholics in the Reign of Queen Elizabeth: A Study of Their Politics, Civil Life and Government, 1558 – 1580* (London : Longmans, Green, 1920).

Pollen, J. H. , "Mary Queen of Scots and the Babington Plot: Dr. Parry," *The Month* 109 (April 1907), pp. 356 – 365.

Pollen, J. H. , "Dr. William Gifford in 1586: in Response to an Article by Dom Butler in the March Number," *The Month* 103: 478 (May 1904), pp. 348 – 366.

Popper, Nicholas, "An Information State for Elizabethan England," *The Journal of Modern History* 90 (September 2018), pp. 33 – 68.

Prestwich, Michael, *Plantagenet England, 1225 – 1360* (Oxford: Oxford University Press, 2005).

Questier, Michael, *Conversion, Politics and Religion in England, 1580 – 1625* (Cambridge: Cambridge University Press, 1996).

Questier, Michael, "English Clerical Converts to Protestantism, 1580 –

1596," *Recusant History* 20： 4 (October 1991), pp. 455 – 477.

Rapple, Rory, *Martial Power and Elizabethan Political Culture*： *Military Men in England and Ireland*, *1558 – 1594* (Cambridge： Cambridge University Press, 2009).

Read, Conyers, "Walsingham and Burghley in Queen Elizabeth's Privy Council," *English Historical Review* 28： 109 (1913), pp. 34 – 58.

Read, Conyers, "Factions in the English Privy Council under Elizabeth," *Annual Report of the American Historical Association* (Washington, DC： U. S. Government Printing Office, 1911), pp. 111 – 119.

Read, Conyers, *Mr. Secretary Walsingham and the Policy of Queen Elizabeth*, 3 vols. (Oxford： Clarendon Press, 1925).

Read, Conyers, *Mr. Secretary Cecil and Queen Elizabeth* (London： Jonathan Cape, 1955).

Read, Conyers, *Lord Burghley and Queen Elizabeth* (London： Jonathan Cape, 1960).

Read, Conyers, "The Fame of Sir Edward Stafford," *American Historical Review* 20： 2 (January 1915), pp. 292 – 313.

Read, Conyers, "The Fame of Sir Edward Stafford," *American Historical Review* 35： 3 (April 1930), pp. 560 – 566.

Rex, Richard, "The Crisis of Obedience： God's Word and Henry's Reformation," *The Historical Journal* 39： 4 (December 1966), pp. 863 – 894.

Richardson, Ruth Elizabeth, *Mistress Blanche*, *Queen Elizabeth I's Confidante* (Herefordshire： Logaston Press, 2007).

Rowse, A. L., "The Coronation of Queen Elizabeth," *History*

Today 53: 5 (May 2003), pp. 18 – 24.

Schrebier, Roy E. , *The Political Career of Sir Robert Naunton*, *1589 – 1635* (London: Royal Historical Society, 1981).

Shepard, Robert, "Court Factions in Early Modern England," *The Journal of Modern History* 64: 4 (December 1992), pp. 721 – 745.

Shephard, Amanda, *Gender and Authority in the Sixteenth-Century England* (Keele: Ryburn Pub. , 1994).

Sharpe, Kevin, ed. , *Faction and Parliament: Essays on Early Stuart History* (Oxford: Clarendon Press, 1978).

Sharpe, Kevin, *Sir Robert Cotton 1586 – 1631: History and Politics in Early Modern England* (Oxford: Oxford University Press, 1979).

Sharpe, Kevin, *Selling the Tudor Monarchy: Authority and Image in Sixteenth-Century England* (New Haven and London: Yale University Press, 2009).

Sharpe, Kevin, *Politics and Ideas in Early Stuart England* (London and New York: Pinter, 1989).

Sharpe, Kevin, "The Image of Virtue: the Court and Household of Charles I, 1625 – 1642," in David Starkey, ed. , *The English Court*, pp. 226 – 260.

Skinner, Quentin, *The Foundations of Modern Political Thought*, Vol. 2 , *The Age of Reformation* (Cambridge: Cambridge University Press, 1978).

Slack, Paul, "Government and Information in Seventeenth-Century England," *Past & Present* 184 (August, 2004), pp. 33 – 68.

Slavin, Arthur J. , ed. , *The "New Monarchies" and Representative Assemblies: Medieval Constitutionalism or Modern Absolutism?*

(Boston: D. C. Heath and Company, 1964).

Smith, Alan, "The Secretariats of the Cecil," *English Historical Review* 83: 328 (1968), pp. 481 – 504.

Smith, Alan G. R., *The Emergence of A Nation State: The Commonwealth of England, 1529 – 1660* (London: Longman, 1984).

Soll, Jacob, *The Information Master: Jean-Baptiste Colbert's Secret State Intelligence System* (Ann Arbor: The University of Michigan Press, 2009).

Starkey, David, "Representation Through Intimacy: A Study in the Symbolism of Monarchy and Court Office in Early Modern England," and "Court and Government," in John Guy, ed., *The Tudor Monarchy*, pp. 42 – 78, 189 – 213.

Starkey, David, "Intimacy and Innovation: The Rise of the Privy Chamber, 1485 – 1547," in David Starkey, ed., *The English Court: From the Wars of the Roses to the Civil War* (London: Longman, 1987), pp. 71 – 118.

Starkey, David, "A Reply: Tudor Government: The Facts?" *Historical Journal* 31: 4 (December 1988), pp. 921 – 931.

Strong, Roy, *The Cult of Elizabeth: Elizabethan Portraiture and Pageantry* (London: Pimlico, 1999).

Strong, Roy, *Gloriana: The Portraits of Queen Elizabeth* I (London: Pimlico, 2003).

Sylvester, Richard S., George Cavendish, and William Roper, *Two Early Tudor Lives: The Life and Death of Cardinal Wolsey*; *The Life of Sir Thomas More* (New Haven and London: Yale University

Press, 1962）.

Tite, Colin G. C. , *The Early Records of Sir Robert Cotton's Library*: *Formation*, *Cataloguing*, *Use* (London: British Library, 2003）.

Trevor-Roper, Hugh, "Queen Elizabeth's First Historian: William Camden," *Renaissance Essays* (London: M. Secker & Warburg, 1985）, pp. 126 – 133.

Vidmar, John, *English Catholic Historians and the English Reformation*, *1585 – 1954* (Brighton: Sussex Academic Press, 2005）.

Walsham, Alexandra, *Church Papists*: *Catholicism*, *Conformity and Confessional Polemic in Early Modern England* (Woodbridge: Boydell Press, 1999）.

Walsham, Alexandra, " 'Yielding to the Extremity of the Time': Conformity, Orthodoxy and the Post-Reformation Catholic Community," in Peter Lake and Michael Questier, eds. , *Conformity and Orthodoxy in the English Church*, *1560 – 1660*, pp. 211 – 236.

Watkins, John, *Representing Elizabeth in Stuart England*: *Literature*, *History*, *Sovereignty* (Cambridge: Cambridge University Press, 2002）.

Watson, Andrew G. , *The Library of Sir Simonds D'Ewes* (London: British Museum, 1966）.

Wernham, R. B. , *Before the Armada*: *The Growth of English Foreign Policy*, *1485 – 1588* (London: Jonathan Cape, 1966）.

Wernham, R. B. , "The Public Records in the Sixteenth and Seventeenth Centuries," in Levi Fox, ed. , *English Historical Scholarship in the Sixteenth and Seventeenth Century* (London: Oxford University Press, 1956）, pp. 11 – 48.

Williams, Penry, *The Tudor Regime* (Oxford: Clarendon Press, 1979).

Williams, Penry, *The Later Tudors England, 1547 – 1603* (Oxford: Oxford University Press, 2002).

Williams, Penry, "The Tudor State," *Past & Present* 25 (July 1963), pp. 39 – 58.

Williams, Penry, "Dr. Elton's Interpretation of the Age," *Past & Present* 25 (July 1963), pp. 3 – 8.

Woolf, Daniel R., *The Idea of History in Early Stuart England: Erudition, Ideology, and the ' Light of Truth' from the Accession of James I to the Civil War* (Toronto: University of Toronto Press, 1990).

Wright, Pam, "A Change in Direction: the Ramifications of a Female Household, 1558 – 1603," in David Starkey, ed., *The English Court*, pp. 147 – 172.

Yates, Frances A., *Astraea: The Imperial Theme in the Sixteenth Century* (London: Routledge & K. Paul, 1975).

中文专著与论文

孟广林:《英国封建王权论稿——从诺曼征服到大宪章》,人民出版社,2002。

孟广林:《英国"宪政王权"论稿:从〈大宪章〉到"玫瑰战争"》,人民出版社,2017。

阎步克:《中国古代官阶制度引论》,北京大学出版社,2010。

阎步克:《从爵本位到官本位:秦汉官僚品位结构研究》,三联书店,2017。

侯旭东：《宠：信—任型君臣关系与西汉历史的展开》，北京师范大学出版社，2018。

邓小南：《走向"活"的制度史——以宋朝信息渠道研究为例》，北京大学人文社会科学研究院编《多面的制度：跨学科视野下的制度研究》，三联书店，2021。

李若庸：《英格兰宗教改革后的服从论述》，《台大历史学报》第36期，2005年。

李若庸：《编造王权——亨利八世政府对君主典故的新历史解释》，《台大文史哲学报》第68期，2008年。

林美香：《女人可以治国吗？——十六世纪不列颠女性统治之辩》，台北，左岸文化，2007。

傅斯年：《历史语言研究所工作之旨趣》，《历史语言研究所集刊》第1本第1分，1928年。

祁美琴：《从清代"内廷行走"看朝臣的"近侍化"倾向》，《清史研究》2016年第2期。

李里峰：《从"事件史"到"事件路径"的历史——兼论〈历史研究〉两组义和团研究论文》，《历史研究》2003年第4期。

〔美〕格尔哈特·伦斯基：《权力与特权：社会分层的理论》，关信平、陈宗显、谢晋宇译，社会科学文献出版社，2018。

〔美〕孔飞力：《叫魂：1768年中国妖术大恐慌》，陈兼、刘昶译，三联书店，2012。

〔美〕娜塔莉·泽蒙·戴维斯：《马丁·盖尔归来》，刘永华译，北京大学出版社，2015。

〔英〕彼得·伯克：《文艺复兴时期的历史意识》，杨贤宗、高细媛译，上海三联书店，2017。

〔意〕切萨雷·里帕：《里帕图像手册》，〔英〕P. 坦皮斯特英译，李骁中译，北京大学出版社，2019。

杜宣莹：《近代早期英格兰国家档案的编辑与散佚——弗朗西斯·沃尔辛厄姆档案之分析》，《世界历史》2017 年第 1 期。

杜宣莹：《疑信之间：英国史学的原始档案应用》，《光明日报》（理论版）2017 年 3 月。

杜宣莹：《从王权政治到君主共和——苏格兰玛丽女王之死与近代早期英格兰的政权转型》，《文史哲》2017 年第 3 期。

杜宣莹：《走入公众——近现代英国国家档案的管理沿革》，《档案学通讯》2019 年第 3 期。

杜宣莹：《生命与灵魂共存——16 世纪晚期英格兰天主教流亡者的政治顺从》，《世界历史》2019 年第 6 期。

学位论文

Bundesen, Kristin, "No other faction but my own": Dynastic Politics and Elizabeth I's Carey Cousin (Ph. D. thesis, University of Nottingham, 2008).

Gibbons, Catherine M., The Experience of Exile and English Catholics: Paris in the 1580s (Ph. D. thesis, University of York, 2006).

Howey, Catherine L., Busy Bodies: Women, Power and Politics at the Court of Elizabeth I, 1558 – 1603 (Ph. D. thesis, The State University of New Jersey, 2007).

Leimon, Mitchell M., Sir Francis Walingham and the Anjou Marriage Plan, 1574 – 1581 (Ph. D. thesis, University of Cambridge, 1989).

Merton, Charlotte I. , The Woman Who Served Queen Mary and Queen Elizabeth: Ladies, Gentlewomen and Maids of the Privy Chamber 1553 – 1603 (Ph. D. thesis, University of Cambridge, 1992) .

Morrison, George R. , The Land, Family, and Domestic Following of William Cecil, c. 1550 – 1598 (Ph. D. thesis, Oxford University, 1990) .

Taviner, Mark, Robert Beale and the Elizabethan Polity (Ph. D. thesis, St. Andrew University, 2000) .

网络数据

British History Online (BHO) .

Early English Book Online (EEBO) .

Eighteenth Century Collections Online (ECCO) .

Elizabeth I: The Rainbow Portrait, at Hatfield House, Herfordshire, http: //www. marileecody. com/gloriana/elizabethrainbow1. jpg.

Oxford Dictionary of National Biography (ODNB) .

State Papers Online (SPO) .

The History of Parliament Online: British Political, Social & Local History, https: //www. historyofparliamentonline. org/.

The last letter of Mary Queen of Scots, https: //digital. nls. uk/ mqs/trans1. html.

Westminster Abbey, London, http: //www. westminster – abbey. org/ our – history/royals/burials/mary – queen – of – scots.

后 记

这本书的完成得到了许多人的支持与帮助,在此向他们致以我最深的谢意。首先,感谢我最亲爱的爸爸和妈妈,你们给予我温暖无忧的家庭,始终支持我追求我钟爱的伊丽莎白一世时期的历史研究梦想,永远在我沮丧时支持我,陪伴我,为我欢呼。爸爸和妈妈的陪伴,让我在研究之路上坚持自我,一路前行。

感谢在我学习生涯中一路提携我的老师们。首先要感谢约克大学博士班的指导老师约翰·库珀副教授,他始终以极大的耐心与热情,引导我判读和多元剖析史料,更全面、深入地对历史图景进行重新思考,更在我担任教职后扶持我。同时感谢约克大学博士班指导小组的斯图亚特·卡罗尔(Stuart Carroll)教授和马克·詹纳(Mark Jenner)教授,他们以各自擅长的近代早期欧洲史研究与近代欧洲思想文化史研究,协助我跳出 16 世纪晚期的英格兰视角,放眼长时段的泛欧历史图景。博士学位论文外审委员、利兹大学的史蒂芬·奥尔福德(Stephen Alford)教授引导我进行更广泛和精细的档案分析,以信息渠道视角进行思考。伯明翰大学硕士班的指导教授理查德·卡斯特(Richard Cust)与学长尼尔·杨格(Neil Younger)博士引导我探索 16 世纪英格兰手稿和档案领域。另外,台湾大学杨肃献教授、台湾政治大学林美香教授、台北大学李若庸教授与中研院史语所陈正国教授筹组的世界史研习营，奠定了我阅读英文学术文献与问题意识的基础。

进入中国人民大学历史学院任教后，何其有幸，我能与青年沙龙团队的胡恒老师、古丽巍老师、陈昊老师、侯深老师、高波老师、王文婧老师、伍婷婷老师等共事。书中的部分章节和思考是在与他们共同评阅和讨论中产生的，尤其感谢他们在我教职生涯初期带来温暖、诚挚的友谊。也感谢历史学院的诸多老师给予我莫大的帮助与支持，如刘后滨老师、黄兴涛老师、孟广林老师、夏明方老师、李晓菊老师、金永丽老师、姜萌老师、张瑞龙老师及众多同事，他们的扶持和鼓励，我始终铭记于心。另外，本书的部分章节已在期刊和研讨会上发表，任灵兰老师、匿名审稿人和参与交流讨论的学者，感谢你们的宝贵建议。最后，感谢自我任教以来指导的学生，与他们在课堂上、在论文中的诸多交流讨论，涓滴汇流成今日专书。

在这本专著的撰写过程中，感谢英国国家档案馆、大英图书馆、苏格兰国家画廊、哈菲尔德宅邸图书馆、约克大学图书馆、中国人民大学图书馆在我查询档案和文献时给予的莫大帮助，更感谢他们与 Gale 慷慨授权，允许我在此书中使用部分手稿和图像。同时，本书为 2020 年国家社科基金一般项目"英格兰都铎晚期的君臣秩序与政权转型研究"（项目编号：20BSS055）的结项成果（证书号：20220425），在此感谢支持。Gale 与牛津大学给予我 Gale 亚太学者-数字人文牛津大学奖学金，浙江大学人文高等研究院提供了驻访学者项目资助，尽管由于疫情和个人行程规划，访学延后，但在此仍一并感谢它们对我的研究和撰写计划的大力支持。

最后，感谢社会科学文献出版社的郑庆寰老师、李期耀老师及侯婧怡老师，他们的支持让这本书终于顺利出版。也感谢中国人民大学清史所博士生胡存璐同学协助我校稿。谢谢他们，让这本书终于得以面世。

图书在版编目（CIP）数据

女王之死：伊丽莎白一世时期的权力政治：1568－
1590/杜宣莹著 . －－北京：社会科学文献出版社，
2022.4（2025.10 重印）
　ISBN 978 - 7 - 5201 - 9733 - 5

　I.①女…　Ⅱ.①杜…　Ⅲ.①英国 - 中世纪史 - 研究
Ⅳ.①K561.3

　中国版本图书馆 CIP 数据核字（2022）第 025447 号

女王之死：伊丽莎白一世时期的权力政治（1568~1590）

著　　者 / 杜宣莹

出 版 人 / 冀祥德
组稿编辑 / 郑庆寰
责任编辑 / 李期耀
文稿编辑 / 侯婧怡
责任印制 / 岳　阳

出　　版 / 社会科学文献出版社·历史学分社（010）59367256
　　　　　地址：北京市北三环中路甲 29 号院华龙大厦　邮编：100029
　　　　　网址：www.ssap.com.cn
发　　行 / 社会科学文献出版社（010）59367028
印　　装 / 三河市东方印刷有限公司

规　　格 / 开　本：889mm × 1194mm　1/32
　　　　　印　张：13.375　字　数：311 千字
版　　次 / 2022 年 4 月第 1 版　2025 年 10 月第 3 次印刷
书　　号 / ISBN 978 - 7 - 5201 - 9733 - 5
定　　价 / 79.00 元

读者服务电话：4008918866